中国社会科学院文库
历史考古研究系列
The Selected Works of CASS
History and Archaeology

中国社会科学院创新工程学术出版资助项目

中国社会科学院文库·历史考古研究系列
The Selected Works of CASS · History and Archaeology

亚述赋役制度考略

ASSYRIAN TAXES AND CORVÉE SYSTEM

国洪更 著

中国社会科学出版社

图书在版编目（CIP）数据

亚述赋役制度考略/国洪更著.—北京：中国社会科学出版社，2015.4
ISBN 978-7-5161-5902-6

Ⅰ.①亚… Ⅱ.①国… Ⅲ.①赋税制度—财政史—研究—西亚—古代②徭役—财政史—研究—西亚—古代 Ⅳ.①F813.709

中国版本图书馆 CIP 数据核字（2015）第 069707 号

出 版 人	赵剑英
责任编辑	李庆红
责任校对	周晓东
责任印制	王 超
出 版	中国社会科学出版社
社 址	北京鼓楼西大街甲 158 号
邮 编	100720
网 址	http：//www.csspw.cn
发 行 部	010-84083685
门 市 部	010-84029450
经 销	新华书店及其他书店
印 刷	北京君升印刷有限公司
装 订	廊坊市广阳区广增装订厂
版 次	2015 年 4 月第 1 版
印 次	2015 年 4 月第 1 次印刷
开 本	710×1000 1/16
印 张	22.75
插 页	2
字 数	385 千字
定 价	79.00 元

凡购买中国社会科学出版社图书，如有质量问题请与本社营销中心联系调换
电话：010-84083683
版权所有 侵权必究

《中国社会科学院文库》出版说明

《中国社会科学院文库》（全称为《中国社会科学院重点研究课题成果文库》）是中国社会科学院组织出版的系列学术丛书。组织出版《中国社会科学院文库》，是我院进一步加强课题成果管理和学术成果出版的规范化、制度化建设的重要举措。

建院以来，我院广大科研人员坚持以马克思主义为指导，在中国特色社会主义理论和实践的双重探索中做出了重要贡献，在推进马克思主义理论创新、为建设中国特色社会主义提供智力支持和各学科基础建设方面，推出了大量的研究成果，其中每年完成的专著类成果就有三四百种之多。从现在起，我们经过一定的鉴定、结项、评审程序，逐年从中选出一批通过各类别课题研究工作而完成的具有较高学术水平和一定代表性的著作，编入《中国社会科学院文库》集中出版。我们希望这能够从一个侧面展示我院整体科研状况和学术成就，同时为优秀学术成果的面世创造更好的条件。

《中国社会科学院文库》分设马克思主义研究、文学语言研究、历史考古研究、哲学宗教研究、经济研究、法学社会学研究、国际问题研究七个系列，选收范围包括专著、研究报告集、学术资料、古籍整理、译著、工具书等。

中国社会科学院科研局
2006 年 11 月

序

国际学术界认为，1857年发生的一个重大事件，即英国、法国和爱尔兰的四位权威楔形文字专家彼此独立地成功释读了同一份内容的楔形文字材料，证明了此前世界范围内楔形文字专家释读楔形文字的努力获得了成功；同时表明，以研究古代住在西亚地区的苏美尔人、巴比伦人和亚述人等民族所创造和使用的楔形文字，以及用这种文字记述的历史和文化为目的的学术是具有科学内涵的。换句话说，楔形文字的成功释读标志了亚述学的诞生和创立。

在中国，以研究楔形文字文献为基础的亚述学，直到改革开放后的1986年，在以林志纯（笔名"日知"）为首的一些力主推进中国世界史学科建设的老学者的赞助下，方才得以建立。

从1986年至今的二十多年内，通过中外学者的多方合作，中国有了为数不多的本国的拥有博士学位的研究亚述学的学者，国洪更是其中之一。依我看，他是其中不急于追逐名利、学风端正、刻苦努力的一位。

国洪更的近作《亚述赋役制度考略》是他多年认真研读和翻译大量楔形文字文本文献，并且参阅四五百种外文文献和中文著作，不断思考、探索的结果。该书的问世，必将有益于中国的古代历史研究者，为其提供借鉴和启发，也将对关心、研究人类历史发展规律，热心探索人类历史发展规律中的统一性和多样性的广大读者有所帮助。

由于亚述学是一门国际性的学科，对于亚述学的研究者来说，掌握与这一学科有关的外国文字，可以说是多多益善。从这个角度看，目前能够阅读英文、德文和意大利文的国洪更，无疑还需要不断提高自己的外语阅读能力。

苏联著名学者B. B. 斯特鲁威，由于能够阅读地中海东部地区诸多古代民族的文献，在仔细研读了苏美尔文献之后，于20世纪30年代即已认定古代西亚地区处于早期奴隶占有制社会发展阶段。他在 1941 年出版的《古代东方史》中，反复说明了亚述在其国家存在的一千多年中，始终都是奴隶占有制社会。

国洪更由于不懂俄文，因而对苏联学者研究古代奴隶占有制社会的历史方面的巨大成就了解不够，认识不足。他这方面的弱点在他的《亚述赋役制度考略》中有明显的反映。

目前，中国的世界史学科研究人员太少，缺门太多，这是一个值得高度重视的问题。我衷心地希望像国洪更这样有志于研究"冷门"的中青年多起来，像《亚述赋役制度考略》这样的书多起来。

2015 年 1 月 12 日

目　录

引　言 ·· 1
　　一　选题意义 ·· 1
　　二　研究综述 ·· 2
　　三　研究方法 ·· 10
　　四　难点问题 ·· 12
　　五　基本思路 ·· 13

第一章　亚述概况 ·· 1
　　第一节　地理概况 ··· 1
　　　　一　地理范畴 ··· 1
　　　　二　地理特征 ··· 6
　　第二节　历史概况 ··· 11
　　　　一　史前文化阶段 ··· 11
　　　　二　古亚述时期 ··· 12
　　　　三　中亚述时期 ··· 15
　　　　四　新亚述时期 ··· 17
　　第三节　文献概况 ··· 20
　　　　一　古亚述时期的文献 ·· 22
　　　　二　中亚述时期的文献 ·· 25
　　　　三　新亚述时期的文献 ·· 28

第二章　行省的农业税 ··· 35
　　第一节　行省概况 ··· 35

  一　起源与发展演变 ·· 35
  二　组织结构 ·· 42
 第二节　农业税 ·· 46
  一　种植业税 ·· 46
  二　养殖业税 ·· 55

第三章　附属国的贡赋 ·· 61

 第一节　附属国概况 ·· 61
  一　独立性 ··· 61
  二　管理与控制 ··· 64
  三　地位与作用 ··· 67
 第二节　贡赋的征收 ·· 70
  一　正式贡赋 ·· 70
  二　附带贡赋 ·· 81

第四章　对外贸易与关税 ·· 89

 第一节　对外贸易概况 ·· 89
  一　古亚述时期的对外贸易 ······································ 89
  二　中亚述时期的对外贸易 ······································ 93
  三　新亚述时期的对外贸易 ······································ 96
 第二节　关税 ··· 101
  一　古亚述时期的关税 ·· 101
  二　中亚述和新亚述时期的关税 ······························ 108

第五章　人口与徭役 ·· 114

 第一节　人口概况 ·· 114
  一　基本情况 ·· 114
  二　人口规模 ·· 122
 第二节　军队与兵役 ·· 125
  一　军队概况 ·· 125
  二　兵役 ··· 130
 第三节　劳动用工与劳役 ·· 146

一　劳动用工情况 …………………………………………… 146
　　二　劳役 ……………………………………………………… 150

第六章　神灵崇拜与供品的名目 …………………………………… 162

　第一节　神灵崇拜 ……………………………………………… 162
　　一　万神殿的演变 …………………………………………… 162
　　二　神灵的地位和作用 ……………………………………… 172
　　三　神灵的生活 ……………………………………………… 175
　第二节　神灵供品的名目 ……………………………………… 176
　　一　供品的统称 ……………………………………………… 177
　　二　日常供品 ………………………………………………… 180
　　三　主要供物 ………………………………………………… 188
　　四　特殊供物 ………………………………………………… 195

第七章　赋役的豁免 ………………………………………………… 201

　第一节　城市赋役的豁免 ……………………………………… 201
　　一　古代两河流域的城市赋役豁免传统 …………………… 201
　　二　亚述的城市赋役豁免 …………………………………… 204
　第二节　地产赋役的豁免 ……………………………………… 209
　　一　巴比伦尼亚的地产赋役豁免 …………………………… 210
　　二　亚述的地产赋役豁免 …………………………………… 212
　第三节　士兵赋役的豁免 ……………………………………… 216
　　一　被豁免赋役的士兵 ……………………………………… 217
　　二　统治方式的变革与募兵制的出现 ……………………… 224

第八章　财政危机与新增税负 ……………………………………… 232

　　一　财政危机 ………………………………………………… 232
　　二　新增税目 ………………………………………………… 236

结　　语 ……………………………………………………………… 242

附　录 247

 附表1 亚述王表 247
 附表2 新亚述名年官表 253
 附表3 新亚述时期月名 263
 附表4 常用度量衡 264
 附表5 缩写词 265
 附表6 古代两河流域历史框架 267

参考文献 269

 外文文本文献 269
 外文参考书目 276
 中文参考书目 301
 网络资源 303

人名对照表 304

古今地名对照表 320

神名与神庙名对照表 335

引　言

赋役是赋税与徭役的合称，前者指为了维持国家机器的运转而无偿地、强制地向民众征收的货币和实物的总称，① 后者指政府强迫民众负担的无偿劳动，包括兵役、劳役和杂役。② 尽管赋税征收的对象是物，徭役征调的对象是人，但是，二者的界限有时十分模糊，主要表现是可以交纳财物代替服役。为了履行其职能，国家需要与之相适应的财政收入作后盾，征调赋役是国家取得财政收入的主要方式，马克思曾将其概括为："赋税是官僚、军队、教士和宫廷的生活源泉，一句话，它是行政权整个机构的生活源泉。"③ 国家是赋役产生和存在的必要条件，国家政权的存在依赖于赋役的征收，马克思曾将赋税与国家的关系精辟地概括为："国家存在的经济体现就是捐税。"④

一　选题意义

赋税和徭役是维系国家机器运转的经济基础和物质条件，研究赋役制度是打开亚述国家之谜的一把锁钥。一方面，赋役是国家财政收入的主要来源，研究亚述的赋役制度有助于深入了解其经济结构。赋役的征收不仅关系国家财政收入的多寡，而且关系到民众负担的轻重，进而影响经济的发展。赋役制度是国家财经制度的重要内容，研究亚述的赋役制度自然有利于进一步全面了解这个国家的经济制度。另一方面，赋役是国家凭借政治权力对民众进行的强制和无偿的索取，研究亚述的赋役制度有助于认识其政治结构。赋役的征收不仅影响和制约国家机构的运转效率，而且关乎民众的生活和社会的稳定，进而影响国家的盛衰。赋役制度是联结经济基础和上层建筑的纽带，研究亚述的赋役制度把其政治制度置于牢固的经济基础之上，对正确了解这个国家的政治体制、经济制度、国家运转机制及

---

① 何盛明主编：《财经大辞典》下卷，中国财政经济出版社1990年版，第2022页。
② 赵德馨主编：《中国经济史辞典》，湖北辞书出版社1990年版，第66—67页。
③ 《马克思恩格斯全集》第十一卷，人民出版社1995年版，第233页。
④ 《马克思恩格斯全集》第四卷，人民出版社1958年版，第342页。

其发展演变有重要意义。

赋役制度因经济的发展和政治体制的变革而演变，追溯亚述赋役制度发展变化的过程有助于加深对古代两河流域文明发展演变历程的认识。古代两河流域文明先后出现以城市为主体的城邦、囊括两河流域局部地区的区域性国家和跨地区的帝国三种国家形态，亚述是该文明区唯一经历三种国家形态的政权，因此，研究亚述的赋役制度及其发展演变过程，不但有助于认识古代两河流域经济制度的变革，而且会促进该地区政治制度演变的了解。亚述文明是古代两河流域文明发展的缩影，既体现了古代两河流域文明的共性，又呈现出迥异于其他地区文明的特性，因而，从剖析亚述的赋役制度入手解读亚述文明还有助于加深对古代两河流域文明的认识。

亚述赋税制度研究属于早期文明史的研究内容，但是，如果从"一切历史都是现代史"的现代史学观念出发的话，亚述赋役制度的研究对于我们深入了解现代文明也具有重要意义。从问题史学的理念入手的话，我们会发现，其实研究古代文明，比如亚述的赋税制度，对于我们理解现代文明，即对现代文明的产生、成长和成熟具有重要的借鉴意义。因此，亚述赋役制度研究可以得到许多来自于历史本身的启示，从而为更有效地全面发展现代文明提供历史经验。

二 研究综述

赋役制度是亚述学研究的重要课题之一，有关亚述赋役制度的论著不胜枚举，大致可以分为涉及多项赋役制度的研究与涉及某一项赋役制度的研究两大类，其中后一类研究又可细分为涉及农业税、附属国的贡赋、关税、徭役、神灵的供品和赋役的豁免六种制度的研究。

（一）涉及多项赋役制度的研究

亚述赋役制度种类繁多，多位学者的论著涉及不止一项赋役制度，其中剑桥大学三一学院亚述学教授波斯特盖特的成就最为突出，他的多部论著关注亚述的多项赋役制度。波斯特盖特在解析新亚述时期国王的赏赐敕令时，曾简介相关文献提及的 *nusāḫē* 税[①]、*šibšu* 税、*ṣibtu* 税、*bitqu* 税等税

---

① 本书中的阿卡德语单词一律用斜体，苏美尔语单词和语义符一律用正体。由于亚述的赋役名称很难译成汉语，加之，它们在不同时期差别较大，本书不按中国学术界的惯例译成汉语，而是按国际亚述学惯例只给其拉丁化形式。

赋以及 *ilku* 义务等徭役。① 在此基础上，波斯特盖特编辑整理了三百余篇涉及赋役制度的楔形文字文献，出版《亚述帝国的课税与征召》一书，系统地考察了新亚述时期的 *bitqu* 税、*ilku* 义务、*iškāru* 义务、*maddattu* 贡赋、*miksu* 税、*nāmurtu* 贡赋、*ṣibtu* 税、*nusāhē* 义务、*šibšu* 税等十余种赋役制度。② 尽管《亚述帝国的课税与征召》出版已达 40 年，但是，该书仍然是对新亚述时期赋役制度最深入、最全面的剖析，奠定了亚述赋役制度研究的基础。后来，波斯特盖特在考察新亚述时期的经济结构时，既介绍了 *ilku* 义务和手工业者的 *iškāru* 义务等徭役，又提到了 *šibšu* 税和 *nusāhē* 税等种植业税，还涉及对外贸易的 *miksu* 税。③ 另外，波斯特盖特在考察公元前 1000 年代前期亚述的土地保有与开发状况时，曾提及与土地保有有关的 *šibšu* 税、*nusāhē* 税、*ilku* 义务及其豁免情况。④ 其他学者的论著也涉及亚述的多种赋役制度。例如，帕克研读亚述都城卡尔胡出土的楔形文字文献，概述了新亚述时期民众负担的税收和劳役。⑤ 贝德福德在考察亚述帝国的发展动力时，强调了各种赋税在国家发展过程中的促进作用。⑥ 法伊斯特在考察公元前 14 世纪到公元前 11 世纪亚述的长途贸易时，不但介绍了与之有关的 *miksu* 税，而且提到了附属国进献的 *maddattu* 贡赋和 *nāmurtu* 贡赋。⑦ 费尔斯在考察新亚述的历史沿革和行政管理时，不仅考察了 *šibšu* 税、*nusāhē* 税和 *miksu* 税等税赋的征收情况，而且观察了 *ilku* 义务等徭役的摊派情况。⑧ 拉德纳在分析新亚述时期的法律制度时，曾述及亚述的 *šibšu* 税、*nusāhē* 税

---

① J. N. Postgate, *Neo-Assyrian Royal Grant and Decrees*, Rome: Pontifical Biblical Institute, 1969, pp. 9 – 16.

② J. N. Postgate, *Taxation and Conscription in the Assyrian Empire*, Rome: Biblical Institute Press, 1974.

③ J. N. Postgate, "The Economic Structure of the Assyrian Empire", in M. T. Larsen, ed., *Power and Propaganda: A Symposium on Ancient Empires*, Copenhagen: Akademisk Forlag, 1979, pp. 203 – 207.

④ J. N. Postgate, "The Ownership and Exploitation of Land in Assyria in the 1st Millennium B. C.", M. Lebeau et P. Talon, eds., *Reflets des deux fleuves: Volume de mélanges offerts à André Finet*, Leuven: Peeters, 1989, pp. 149 – 151.

⑤ B. Parker, "The Assyria Civil Service", *Sumer*, Vol. 16 (1960), pp. 32 – 38.

⑥ P. R. Bedford, "The Neo-Assyrian Empire", in I. Morris and W. Scheidel, eds., *The Dynamics of Ancient Empires: State Power from Assyria to Byzantium*, Oxford: Oxford University Press, 2009, pp. 30 – 65.

⑦ B. I. Faist, *Der Fernhandel des assyrischen Reiches zwischen dem 14. und 11. Jh. V. Chr*, Münster: Ugarit Verlag, 2001, pp. 184ff., 191ff., 42, 229, 22, 34, 58, 95.

⑧ F. M. Fales, *L'impero Assiro: Storia e Amministrazione* (IX-VII secolo a. c.), Roma and Bari: Laterza & Figli Spa, 2001, pp. 189 – 202.

等税赋和 *ilku* 义务。①

(二) 涉及单项赋役制度的研究

1. 涉及农业税的研究

农业税是亚述财政收入的重要组成部分，多位亚述学家的研究涉及亚述的农业税。种植业税与土地保有有关，埃利斯在考察古代两河流域的土地保有状况时，中亚述和新亚述时期的 *šibšu* 税也是其研究的重要内容；②亚斯在研究两河流域北部的土地保有状况时，介绍了亚述有关文献提及的 *nusāhē* 税和 *šibšu* 税。③山田成夫在考察新亚述帝国边境的商业据点 (*kāru*) 时，曾提及新亚述时期的 *miksu* 税涵盖 *nusāhē* 税和 *šibšu* 税等种植业税。④此外，丹达马耶夫在探讨新巴比伦时期的 *ṣibtu* 税官时，提到了新亚述时期的牲畜税 *ṣibtu* 税。⑤

2. 有关贡赋的研究

交纳贡赋是附属国对宗主国应尽的重要义务，亚述的贡赋制度引起了多位学者的关注。一些学者在提及亚述的文献或其附属国的情况，均注意到附属国交纳贡赋的情况。例如，约翰斯在介绍巴比伦尼亚和亚述的法律文本、契约和书信时，关注到亚述的附属国交纳贡赋的情况；⑥科根在分析亚述对犹大和以色列的掠夺时，曾论及亚述向附属国摊派的贡赋；⑦扎卡尼尼在追溯波斯阿黑门尼德王朝贡赋制度的渊源时，曾涉及亚述征收贡赋的

---

① Karen Radner, "Neo-Assyrian Period", in R. Westbrook, ed., *A History of Ancient Near Eastern Law*, Vol. Ⅱ, Leiden and Boston: Brill, 2003, p. 899.

② M. deJ Ellis, *Agriculture and the State in Ancient Mesopotamia: An Introduction to the Problems of Land Tenure*, Philadelphia: Occasional Publication of the Babylonian Fund No. 1, 1976, pp. 102, 138 – 145.

③ R. M. Jas, "Land Tenure in Northern Mesopotamia: Old Sources and Modern Enviroment", in R. M. Jas, ed., *Rainfall and Agriculture in Northern Mesopotamia*, Leiden: Nederlands Historisch-Archaeologish Instituut te lstanbul, 2000, p. 255.

④ Shigeo Yamada, "*Kārus* on the Frontiers of the Neo-Assyrian Empire", *Orient*, Vol. 40 (2005), p. 78.

⑤ M. Dandamaev, "The Neo-Babylonian *rab ṣibti*", in J. Marzahn und H. Neumann, hrsg., *Assyriologica et Semitica: Festschrift für Joachim Oelsner anläßlich seines 65 Geburtstages am 18 Februar 1997*, Münster: Ugarit Verlag, 2000, pp. 29 – 31.

⑥ C. H. W. Johns, *Babylonian and Assyrian Laws, Contracts and Letters*, Cambridge and London: Charles Scribner's Sons, 1904, p. 157.

⑦ M. Cogan, *Imperialism and Religion: Assyria, Judah and Israel in the Eighth and Seventh Centuries B. C.*, PhD Dissertation of the University of Pennsylvania, 1971, pp. 121 – 132.

情况;① 利韦拉尼在梳理阿淑尔纳色尔帕二世时期王室铭文中的地理信息时,还考察了亚述帝国西部的附属国交纳贡赋的情况;② 塔德莫尔在编译提格拉特皮拉沙尔三世的王室铭文时,还整理了进献贡赋的西部附属国清单;③ 真蒂利在分析亚述帝国宫廷的财物分配状况时,曾涉及从附属国征收的多种贡品。④ 通过比较苏美尔—巴比伦尼亚与埃及的贡赋制度,马丁界定了亚述贡赋的一些基本概念,奠定了贡赋制度研究的基础。⑤ 一些学者曾关注交纳贡赋的意义和作用。例如,贝尔研究了浮雕等直观材料上描绘的附属国进献贡赋的情景,指出缴纳贡赋是被征服地区臣服的重要标志;⑥ 苏联学者扬科夫斯卡在梳理亚述的王室铭文提及的贡赋和战利品时,指出亚述凭借武力取得的霸权支配了西亚北非地区的物资交换,征收贡赋取代贸易成为该地区物资交换的主要方式。⑦ 在上述研究的基础上,一些学者还将亚述的贡赋进行了分类。例如,埃拉特开创性地将亚述的贡赋分为"投降贡赋"(tribute of submission)和"年度贡赋"(annual tribute)两大类,前者主要是普通的军用和民用物资,后者多为统治阶级享用的奢侈品,并指出贡赋的征收与战利品的掠夺是造成亚述帝国西部地区经济凋敝、人口稀疏的重要原因;⑧ 山田成夫在研究沙尔马纳沙尔三世时期亚述帝国的建构过程时,将亚述向附属国征收的贡赋分为"现场贡赋"(spot tribute)和"年度贡赋"(annual tribute),并提出征收贡赋、掠夺战利品是亚述军事扩张的

---

① C. Zaccagnini, "Prehistory of the Achaemenid Tributary System", in P. Briant et C. Herrenschmidt, eds., *Le Tribut dans l' empire Perse*, Paris: Peeters, 1989, p. 193ff.

② M. Liverani, *Studies on the Annals of Ashurnasirpal II*, Part II: *Topographical Analysis*, Rome: Università di Roma "La Sapienza", 1992, pp. 155 – 162.

③ Hayim Tadmor, *The Inscriptions of Tiglath-pileser III*, *King of Assyria*, Jerusalem: The Israel Academy of Sciences and Humanities, 1994, pp. 265 – 267.

④ Paolo Gentili, "Preliminary Remarks on the Palatine Distribution System in the Neo-Assyrian Empire", *SAAB*, Vol. 14 (2002 – 2005), pp. 104 – 107.

⑤ W. J. Martin, *Tribut und tributleistungen bei den Assyrern*, Helsinki: Societas Orientalis Fennica, 1936.

⑥ J. Bär, *Der assyrische Tribut und seine Darstellung*: *Eine Untersuchung zur imperialen Ideologie im neuassyrischen Reich*, Kavelaer: Butzon und Bercker, 1996.

⑦ V. A. Jankowska, "Some Problems of the Economy of the Assyrian Empire", in I. M. Diakonoff, ed., *Ancient Mesopotamia: Socio-Economic History: A Collection of Studies by Soviet Scholars*, Moscow: "Nauka" Publishing House, 1969, pp. 253 – 274. 扬科夫斯卡的文章完成于1947年,刊于 *Vestnik Drevnyi Istorii*1956年第1期,第28—46页,1969年英文译文收录于上述论文集。

⑧ M. Elat, "The Impact of Tribute and Booty on Countries and People within the Assyrian Empire", *AfO*, Beiheft Vol. 19 (1982), pp. 244 – 251.

根本目标之一。①

3. 提及关税的研究

对外贸易是亚述经济的重要组成部分，与之相关的税负也受到亚述学家的关注。古亚述以对外贸易而闻名，关税是其财政收入最重要的来源，有关学者在论及古亚述时期的对外贸易或相关文献时多提及其税负。例如，莱维在分析古亚述时期的各种制度时，曾论及亚述商人交纳的 waṣītum 税和 išratum 税等税负；② 拉森在介绍古亚述时期商队的运作时，提到了从事对外贸易的商人需负担的 nishatum 税、šaddu'ātum 税和 waṣītum 税等税负；③ 奥林在考察卡帕多西亚地区亚述商业据点的基本状况时，曾述及阿淑尔商人负担的 nishatum 税、šaddu'ātum 税和 išratum 税等税负；④ 韦恩霍夫在全面评估古亚述时期的对外贸易时，waṣītum 税和 šaddu'ātum 税等税赋也在其考察之列；⑤ 德克森在研究古亚述商业据点的管理机构时，曾提及名年官和商业据点的书吏等人员征收 waṣītum 税、šaddu'ātum 税和 išratum 税等税赋的情况⑥；斯特拉特福德在介绍阿淑尔商人沙里姆-阿胡姆的商业活动时，曾提及在安纳托利亚地区经商的阿淑尔商人需要负担的多种税负；⑦ 罗森在分析古亚述时期的契约时，曾注意到有关文献涉及的 išratum 税和 šaddū'utum 税等税负。⑧ 一些学者在介绍新亚述时期的商业活动时，也涉及商业税的征收情况。例如，埃拉特在考察两河流域帝国阶段腓尼基人的陆

---

① Shigeo Yamada, *The Construction of the Assyrian Empire: A Historical Study of the Inscriptions of Shalmaneser III (859 – 824 BC) Relating to His Campaigns to the West*, Leiden and Boston: Brill, 2000, pp. 236 – 250.

② L. Lewy, "On Some Institutions of the Old Assyrian Empire", *HUCA*, Vol. 27 (1956), pp. 32 – 38.

③ M. T. Larsen, *Old Assyrian Caravan Procedures*, Istanbul: Nederlands Historisch-Archaeologish Instituut te Istanbul, 1967, pp. 142 – 144.

④ L. L. Orlin, *Assyrian Colonies in Cappadocia*, Paris: Mouton & Co. N. V., 1970, p. 60 note 89.

⑤ K. R. Veenhof, *Aspects of Old Assyrian Trade and Its Terminology*, Leiden: E. J. Brill, 1972, pp. 278 – 285.

⑥ J. G. Dercksen, *Old Assyrian Institutions*, Leiden: Nederlands Instituut Voor het Nabije Oosten, 2004, pp. 110 – 116.

⑦ E. P. Stratford, Agents, Archives and Risk: A Micronarrative Account of Old Assyrian Trade through Šalim-Ahum's Activities in 1890 B. C., PhD Dissertation of the University of Chicago, 2010, pp. 41 – 48, 81 – 90.

⑧ B. L. Rosen, Studies in Old Assyrian Contracts, PhD Dissertation of Brandeis University, 1977, pp. 53, 98, 99.

路贸易时，曾提到亚述在附属国设置商业据点征收 miksu 税的情况；① 金泰勋在剖析公元前 8 世纪和公元前 7 世纪亚述与叙利亚巴勒斯坦地区、埃及的政治经济关系时，注意到亚述在相关地区征收关税的情况。此外，埃利斯在追溯古代两河流域表示关税术语（miksu）的发展演变的历程时，提出该词在古巴比伦时期可以指农业和商业方面的税收，而在新亚述时期则仅仅指对外贸易方面的税负。②

4. 论及徭役制度的研究

徭役是国家获得兵员和劳动力的主要渠道，多位学者的论著涉及亚述的徭役制度。许多学者注意到 ilku 义务是亚述最重要的徭役，强调该义务与土地保有有关。例如，波斯特盖特在考察中亚述时期的土地保有制度时，明确指出中亚述时期的 ilku 义务与保有土地之间的关联，并强调兵役是其重要内容；③ 波斯特盖特再次辨析中亚述时期的 ilku 义务与土地保有权的关系时，重申中亚述时期的 ilku 义务是一种与土地保有权有关的兵役义务，并指出该义务可以通过缴纳财物来代替服役；④ 拉德纳在分析新亚述时期的土地保有状况时，指出土地保有者需要负担 ilku 义务；⑤ 迈德曼在剖析努兹地区的文献及其史料价值时，分析了中亚述和新亚述时期 ilku 义务的性质及其与不动产的关系。⑥ 一些学者关注了 ilku 义务与军队的关系。例如，波斯特盖特在研究扎穆阿行省的军队时，提出履行 ilku 义务的"国王的士兵"（ṣāb šarri）既可以执行作战任务，也可以参加公共工程建设；⑦ 马蒂拉在介绍新亚述时期的朝廷高官麾下军队的来源时，断定行省军队主要是由履行

---

① M. Elat, "Phoenician Overland Trade within the Mesopotamian Empires", in M. Cogan and I. Epha'l, eds., *Ah, Assyria…Studies in Assyrian History and Ancient Near Eastern Historiography Presented to Hayim Tadmor*, Jerusalem: The Magnes Press, 1991, pp. 25 – 26.

② M. deJ Ellis, "Taxation in Ancient Mesopotamia: The History of the Term *Miksu*", *JCS*, Vol. 26, No. 4 (1974), p. 246.

③ J. N. Postgate, "Land Tenure in the Middle Assyrian Period: A Reconstruction", *BSOAS*, Vol. 34, No. 3 (1971), pp. 496 – 501.

④ J. N. Postgate, "*Ilku* and Land Tenure in the Middle Assyrian Kingdom: A Second Attempt", in M. A. Dandamaev et al., eds., *Societies and Languages of the Ancient Near East: Studies in Honor of I. M. Diakonoff*, Warminster: Aris and Philips, 1982, pp. 303 – 311.

⑤ K. Radner, "How did the Neo-Assyrian King Perceive His Land and Its Resources?" in R. M. Jas, ed., *Rainfall and Agriculture in Northern Mesopotamia*, p. 243.

⑥ M. P. Maidman, *Nuzi Texts and Their Uses as Historical Evidence*, Atlanta: Society of Biblical Literature, 2010, pp. 168 – 169.

⑦ J. N. Postgate, "The Assyrian Army in Zamua", *Iraq*, Vol. 62 (2000), p. 106.

ilku 义务的人组成的。① 普法伊费尔在分析巴比伦尼亚和亚述的 *ilku* 义务时，将其称为封建制度，并指出它主要指强迫劳动。② 还有学者介绍了亚述其他类别的徭役。例如，西莫·帕尔波拉在介绍新亚述时期遍及全国的交通网时，还论及御道上驿站的服务（*kalliu*）；③ 德勒在考察新亚述时期的商业借贷关系时，曾分析与商业代理人有关的 *iškāru* 义务；④ 拉根在研究新巴比伦时期的 *širku* 义务时，还涉及新亚述时期的 *iškāru* 义务，并称其为一种手工业者和牧人负担的税收。⑤

5. 涉及神灵供品的研究

亚述的神灵也具有人类一样的需求，奉献神灵的供品引起多位亚述学家的兴趣。学者们在介绍亚述神灵的情况时，多提及献给神灵的供品。例如，范-德里尔在研究祭祀阿淑尔神的仪式时，谈到了奉献该神的各种供品；⑥ 波斯特盖特在给门策尔的专著《亚述神庙》撰写的书评中，解释了奉献神灵的 *rēštu* 供品的相关情况；⑦ 兰伯特在介绍古代两河流域人向神灵奉献的食物和饮料时，也提到了新亚述时期向神灵奉献的供品；⑧ 马克在比较新亚述时期的预言与希伯来圣经时，也涉及亚述国王向神灵奉献的供品；⑨ 若尔瑙伊在分析女神伊什塔尔的职能时，曾提及奉献给该女神的供品清单；⑩ 比德米德在考察古代两河流域宗教的连续性与王权合法性的关系

---

① SAAS XI, p. 149.

② Robert H. Pfeiffer, "On Old Babylonian-Assyrian Feudalism (*ilku*)", *AJSLL*, Vol. 39, No. 1 (1922), pp. 66–68.

③ SAA I, p. xv.

④ K. Deller, "Tamkāru-kredite in neuassyrischer Zeit", *JESHO*, Vol. 30, No. 1 (1987), pp. 11–14.

⑤ A. Ragen, *The Neo-Babylonian Širku: A Social History*, PhD Dissertation of Harvard University, 2007, pp. 206–208.

⑥ G. van Driel, *The Cult of Aššur*, Assen: Van Gorcum, 1969, pp. 186–191.

⑦ J. N. Postgate, "Review of *Assyrishe Tempel*", *JSS*, Vol. 28 (1983), pp. 155–159.

⑧ W. G. Lambert, "Donations of Food and Drinks to the Gods in Ancient Mesoptamia", in J. Quaegebeur, ed., *Ritual and Sacrifice in the Ancient Near East*, Leuven: Uitgeverij Peeters en Departement Orientalistiek, 1993, pp. 195ff.

⑨ R. R. Mack, *Neo-Assyrian Prophecy and the Hebrew Bible: A Comparative Analysis*, PhD Dissertation of Hebrew Union of College, 2010, pp. 192, 197.

⑩ I. Zsolnay, *The Function of Ištar in the Assyrian Royal Inscriptions: A Contextual Analysis of the Actions of Attributed to Ištar in the Inscriptions of Ititi through Šalmaneser III*, PhD Dissertation of the University of Brandeis, 2009, p. 236.

时，介绍了亚述的供品清单和"阿基图节"期间奉献神灵的供品。[1] 还有一些学者关注到亚述神灵供品的交纳方式。例如，科根在考察亚述帝国的统治策略与宗教的关系时，提到了国王向神灵奉献的供品及其向征服地区摊派的情况；[2] 门策尔在介绍亚述神庙的祭祀仪式、组织管理和人员构成时，多次提及奉献神灵的各种供品；[3] 霍洛韦在分析宗教在亚述帝国的地位和作用时，介绍了行省总督、朝廷高官和被征服地区统治者向阿淑尔神奉献供品的情况，并提出交纳供品是他们顺从阿淑尔神和国王的一种表现形式；[4] 史蒂文斯在论证耶路撒冷神庙的经济角色时，曾提及亚述奉献神灵的 *hamussu* 供品；[5] 波特在分析古代两河流域神灵的性质时，曾述及亚述向神灵奉献的 *immeru dariu* 供品、*ginû* 供品和 *sattukku* 供品等供品；[6] 苏乔曼在剖析中亚述时期哈尼伽尔巴特与阿拉米人崛起时，介绍了中亚述行省向神庙奉献的供品；[7] 加斯帕在还原中亚述时期的供品情况时，研究了 *ginû* 供品的交纳方式。[8]

6. 有关赋役豁免的研究

赋役的豁免是赋役制度的重要组成部分，多位学者的论著涉及亚述的赋役豁免情况。一些学者介绍了亚述各类赋役豁免的基本情况。例如，萨格斯在诠释所谓的"阿淑尔宪章"（Aššur Charter）时，揭示了萨尔贡二世豁免阿淑尔城居民赋役的情况；[9] 哈诺赫·雷维夫在考察古代两河流域城市

---

[1] J. Bidmead, *The Akītu Festival: Religious Continuity and Royal Legitimation in Mesopotamia*, New York: Gorgias Press, 2002, pp. 8, 148.

[2] M. Cogan, Imperialism and Religion: Assyria, Judah and Israel in the Eighth and Seventh Centuries B. C., pp. 67, 81, 116.

[3] Brigitte Menzel, *Assyrische Tempel*, Rome: Biblical Institute Press, 1981, Sachindex 16.

[4] S. Holloway, *Aššur is King! Aššur is King! Religion in the Exercise of Power in the Neo-Assyrian Empire*, London, Boston and Köln: Brill, 2002, pp. 100ff.

[5] M. E. Stevens, Tithes and Taxes: The Economic Role of the Jerusalem Temple in Its Ancient Near Eastern Context, PhD Dissertation of University of Virginia, 2002, p. 98.

[6] N. B. Porter, "Feeding Dinner to a Bed: Reflections on the Nature of Gods in Ancient Mesopotamia", *SAAB*, Vol. 15 (2006), pp. 311f., 319.

[7] J. J. Szuchman, *Prelude to Empire: Middle Assyrian Hanigalbat and the Rise of the Aramaeans*, PhD Dissertation of University of California Los Angeles, 2007, p. 25.

[8] Salvatore Gaspa, "The *rab ginā'e*'s Administrative Unit at Work: A Quantitative Study on the Provision of Foodstuffs in the Middle Assyrian Period in the Evidence of the Tabular Lists", *UF*, Vol. 43 (2011), pp. 162 – 221.

[9] H. W. F. Saggs, "Historical Texts and Fragments of Sargon of Assyria 1. The 'Aššur Charter'", *Iraq*, Vol. 37, No. 1 (1975), pp. 19 – 20.

的 *kidinnu* 特权时，也注意到亚述国王豁免有关城市居民赋役的情况；① 摩西·魏因费尔德在研究古代以色列与古代西亚北非地区的社会公正时，提到了亚述帝国国王豁免有关人员的地产和城市居民赋役的情况。② 一些学者还论及赋役豁免的目的与动机。例如，比德米德在考察古代两河流域宗教的连续性与王权合法性的关系时，还指出亚述国王赐予许多城市免赋役的 *kidinnu* 特权，以换取城市居民的支持；③ 拉根在研究新巴比伦时期的 *širku* 义务时，也注意到新亚述诸王通过慷慨的赏赐和豁免赋役来赢得神职人员拥戴的情况；④ 笔者在辨别亚述帝国的"拉科苏"（*raksu*）士兵的身份时，提出豁免赋役是亚述获得常备军的一种途径。⑤

综上所述，无论是涉及多项赋役制度的研究，还是关注单项赋役制度的研究，都从不同的角度揭示了亚述赋役制度的不同方面，有关学者的真知灼见奠定了进一步深入研究这个课题的基础。然而，尽管涉及亚述赋役制度的论著为数不少，但是，除了波斯特盖特等学者的少数论著外，大多数研究成果属于探讨其他问题时顺便提及，而非系统的专门研究。总体而言，上述研究尚有一些需要完善之处：第一，以往的研究涉及新亚述时期的赋役制度相对较多而且深入，而对古亚述时期和中亚述时期的赋役制度的研究则相对薄弱，我们需要打破时间界限以追溯各项赋役制度发展演变的历程；第二，以前的研究考察了亚述的许多种赋役制度，但仍有一些赋役制度，诸如神灵的供品、贡赋制度中的 *biltu* 贡赋、*igisû* 贡赋、古亚述时期关税中的 *išratum* 税、*šaddu'âtum* 税和 *waṣītum* 税、新亚述时期兵役中的 *dikût māti* 义务、劳役中的 *tupšikku* 义务、与 *iškāru* 有关的劳动以及 *kalliu* 义务等均未曾被系统地研究过，因此，我们要扩展研究对象以全面地评估亚述的赋役制度。

三 研究方法

史论结合的方法。本书坚持运用辩证唯物主义和历史唯物主义的理论

---

① Hanoch Reviv, "*Kidinnu* Observations on the Privileges of Mesopotamian Cities", *JESHO*, Vol. 31, No. 3 (1988), pp. 286–291.

② Moshe Weinfeld, *Social Justice in Ancient Israel and in the Ancient Near East*, Jerusalem: The Magnes Press, 1995, pp. 102, 109, 137.

③ J. Bidmead, *The Akītu Festival: Religious Continuity and Royal Legitimation in Mesopotamia*, pp. 59–60.

④ A. Ragen, The Neo-Babylonian *Širku*: A Social History, p. 590.

⑤ 国洪更：《亚述帝国的"拉科苏"士兵》，《世界历史》2012 年第 1 期。

和方法,把亚述赋役制度的研究置于古代两河流域及亚述自身历史发展的逻辑中,从而探讨赋役制度本身的内容及其特点与规律。其一,从历时性的角度进行探讨。亚述的赋役制度随其政治经济的发展而不断变化,只有将其放到亚述自身相当漫长的历史进程中来分析探讨,才能准确把握其产生与发展变化的特点与规律。其二,从共时性的角度进行探讨。亚述在发展过程中深受两河流域其他地区的影响与启发,尤其是该地区在很长的时间内都属于后进区域,南部的苏美尔—巴比伦尼亚先进的政治经济制度刺激了亚述相关制度的形成与发展,亚述赋役制度的研究必须置于视野辽阔的两河流域历史发展进程中,以考察更为丰富广泛的地域文明的特点,同时还要总结古代两河流域赋役制度的普遍规律。本书不仅要追溯亚述赋役制度自身发展历史演变的历程,而且要探讨其产生与发展演变的历史背景,使赋役制度与历史发展的逻辑进程紧密结合起来,用历史的方法和逻辑的方法来探讨亚述的赋役制度。

文献研究的方法。亚述赋役制度属于亚述学研究的范畴,该学科是一门通过释读相关楔形文字文献来研究古代两河流域历史文化的综合性学科,解读相关的楔形文字文本文献是亚述赋役制度研究的前提和基础。迄今为止,考古学家在两河流域发掘的楔形文字泥板多达数十万,涉及亚述历史的文献数以万计,从中筛选出与亚述赋役制度有关的文献是本研究最为基础的工作。古代两河流域的绝大多数楔形文字文本文献没有经过古代学者的编辑,基本术语也没有经过后世学者的训诂,甄别史料是亚述赋役制度研究的重要任务。亚述没有留下关于征调赋役的成文法律,梳理各类涉及赋役制度的文献是亚述赋役制度研究的主要目标。因此,亚述赋役制度研究的基础是文献的考证,即对史料进行批判,通过内证和外证以及史料相互印证来选取可信、合适的材料。

跨学科的研究方法。古代两河流域的楔形文字文献一般书写在易于破碎的泥板上,大多残缺难辨,研究者需要利用语言学知识修复破损文献,借助考古学信息确定文献的类别,因此,本研究需要进行跨学科研究。只有对相关史料进行综合性、跨学科的研究,对相关知识进行综合,并在此基础上进行融合、提炼,才能最终形成自己的思想和观点。这一跨学科的综合性的深入研究需要一种正确的历史理论的指导,将多种不同学科的知识和材料有机地统一于赋役制度研究之中,以彰显这一研究本身所体现出来的历史真实性。显然,年鉴学派的"总体史"观念对于本研究具有明显的指导作用。

鉴古知今与以今律古的历史问题意识。不言而喻，一切历史问题研究的开端都是从提出问题开始，对于亚述赋役制度的研究，自然也需要具有敏锐的问题意识。只有具有强烈的问题意识才能使具体的历史研究同现代的历史发展进程结合起来，从而体现出历史研究所具有的重要借鉴作用。从学术研究的内在逻辑出发，从当前中国学术研究的需要入手，着眼于中外历史发展的趋向，将亚述赋役制度的研究置于宏观而具体的视域中，进行深入的个案研究，其结果必然会促进我们对这一问题的研究在其本身的学术意义之外，更具有穿越时空的普遍意义。正如刘家和先生所说："要深入认识今天的中国，就不能不深入认识今天的世界；要深入认识今天的世界，就不能不深入认识近代及中古之世界；要深入认识近代及中古之世界，就不能不深入认识古代之世界。这仍然是从当代的中国人出发，但又是一条思路，一条今日中国人必不可少的思路。所以，如果只看事情的一面，那么世界古代文明史就是遥远而无足轻重的；如果追寻事情的总体，那么世界古代文明史就是虽远犹近而不能不深研的了。"[①] 这是本研究最重要的目的，也是最为深远的学术研究意义之所在，更为本人进行研究所坚持的最为基本的方法论之所在。

四 难点问题

赋役的征调一般是固定的，通常由国家的法律或国王的敕令来确定，亚述恰恰缺乏规定赋役征调的法令。古代两河流域以编纂卷帙浩繁的成文法典而闻名，但是，亚述却没有留下有价值的成文法，残存的古亚述时期法典性质泥板只涉及商业据点的审判程序，中亚述法典的残片规范了土地所有权、债务、债务奴隶、妇女的行为规范和物品的质押等方面的问题，新亚述时期则没有留下成文法。因此，亚述赋役制度的研究只能依据间接的资料，需要把各种材料进行互证。学术界在有限的材料上对赋税制度的争议较大：一方面，学界对这些材料的认读不一，自然无法从这些材料的研究上得出为学界所认同的结论；另一方面，即使学者们对一些材料的认读较为一致，但学者们对其解读的结果往往差别很大。研究亚述的赋役制度需要花费很大精力去搜集、整理材料，直接材料的缺乏增加了本研究的

---

① 刘家、廖学盛主编：《世界古代文明史研究导论》，北京师范大学出版社集团2010年版，第19页。

难度。

赋役制度是亚述学研究的一个重要课题，但是，亚述赋役制度的研究相对较为薄弱。众所周知，学界对早期文明和国家研究的重点在于政治和文化领域，事实上，在这些领域，学术成果也很突出。在经济问题领域，特别是具体国家的经济问题的研究相对较少，造成了人们对具体而实在的早期国家的经济状况的认识一直处于较为模糊的状态，这一切都严重制约了人们对早期国家历史内容的深入了解。由于基本没有直接的材料，亚述赋役制度研究的基础更为薄弱，大大增加了本研究的难度。

亚述赋役制度是一个专业性很强的研究课题，需要丰富的知识储备。一方面，研究亚述的赋役制度需要追溯其词源，往往涉及苏美尔语和阿卡德语词义的判断，这需要研究者具有丰富的亚述学知识。另一方面，亚述赋役制度属于经济学领域的问题，准确地把握和评判亚述赋役制度的内容与规律需要大量经济学知识。亚述学与经济学是两个差别很大的学科，综合运用两个学科的知识也增加了本研究的难度。

五 基本思路

赋役制度与国家的政治、经济和社会生活等密切相关，不介绍亚述的基本情况，将无法解释其赋役制度。尤其是，亚述学在我国属于一门新兴学科，迄今为止尚未出版过一部系统地介绍亚述历史、政治、经济和社会生活的专著①，因此，本书不但专门用一章宏观地介绍亚述的概况，而且在探讨各项赋役制度时还要介绍更具体的历史背景。

亚述的政治结构比较复杂，经济类型具有多样性，因此其赋役制度种类繁多。亚述控制的区域分为直接管理的行省和间接管理的附属国两大类，它们对国家经济的义务是不同的，其中行省需要负担税赋，而附属国必须进献贡赋。神灵在亚述的政治、经济和社会生活中扮演着不可或缺的角色，神灵的供品也是国家赋役的重要组成部分。亚述的经济分为农业、商业等不同的生产部门，不同的生产部门需要负担不同的税赋。除了征收各种物资外，国家还需要征调劳动力服兵役、从事劳役。同时，赋役的豁免制度是伴随着赋役制度产生的，对赋役制度起补充和调节作用，也是赋役制度的重要组成部分，也应纳入考察的范畴。最后，在财政出现亏空和劳动力

---

① 国洪更：《中国亚述学研究述略》，《世界历史》2005年第5期。戴可来、楚汉编著的小册子仅仅介绍了新亚述时期的情况，参见戴可来、楚汉《亚述帝国》，商务印书馆1987年版。

出现短缺时，亚述国王会临时开征税赋弥补缺口，临时征收的税赋也是亚述赋役制度的组成部分。简言之，亚述的赋役制度大致可分为行省的农业税、附属国的贡赋、关税、徭役、神灵的供品、赋役的豁免和新增的税赋七大类。

第一章介绍亚述的概况。首先界定了"阿淑尔之地"、"亚述腹地"和"亚述地区"三个地理范畴，并介绍了亚述本土的地形特征、气候特征和主要河流等地理概况，接着概述了亚述从史前文化时期、历经古亚述时期、中亚述时期到新亚述时期的发展脉络，最后，分析了各个历史时期王室铭文、法律文献、书信、管理档案和学术作品五类文本文献的时空分布、数量等可资利用的文本文献材料情况。

第二章探讨行省的农业税。首先介绍了亚述行省制度的发展演变和组织结构等基本情况，然后分别介绍了亚述的种植业税（*šibšu* 税和 *nusāhē* 税）和养殖业税（*ṣibtu* 税）等各类农业税的渊源、发展演变、主要内容、课征的对象、征收方式和税率等基本情况。

第三章分析附属国的贡赋。首先概述了亚述的附属国的独立性、亚述对附属国的管理和控制以及附属国对亚述的意义和作用等基本情况，然后分别介绍了亚述附属国和部落缴纳的正式贡赋（*biltu* 贡赋和 *maddattu* 贡赋）和附带贡赋（*nāmurtu* 贡赋和 *igisû* 贡赋）等各种贡赋的渊源与发展演变、贡品的构成、征收的对象和征收的方式等内容。

第四章研究对外贸易与关税。首先介绍古亚述时期、中亚述时期和新亚述时期等各个阶段亚述进行对外贸易的前提条件、贸易政策和贸易发展等基本情况；然后，考察了古亚述时期的出口税（*wāṣītum* 税）、进口税（*šaddū'utum* 税）、对铁等商品课征的税（*išrātum* 税）三种税赋的渊源、征税机构、税率等基本情况以及中亚述和新亚述时期关税（*miksu* 税）渊源、发展演变、征税机构和征税方式等情况。

第五章剖析人口与徭役。首先，分析了亚述人概念的演变、种族构成和社会结构等人口的基本情况，并估算了古亚述时期、中亚述时期和新亚述时期人口的规模；其次，在介绍亚述军队发展演变的基础上，分别探讨了 *dikût māti* 义务和 *ilku* 义务两种兵役义务的词源与发展演变、征召对象、服役的时间、服役的原则、征召的渠道，等等；最后，在介绍亚述的公共工程、国家机构与神庙的劳动、手工业者的义务以及驿站服务等劳动用工的基础上，考察了亚述的 *tupšikku* 义务、与 *iškāru* 有关的劳动以及 *kalliu* 义务三种劳役的词源与发展演变、劳动的内容、征召的对象与渠道，等等。

第六章讨论神灵崇拜与供品的名目。首先在介绍亚述万神殿发展演变的基础上，分析诸神在亚述政治经济文化生活中的地位和作用及其生活状况；其次分别介绍亚述神灵的供品的统称（*niqû* 供品）、日常供品（*ginû* 供品和 *sattukku* 供品）、主要供物（*immeru dariu* 供品、*nindabû* 供品、*zību* 供品和 *qutrīnu* 供品）和特殊供物（*rēštu* 供品和 *hamussu* 供品）四类供品或供物的渊源与发展演变、征收的物品、征收的渠道与方式，等等。

第七章研究赋役的豁免情况。首先追溯了古代两河流域的城市赋役豁免传统，分析了亚述城市赋役的豁免情形；其次概述中巴比伦时期地产赋役的豁免传统，剖析了亚述地产赋役的状况；最后在介绍"阿拉米"（Aramean）士兵、"拉科苏"士兵和"扎库"（*zakkû*）士兵三类军人及其家属享受免赋役的情况基础上，论述了士兵赋役的豁免与亚述帝国形成的关系。

第八章介绍了财政危机与新增税赋。通过介绍新亚述时期财物亏空和劳动力短缺状况来揭示新增课税 *bitqu* 税征收的历史背景，追溯了 *bitqu* 的词源及其发展演变过程，分析了 *bitqu* 税的内容、课征的对象与方式等。

在结语中，我们归纳和总结了亚述赋役制度的特点和规律。

第一章　亚述概况

亚述是从底格里斯河中游河畔的阿淑尔城发展而来的西亚古国。阿淑尔（Aššur）既是亚述最初的都城（$^{uru}Aššur^{ki}$）的名字，又是其国家保护神（$^{d}Aššur$）之名，还是对亚述这个国家（$^{kur}Aššur$ 或 $māt\ Aššur$）及其民众（$^{lú}Aššurû$ 或 $^{lú}Aššurāyu$）的称呼。[1] 学术界习惯上将亚述最初的都城和国家的保护神称为"阿淑尔"（Aššur），而将其国家和民众分别称为"亚述"（Assyria）和"亚述人"（the Assyrians）。

第一节　地理概况

一　地理范畴

亚述的国土，即"阿淑尔之地"，并不是一个固定不变的地理范畴。在亚述学研究的过程中，亚述学家还提出了"亚述腹地"和"亚述本土"两个地理概念，它们与"阿淑尔之地"既有显著的区别又有一定的联系。因此，介绍亚述的地理范畴必须厘清上述三个地理概念。

1. "阿淑尔之地"

立国之初，亚述人并无明确的疆域概念，他们直接控制的区域局限于阿淑尔城及其周边的乡村。阿淑尔城位于底格里斯河的西岸，坐落在马库尔山伸向底格里斯河的三角形支脉上。阿淑尔城的北面是易守难攻的悬崖峭壁，东北面和东面是奔腾不息的底格里斯河，西面是贾兹拉高原的延伸

---

[1] 需要指出的是，亚述人还有其他称呼，如"阿淑尔土地上的人/子民"（$nišē/\ mārē\ māt\ Aššur$）、"恩利尔的臣民"（$ba'ulāt\ ^{d}Enlil$）等。参见 Grant Frame, "My Neighbour's God: Aššur in Babylonia and Marduk in Assyria", *BCSMS*, Vol. 34 (1999), p. 7.

部分。据有关专家估计，阿淑尔城城区的面积大概不超过 2 平方公里。① 由于材料的缺乏，其所辖乡村的面积目前尚无法确定。

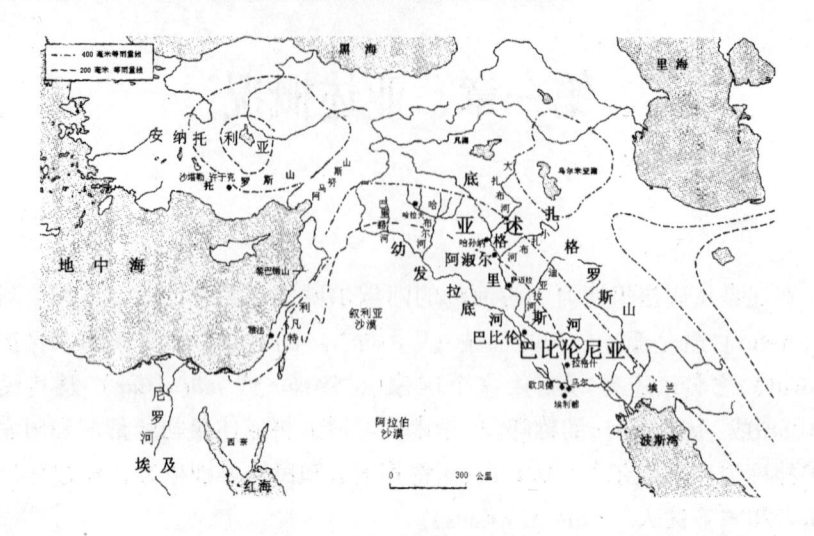

图1 古代西亚北非地图

资料来源：引自 Marc van de Mieroop, *A History of the Ancient Near East ca. 3000 – 323 B. C.*, Malden：Blackwell Publishing, 2007, p. 6。

公元前 14 世纪，亚述人形成了疆域概念，他们称自己的国家为"阿淑尔之地"（*māt ᵈAššur*），意思是"阿淑尔神的土地"。阿淑尔-乌巴利特一世时期，"阿淑尔之地"首次出现在亚述文献中，这位国王被称为"阿淑尔之地的国王"（lugal *māt ᵈAššur*）②。在一些文献中，阿淑尔-乌巴利特一世还被称为"边疆的开拓者"（*murappiš miṣrī u kudurri*）③，其主要成就是东渡底格里斯河，将亚述的东部和北部边界推至扎格罗斯山麓。因此，"阿淑尔之地"最初局限在底格里斯河东岸，主要指该河及其支流上扎布河和下

---

① 不过，不同学者对阿淑尔城区面积的估算并不一致。E. 斯特劳曼格估计阿淑尔城区为 3/4 英里，参见［英］塞顿·劳埃德《美索不达米亚考古》，杨建华译，文物出版社 1990 年版，第 163 页。埃莉诺·巴尔巴内斯估计，阿淑尔城区面积大约为 70 公顷，参见 Eleanor Barbanes, Heartland and Province: Urban and Rural Settlement in the Neo-Assyrian Empire, PhD Dissertation of University of California, Berkeley, 1999, p. 78。T. J 威尔金森等人估计阿淑尔城的面积大约 65 公顷，参见 T. J. Wilkinson and Jason Ur, et al., "Landscape and Settlements in the Neo-Assyrian Empire", *BASOR*, Vol. 340 (2005), p. 26。

② RIMA Ⅰ A. 0. 73. 6: 2.

③ RIMA Ⅰ A. 0. 76. 1: 32.

扎布河围成的三角地带。①

公元前14世纪晚期到公元前13世纪末，多位亚述国王也被称为"边疆的开拓者"②，他们都致力于在底格里斯河西岸扩张领土，"阿淑尔之地"的面积迅速扩大。到公元前13世纪末，亚述征服了贾兹拉高原的大部。"阿淑尔之地"的东部边界是扎格罗斯山，北部边界是土耳其东南部的托罗斯山，南部边界是下扎布河汇入底格里斯河附近的马库尔山–哈姆林山，西部边界是幼发拉底河的支流哈布尔河。③

公元前12世纪，亚述诸王继续开疆辟土，"阿淑尔之地"的面积持续扩大。不过，国王们不再满足于被称为"边疆的开拓者"，往往宣称把被征服地区添加到"阿淑尔之地"之中，这种做法在王室铭文中形成了格式化的表述："我把……划入'阿淑尔之地'/我的国家边界内"（miṣri māt Aššur/mātīa utêr）。④ 然而，公元前12世纪末，"阿淑尔之地"的西北部边界延伸到安纳托利亚地区，其南部边界到达巴比伦尼亚的中部。然而，在公元前2000年代末，由于内乱和游牧民族的入侵，亚述丧失了对底格里斯河西岸的大部分地区的控制，"阿淑尔之地"一度恢复到了最初的状态。

公元前10世纪，亚述又恢复了生机，阿淑尔纳色尔帕二世和沙尔马纳沙尔三世四面出击，在各个方向拓展疆土，一举收复了失地，"阿淑尔之地"基本恢复了历史上的最大面积。然而，公元前9世纪晚期到公元前8世纪前期，亚述发生内乱，被征服地区纷纷摆脱亚述的羁绊，"阿淑尔之地"的面积锐减，大体与公元前13世纪的面积相当。

公元前8世纪中期，亚述结束了数十年的混乱，提格拉特皮拉沙尔三世掀开了对外扩张的新篇章，大片被征服地区并入亚述的版图。除了收复先王征服的地区外，提格拉特皮拉沙尔三世还将叙利亚和巴勒斯坦地区的中北部以及迪亚拉河流域以南的大片区域并入了"阿淑尔之地"。

公元前8世纪晚期到公元前7世纪中期，亚述的扩张达到了顶峰，"阿淑尔之地"的范围也达到了最大。萨尔贡二世延续了提格拉特皮拉沙尔三

---

① P. Machinist, "Assyrians on Assyria in the First Millennium B. C.", in K. Raaflaub unter Mitarbeit von E. Müller-Luckner, hrsg., *Anfänge politischen Denkens in der Antike: Die nahöstlischen Kulturen und die Griechen*, München: R. Oldenbourg, 1993, p. 81.
② RIMA I A. 0. 76. 1: 15, 24, 27; A. 0. 78. 2: 10.
③ J. N. Postgate, "The Land of Assur and the Yoke of Assur," *WA*, Vol. 23, No. 3 (1992), p. 251.
④ RIMA I A. 0. 78. 1: iv 21 – iv 22.

世的扩张态势,将托罗斯山区、安纳托利亚部分地区、扎格罗斯山区、两河流域南部地区大部和巴勒斯坦地区南部划入了"阿淑尔之地"。辛纳赫里布的领土扩张成就无法与先辈相比,他仅仅将东部山区的部分地区添加到"阿淑尔之地"的边界内。① 埃萨尔哈东入侵埃及,企图将其并入"阿淑尔之地",但埃及不久恢复了独立。阿淑尔巴尼拔再次远征埃及,攻克了埃及中部的底比斯城,他还重创埃兰,将其大部分地区纳入"阿淑尔之地",亚述的版图达到了最大。

亚述极盛时期,"阿淑尔之地"北到托罗斯山以北,东面越过了扎格罗斯山,西到地中海和埃及西部,南到埃及中部和波斯湾。"阿淑尔之地"几乎囊括了今伊拉克、叙利亚、黎巴嫩、巴勒斯坦等国家和地区的全部以及土耳其、伊朗、约旦和埃及等国家的部分地区,其面积大概不少于150万平方公里。②

2. "亚述腹地"

如前所述,随着亚述的盛衰,"阿淑尔之地"的面积曾发生显著变化,不过,其核心地区一直牢固地掌控在亚述人的手中,亚述学界称之为"亚述腹地"(Assyrian Heartland)或"亚述人的故乡"(Assyrian Homeland)。学界一般认为,"亚述腹地"的南部边界是下扎布河,北部和东北部的边界是扎格罗斯山,西北部的边界是辛贾尔山。③

从公元前2000年代早期起,"亚述腹地"就成为亚述的政治、经济和文化中心。亚述的核心地区坐落着三个标志性的中心城市,分别是南部的阿淑尔城,北部的尼尼微城(今库云基克)和东部的阿尔贝拉城(今埃尔比勒)。阿淑尔城与阿尔贝拉城之间的距离大约105公里,阿淑尔城与尼尼

---

① OIP Ⅱ, p. 68; 15.

② 据罗夫估计,萨尔贡二世时期,"阿淑尔之地"的面积就达到了大约108万平方公里。参见 M. Roaf, *Cultural Atlas of Mesopotamia and the Ancient Near East*, New York: Facts on File, 1990, p. 179。

③ S. Holloway, *Aššur is King! Aššur is King! Religion in the Exercise of Power in the Neo-Assyrian Empire*, p. 98. 不过,学术界对亚述的核心地区的边界还有其他看法。例如,阿尔塔威尔认为,亚述核心地区的南部边界是下扎布河,北面达今天的摩苏尔城,西部的边界是塞尔萨尔河和谢赫易卜拉欣山,东部边界是盖拉羌克山和海济尔河。参见 M. Altaweel, The Land of Ashur: A Study of Landscape and Settlement in the Assyrian Heartland, PhD Dissertation of the University of Chicago, 2004, p. 4。威尔金森等人认为"亚述腹地"等同于两河流域北部地区,包括从阿淑尔、卡尔胡、杜尔-沙鲁金和尼尼微等底格里斯河流域延伸到叙利亚的幼发拉底河流域。参见 T. J. Wilkinson and Jason Ur, et al., "Landscape and Settlements in the Neo-Assyrian Empire", *BASOR*, Vol. 340 (2005), p. 26。

微城之间的距离大约 100 公里，阿尔贝拉城与尼尼微城之间的距离大约 80 公里。① 阿淑尔城供奉着亚述国家的保护神阿淑尔神，这三个城市都供奉着亚述最重要的女神伊什塔尔。阿淑尔城和尼尼微分城别是亚述第一个和最后一个都城，公元前 879 年确定为都城的卡尔胡城（今尼姆鲁德）和萨尔贡二世兴建的新都杜尔-沙鲁金城（今豪尔萨巴德）也位于这个区域内。亚述人对核心区域的控制比较稳固，不计其数的强制移民迁入了上述地区。亚述在这个区域修建的水利工程最多，农业生产相应也最发达。②

3. "亚述本土"

"亚述本土"（Assyria proper），又称为"亚述地区"，主要指亚述人长期致力开发的主要区域，大致相当于两河流域北部。两河流域，又称为"美索不达米亚"（Mesopotamia），意思是"河间之地"。③ 两河流域可以分为南北两部分，其分界线是两条河之间的最窄处，即今巴格达北部附近；南部称为"巴比伦尼亚"，北部称为"亚述"，也就是"亚述本土"或"亚述地区"。"亚述本土"主要包括今伊拉克北部和叙利亚的东北部，东部边界是扎格罗斯山，西部边界是幼发拉底河，北部边界位于托罗斯山南部，南部的边界大致位于幼发拉底河中游的希提城和底格里斯河中游的萨迈拉城一线。④

---

① Karen Radner, "The Assur-Nineveh-Arbela Triangle: Central Assyria in the Neo-Assyrian Period", in Peter A. Miglus and Simone Mühl, eds., *Between the Cultures: The Central Tigris Region from the 3rd to the 1st Millennium BC: Conference at Heidelberg January 22nd-24th 2009*, Heidelberg: Heidelberger Orientverlag, 2011, p. 322.

② T. J. Wilkinson and Jason Ur, et al., "Landscape and Settlements in the Neo-Assyrian Empire", *BASOR*, Vol. 340 (2005), pp. 27–32.

③ "美索不达米亚"传统上多指古代历史的环境，而不是指一个确切的地理范围。《旧约》的希腊语翻译家把它看作古代城市哈兰附近亚伯拉罕的故乡，大致位于幼发拉底河和底格里斯河中游之间。斯特拉波使用"美索不达米亚"一词只是指间间低地的北部，而把南部称作"巴比伦尼亚"。普林尼则把它的范围扩大到阿拉伯湾，使它的范围大致与现在的伊拉克共和国相当。参见塞顿·劳埃德《美索不达米亚考古》，杨建华译，第 1 页。本书所说的"两河流域"指幼发拉底河与底格里斯河的中下游地区。

④ A. S. Issar and M. Zohar, *Climate Change: Environment and History of the Near East*, Berlin and Heidelberg: Springer, 2007, p. 76. 不过，阿甫基耶夫认为，亚述本土指底格里斯河上游的一小块地方，从下扎布河的下游延伸到扎格罗斯山，西北部是马希奥斯山。他估计，亚述本土的耕地面积不超过 1.2 万平方公里。参见［俄］阿甫基耶夫《古代东方史》，王以铸译，生活·读书·新知三联书店 1956 年版，第 458 页。J. N. 波斯特盖特认为，"亚述本土"指提格拉特皮拉沙尔三世以前的"阿淑尔之地"。参见 J. N. Postgate, "Assyria: The Home Provinces", in M. Liverani, ed., *Neo-Assyrian Geography*, Roma: Università di Roma "La Sapienza," 1995, p. 1. 费尔斯认为，习惯意义上的亚述地区大概有 5 万平方公里，F. M. Fales, *L'impero Assiro: Storia e Amministrazione* (Ⅸ–Ⅶ secolo a. c.), p. 13.

"亚述本土"南北长约350英里,东西宽从300英里到170英里不等,其面积不少于7.5万平方英里,① 即近20万平方公里。

上述三个地理概念涉及的区域既有重合之处,又有不同的地方。"亚述腹地"涵盖的区域最小,是亚述控制最牢固的地区。"亚述本土"的面积大于"亚述腹地",亚述长期控制该地区。"阿淑尔之地"的面积多次发生变化:国家繁荣阶段,"阿淑尔之地"的面积不仅大于"亚述腹地",而且大于"亚述本土";多数时间里,"阿淑尔之地"等同于"亚述本土";在国家衰落时期,"阿淑尔之地"有时等同于"亚述腹地"。"亚述本土"在多数时间是亚述人活动的主要舞台。

二 地理特征

1. 地形特征

亚述地区的地形复杂,大致分为高原、平原和山区三种形态。底格里斯河把亚述本土分为东西两部分,西部的地形比较单一,主要是高原,而东部则有高原、河谷平原和山区三种形态。

底格里斯河西岸的主体是贾兹拉高原,它位于幼发拉底河和底格里斯河之间,阿拉伯人称之为al-Jazirah,意思是"岛"。贾兹拉高原是阿拉伯高原北部边缘的隆起部分,海拔高度大致在200米到1000米。贾兹拉高原是一个石灰岩高原,辛贾尔山和迪巴尔山等少数狭长的山脉位于其中部,高原上遍布丘陵、谷地,其中最著名的是哈布尔河谷地和巴里赫河谷地。高原上还分布着许多干沟,它们是暂时性水流通道,由于经常干涸,人们称之为"干河"(即"瓦迪",Wadi)。农田和果园分布在河流、泉和井的附近,形成星罗棋布的农业居民点,而其周围的原野在春季长满青草成为天然牧场,亚述的许多城市和行省就分布在这里。不过,贾兹拉高原还是游牧部落自西边入侵两河流域的必经之地。

底格里斯河的支流及若干山脉将底格里斯河东岸地区分为4个部分,分别是摩苏尔高原、埃尔比勒平原、基尔库克高原和哈姆林平原。摩苏尔高原位于底格里斯河与上扎布河之间,并向西延伸越过底格里斯河,与贾兹拉高原连在一起。摩苏尔高原海拔高度在400米左右,地表起伏不平,有谷地、滩地和低矮的山脉等。埃尔比勒平原位于上扎布河与下扎布河之

---

① Z. A. Ragon, *Assyria: From the Rise of the Empire to the Fall of Nineveh*, New York: G. P. Putnam's Sons, 1905, pp. 3-4.

间的东部，一般海拔高度在500米左右，西北部的海拔高度仅仅在300米左右。埃尔比勒平原起伏不平，也有浅谷相间。哈姆林平原位于下扎布河与迪亚拉河之间，西南部是马库尔山-哈姆林山，北部是盖拉山。哈姆林平原原本是一个下陷的低槽，它是由河流将附近的黄沙和黏土冲刷而成，地势平坦，海拔高度在200米左右。基尔库克高原位于今伊朗与伊拉克的边境与埃尔比勒平原之间，海拔高度在600米至1000米。山坡上有草地、树林，河谷则较为平坦，非常适宜种植各种农作物。对亚述发展举足轻重的"亚述腹地"位于这个区域，亚述的三个都城和许多重要城市均分布于此。

扎格罗斯山呈西北—东南的弧形走向，坐落于伊拉克—土耳其和伊拉克—伊朗的交界处，海拔高度从2000米到3600米不等。以下扎布河为界，扎格罗斯山区分为两部分，南部山区褶皱较少，而北部山区褶皱较多。在南部山区，河流携带的泥沙沉积下来，形成了面积不大的平原，如扎胡平原、拉尼耶平原和沙赫尔祖尔平原等。在北部山区，尤其是下扎布河以北地区，山势宏伟，山间平原较窄。山间平原地区分布着亚述行省和城市。山间还居住着许多部落，它们时而归顺、时而反叛，对亚述历史的发展产生了深刻影响。

托罗斯山脉位于安纳托利亚高原的南部，自地中海沿岸向东迂回绵延达2000多公里，可分为西托罗斯山、托罗斯山和安蒂托罗斯山三部分。托罗斯山东端与扎格罗斯山等汇集在一起形成一个群山，人们称之为亚美尼亚山结。[①] 托罗斯山脉海拔高度多在2000米左右，山幅虽不宽，但山势巍峨峻峭，好似屏障一样，把安纳托利亚高原与贾兹拉高原隔开。山间湖泊众多，底格里斯河和幼发拉底河均发源于山间的湖泊。山间的狭窄通道是亚述与安纳托利亚地区交流的重要孔道。托罗斯山间分布着多个国家，它们有时归附亚述，有时背叛亚述，有时则扮演缓冲国的角色，也对亚述历史的发展产生了重要影响。

2. 气候特征

"亚述本土"大致位于北纬30°—40°，东经40°—50°，受副热带高压和东北信风交替控制，加上海陆位置和地形的影响，该地区的气候类型非

---

① 河北师范大学地理系编：《西亚地理》，商务印书馆1975年版，第13页。

常复杂，大致可以分为亚热带沙漠、草原气候和地中海式气候三种类型。①

底格里斯河西岸的贾兹拉高原属于亚热带沙漠气候，其特点是炎热、干燥、温差大。该地区全年受副热带高压下沉气流控制，空气十分干燥，年降水量在200毫米以下，有的地方常年无雨。贾兹拉高原的年平均气温高于18℃，夏季十分炎热，最热月平均气温大都在30—35℃，个别地点绝对最高气温高达58℃，地表最高温度可达80℃以上，最冷月平均气温不低于10℃。

扎格罗斯山北部山区和托罗斯山东部山区属于地中海式气候，突出特点是冬季凉爽潮湿，夏季炎热干燥。冬季时，西风带南移至此气候区内，西风从地中海上带来潮湿的气流，加上锋面气旋活动频繁，因此气候温和多雨；冬季一般始于11月，结束于3月中旬，最低平均气温2℃。夏季时，副热带高压或信风向北移至此气候区内，气流以下沉为主，不易形成降水，因此气候干燥炎热；夏季一般开始于4月末或5月初，结束于10月上旬或中旬，最高平均气温不超过35℃。该气候区的春秋两季非常短促，是冬夏两季之间的过渡阶段。② 该气候区的年降水量在400毫米至1200毫米，年平均降水量是888毫米；降雨主要出现在冬、春和秋三个季节，12月到4月，尤其是1月到3月，降雨集中，而夏季鲜有降雨。该气候区的山区降雪量较大，背阴的山麓有积雪，积雪融水是底格里斯河及其支流的重要水源。

介于亚热带沙漠气候区与地中海式气候区之间的区域属于草原气候区，其特点是冬季低温湿润，夏季炎热干燥。冬季受东北信风影响较大，降水较多，夏季受副热带高压控制，降水较少；年降雨量大致在200毫米至400毫米，年平均降水量是360毫米；最冷月平均最低气温在0℃以下，最热月平均高温达到36℃以上。草原气候与地中海式气候类似，不过，前者温差较大、降水较少，而后者温差较小、降水较多。

亚述地区的气候有利于农业生产。除贾兹拉高原外，亚述的大部分地区都位于200毫米年降水线之内，基本可满足旱作作物的最低要求；降雨季节与农作物的生长季节大体一致，春季的降雨和初夏的积雪融水可以确

---

① [伊拉克] 贾希姆·穆罕默德·海拉夫等：《伊拉克地理》，兰亭、华英、忠杰等译，北京出版社1982年版，第61页。

② Na'il Hannoon, Studies in the Historical Geography of Northern Iraq during the Middle and Neo-Assyrian Periods, PhD Dissertation of University of Toronto, 1986, pp. 41-42.

保农作物在生长最后的阶段获得足够的水分。① 亚述本土的降水基本保证了农作物的生长需要，适宜发展旱作农作物。

3. 河流

古代两河流域因幼发拉底河和底格里斯河而得名，河流对亚述的发展产生了深远影响。幼发拉底河有哈布尔河和巴里赫两条主要支流，底格里斯河的主要支流是上扎布河（又称为大扎布河）、下扎布河（又称为小扎布河）和迪亚拉河。在距今5000年前，底格里斯河与幼发拉底河并非像如今一样在伊拉克南部合流入波斯湾，而是分别单独注入波斯湾；直到三四千年前，由于它们携带的泥沙不断在河口沉积，海岸线渐渐地南移，这两条河才逐渐汇合在一起成为阿拉伯河。

幼发拉底河发源于托罗斯山，其源头称卡拉苏河，流至班克以北汇合木拉特河，始称幼发拉底河。此后，幼发拉底河曲折南流，在比雷吉克以南入叙利亚境内，至梅斯克内附近转向东南流，沿途接纳巴里赫河、哈布尔河等支流后，入伊拉克境内，在希特附近流入平原。幼发拉底河全长约2800公里，流域面积67.3万平方公里。幼发拉底河主要靠上游的高山融雪和山区降雨补给，水量较为丰富，但因沿途蒸发、渗漏及大量灌溉，至中下游流量骤减。卡尔赫米什和马里等重要城市都位于幼发拉底河畔。

哈布尔河是幼发拉底河最重要的支流，它发源于土耳其东南部山区，在叙利亚的哈塞克接纳主要支流杰格杰盖河，南下汇入幼发拉底河下游。哈布尔河全长486公里，流域面积约37081平方公里。哈布尔河上游有许多小支流，形成一个三角形的河网地区，这一地区冬季降雨量丰沛，形成了重要的灌溉农业地区。② 杜尔－卡特里穆、古扎纳、哈勒资亚特巴尔、哈拉拉提和纳西比纳等亚述行省和城市位于哈布尔河流域。

巴里赫河是幼发拉底河右岸的另一条重要支流，它发源于土耳其东南部山区，流经叙利亚，最终在拉卡城附近注入幼发拉底河。巴里赫河全长约100公里，流域面积14400平方公里。巴里赫河流域平均流量每秒6立方米，河水主要用作灌溉。③ 西部重要城市哈兰位于巴里赫河流域。

---

① Na'il Hannoon, Studies in the Historical Geography of Northern Iraq during the Middle and Neo-Assyrian Periods, pp. 49 – 51.

② Geoges Roux, *Ancient Iraq*, London: Penguin Group, 1992, p. 10.

③ T. J. Wikinson, "Water and Human Settlement in the Balikh Valley, Syria: Investigation from 1992 – 1995", *JFA*, Vol. 25, No. 1 (1998), p. 65.

底格里斯河发源于托罗斯山南麓，经过土耳其东南部城市迪亚巴克尔后，流入伊拉克境内，沿途接纳了来自扎格罗斯山的众多河流。底格里斯河全长1950公里，流域面积37.5万平方公里，年径流量近400亿立方米。底格里斯河主要靠高山融雪和上游春雨补给，每年3月涨水，5月水位最高。因沿山麓流动，沿途支流流程短、汇水快，常使河水暴涨，洪水泛滥，形成沿岸肥沃的冲积平原，是亚述重要的灌溉农业区。阿淑尔、卡尔-图库尔提-尼努尔塔、卡尔胡和尼尼微等亚述的四个都城均位于底格里斯河畔。

　　上扎布河发源于土耳其东南部的哈卡里，全长392公里，最大流量为808立方米/秒。上扎布河集水面积近3万平方公里，其中超过2/3为山区，每年的流量为1444亿立方米，相当于底格里斯河水量的1/3。上扎布河的落差非常大，从贝克赫梅赫到与底格里斯河汇合处之间的距离为120公里，而两地的落差竟达150米。上扎布河季节变化大，在旧凯莱克10月河宽度为135米，而洪水季节则宽达1200米。杜尔-沙鲁金和伊萨纳等城市位于上扎布河流域。

　　下扎布河发源于伊朗高原，是底格里斯河最长的支流，长度为400公里。下扎布河集水面积约22250平方公里，其中一半左右是山区，年平均流量为7.39万亿立方米。下扎布河季节性比较明显，阿勒通库普里测得9月的平均流量为38立方米/秒，而3月的流量为457立方米/秒。下扎布河基本上在高山峡谷中流淌，其洪水危害性不大，同时，这也使其不便于灌溉。[1] 阿尔祖希纳行省、拉希鲁行省和阿拉米部落鲁卡哈都位于下扎布河流域。

　　迪亚拉河发源地位于哈马丹以西的扎格罗斯山区，长度为386公里。迪亚拉河集水面积约32 600平方公里，其中山区约占一半，平均流量为176立方米每秒，年平均流量为5.56万亿立方米。迪亚拉河落差巨大，从源头的海拔2000米到汇入底格里斯河时骤降到不足800米。除了冬季的降雨，春季和初夏的山区雪融水也是迪亚拉河的重要水源，非常有利于灌溉。[2] 阿拉泊哈、鲁伯达和麦-图尔兰等亚述行省和城市位于迪亚拉河流域。

---

[1] Na'il Hannoon, Studies in the Historical Geography of Northern Iraq during the Middle and Neo-Assyrian Periods, pp. 31 – 36.

[2] Na'il Hannoon, Studies in the Historical Geography of Northern Iraq during the Middle and Neo-Assyrian Periods, p. 39.

第二节　历史概况

两河流域是人类文明最早的发祥地之一，该地区的史前文化是在亚述地区发展起来的。至少自旧石器时代起，两河流域北部的山区就有人类活动，他们创造了绚烂多彩的史前文化，为亚述文明的发展奠定了坚实的基础。根据亚述语的发展变化，亚述学界一般将亚述历史分为古亚述（从大约公元前2000年到大约公元前18世纪）、中亚述（从大约公元前1400年到大约公元前1050年）和新亚述（从公元前934年到公元前612年）三个并不连贯的阶段。

一　史前文化阶段

按照考古学的分类方法，亚述地区的史前文化可以分为旧石器时代、中石器时代、新石器时代和铜石并用时代四个阶段。亚述地区的史前文化最初产生在扎格罗斯山麓，后来才逐渐转移到平原地区。

旧石器时代（距今约8万—1.3万年），亚述地区的史前文化产生在扎格罗斯山山麓的洞穴里，典型的遗址有沙尼达和帕勒伽拉。沙尼达遗址共有四层，其最底层属于旧石器时代中期,[1] 帕勒伽拉遗址的最底层属于旧石器后期。[2] 两河流域北部旧石器时代的遗址出现了用石头打制的工具。[3]

中石器时代（距今约1.3万—9000年），亚述地区的史前文化集中在两河流域北部和东部山区，典型的遗址有扎维·凯米·沙尼达尔和卡里姆·沙希尔等。中石器时代，两河流域北部的工具制作技术有了明显的进步，出现了磨制石器、琢制细石器和骨器，尤其是装有骨柄的石镰等复合工具。随着食物的丰富，人们开始了定居生活，建造了简陋的房屋。

新石器时代（公元前七八千—前4500年），亚述地区的史前文化主要产生在平原地区，大致可分为无陶新石器文化、早期陶器文化和彩陶文化三个阶段。无陶新石器文化始于公元前七八千年，典型的遗址主要集中在辛贾尔山附近和下扎布河流域，骨器非常发达。早期陶器文化大概产生于公元前6000至公元前5500年，典型的文化遗址是辛贾尔地区的乌姆·达

---

[1] 碳十四鉴定表明，沙尼达遗址表层时间大致在公元前48300（±3000）年。Petr Charvát, *Mesopotamia before History*, London and New York: Routledge, 2002, p. 1.

[2] Petr Charvát, *Mesopotamia before History*, p. 2.

[3]. Petr Charvát, *Mesopotamia before History*, pp. 1 - 2.

巴吉亚，该地区发明了简单的陶器，出现了最早的村落。两河流域北部的彩陶文化存在于公元前5500年至公元前4500年，代表性的文化先后是哈苏纳文化和哈拉夫文化，该地区出现了培植的农作物和驯化的动物。

铜石并用时代（约公元前4500—前3500年），两河流域北部的哈拉夫文化逐渐被两河流域南部的欧贝德文化取代，典型遗址是高拉、泰尔·阿尔帕契亚和耶里姆Ⅱ等。两河流域北部的生产日益专门化，出现了以种植业为主的农业部落和以养殖业为主的畜牧部落。社会大分工促进了农业和畜牧业的发展，部落间物品交换经常化推动了贸易的发展。两河流域北部的神庙建筑风格模仿两河流域南部，而墓葬方式方面坚持了固有的传统，在铜器制作和印章使用方面则超过了两河流域南部。

公元前3500年到公元前2500年左右，两河流域北部到了国家产生的前夜。两河流域南部的乌鲁克文化传播到北部地区，典型遗址主要有格莱·莱什、泰佩·伽沃拉。库云基克、埃尔比勒等地先后出现了城市，典型的建筑是神庙，社会成员之间发生了贫富分化。①

公元前2500年到公元前2000年，阿淑尔城曾长时间处在两河流域南部政权的控制之下。公元前2500年左右，苏美尔地区的霸主拉格什曾征服两河流域北部，阿淑尔城可能臣服于它。公元前24世纪，阿卡德人乘苏美尔城邦混战之机迅速崛起，不但征服了各个苏美尔城邦，而且还把势力扩张到两河流域北部地区，阿淑尔城又沦为其藩属。阿淑尔城与阿卡德王国治下的其他城市无异，其统治者都被称为 ensi。② 阿卡德国王马尼伊什图舒曾向阿淑尔城的女神伊什塔尔献祭。③ 阿卡德王国灭亡后，继之而起的乌尔第三王朝仍然控制着阿淑尔城，阿淑尔城的统治者扎里库姆被称为阿淑尔城的总督（šaknu），相关地区成为乌尔第三王朝的行省。④

二　古亚述时期

古亚述时期分为阿淑尔城邦和"上美索不达米亚王国"（Upper Mesoptamian Kingdom）两个阶段，前者指从大约公元前2000年到公元前19世纪末，后者指从公元前19世纪末到公元前18世纪中期。

---

① A. J. Jawad, The Advent of the Era of Township in Northern Mesopotamia, PhD Dissertation of the University of Chicago, 1962, pp. 143 – 145.
② UET Ⅷ, 14: v 4 – v 6'.
③ RIMA Ⅰ A. 0. 1002.
④ RIMA Ⅰ A. 0. 1003; RIME Ⅲ/2 E3/2 1. 3. 2001.

公元前 2025 年左右，乌尔第三王朝末代国王伊比-辛失去了对边远地区的控制，阿淑尔城很可能乘机获得了独立。① 亚述初期的历史材料非常匮乏，后世编订②的《亚述王表》仅仅罗列了亚述国王的名字，但早期的国王大多没有得到其他文献的证实，第 30 位国王普祖尔-阿淑尔一世是第一位得到证实的亚述国王。③

亚述最初的国家形式是城邦，又称城市国家，主要国家机构有国王、长老会和名年官（līmum）。国王有"伊沙库"（išša'ku）、"鲁巴乌姆"（rubā'um）和"贝鲁姆"（bēlum）等头衔。其中，"阿淑尔神的伊沙库"是国王在正式场合的称呼，意思是"阿淑尔神的代理人"；而"鲁巴乌姆"和"贝鲁姆"是亚述人在日常生活中对国王的称呼，其意思分别是"王公"和"主"。④ 长老会是阿淑尔城的最高权力机构和司法机关，其成员称为长老（paršum），一般由重要家族的族长组成，国王是长老会的召集人。名年官是亚述特有的官职，亚述的年名来自名年官，该官员以抽签的方式从阿淑尔城重要的家族族长中选出。名年官是阿淑尔市政厅的首脑，还监督贸易活动、征收税金。⑤

一些学者认为，古代西亚北非地区的商人总是跟随军队行动，阿淑尔商人在安纳托利亚和叙利亚北部地区建立商业据点，意味着他们征服了相关的地区，因此，他们认为阿淑尔城及其商业据点构成了"古亚述帝国"。⑥ 事实上，安纳托利亚地区的王公并未屈服于阿淑尔城邦，而是与亚述商人签订了互利条约：阿淑尔商人需要向当地王公交纳税赋，当地王公独占铁与奢

---

① W. Sallaberger and A. Westenholz, *Mesopotamien: Akkade-Zeit und Ur III-Zeit*, Freiburg: Universität Verlag, 1999, p. 161 note 136.

② 现存的《亚述王表》是公元前 11 世纪到前 8 世纪版本，不过，它最初可能编订于沙马什-阿达德一世时期，后来经过多次修订。参见 Jean-Jacques Glassner, *Mesopotamian Chronicles*, Leiden and Boston: Brill, 2005, p. 136。

③ RIMA I A.0.31:2;5.

④ M. T. Larsen, "The City and Its King: On the Old Assyrian Notion of Kingship", in Paul Garelli, ed., *Le Palais et la Royauté: Archéologie et Civilisation*, Paris: Librairie Orientaliste Paul Geuthner, 1974, pp. 286-299.

⑤ 亚述的名年官大概始于公元前 20 世纪后半期，也就是埃里舒姆一世在位时期。参见 K. R. Veenhof and J. Eidem, *Mesopotamia: The Old Assyrian Period*, Göttingen: Vandenhoeck und Ruprecht, 2008, p. 22。

⑥ J. Lewy, "On Some Institutions of the Old Assyrian Empire", *HUCA*, Vol. 27 (1956), pp. 36ff.; L. Orlin, *Assyrian Colonies in Cappadocia*, p. 94f. 阿甫基耶夫甚至还认为，阿淑尔国王伊鲁舒马征服了两河流域南部地区，参见阿甫基耶夫《古代东方史》，第 47 页。

侈品的贸易；作为回报，当地王公授予阿淑尔城的商业据点某些特权，并负有保护过往商队的义务。①阿淑尔商人与安纳托利亚地区的居民和平相处，他们不但进行贸易，而且互相通婚。②

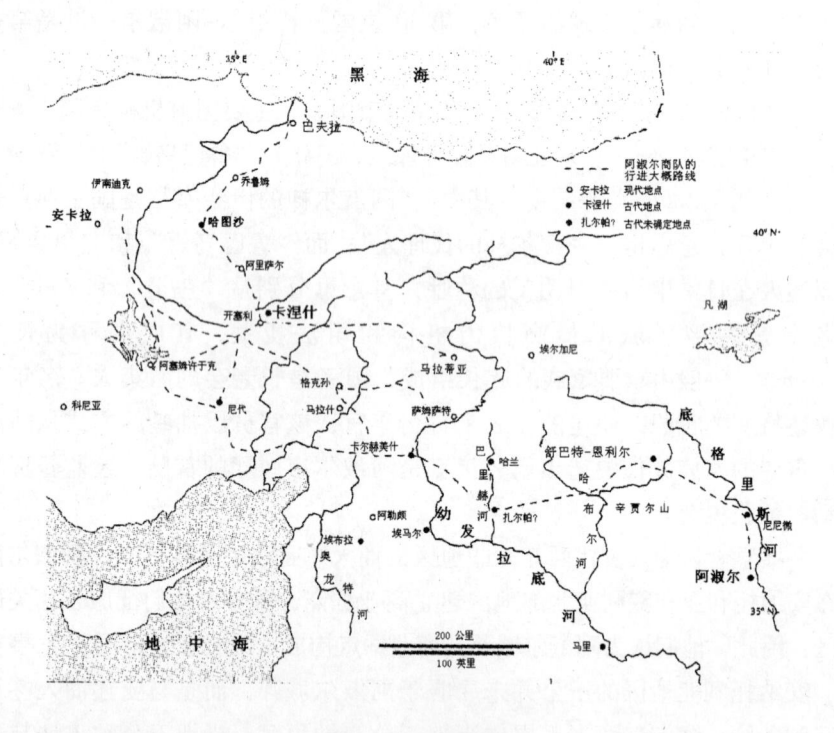

图 2 古亚述地图

资料来源：引自 K. R. Veenhof, "Kanesh: An Assyrian Colony in Anatolia", in Jack M. Sasson, ed., *Civilizations of the Ancient Near East*, Vol. Ⅱ, New York: Charles Scribner's Sons, 1995, p. 862。

公元前 19 世纪，一支阿摩利部落崛起于哈布尔河流域。公元前 19 世纪末，该部落征服了阿淑尔城，并以该城为基地征服了马里、埃什嫩那和周边地区的其他国家和部落，建立了囊括两河流域北部大部分地区的"上美索不达米亚王国"。尽管其国王沙马什-阿达德一世自称为亚述国王，但

---

① L. Orlin, *Assyrian Colonies in Cappadocia*, pp. 179 – 180; M. T. Larsen, *Assyrian City State and Its Colonies*, p. 245.

② K. R. Veenhof, "The Old Assyrian Merchants and Their Relations with the Native Population of Anatolia", in Hans-Jörg Nissen und Johannes Renger, hrsg., *Mesopotamien und Nachbarn: Politische und Kulturelle Wechselbeziehungen im alten Vorderasien*, Berlin: Dietrig Reimer Verlag, 1982, pp. 147 – 159.

是，他的都城却是位于哈布尔河上游的舒巴特-恩利尔。

"上美索不达米亚王国"时期，尽管阿淑尔城邦时期的国家机构依然存在，但是，其职权已无法与城邦时期同日而语，突出特点是国王的权力大为增强。尽管沙马什-阿达德一世也像阿淑尔城邦国王一样自称为"阿淑尔的伊沙库"①，但是，他还效仿苏美尔—巴比伦尼亚国王自称为"基什国王"（lugal kiš）② 或"阿卡德国王"（lugal Akkadê）③。基什是苏美尔城邦的霸主，阿卡德王国是第一个统一两河流域大部分地区的政权，"基什国王"和"阿卡德国王"是巴比伦尼亚地区的国王们比较青睐的一个头衔，其权力远大于城邦国王。沙马什-阿达德一世还打破阿淑尔城邦抓阄选举名年官的惯例，任命其子伊什美-达甘为名年官。此外，沙马什-阿达德一世还加强了对外贸易的管理，④ 在安纳托利亚地区的商业据点设置了"商人的监督"（wakil tamkārī）。⑤

沙马什-阿达德一世去世不久，重新崛起的马里政权推翻了其子亚斯马赫阿杜的统治，承袭王位的伊什美-达甘在与古巴比伦王国的斗争中败北，"上美索不达米亚王国"迅速瓦解。伊什美-达甘去世后，七位被称为"无名氏之子"的人先后称王。⑥ 胡里安人称雄两河流域北部以后，阿淑尔城很可能沦为米坦尼王国（约公元前16世纪末—前14世纪晚期）的附属国。虽然"上美索不达米亚王国"在亚述的统治仅仅是昙花一现，但是，阿摩利人首领和国王被编入了《亚述王表》，对亚述历史的发展产生了深刻的影响。

三 中亚述时期

中亚述时期，亚述不但摆脱了异族的羁绊，而且走上了对外扩张的道路，一跃成为西亚北非地区的军事强国。然而，在阿拉米人咄咄逼人的进攻下，亚述政权在公元前2000年代末迅速衰落。

公元前14世纪后期到公元前13世纪前期，亚述不但恢复了独立，而且跻身于西亚北非地区大国的行列。中亚述的复兴始于阿淑尔-乌巴利特一世。公元前14世纪是北非的埃及、安纳托利亚和叙利亚地区的赫梯王国、

---

① RIMA I A.0.39.3：3.
② RIMA I A.0.39.1：2；A.0.39.2：4.
③ RIMA I A.0.39.6：7.
④ 沙马什-阿达德一世时期，"上美索不达米亚王国"与安纳托利亚地区的贸易又恢复了。
⑤ W. F. Leemans, "Old Babylonian Letters and Economic History: A Review Article with a Digression on Foreign Trade", *JESHO*, Vol. 11, No. 1 (1968), p. 199.
⑥ Jean-Jacques Glassner, *Mesopotamian Chronicles*, p. 139.

两河流域中北部的米坦尼王国和巴比伦尼亚地区的加喜特王朝等古代西亚北非地区大国博弈的时代,亚述国王阿淑尔-乌巴利特一世采取远交近攻的策略,以厚礼交好埃及,以联姻的方式笼络加喜特王朝,与赫梯王国联手从东面和西北两个方向夹击米坦尼王国,最终挣脱了胡里安人的羁绊。阿淑尔-乌巴利特一世的三位后继者恩利尔-尼拉里、阿里克-登-伊里和阿达德-尼拉里一世不但进一步蚕食米坦尼王国,而且征服了扎格罗斯山和叙利亚地区的许多部落,巩固了亚述在两河流域北部的统治,亚述成为与列强齐名的西亚强国。

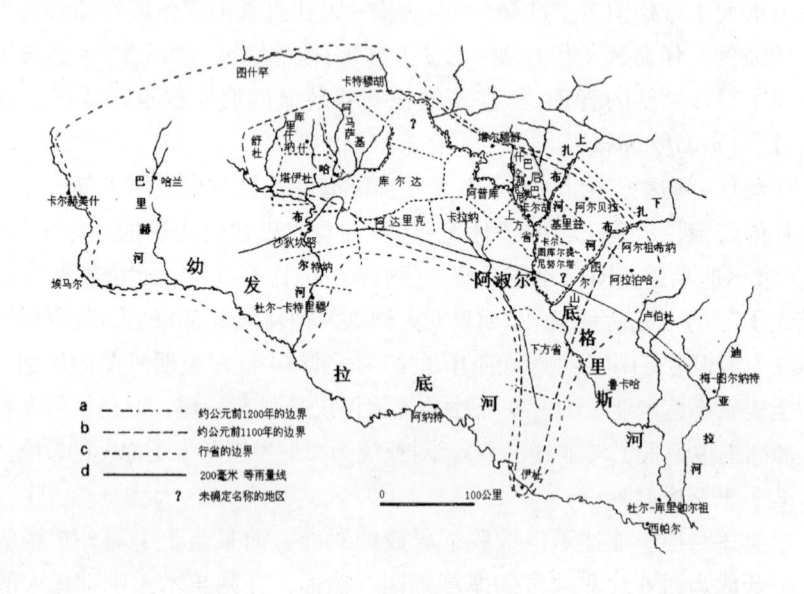

图 3 中亚述地图

资料来源:引自 J. N. Postgate, "The Land of Assur and the Yoke of Assur", *WA*, Vol. 23, No. 3 (1992), p. 249。

公元前 13 世纪中后期,亚述扩张的范围进一步扩大。沙尔马纳沙尔一世彻底击败了胡里安人残余势力与赫梯的联军,使曾经不可一世的米坦尼王国寿终正寝,并率军跨出两河流域,劫掠了凡湖地区的纳伊利诸国。图库尔提-尼努尔塔一世不但击败了赫梯人,而且一度占领巴比伦城,首次赢得了"苏美尔与阿卡德之王"(man kur Šumeri u Akkadî)的名号。然而,图库尔提-尼努尔塔一世时期,亚述内部的矛盾日益突出,他以迁都缓解矛盾的方式并未获成功,最后死于叛乱之中。此后,亚述国内的矛盾更加尖锐,图库尔提-尼努尔塔一世的三个儿子先后登上王位,亚述逐渐式微,被征服地区逐渐丧失。

公元前12世纪晚期、公元前11世纪初,提格拉特皮拉沙尔一世登上了王位,亚述又恢复了强国的本色。提格拉特皮拉沙尔一世击退穆什基人的进攻,并征服了安纳托利亚东部地区,还率军深入纳伊利地区,获取了大量战利品和贡赋。提格拉特皮拉沙尔一世在位39年,曾28次渡过幼发拉底河远征阿拉米人,兵峰直达地中海沿岸,叙利亚和巴勒斯坦地区诸国被迫纳贡称臣。提格拉特皮拉沙尔一世去世后,亚述无力征讨阿拉米人,幼发拉底河中上游地区陆续建立了一系列阿拉米人国家。

中亚述时期,亚述的政治结构发生了显著的变化。一方面,国王的权力进一步加强。古亚述时期,阿淑尔神才是真正的国王,而国王只能称为"阿淑尔神的伊沙库"。然而,从阿淑尔-乌巴利特一世开始,亚述国王僭越了神灵,自称为"阿淑尔之地的国王",即"亚述国王"。抓阄选举名年官的传统也被打破,阿达德-尼拉里一世竟然自任名年官。另一方面,随着亚述版图的扩大,"亚述本土"基本确定,行省制度逐步建立起来。① 不过,一些行省可能掌控在一些有权势的家族手中,总督职位存在世袭现象。②

四 新亚述时期

新亚述时期是亚述发展的鼎盛阶段,经过历任国王的南征北战、东杀西挡,亚述于公元前7世纪中期发展成为一个横跨亚非两大洲的大帝国。

公元前10世纪晚期到公元前9世纪初,蛰伏了一百多年的亚述政权逐渐苏醒。亚述的发展具有良好的国际环境,昔日的竞争者的巴比伦王国自身难保,北面的劲敌乌拉尔图羽翼尚未丰满,被异族占领的埃及无暇染指叙利亚和巴勒斯坦地区,四分五裂的埃兰无力入侵两河流域。阿淑尔-丹二世把流散到外地的亚述居民安置到荒废的城镇,并开垦抛荒的土地,奠定了亚述复兴的经济基础。阿达德-尼拉里二世向西面和西北出击,再次征服了昔日的附属国;图库尔提-尼努尔塔二世向南发展,侵占了巴比伦王国迪亚拉河流域的大片区域。经过上述三位国王的苦心经营,亚述逐渐恢复了

---

① J. N. Postgate, "The Middle Assyrian Provinces: Review of *Die Orts-und-Gewassernamen der mittel-babylonischen und mittelassyrischen Zeit*", *AfO*, Vol. 32 (1985), pp. 95 – 101.

② J. N. Postgate, *The Archive of Urad – Šerūa and His Family: A Middle Assyrian Household in Government Service*, Roma: R. Denicola, 1988, pp. xxiii – xxvi; RIMA I A. 0. 86. 2001.

生机。

　　公元前 9 世纪，阿淑尔纳色尔帕二世和沙尔马纳沙尔三世发动了大规模的对外扩张，亚述的势力急剧膨胀。阿淑尔纳色尔帕二世不但征服了东北和北面山区的国家和部落，而且率军西进，阿拉米人诸国纷纷归附，地中海沿岸的诸国无不纳贡称臣。阿淑尔纳色尔帕二世还在被征服地区修建城市、任命总督，加强了对那些地区的控制；并利用从被征服地区掠夺的资源和人口营建了新都卡尔胡。与其父的业绩相比，沙尔马纳沙尔三世的成就也毫不逊色，他三次击败叙利亚和巴勒斯坦地区各国联军，还深入纳伊利地区获取纳伊利地区诸国的战利品和贡赋，并借平定巴比伦王国的内乱之机控制了巴比伦尼亚地区。然而，沙尔马纳沙尔三世末年，亚述发生了叛乱，波及亚述本土的 27 个主要城市。沙马什-阿达德五世用了 7 年的时间才平定了叛乱，但是，亚述元气大伤。

　　公元前 9 世纪晚期到公元前 8 世纪前期，亚述王权衰微，权臣当政，对外扩张停止，政权一度处于风雨飘摇之中。阿达德-尼拉里三世勉强保住了先王创下的基业，但是，宫廷朝臣和地方行省总督势力迅速膨胀，蔑视朝廷的权威。阿达德-尼拉里三世以后，他的四个儿子先后继位，亚述国内的混乱局面日益严重，对外扩张基本停止。亚述的衰微给北面的乌拉尔图人以可乘之机，他们以凡湖地区为中心建立了统一的乌拉尔图王国，亚述的一些附属国归顺乌拉尔图，亚述面临严重的挑战。

　　公元前 8 世纪中期，经过提格拉特皮拉沙尔三世行政和军事方面的改革，亚述重新焕发了生机，亚述帝国初具规模。提格拉特皮拉沙尔三世缩小了行省的规模，并任用宦官担任行省总督，加强了对行省的控制；他还往附属国派驻"国王的代表"（qēpu ša šarri，通常简化为 qēpu）①，加强对被征服地区的控制。提格拉特皮拉沙尔三世利用俘虏和被征服居民扩充由宦官总管统率的常备军，来制衡桀骜不驯的权臣和镇压被征服地区的叛乱。提格拉特皮拉沙尔三世率军征服了叙利亚和巴勒斯坦地区的大部分国家，出兵打击伊朗

---

① qēpu 的字面意思是"信任的"。Simo Parpola, *Assyrian-English-Assyrian Dictionary*, Helsinki: The Neo-Assyrian Text Corpus Project, 2007, p. 88; CAD Q, p. 268; Peter Dubovsky, "King's Direct Control: Neo-Assyrian *Qēpu* Officials", in Gernot Wilhem, ed., *Organization, Represnation and Symbols of Power in the Ancient Near East: Proceedings of the 54th Recontre Assyriologique Internationale at Würzburg 20–25 July 2008*, Winona Lake, Indiana: Eisenbrauns, 2012, pp. 449–460.

高原兴起的米底诸部,并进军巴比伦尼亚,兼任巴比伦王国国王。①

公元前8世纪晚期到公元前7世纪前期,亚述帝国继续对外扩张,征服了西亚北非大片地区,达到了它的极盛阶段。征服地中海沿岸诸国后,萨尔贡二世亲自率军远征乌拉尔图,击溃了这个威胁最大的敌人,他还利用被征服地区的居民营建了新都杜尔—沙鲁金,并征服了巴比伦尼亚。辛纳赫里布不但亲率大军进攻埃兰,而且将千年古城巴比伦夷为平地,并扩建了新都尼尼微。埃萨尔哈东重修巴比伦城,安抚了巴比伦人;他还率军平定巴勒斯坦地区的叛乱,并征服了下埃及。阿淑尔巴尼拔继承其父征埃及的事业,再次攻占底比斯;他还两次进攻埃兰,铲除了煽动巴比伦尼亚叛乱的外部势力。至此,东起伊朗高原,西到地中海,北起小亚细亚和高加索山,南到埃及中部和波斯湾的广阔地区,都纳入了亚述的版图。然而,亚述帝国的辉煌并未持续很久,随着亚述军队撤离,埃及等被征服地区相继独立,沙马什-舒穆-乌金的叛乱进一步加速了亚述帝国的没落。

新亚述时期,亚述的中央集权制进一步加强。一方面,中亚述以来的行省制度进一步在被征服地区推广;另一方面,亚述朝廷形成了以七位高官为主的中央政府协助国王处理各方面政务。还有,亚述帝国组建了中央常备军,加强了对行省和附属国的控制和影响。

公元前7世纪晚期,在周边新兴敌人咄咄逼人的进攻下,亚述寿终正寝。迦勒底人的新巴比伦王国自南面向亚述发起了进攻,而伊朗高原上崛起的米底王国自东北攻入亚述境内,公元前612年尼尼微被攻陷,亚述政权彻底退出了历史舞台。此后,新巴比伦王国和波斯帝国等政权相继征服亚述地区,亚述人逐步被征服和同化。②

---

① 一些学者认为新亚述等同于(新)亚述帝国,参见 H. W. F. Saggs, *The Might That Was Assyria*, London: Sidwick and Jackson, 1984, p. 70。J. N. 波斯特盖特对于亚述帝国的开始时间有不同的看法。根据芬利关于帝国的理论,J. N. 波斯特盖特将亚述帝国分为扩张阶段和帝国阶段,认为阿淑尔纳色尔帕二世和沙尔马纳沙尔三世的扩张与中亚述诸王的成就没有明显的差别,阿达德-尼拉里三世又陷入衰落,因此上述时期不属于亚述帝国的扩张阶段;他主张亚述帝国的扩张阶段是从提格拉特皮拉沙尔三世到萨尔贡二世时期,而帝国阶段是从辛纳赫里布、埃萨尔哈东到阿淑尔巴尼拔统治时期。由此可见,J. N. 波斯特盖特认为亚述帝国从公元前8世纪中期延续到公元前7世纪晚期。参见 J. N. Postgate, "The Economic Structure of the Assyrian Empire", in M. T. Larsen, ed., *Power and Propaganda: A Symposium on Ancient Empires*, p. 194。

② Simo Parpola, "National and Ethnic Identity in the Neo-Assyrian Empire and Assyrian Identity in Post-Empire Times", *JAAS*, Vol. 18, No. 2 (2004), pp. 5–22.

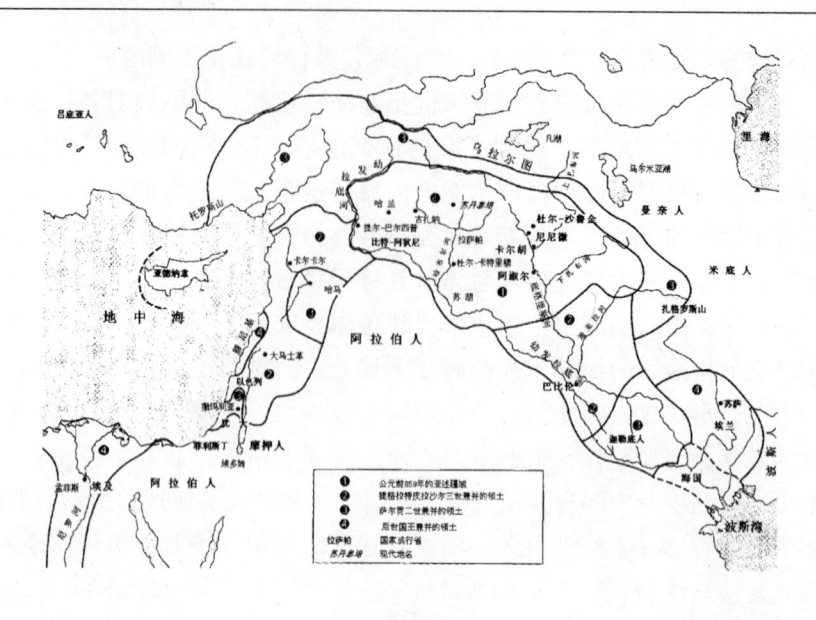

图 4　新亚述地图

资料来源：引自 Mario Liverani, *Antico Oriente*: *Storia*, *Società*, *Economia*, Rome and Bari: Laterza, 1988, p. 793。

第三节　文献概况

如前所述，楔形文字文本文献是研究亚述赋役制度的前提和基础，但是，并非所有的楔形文字文献都涉及赋役制度，辨析涉及亚述的楔形文字文献及其内容是研究其赋役制度的前提条件。根据记录文献的语言种类，涉及亚述的文本文献大致分为阿卡德语、阿拉米语、赫梯语、埃兰语、埃及象形文字、希伯来语和希腊语七种语言书写的文献，但是，不同语言的材料对我们研究亚述赋役制度的作用和意义不尽相同。阿卡德语又可分为亚述语、巴比伦语和"标准巴比伦语"三种方言。亚述语和巴比伦语分别是两河流域北部和南部的居民在古阿卡德语的基础上创造的两种方言，而"标准巴比伦语"是亚述人模仿古巴比伦语创造的一种书面语言，主要用于文学作品创作。阿卡德语使用楔形文字符号，主要刻画在泥板、石头和木头等材料上，亚述人留下的楔形文字文献数以万计，它们是我们研究亚述政治、经济、社会和文化最重要的材料。阿拉米语是阿拉米人的语言，在新亚述时期成为与阿卡德语并驾齐驱的语言。不过,阿拉米语主要书写在羊皮、纸莎草等不易保存的书写材料上,流传下来的文献数量不多。① 赫梯主要位于安纳托利亚和叙利亚北部,而埃兰则位于伊朗西南部,埃及位于北非,它们既与亚述进行过和平交往,也曾发生过激烈的冲突,因此,三国的文献中也有涉及与亚述交往的内容。由于数量不多,赫梯语、埃及象形文字和埃兰语文本文献对我们研究亚述赋役制度的价值不大。犹太人曾遭受亚述的侵略和压迫,他们的希伯来语《圣经》等文献也保存了一些与亚述有关的史料,但它们的片面性十分明显。希罗多德等希腊罗马作家的作品也保存了一些亚述历史知识,② 但是,希腊和亚述之间的距离遥远,他们获得的关于亚述的知识传闻多于历史事实,因此,希腊古典作家的作品的可信度不高。由于阿拉米语、赫梯语、埃及象形文字和埃兰语材料数量稀少、希伯来语材料的片面性和希腊语材料的可信度不高,因此,阿卡德语楔形文字文献才是研究亚述历史文化的基础,也是研究亚述赋役制度的主要材料。

  根据文献的内容、功能和性质等标准,涉及亚述的楔形文字文献大致可分为王室铭文、法律文献、书信、管理档案和学术作品五大类。③ 王室铭文是记录国王活动的文字材料,主要关注国王修建神庙和宫殿的建筑活动及其南征北战的军事成就。亚述王表、编年史、名年官表等编年性质的文献大多记录国王及其高官的活动,因此,我们也将其归入广义的王室铭文中。法律文献指与法制有关的文献材料,既包括法律文本、国王的敕令、条约、司法判决等官方法律文件,也包括人们在经济和社会生活活动中缔结的具有法律效力的财产所有权转让证书、契约和收据等私人法律文献。书信是亚述人远程沟通的重要工具,既包括商业信函,又包括私人之间的通信,也包括国王和官吏等在履行职责过程中的官方通信,还包括国王与

---

  ① F. M. Fales, *Aramaic Epigraphs on the Clay Tablets of the Neo-Assyrian Period*, Roma: Quaderni di Geographia Storica, 1986; H. Tadmor, "On the Role of Aramaic in the Assyrian Empire", in M. Mori, ed., *Near Eastern Studies Dedicated to H. I. H. Prince Takahito Mikasa on the Occasion of His Seventy-fifth Birthday*, Wiesbaden: Harrossowitz, 1991, pp. 419 – 426.

  ② 尽管希罗多德曾提及专门介绍亚述历史的部分,但是,他的《历史》并没有包含亚述历史专章,可见,他的写作计划并没有付诸实施。[古希腊]希罗多德:《历史》,王以铸译,商务印书馆1959年版,I. 184。

  ③ Marc Van De Mieroop, *Cuneiform Texts and the Writing of History*, London and New York: Routledge, 1999, pp. 9 – 39.

外国君主的外交函件。管理档案指国家的各级管理机构和个人在管理各项事务的过程中留下的各种记录,既有宫廷管理的档案,又有行省管理的记录和神庙管理的记录,还有私人事务的记录。学术作品指知识阶层在学习和工作过程中完成的作品,既包括神庙祭司、占卜师、巫师、驱魔师等各类专业技术人员在从事各自活动中创造的作品,也包括他们在学习专业知识时的教材和习作等。亚述的楔形文字文献具有明显的历时性差别,需要分时段介绍。

一 古亚述时期的文献

古亚述时期,亚述的楔形文字文献主要出自安纳托利亚的商业据点卡涅什(今屈尔泰培),幼发拉底河畔的马里(今泰尔·哈里里)出土了"上美索不达米亚王国"沙马什-阿达德一世父子时期的书信等文献,而阿淑尔城发现的文献却屈指可数。由于卡涅什出土的大部分文献还没有整理出来,① 古亚述文献的全貌尚未揭开。迄今为止,初步整理的古亚述楔形文献大致可以分为书信、法律文献、管理档案、王室铭文四大类。

与其他类别的文献一样,古亚述时期的书信也被称为"泥板"(*ṭup-pum*),它们大概占卡涅什发现的文献总量的1/3,大致可以分为私人书信和官方书信两大类,其中前一类占绝大多数。私人书信又可以分为私人商业信函和商人的家信两类,前者既有阿淑尔城的"家族贸易公司"老板与安纳托利亚的阿淑尔城商人或其商业伙伴之间的书信,也有安纳托利亚各商业据点的阿淑尔商人之间的通信,主要涉及商品的种类、供求、运输、价格、税收、投融资等商业经营方面的事务;而后者主要指阿淑尔城的商人及其商业代理人与安纳托利亚的家庭成员之间的通信,主要涉及婚姻、收养、赠予和遗嘱等家庭事务。古亚述时期的官方书信分为阿淑尔城邦当局与安纳托利亚的商业据点之间的通信及其与同时代的国家之间外交信件两大类,前者既包括阿淑尔城邦与安纳托利亚的商业据点之间、各商业据点之间就处理行政司法等方面的事务而交换的信件,又包括马里宫廷档案中的沙马什-阿达德一世父子之间及其与各级官员之间的通信。外交信件主要涉及政治和商业方面的事务,既包括阿淑尔城邦当局、商业据点与安纳

---

① 国际亚述学界在翻译整理古亚述文献方面成就最大的项目是丹麦哥本哈根大学的"古亚述文献项目"(The Old Assyrian Text Project),但是,该项目正处于启动阶段,已整理出版的文献仅占很小的比例。参见http://oatp.ku.dk/,2013年11月1日。

托利亚地区王公之间的信件，还包括沙马什-阿达德一世父子与古巴比伦王国等同时代的君主之间的通信。①

法律文献是古亚述时期另一类重要材料，主要有商业契约、财产所有权转让证书、收据、判决文书、条约和法律文本五类。商业契约是古亚述时期最重要的法律文献，主要涉及商队服务、商品运输与储存、合伙经营等方面，还包括资金借贷方面的业务。财产所有权转让证书也是古亚述时期法律文献的重要组成部分，既有商人在经商过程中有关债权的豁免、放弃、转移的记录，也有在缔结婚约、交付嫁妆、收养和财产继承时形成的财产所有权证书。古亚述时期的收据主要涉及奴隶和房屋，而没有提及与他们经营有关的纺织品、锡、铜和羊毛等商品。阿淑尔商人在卡涅什等商业据点有自己的司法机构，留下了数量可观的敕令、法庭的传唤记录、讯问记录、宣誓作证记录、控辩双方和证人的证词和法庭判决的草稿及最终文本，等等。古亚述时期的条约共分为两类，一类是客居安纳托利亚地的阿淑尔商人与当地王公签订的条约，② 另一类是"上美索不达米亚王国"与古巴比伦王国签订的边界条约。尽管卡涅什出土的法律文献不止一次地提及"根据镌刻在石碑上的文字"，但是，迄今为止，我们尚未发现阿淑尔城邦或其安纳托利亚商业据点的法典。卡涅什出土的三块泥板最具有法典性质，但是，它们破损比较严重，可以辨识的部分主要涉及商业据点的审判程序。③

备忘录与物品清单是古亚述时期特有的文献材料，主要指文件的撰写者或所有者在书写相关文件时所做的摘要记录，它们可称为私人管理档案。备忘录和清单大概占所有文献的20%至30%，它们长短不一，有的仅仅2

---

① K. R. Veenhof, "Archives of Old Assyrian Traders", in M. T. Larsen, ed., *Ancient Archives and Archival Traditions*: *Concepts of Record-Keeping in the Ancient World*, Oxford: Oxford University Press, 2003, pp. 88 – 91.

② J. Eidem, "An Old Assyrian Treaty From Tell Leilan", in D. Charpin and F. Joannès, eds., *Marchlands, diplomates et Empereus*: *Études sur la civilization mésopotamienne offerts à Paul Garelli*, Paris: Éditions Recherche sur les Civilisations, 1991, pp. 185 – 208; C. Günbatti, "Two Treaty Tablets Found at Kültepe", in J. C. Derksen, ed., *Assyria and Beyond*: *Studies Presented to Mogens Trolle Larsen*, Leiden: Nederland Istituut voor het Nabijie Oosten, 2004, pp. 249 – 268; Voysel Donbaz, "An Old Assyrian Treaty from Kültepe", *JCS*, Vol. 57, (2005), pp. 63 – 68.

③ M. T. Larsen, *The Old Assyrian City-State and Its Colonies*, pp. 283 – 286; K. R. Veenhof, "In Accordance with the Words of the Stele: Evidence for Old Assyrian Legislation", *CKLR*, Vol. 70 (1995), pp. 1717 – 1744.

行到5行，有的则长达百余行。备忘录和清单涉及的内容非常丰富，主要有付款记录、出售的纺织品清单、商队旅行的费用清单、在商业据点仓库储存的商品和银子等的清单和追讨欠债的记录等。一些备忘录和清单非常详细，商队组织者通常在清单中不厌其烦地罗列商人委托运输的商品、金银、商队需要支付的税款、贿赂关隘守军的礼物、商队人员的食物、宿营地、路线、替代死去驮兽和额外雇佣人员的方案等。备忘录与物品清单既没有证人的见证，也没有有关人员的印章，不具有任何法律效力。备忘录和清单是正式文件的摘要，对恢复破损的文件有重要的参考价值；不过，他们通常不提撰写者或所有者的名字，如果发掘者当年不仔细分类，后世的研究者将很难利用。①

古亚述时期，王室铭文数量不多，主要出自阿淑尔城的阿淑尔神庙和伊什塔尔神庙。古亚述时期的王室铭文直接来源于苏美尔—巴比伦尼亚的国王献祭铭文，②大致可以分为献祭铭文和建筑铭文两大类。古亚述时期的献祭铭文主要介绍了国王的名号、与神灵的关系以及奉献的物品，这类铭文结构简单，篇幅较短，数量不多。建筑铭文介绍了国王修建神庙的缘由和具体过程等细节，结构复杂，篇幅较长；其中伊鲁-舒马的两篇文献提到了巴比伦人债务的豁免，③沙马什-阿达德一世的一篇铭文还记载了阿淑尔城的物价以及从附属国收取的贡赋。④卡涅什的文献中还保存了数份名年官表，尽管其内容简洁，且先后顺序有一定的矛盾，但是，对于我们确定该地区相关文献的年代顺序至关重要。⑤马里出土的名年官表保存了从纳拉姆辛一世到沙马什-阿达德一世时期名年官的名字及其顺序。⑥

总起来说，古亚述时期的楔形文字文献具有三个鲜明的特点，其中空间分布不平衡是其最突出的特点。安纳托利亚地区的阿淑尔商业据点卡涅

---

① K. R. Veenhof, "Archives of Old Assyrian Traders", in M. T. Larsen, ed., *Ancient Archives and Archival Traditions: Concepts of Record-Keeping in the Ancient World*, pp. 96 – 98.

② Marc Van De Mieroop, *Cuneiform Texts and the Writing of History*, p. 41.

③ RIMA Ⅰ A. 0. 32. 1：14 – 16；A. 0. 32. 2：49 – 65.

④ RIMA Ⅰ A. 0. 39. 1：59 – 87.

⑤ K. R. Veenhof, *The Old Assyrian List of Year Eponyms from Karum Kanish and its Chronological Implications*, Ankara：Turk Historical Society, 2003.

⑥ J. J. Glassner, *Mesopotamian Chronicles*, pp. 160 – 164.

什出土的文献达 23000 多份,① 幼发拉底河畔的马里城出土了 2 万到 2.5 万片泥板或泥板残片,其中"上美索不达米亚王国"时期的文献数以百计,② 而阿淑尔城本身出土的文献屈指可数。

时间分布不均衡是古亚述时期楔形文字文献的另一个特点。从公元前 2000 年代末初阿淑尔城挣脱乌尔第三王朝的束缚到大约公元前 1776 年"上美索不达米亚王国"基本解体,古亚述时期延续了二百多年,但是,这阶段的文献材料主要出自公元前 1845 年到公元前 1835 年以及公元前 19 世纪末和公元前 18 世纪初两个时段,其他时段的材料非常匮乏,有些时段则没有任何材料。

私人文献多于官方文件是古亚述时期楔形文字文献的第三个特点。古亚述时期绝大多数文献出自安纳托利亚的商业据点卡涅什,而卡涅什出土的文献大多发现于商人的"档案库"中,而该城的行政管理中心则没有发现文献。商人保存的"档案"大多与商业活动或家庭生活有关。因此,古亚述时期的文献有助于研究商人的经营和生活,而对研究国家机构的构成和运作方式的作用不大。

二　中亚述时期的文献

中亚述时期,亚述的楔形文字文献主要出自阿淑尔城,新都卡尔-图库尔提-尼努尔塔(今图卢尔·阿加尔)、什巴尼巴(今泰尔·比拉)、扎马哈(今泰尔·阿尔-里马赫)以及叙利亚北部的泰尔法哈里亚、西卡尼(今泰尔·楚埃拉)、杜尔-卡特里穆(今泰尔·舍赫-哈马德)和巴里胡(今泰尔·萨比-阿伯亚德)等其他重要行省遗址也出土了数量不等的楔形文字文献,埃尔-阿玛尔纳(今埃及的萨扎布)和赫梯的都城哈图沙(今土耳其的勃尕卡尔村)也出土了一些楔形文字文献。中亚述时期的楔形文字文献种类齐全,主要有王室铭文、行政管理档案、法律文献、书信和学术作品五大类。

中亚述时期,亚述特色的王室铭文初步形成,国王的军事成就成为王室铭文记录的重要内容。阿达德-尼拉里一世开创用王室铭文记录国王军事成就的先河,他的一篇铭文生动地描述了国王征战哈尼伽尔巴特的战役。沙尔马纳沙尔一世和图库尔提-尼努尔塔一世时期,许多铭文的开头和结尾

---

① K. R. Veenhof, "Mesopotamia: Old Assyrian Period", in R. Westbrook, ed., *A History of Ancient Near Eastern Law*, Vol. I, p. 431; K. R. Veenhof and J. Eidem, *Mesopotamia: The Old Assyrian Period*, p. 20.

② M. D. Pack, The Administrative Structure of the Palace at Mari (ca. 1800 – 1750 B. C.), PhD Dissertation of University of Pennsylvania, 1981, p. 1.

的内容均是传统的主题,然而,它们的中间却嵌入了国王征战的业绩。提格拉特皮拉沙尔一世时期,国王征战的业绩成为一些王室铭文的主题,而国王献祭和建筑神庙的活动则不见踪影,这是亚述王室铭文与苏美尔—巴比伦尼亚王室铭文最大的区别。① 中亚述王国还留下了数篇编年史残篇,分别记录了恩利尔-尼拉里一世、阿里克-登-伊里一世、图库尔提-尼努尔塔一世、阿淑尔-莱莎-伊沙一世和提格拉特皮拉沙尔一世等数位国王在位期间的大事。②

行政管理档案是中亚述时期最重要的文献之一,主要分为国家档案和神庙档案两大类,它们分别保存在国家官员和神庙管理人员的官署中。③ 目前已知的行政管理档案大多出自阿淑尔城,它们还处在整理过程中,④ 负责神庙供品供应的官员保存了一批神庙 ginû 供品清单,它们以列表的形式介绍供奉神灵的物品接收和分配情况。⑤ 王室大总管的官署里保存了大量行政管理档案,其中一批是物品清单,记录了该官员接收的原材料和加工过的产品;另一部分是强制迁移人员的名单,主要罗列了相关人员的名字及其所在的城市。⑥ 阿淑尔城的神庙图书馆里还保存了图库尔提-尼努尔塔一世从巴比伦尼亚掠夺的战利品清单。⑦ 值得注意的是,中亚述时期的一些行政管理档案不像其他文献一样写在泥板或镌刻在石头上,而是保存在木质的写字板上,楔形文字就镌刻在蜡封表面上,多片写字板链合在一起以记录

---

① A. K. Grayson, "Histories and Historians of the Ancient Near East: Assyria and Babylonia", *Or*, Vol. 49, No. 1 (1980), pp. 154 – 155.

② J. J. Glassner, *Mesopotamian Chronicles*, pp. 184 – 191.

③ J. N. Postgate, "Administrative Archives from Assur in the Middle Assyrian Period", in K. R. Veenhof, ed., *Cuneiform Archives and Libraries: Papers Read at the 30ᵉ Rencontre Assyriologique Internationale Leiden 4 – 8 July 1983*, Istanbul: Nederlands Historisch-Archaeologisch Instituut te Lstanbul, 1986, pp. 168 – 183.

④ F. M. Fales, "People and Professions in Neo-Assyrian Assur", in Hartmu Waetzoldt und Harald Hauptman, hrsg., *Assyrien im Wandel der Zeiten*, Heidelberg: Heidelberger Orientverlag, 1997, pp. 33 – 42. 从20世纪30年代起,亚述学家逐步整理德国考古学者在阿淑尔遗址发掘的中亚述文献,比较重要的成果是,KAJ、KAR 和 MARV。H. Freydank 独自或联合其他学者整理的中亚述文献迄今已有十余卷。

⑤ O. Pedersén, *Archives and Libraries in the City of Assur: A Survey of the Material from the German Excavations*, Part I, Uppsala: Acta Universitatis Upsaliensis, 1985, p. 46.

⑥ O. Pedersén, *Archives and Libraries in the City of Assur: A Survey of the Material from the German Excavations*, Part I, pp. 73 – 74.

⑦ O. Pedersén, *Archives and Libraries in the City of Assur: A Survey of the Material from the German Excavations*, Part I, p. 34.

更多的人员和物品。①

中亚述时期，法律文献的地域分布较为广泛，其中阿淑尔城出土的法律文献最多，其他城市出土的法律文献数量较少。中亚述时期的法律文献种类齐全，主要有财产所有权转让证书、契约、收据、国王的敕令和法典等。财产所有权转让证书是中亚述时期法律文献的重要组成部分，主要记录土地和奴隶买卖、锡和谷物借贷以及由于缔结婚约、收养和继承引起的财物的转让。契约也是中亚述时期法律文献的重要组成部分，主要是亚述人在经商和其他生产和生活过程中因借贷铅、银和谷物等物品而留下的记录。② 一些财产转让证书还记录了婚姻和收养关系的确立情况，也可以视为契约。中亚述时期，法律文献中还有一些收据，主要是亚述人在生产和生活过程中接收物品与接受服务的凭证。③ 中亚述王国还留下了亚述历史上唯一的一部成文法典，《中亚述法典》大致可以分为9表，只有3表保存比较完整，主要涉及土地等财产的所有权、债务与债务奴隶和妇女行为规范、物品的质押等。中亚述还流传下来一些国王敕令，它们主要规定了宫廷人员，尤其是宫廷妇女的行为规范。④

中亚述时期，书信数量不多，主要出自阿淑尔城、杜尔-卡特里穆行省、埃及的埃尔-阿玛尔纳和赫梯的都城哈图沙等地。中亚述时期的书信分为官方书信、外交函件和私人书信三类。中亚述时期的官方书信大致可以分为两部分，一部分是传唤案件当事人出庭受审的信件，另一部分是关于税赋或礼物的缴纳和运送的信件。⑤ 中亚述时期，外交函件主要是阿玛尔纳时代亚述国王与埃及、赫梯、巴比伦等西亚北非地区的大国国王之间的通

---

① J. N. Postgate, "Middle Assyrian Tablets: The Instruments of Bureaucracy", *AoF*, Vol. 13, No. 1, (1986), pp. 22 – 26; J. N. Postgate, "Documents in Government under the Middle Assyrian Kingdom", in M. Brosius, ed., *Ancient Archives and Archival Traditions: Concepts of Record-Keeping in the Ancient World*, pp. 125, 133 – 136.

② O. Pedersén, *Archives and Libraries in the City of Assur: A Survey of the Material from the German Excavations*, Part I, p. 93.

③ O. Pedersén, *Archives and Libraries in the City of Assur: A Survey of the Material from the German Excavations*, Part I, p. 93.

④ M. T. Roth, *Law Collections from Mesopotamia and Asia Minor*, Atlanta: Scholar Press, 1997, pp. 196 – 208.

⑤ O. Pedersén, *Archives and Libraries in the City of Assur: A Survey of the Material from the German Excavations*, Part I, p. 109; E. C. Cancik-kirschbaum, *Die mittelassyrischen Briefe aus Tall Šēh Hamad*, Berlin: Dietrich Reimerverlag, 1996.

信,是我们研究亚述与同期的西亚北非地区大国外交关系的主要材料。中亚述时期,私人信件主要是普通亚述人有关生产和生活事务方面的书信。

中亚述时期,学术作品主要保存在阿淑尔神庙的图书馆里,大致可以分为巴比伦尼亚作品及其仿制品和各类专业人员的作品两类。尽管亚述地区的史前文化早于巴比伦尼亚,但是,古代两河流域文明的曙光最初却照耀在两河流域南部;亚述人非常热爱苏美尔—巴比伦尼亚文化,图库尔提-尼努尔塔一世曾从巴比伦城掠夺了大量泥板文书,其中包括书吏知识、驱魔文献、赞美诗、占卜文献和医疗文献等。① 亚述人还模仿巴比伦尼亚的作品创作了一批文学作品,诸如《图库尔提-尼努尔塔(一世)史诗》和《提格拉特皮拉沙尔(一世)与动物》等作品。阿淑尔神庙的图书馆里有一批巴比伦尼亚文献,它们可能是巴比伦尼亚作品的原件,也可能是从巴比伦尼亚的作品复制来的,主要有苏美尔语—阿卡德语词汇表、苏美尔语与阿卡德语的两种语言的赞美诗、史诗等文学作品。② 阿淑尔城出土的驱魔咒语等文献也是中亚述时期学术作品的重要组成部分,它们是驱魔巫师驱魔治病时背诵的咒语文本。③

总起来说,中亚述时期文献具有两个特点。其一是分布时间不均。提格拉特皮拉沙尔一世时期的文献异常丰富,图库尔提-尼努尔塔一世、阿达德-尼拉里一世和沙尔马纳沙尔一世等强大国王在位期间文献较多,一些在位较短的国王留下的文献较少,阿淑尔-乌巴利特一世以前的诸王基本没有文献材料,这就造成了亚述历史上的"黑暗时代"。

其二是官方文件多于私人文档,大多出自都城阿淑尔和一些重要的行省,分别保存在神庙和有关官员官署里。中亚述时期的文献大多与国王、行省和神庙有关,具有明显的官方色彩,私人文献数量非常少。中亚述时期的文献有助于研究国家机构的运作,无益于考察微观经济运行。

三 新亚述时期的文献

新亚述时期是亚述的鼎盛阶段,也是亚述楔形文字文献最丰富的时段。

---

① B. R. Foster, *From Distant Days: Myths, Tales, and Poetry of Ancient Mesopotamia*, Bethesda: CDL Press, 1995, p. 194.

② O. Pedersén, *Archives and Libraries in the City of Assur: A Survey of the Material from the German Excavations*, Part I, p. 34.

③ O. Pedersén, *Archives and Libraries in the City of Assur: A Survey of the Material from the German Excavations*, Part I, p. 30.

新亚述时期的楔形文字文献主要出自尼尼微、卡尔胡、杜尔-沙鲁金和阿淑尔城四个都城,提尔-巴尔西普/卡尔-沙尔马纳沙尔、杜尔-卡特里穆和图什罕等重要行省省会也出土了一些文献。新亚述时期的楔形文字文献大致可分为王室铭文、书信、法律文献、行政管理文献和学术作品五大类。

新亚述时期是亚述王室铭文的成熟阶段,它们卷帙浩繁,其内容不外乎国王南征北战的军事成就与修建神庙和城池的业绩两大主题。根据铭文的叙述方式,新亚述时期的王室铭文一般分为编年铭文和展示铭文两大类,前者主要指以时间为顺序、以第一人称的口气记述国王的成就,后者指以空间为顺序、以第三人称的口气描述国王的业绩。战争是编年铭文唯一的主题,不过,一些编年铭文只记述一场战役,另一些王室铭文则记述了多次战役。展示铭文涉及了亚述王室铭文的两大主题,但是,一些展示铭文仅仅涉及国王的建筑成就,另一些展示铭文兼顾战争和建筑两个主题。① 新亚述时期还发现了名年官表、国王年表和编年史。名年官表罗列了名年官的顺序及当年的大事。② 新亚述时期的王表不但记录了新亚述时期国王在位的顺序和时间,而且记录了早期国王的在位的顺序和时间。③ 巴比伦尼亚—亚述的同步史以编年的形式记录了普祖尔-阿淑尔三世到阿达德-尼拉里三世期间的大事。④

新亚述时期,法律文献主要出自尼尼微、卡尔胡、图什罕和杜尔-卡特里穆等城市,它们不但数量大,而且种类多。财产所有权转让证书是亚述帝国最重要的法律文献,既包括由于买卖产生的财物所有权转让,又包括因馈赠、婚姻、收养和继承等而导致的财物所有权转让,涉及的主要物品包括土地、人口、房屋、谷物等。由于借贷而产生的契约也是新亚述法律文献的重要组成部分,主要涉及银、谷物等。新亚述时期,国王多次颁布敕令,豁免臣僚和神庙所有地产的赋役,规定神庙和宫廷的物品供应,任命各类官吏等。⑤ 亚述帝国还有不少条约,既有明确亚述与附属国之间权利和义务的条约,也有国王或王后与臣民就王位继承签订的条约。⑥ 新亚述时

---

① A. K. Grayson, "Histories and Historians of the Ancient Near East: Assyria and Babylonia", *Or*, Vol. 49, No. 1 (1980), pp. 150 – 154.
② SAAS Ⅱ.
③ J. J. Glassner, *Mesopotamian Chronicles*, pp. 136 – 143.
④ J. J. Glassner, *Mesopotamian Chronicles*, pp. 176 – 184.
⑤ SAA Ⅻ 1 – 90.
⑥ SAA Ⅱ.

期，法官们还留下了许多司法判决文书。①

新亚述时期，亚述疆域空前广阔，交通体系十分发达，通信是国王管理国家的重要手段，留下了大约 3450 封书信或残篇。新亚述时期的大部分书信出自都城尼尼微、卡尔胡和阿淑尔，杜尔-卡特里穆和图什罕等行省城市只出土少量书信，其中大约 96% 的书信是写给国王或者国王写给有关人员的，4% 左右的书信是写给总督或其他官员的，只有大约 32 封书信是私人通信。因此，亚述书信一般称为王室通信。新亚述时期的书信时间跨度大约为 250 年，其中最早的书信大致写在公元前 9 世纪末期，而最晚的书信写在亚述灭亡前夕。不过，新亚述时期各个阶段的书信分布并不均匀，其中阿达德-尼拉里三世时期有大约 20 封，提格拉特皮拉沙尔三世和沙尔马纳沙尔五世时期有大约 150 封，萨尔贡二世时期有大约 1300 封，辛纳赫里布时期有 30 封，埃萨尔哈东时期有大约 900 封，阿淑尔巴尼拔时期有大约 700 封。② 新亚述时期的书信涉及的区域广阔，除了亚述本土外，西到地中海沿岸的奇里乞亚、叙利亚和巴勒斯坦地区，东到埃兰，北到乌拉尔图，南到巴比伦尼亚，亚述帝国的大部分地区都曾在书信中提及。萨尔贡二世及其以前的通信人主要是国王、附属国君主、王室成员、宫廷高级官吏、行省总督、其他军事和行政官吏，书信内容的重点是国家的政治、经济和军事等事务，而埃萨尔哈东和阿淑尔巴尼拔时期的通信人主要是形形色色的神职人员，书信的主要内容是与国王有关的各种占卜、占星和征兆以及神庙和宫廷的管理等事务。③

新亚述时期，行政管理档案主要出自尼尼微和卡尔胡城的王宫，既有大量的宫廷档案，也有一些涉及神庙供品的档案。收受和分配物品的清单是行政管理档案重要的组成部分，收受者既有王宫，也包括神庙，提及的物品既有金、银、宝石等贵重的物品，也有纺织品、食物、饮料等日常生活用品，还有牛、羊和马等牲畜、砖石、木材和芦苇等建筑材料。人员名

---

① SAAS V.

② F. M. Fales, *L' impero Assiro: Storia e Amministrazione* (Ⅸ-Ⅶ *secolo a. c.*), p. 100. 芬兰亚述学家西莫·帕尔波拉原来估计新亚述时期共有大约 2300 封书信，他可能没有包括一些书信的残片和行省的书信。Simo Parpola, "Assyrian Royal Inscriptions and Neo-Assyrian Letters", in F. M. Fales, ed., *Assyrian Royal Inscriptions: New Horizons in Literary, Ideological and Historical Analysis*, Roma: Istituto per l' oriente centro per le antichità e la storia dell' arte del vicino oriente, 1981, pp. 118 – 119.

③ Simo Parpola, "Assyrian Royal Inscriptions and Neo-Assyrian Letters", in F. M. Fales, ed., *Assyrian Royal Inscriptions: New Horizons in Literary, Ideological and Historical Analysis*, pp. 118 – 119.

单也是行政管理档案的重要组成部分，既有宫廷的侍从、占卜师和巫师等各类专业人员，还包括行省的各类军官、被征服地区的强制移民。行政管理档案中还保存了一批债务清单，很可能是行省没有按时交付税负的记录。新亚述时期，行政管理档案还包括一批人口和土地等财产的登记表，可能是国王赏赐臣僚的财物清单。

新亚述时期，学术作品主要保存在王宫和神庙的图书馆里，它们数量庞大，种类繁多。苏美尔和巴比伦尼亚的文献占很大比例，多数文献也是亚述国王从苏美尔和巴比伦尼亚各地搜集来的，有的是原件，有的则是复制品。书吏教育文献是学术作品的重要组成部分，它们是书吏在训练基本的书写技能时的习作，包括各种楔形文字符号的解释、同义词表、亚述语—苏美尔语和其他语言的对照表、苏美尔语和阿卡德语对照的文献等。占卜文献也是学术作品的重要组成部分，主要记录了各种征兆及其对应的意义。驱魔文献也是学术作品的重要组成部分，主要记载了巫师驱魔治病的仪式及其咒语。新亚述时期的学术作品还包括智慧文学，主要包括一些预言、格言及其他富有哲理性的文学作品。

与前两个阶段相比，新亚述时期的楔形文字文献具有两个鲜明特点。其一，空间分布更为广泛。新亚述时期，亚述三次迁都，四个都城均保存了数量不等的文献；边远的重要行省如幼发拉底河中游的提尔-巴尔西普/卡尔-沙尔马纳沙尔、哈布尔河流域的杜尔-卡特里穆[1]、北部山区的图什罕[2]等多个行省都发现了数量不少的文献。材料分布的广泛性增加了其代表性，有助于更全面地研究亚述政治、经济与文化。

其二，新亚述时期基本没有缺乏文献的"黑暗时期"。尽管各个时期文献的分布仍不平均，但是，几乎所有的亚述国王都保存了数量不等的文本文献，这为我们全面、系统地考察亚述政治、经济与文化的发展演变奠定了基础。

楔形文字文献是我们研究亚述历史文化最重要的史料，不过，不同类型的材料既有自己特殊价值，也有明显的缺陷和不足，它们在我们研究亚述赋役制度中的作用不尽相同。

---

[1] Karen Radner, *Die neuassyrischen Texte aus Tall šēh Hamad*, Berlin: Dietrich Reimerverlag, 2002.
[2] Simo Parpola, "Cuneiform Texts from Ziyaret Tepe (Tušhan), 2002-2003", *SAAB*, Vol. 17 (2008), pp. 1–146.

书信的内容包罗万象，往往涉及亚述政治、经济和社会生活的方方面面，是我们研究亚述的农业税、商业税、徭役、贡赋、神灵的供品和赋役的豁免等许多方面最重要的材料。除了内容丰富外，亚述的书信在一般情况下没有夸张，其内容相对真实可靠；不过，亚述书信的史料价值也具有一定的局限性：首先，亚述书信分布的时间、空间及内容的不均衡性决定了它只能成为重要的参考材料；其次，绝大多数书信没有日期，即使根据书信的风格和内容等进行判断，也只能给出一个大致的时间；最后，由于一些书信的历史背景不详，其涉及的内容晦涩难判。

亚述的王室铭文记录了亚述历史上的主要建筑活动和军事行动，保留了亚述劫掠和勒索被征服地区的情况，是研究贡赋和神灵的供品等赋役制度的重要材料。然而，亚述王室铭文具有明显的缺陷：一是亚述王室铭文在时间上分布并不均匀，新亚述时期多位国王的铭文卷帙浩繁，而古亚述时期和中亚述时期许多国王的铭文数量稀少，一些国王甚至没有留下铭文；二是亚述的王室铭文，特别是以第一人称口气书写的编年铭文，极力宣扬阿淑尔神的威力和亚述国王的英勇，肆意贬低敌人的能力和斗志；亚述的王室铭文详尽地罗列斩杀、俘虏敌军的数目与获得战利品和贡赋的数量，[①]几乎不提亚述军队的伤亡情况。亚述王表、名年官表和编年史是历史价值最高的文献，但是，大部分文献的内容过于简单，许多文献残缺难辨。

法律文献是我们研究亚述法制和社会经济运行的主要材料，其中，一些国王敕令和部分私人法律文书为我们考察神灵的供品和赋役的缴纳情况提供了直接的材料。不过，亚述的法律文献仍然存在许多尚未破解的谜团，诸如私人法律文献为何放在宫廷或官署中、许多借贷按期归还则不需要支付利息等，因此，我们在利用这类材料时需要十分谨慎。

行政管理档案是记录政府机构和神庙活动最直接的材料，其中包括收受和分配税负和神庙供品的清单，它们是我们研究亚述各类赋役制度的重要材料。但是，亚述的行政管理档案具有明显的缺陷：首先，除了个别档案外，亚述大多数行政管理档案没有标注时间，确定文献的时间十分困难；其次，亚述的行政管理档案大多非常简短，中间不乏缩写词和难以释读的术语，理解起来非常困难；最后，书写在泥板上的行政管理档案的开头和结尾破损严重，这给我们判断文献的用途和性质增加了难度。

---

① SAAS Ⅲ.

学术作品是亚述文化成就的具体体现。苏美尔—巴比伦尼亚地区早于亚述地区跨进历史的门槛，南部邻居在政治、经济和文化等诸方面都对亚述产生了深刻的影响。[①] 一般情况下它们很少涉及亚述的赋役征召情况，不过，亚述文化的发展历程对追溯亚述赋役制度的发展演变具有一定的启示作用。大多数亚述学术作品并没有确切的时间，这增加了我们使用这类材料的难度。

综上所述，亚述地区的地理环境对赋役制度的形成与发展产生了重要影响。亚述地区地形复杂多样，有利于发展多种经济。在气候以干旱著称的西亚地区，亚述地区有效而适时的降水对农业的发展至关重要。幼发拉底河和底格里斯河及其支流滋润了流经的地区，有力地促进了亚述经济的发展。亚述的经济类别决定了其赋役的类型，因此，地理环境对亚述赋役制度的影响是不容低估的。

从阿淑尔城邦独立到尼尼微陷落，亚述政权存续了近1500年，大致分为古亚述、中亚述和新亚述三个阶段，先后经历了城邦、区域性国家和跨地区的帝国三种国家形态。古亚述时期，国家的形态是城邦，阿淑尔以与安纳托利亚地区贸易而闻名；中亚述时期，亚述人走上了对外扩张的道路，基本控制了两河流域北部，成为古代西亚北非地区的军事强国；新亚述时期是亚述发展的鼎盛阶段，经过历任国王的南征北战、东杀西挡，亚述于公元前7世纪中期发展成为一个横跨亚非两大洲的大帝国。在不同的历史阶段，亚述政权的组织结构差异明显，深刻地影响了其赋役制度的发展演变。

亚述楔形文字文本文献的特点直接影响了其赋役制度的研究。亚述的楔形文字文本文献种类各异，数量众多，这为我们研究亚述赋役制度创造了非常有利的条件。不过，由于楔形文字文献分布时空的不均以及与赋役制度有直接关系的文献数量不多，我们目前既不可能重现某一时期亚述赋役制度的全貌，也不可能追溯其发展演变的整个历程，只能描绘出一个并不完整的框架。

亚述楔形文字文本文献的释读也会对赋役制度的研究产生重要影响。阿卡德语是一种死文字，亚述学家对其认识仍处在深化的过程中，相关的

---

① Hannes D. Galter, "Looking down the Tigris: The Interrelations between Assyria and Babylonia", in G. Leick, ed., *The Babylonian World*, London and New York: Routledge, 2007, pp. 527 – 536.

文献需要不断地编辑整理，19世纪末到20世纪30年代整理的大量亚述楔形文字文本文献需要重新校对，而20世纪80年代加拿大和芬兰学者主持的文献重新校对工作仍处在进行中，我们可资利用的可靠文献仍然非常有限，这决定了亚述赋役制度的研究仍然会进一步完善。[①] 需要说明的是，本书引用的资料基本上是经过反复核对的文献，如有最新版本的文献，一般不再提未经校对的旧版本。

[①] 关于亚述楔形文字文本文献的编辑整理情况，参见国洪更《亚述帝国研究的历史与现状——访意大利帕多瓦大学兰弗兰基教授》，《世界历史》2009年第4期。

第二章 行省的农业税

亚述地区的地形和气候非常适宜农业发展，农业是亚述经济的基础，[①]因此农业税是亚述财政收入的重要组成部分。亚述农业税征收的范围一般限于其直接管理的地区，行省是亚述直接管理的基本单位，[②] 行省也是农业税征收的基本单位，因此，本章将在介绍亚述行省制度的基础上考察农业税的征收情况。

第一节 行省概况

亚述的行省主要有 *mātu*（语义符为 kur）和 *pāhatu / pīhatu*（语义符为 nam）两种称呼，[③] 从行省出现到亚述的灭亡，这两种称呼并没有一直同时使用，二者的区别之处在于：前者多用在正式场合，而后者则常见于非正式场合。[④]

一　起源与发展演变

1. 历史渊源

亚述地区的行省制度源远流长，最早可以追溯到阿卡德王国时期。阿

[①] Hartmut Kühne, "The Rural Hinterland of Dur-Katlimmu", in Hartmut Kühne, ed., *Dur-Katlimmitu 2008 and Beyond*, Wiesbaden: Harrassowitz, 2010, pp. 115 – 123; Maria Grazia Masetti-Rouault, "Rural Economy and Steppe Management in an Assyrian Colony in the West", in Hartmut Kühne, ed., *Dur-Katlimmitu 2008 and Beyond*, pp. 129 – 137.

[②] J. N. Postgate, "The Land of Assur and the Yoke of Assur", *WA*, Vol. 23, No. 3 (1992), pp. 203 – 204.

[③] 中亚述时期，有些地区被称为 halṣum 或 halzum，一些学者认为它们也是行省的一种称呼，但是，他们的推断并未得到相关证据的支持。参见 J. N. Postgate, "Assyria: The Home Provinces", in M. Liverani, ed., *Neo-Assyrian Geography*, p. 2。

[④] J. N. Postgate, "Assyria: The Home Provinces", in M. Liverani, ed., *Neo-Assyrian Geography*, pp. 2 – 5.

卡德王国国王萨尔贡是第一位统一古代两河流域大部分地区的统治者,也是古代两河流域行省制度的首创者。完成统一两河流域的伟业后,萨尔贡宣布:"恩利尔神把上方之海与下方之海(之间的土地)① 赐给了我,阿卡德人(dumu. dumu a-kà-dè. ki)占据了上方之海与下方之海的总督职位(énsi-ku₈-a-tim)。"② 学界一般认为,众神之王恩利尔把"上方之海与下方之海(之间的土地)"赐给萨尔贡,象征着这位国王统一波斯湾和地中海之间的地区;阿卡德人担任相关地区的总督标志着阿卡德王国对两河流域实行直接的统治,也就是建立了行省制度。③ 阿卡德王国诸王曾多次远征亚述地区,其中纳拉姆-辛时期的一篇铭文写道:"苏巴尔图的很多总督与北方的君主们都把他们的贡品送到我的面前。"④ "苏巴尔图"并不是一个准确的地理概念,大概指巴比伦尼亚以北的地区。⑤ 在哈布尔河流域和迪亚拉河流域,一些城市的遗址发现了阿卡德王国的行政管理泥板文书,⑥ 这是阿卡德王国在亚述地区进行直接统治的有力证据。不过,虽然阿淑尔城也臣服于阿卡德王国;⑦ 但是,该城的统治者阿祖祖并不是阿卡德人,阿淑尔城很可能是阿卡德王国的附属国而非行省。

乌尔第三王朝沿袭阿卡德王国创建的行省制度统治被征服地区,阿淑尔城成为该王朝的一个行省的省会。乌尔第三王朝诸王也曾进军亚述地区,阿淑尔城也被征服。⑧ 阿淑尔城伊什塔尔神庙的一篇铭文写道:"为了强者、乌尔国王和四方之王阿玛尔-辛的长命百岁,他的仆人、阿淑尔总督(šaknu,语义符为 gìr. nìta)扎里库姆为他的女神贝拉特-埃卡里姆建造了这

---

① 文本文献中括号内的文字系笔者根据上下文进行的必要补充,否则引文的语句不通。本书所引的楔形文字文献既参照了现代学者的译文,又对照了阿卡德语和苏美尔语原文,因此,有时与现代学者的翻译有一定的出入。
② RIME Ⅱ E2. 1. 1: 73–85.
③ H. Nissen, *The Early History of the Ancient Near East 9000–2000 B. C.*, Chicago and London: The University of Chicago Press, 1990, p. 168; J. N. Postgate, *Early Mesopotamia: Society and Economy at the Dawn of History*, London and New York: Routledge, 1992, p. 40.
④ RIME Ⅱ E2. 1. 4. 25: 33–40.
⑤ 温纳德(Ungnad)认为"苏巴尔图"指整个"上美索不达米亚地区",盖尔布则认为它指亚述地区,而格策认为它可能指更北的地区,并不能肯定它是否包括亚述地区。参见 Albrecht Goetze, "Review of Hurrians and Subarians by Ignace J. Gelb", *JNES*, Vol. 5, No. 2 (1946), p. 166.
⑥ J. N. Postgate, *Early Mesopotamia: Society and Economy at the Dawn of History*, p. 40.
⑦ RIMA 1 A. 0. 1002. 2001.
⑧ T. M. Sharlach, *Provincial Taxation and the Ur Ⅲ State*, Leiden and Boston: Brill and Styx, 2004, pp. 6–7.

座神庙。"① 阿淑尔城的统治者扎里库姆祈求神灵赐福于乌尔第三王朝国王阿玛尔-辛,可见他已臣服乌尔第三王朝,扎里库姆的总督身份表明阿淑尔城是该王朝的一个行省的省会。

随着乌尔第三王朝的解体,阿淑尔城获得了独立,由于统治区域狭小,没有必要建立行省制度。不过,沙马什-阿达德一世需要采用行省制度来统治被征服地区,他宣布:"我重组了那片地区,给各地任命了我的总督(šakin māti)。"② 尽管阿淑尔城因为阿淑尔神的驻跸而被关注,但是,该城北面不远的埃卡拉图城因为曾用作沙马什-阿达德一世扩张的基地而成为"上美索不达米亚王国"的一个地区或行省(halzu)的行政中心,而阿淑尔城的政治地位并不清楚。

随着沙马什-阿达德一世的去世,"上美索不达米亚王国"迅速解体,胡里安人主宰了两河流域北部,阿淑尔城很可能被其征服。由于材料的局限,米坦尼王国的政治结构并不完全清楚。不过,努兹地区的文献表明,该王国迪亚拉河流域的附属国阿拉泊哈分为若干个行省,行省长官也称为 šakin māti。③ 不过,由于材料的缺乏,阿淑尔城是否是米坦尼王国的行省尚无法断定。

中亚述王国是在蚕食米坦尼王国的基础上建立起来的,中亚述时期有时也像胡里安人一样称其总督为 šakin māti④,因此,亚述的行省制度很可能直接来源于胡里安人。

2. 行省体系的发展演变

亚述的行省制度随着"阿淑尔之地"的形成而建立,并随其扩大而向更广的地区推广,行省成了亚述的基本行政单位。

由于缺乏材料,亚述行省制度建立的确切时间还没有定论。一些学者

---

① RIMA 1 A.0.1003.2001.

② RIMA 1 A.0.39.1001: ii 4 – ii 7.

③ Gernot Wilhelm, *The Hurrians*, Warminster: Aris and Phillips Ltd, 1989, p. 46; N. Stillman and N. Tallis, *Armies of Ancient Near East* 3000 *B. C. to* 539 *B. C.*, Worthing: Wargames Research Group, 1984, p. 24; Alexander Henry Friedmann, Economic Geography and Administration at Nuzi, PhD Dissertation of Hebrew Union College, 1982, pp. 154 – 157.

④ 有人认为 halzuhlu 也是米坦尼王国的总督称呼之一,但是,M. P. 麦达曼认为这位官员主要负责地产的测量和分配,他与中亚述时期的 halzuhlu(地区长官)有显著的区别。参见 M. P. Maidaman, "The Office of Halṣuhlu in the Nuzi Texts", in M. A. Morrison and D. I. Owen, eds., *Studies on the Civilization and Culture of Nuzi and the Hurrians: In Honor of Ernest R. Lacheman on His Seventy-Fifth Birthday April 29 1981*, Winona Lake: Eisenbrauns, 1981, pp. 233 – 246。

认为，阿淑尔-乌巴利特一世乘米坦尼王国的内乱使亚述人摆脱了胡里安人的羁绊，行省制度的建立也要归功于他。① 然而，公元前 14 世纪的文献并没有提到行省的总督，② 直到公元前 13 世纪，亚述文献才提到了行省总督（šakin māti③ 或 bēl pāhete），④ 因此，行省制度的建立者又被一些学者归功于阿达德-尼拉里一世或其子沙尔马纳沙尔一世。⑤ 但是，上文提到，阿淑尔-乌巴利特一世曾被称为"边疆的开拓者"，并控制了从阿淑尔城到扎格罗斯山之间的广阔区域，征服了穆斯里地区，驱散了两河流域北部的许多游牧部落，⑥ 不能排除他借鉴米坦尼王国的行省制度统治被征服地区的可能性。鉴于上述情况，有学者不再将行省的创建归功于某位国王，而是将从阿淑尔-乌巴利特一世时期到沙尔马纳沙尔一世时期笼统地称为行省的初创阶段。⑦

  公元前 14 世纪中期和公元前 13 世纪，随着亚述的扩张，"阿淑尔之地"迅速扩大，行省逐步在被征服地区推广开来。阿淑尔-乌巴利特一世等国王征服了底格里斯河东岸，他们可能在"亚述腹地"建立了行省。阿达德-尼拉里一世、沙尔马纳沙尔一世和图库尔提-尼努尔塔一世进一步蚕食米坦尼王国，"阿淑尔之地"逐渐拓展至哈布尔河流域，也将行省制度推广到上述地区。⑧

  公元前 12 世纪晚期，哈布尔河以西至幼发拉底河之间的地区被添加到"阿淑尔之地"，相关地区也建立了亚述行省。随着图库尔提-尼努尔塔一

---

  ① P. Machinist, "Provincial Goverance in Middle Assyria and Some New Texts from Yale", *Assur*, Vol. 3, No. 2 (1982), pp. 13 – 15; E. Cancik-Kirschbaum, *Die mittelassyrischen Briefe aus Tall Šēh Hamad*, p. 25; S. Jakob, *Mittelassyrische Verwaltung und Sozialstruktur: Untersuchungen*, Leiden: Brill, 2003, p. 7; B. Faist, "Kingship and Political Institutional Development in the Middle Assyrian Period", in G. B. Lanfranchi and R. Rollinger, eds., *Concepts of Kingship in Antiquity*, Padova: SARGON, 2010, pp. 18 – 19.

  ② P. Machinist, "Provincial Goverance in Middle Assyria and Some New Texts from Yale", *Assur*, Vol. 3, No. 2 (1982), p. 14; Jaume Llop, "The Creation of the Middle Assyrian Provinces", *JAOS*, Vol. 131, No. 4 (2011), pp. 597 – 601.

  ③ S. Jakob, *Mittelassyrische Verwaltung und Sozialstruktur: Untersuchungen*, p. 140.

  ④ S. Jakob, *Mittelassyrische Verwaltung und Sozialstruktur: Untersuchungen*, pp. 140 – 147.

  ⑤ E. Forrer, *Die Provinzeiteilung des assyrischen Reiches*, Leipzig: Hinrich Buchhandlung, 1920, p. 9.

  ⑥ RIMA I A. 0. 76. 1: 30 – 32.

  ⑦ Jaume Llop, "The Creation of the Middle Assyrian Provinces", *JAOS*, Vol. 131, No. 4 (2011), p. 594.

  ⑧ J. J. Szuchman, *Prelude to Empire: Middle Assyrian Hanigalbat and the Rise of the Aramaeans*, p. 17.

世被暗杀，亚述的对外扩张停止了，先王征服的广阔区域先后陷于敌手。提格拉特皮拉沙尔一世登基后，亚述不但收复了失地，而且将"阿淑尔之地"的西部边界再次推到了幼发拉底河畔，整个贾兹拉高原都建立了行省。① 据一份奉献阿淑尔神的供品清单记载，提格拉特皮拉沙尔一世时期亚述的行省可能达 30 多个。②

公元前 2000 年代末、公元前 1000 年代初，亚述再次陷入衰落，"阿淑尔之地"的面积大为缩小，行省体系可能仅仅局限于"亚述腹地"。公元前 2000 年代晚期，阿拉米人成为亚述的最大威胁，提格拉特皮拉沙尔一世曾经 28 次渡过幼发拉底河去追击他们。③ 提格拉特皮拉沙尔一世去世后，亚述无力征讨阿拉米人，哈布尔河流域出现了多个阿拉米人王国，底格里斯河畔也有阿拉米人定居，④"阿淑尔之地"基本上被压缩在底格里斯河中游东岸地区，行省体系也局限于此。

公元前 9 世纪，亚述又恢复了强国的本色，行省体系进一步向外拓展，并出现了新特点。经过阿淑尔纳色尔帕二世和沙尔马纳沙尔三世父子的扩张，"阿淑尔之地"不但再次拓展到幼发拉底河畔，而且延伸到迪亚拉河流域等周边地区，这两位国王给上述被征服地区任命了总督。⑤ 从沙尔马纳沙尔三世时期起，"图尔塔努"（*turtanu*）⑥、"马森努"（*masennu*）⑦、"纳吉

---

① J. N. Postgate, "The Middle Assyrian Provinces: Review The Land of Assur and the Yoke of Assur", *WA*, Vol. 23, No. 3 (1992), p. 251.

② J. N. Postgate, "The Middle Assyrian Provinces: Rezension of *Die Orts -und Gewâssernamen mittelbabylonischen und mittelassyrischen Zeit*", *AfO*, Vol. 32 (1985), pp. 95–98.

③ RIMA Ⅱ A. 0. 87. 4: 34.

④ H. W. F. Saggs, *The Might that Was Assyria*, p. 69.

⑤ RIMA Ⅱ A. 0. 0101. 1: iii 125; RIMA Ⅲ A. 0. 102. 6: iv 26 – iv 38.

⑥ "图尔塔努"是新亚述时期宫廷七大高官之一，亚述义务兵的主将。参见 Simo Parpola, "The Assyrian Cabinet", in M. Dietrich and O. Loretz, hrsg., *Vom alten Orient zum alten Testament: Festschrift für Wolfram Freiherrn von Soden zum 85, Geburtstag am 19 Juni 1993*, Kevelaer: Butzon und Bercker Verlag, Neukirchen-Vluyn: Neukirchener Verlag, 1995, pp. 379–382; SAAS Ⅺ, pp. 107–125。

⑦ "马森努"是新亚述时期宫廷七大高官之一，负责工程建设，尤其见于在杜尔-沙鲁金建造过程中。参见 Simo Parpola, "The Assyrian Cabinet", in M. Dietrich and O. Loretz, hrsg., *Vom alten Orient zum alten Testament: Festschrift für Wolfram Freiherrn von Soden zum 85 Geburtstag am 19 Juni 1993*, pp. 379–401; SAAS Ⅺ, pp. 13–28。

尔—埃卡里"(nāgir ekalli)①和"拉伯—沙克"(rab šaqê)②等朝廷重臣兼任西北部、北部和扎格罗斯山区等边远地区行省总督,这些高官的行省辖区往往面积非常广阔。③除此之外,亚述国王还任命被征服地区统治者担任新建行省的总督。例如,阿淑尔纳色尔帕二世曾任命拉库人容阿孜-伊尔为苏鲁等地的总督。④公元前9世纪,古扎努、西卡努和扎兰努等地的总督阿达德-伊提及其父亲沙马什-努里保持相当大的独立性,他们可能也是被征服地区的统治者。⑤

公元前9世纪晚期到公元前8世纪中期,亚述王权衰微,行省总督势力膨胀,行省的规模迅速扩大。公元前826年,亚述发生了席卷尼尼微、阿淑尔、阿拉泊哈和阿尔贝拉等27个重要城市和行省的叛乱,⑥沙马什-阿达德五世历经7年平定了内乱,但是,亚述王权受到严重挑战,而朝廷重臣和行省总督趁机扩张势力范围,其所辖行省的面积迅速扩大。例如,阿达德-尼拉里三世时期,"图尔塔努"沙马什-伊鲁自称为"哈梯、古提和整个纳姆里的总督"⑦,拉萨帕总督辖区包括拉萨帕、拉科、欣达奴、阿纳特、苏胡等广阔的区域,国王又把331个城镇划归他管辖。⑧

阿达德-尼拉里三世时期,亚述的名年官表提到了数个以前未曾提过的行省,波斯特盖特据此断定这位国王重组了亚述的行省体系。⑨不过,波斯

---

① "纳吉尔—埃卡里"是新亚述时期宫廷七大高官之一,一般译为"宫廷传令官"。参见 Simo Parpola, "The Assyrian Cabinet", in M. Dietrich and O. Loretz, hrsg., *Vom alten Orient zum alten Testament: Festschrift für Wolfram Freiherrn von Soden zum 85 Geburtstag am 19 Juni 1993*, pp. 392 – 401; SAAS XI, pp. 29 – 43.

② "拉伯—沙克"是新亚述时期宫廷七大高官之一,一般译为"大持杯者"。参见 Simo Parpola, "The Assyrian Cabinet", in M. Dietrich and O. Loretz, hrsg., *Vom alten Orient zum alten Testament: Festschrift für Wolfram Freiherrn von Soden zum 85 Geburtstag am 19 Juni 1993*, pp. 379 – 401; SAAS XI, pp. 45 – 60。

③ Simo Parpola, "The Assyrian Cabinet", in M. Dietrich and O. Loretz, hrsg., *Vom alten Orient zum alten Testament: Festschrift für Wolfram Freiherrn von Soden zum 85 Geburtstag am 19 Juni 1993*, pp. 379 – 401; SAAS XI, pp. 138 – 139; J. N. Postgate, "Assyria: The Home Provinces", in M. Liverani, ed., *Neo-Assyrian Geography*, pp. 5 – 9.

④ RIMA II A. 0. 101. 1: i 89.

⑤ RIMA II, p. 390.

⑥ RIMA III A. 0. 103. 1: i 9—i 52.

⑦ RIMA III A. 0. 104. 2010: 8—9.

⑧ RIMA III A. 0. 104. 7: 13 – 20.

⑨ J. N. Postgate, "Assyria: The Home Provinces", in M. Liverani, ed., *Neo-Assyrian Geography*, pp. 5 – 6.

特盖特的推论经不起推敲：一方面，阿淑尔纳色尔帕二世和沙尔马纳沙尔三世都曾宣称任命了被征服地区的总督，他们的铭文没有罗列相关行省并不意味着它们没有建立；另一方面，名年官表提及行省总督与组建行省没有必然的关系，新建行省总督不见得都能成为名年官。

3. 提格拉特皮拉沙尔三世的行政管理改革

提格拉特皮拉沙尔三世时期，行省的数量大大增加，总督的职权受到削弱，宦官（*ša-rēši*）担任行省总督成为制度，① 福雷尔称之为"提格拉特皮拉沙尔三世的行政管理改革"。福雷尔认为，提格拉特皮拉沙尔三世不仅用从巴比伦尼亚引进的新总督称呼 *bēl pāhiti* 取代了旧总督称呼 *šaknu*，② 而且通过合并 *urāsi*③ 管理的"从属行省"（urasischaften）来组建新行省。④ 波斯特盖特指出，提格拉特皮拉沙尔三世以前亚述就有总督称为 *bēl pāhiti*，*urāsi* 管理的"从属行省"更是子虚乌有，由此断定"提格拉特皮拉沙尔三世的行政管理改革"并不存在。⑤

萨尔贡二世时期，"阿淑尔之地"的范围进一步扩大，亚述的行省体系也进一步向外拓展。萨尔贡二世征服安纳托利亚东南部诸国，分别在比特-普鲁塔什、希拉库、古尔古姆和昆穆赫等国的故地组建了行省，⑥ 并将地中海沿岸的撒玛利亚和阿什杜德分别组建为行省，⑦ 还在扎格罗斯山区新设立基舍西姆和哈尔哈尔省。⑧ 萨尔贡二世将穆萨西尔划入"马森努"的行省，⑨ 他还将靠近埃兰的被征服地区分别委托给巴比伦行省和甘布鲁行省总督管理。⑩

萨尔贡二世以后，尽管"阿淑尔之地"的面积还在增加，但是，亚述

---

① J. N. Postgate, "Assyria: The Home Provinces", in M. Liverani, ed., *Neo-Assyrian Geography*, p. 5.
② E. Forrer, *Die Provinzeiteilung des assyrischen Reiches*, pp. 8ff.
③ *Urāsi* 本义指砖瓦工，引申为服劳役者。Simo Parpola, *Assyrian-English-Assyrian Dictionary*, p. 130. 不过，福雷尔曾误以为"从属行省"的长官。E. Forrer, *Die Provinzeiteilung des assyrischen Reiches*, p. 9.
④ E. Forrer, *Die Provinzeiteilung des assyrischen Reiches*, pp. 9 – 10.
⑤ J. N. Postgate, "Assyria: The Home Provinces", in M. Liverani, ed., *Neo-Assyrian Geography*, p. 3.
⑥ ARAB Ⅱ 25, 29, 64.
⑦ ARAB Ⅱ 4, 30.
⑧ ARAB Ⅱ 56, 57.
⑨ ARAB Ⅱ 22.
⑩ ARAB Ⅱ 41.

的行省体系基本稳定，新建行省数量不多，被征服地区往往被添加到附近的行省中。辛纳赫里布在扩展领土方面成就不大，仅有很小的一部分被征服地区被划入"阿淑尔之地"，因此，他并未组建新的行省，只是将被征服地区添加到其他行省中。① 埃萨尔哈东在西顿设立行省，② 埃萨尔哈东初年推罗也被重组为行省。③ 重新征服埃及后，埃萨尔哈东宣布："我又给整个埃及④重新任命了国王、总督、šaknu、'港口监督'、'国王的代表'和信使。"⑤ 但是，亚述统治埃及的时间短且不稳固，亚述的文献并未提及埃及行省的名字，可见，它们并未融入亚述的行省体系中。据尼尼微出土的地名清单记载，新亚述时期的行省多达80个。⑥

二　组织结构

1. 行省的构成

根据行省的组织结构，亚述的行省大致可分为城市行省、朝廷高官行省和部落行省三大类。在人口稠密、城镇聚集的河谷平原地区，行省一般以城市为中心，再加上周边的城镇、村庄和其他地区构成，行省多以相关的城市命名。一些行省以一个城市为中心。例如，阿淑尔省称为"内城（系阿淑尔城别名）省"，卡勒兹（Kalzi）省被称为"卡勒兹城省"（kur uru *Kalzi*）。⑦

一些行省管辖若干个城市和地区，每个城市和地区管辖数量不等的村庄。阿达德-尼拉里三世曾颁布敕令将辛贾尔山以南幼发拉底河中游地区的许多城镇划归拉萨帕行省总督管辖，其铭文罗列了相关的城市和地区及其管辖的村庄："杜尔-伊什塔尔和它的12个村庄、卡尔-辛和它的10个村庄、杜尔-杜克里穆和它的33个村庄、杜尔-阿淑尔和它的20个村庄、杜尔-涅尔伽尔-埃里什和它的33个村庄、杜尔-马尔杜克城和它的40个村庄、辛贾尔山区的卡尔-阿达德-尼拉里和它的126个村庄、阿扎鲁山的28个村

---

① RINAP Ⅳ 4：29-30；17：ii 6-ii 20.
② RINAP Ⅳ 1：ii 65-ii 82.
③ RINAP Ⅳ 1 iii 1-iii 14.
④ 亚述人称古代埃及为"穆苏尔"（Muṣur），本书按照学术界的惯例称其现代的名字或古典文献中的名字以免引起不必要的混乱。幼发拉底河、波斯湾、地中海和非力士等一些现代人比较熟悉的地名也按此例处理，其古代名称均可在附录中的地名对照表中查到。
⑤ RINAP Ⅳ 99：47-48.
⑥ SAA Ⅺ 1.
⑦ RIMA Ⅱ A.0.99.1：r.19.

庄、拉科地区的杜尔-阿达德-尼拉里和它的15个村庄以及卡特努地区阿达德城的14个村庄。"①

新亚述时期，"图尔塔努"、"纳吉尔—埃卡里"、"拉伯—沙克"和"马森努"等高官兼领行省，朝廷高官行省面积广阔，相关的高官一般被称为所辖地区的总督。例如，沙尔马纳沙尔三世时期，"图尔塔努"被称为"塔比图、哈兰、胡兹里纳城、杜鲁城、齐巴努地区、扎鲁地区和巴里胡城的总督"。② 阿达德-尼拉里三世时期，"图尔塔努"被称为"哈梯地区、古提地区和纳姆里地区总督"。③ 朝廷高官行省都位于亚述的边境地区。

新亚述时期，一些行省还生活着一些部落，个别行省甚至全部由部落组成。阿米蒂总督在致萨尔贡二世的一封信中提到其辖区阿拉米人的伊图部族及其酋长。④ 提格拉特皮拉沙尔三世曾建了一个全部由部落组成的行省："从我即位之初到统治的第17年，我俘获了底格里斯河、幼发拉底河、苏拉普河和乌格努河畔直到太阳升起的下方之海的伊图、鲁布乌、哈马拉努、鲁胡阿图、纳巴图、欣迪鲁、鲁乌阿、里塔乌、马鲁苏、普库杜的阿拉米人，把他们（所在的地区）添加到'阿淑尔之地'，任命我的一个宦官担任他们的总督。"⑤

行省的辖区并不是固定的，国王可以调整行省的区划。例如，公元前831年，阿淑尔省的辖区不但包括阿淑尔城及其周边地区，而且囊括哈布尔河流域东部地区的纳西比纳、乌拉卡、卡哈特和马萨卡等城镇；到了公元前815年，阿淑尔省不再管辖哈布尔河流域的城镇。⑥ 又如，阿达德-尼拉里三世时期，沙马什-伊鲁为"图尔塔努"时，其辖区包括哈梯地区、古提地区和纳姆里地区，⑦ 提格拉特皮拉沙尔三世以后，古提地区和纳姆里地区分别被划入"马森努"和"拉伯—沙克"的辖区。⑧

---

① RIMA Ⅲ A.0.104.7: 13–20.
② RIMA Ⅲ A.0.102.2002.
③ RIMA Ⅲ A.0.102.2010: 9.
④ SAA Ⅴ 3: 10–16.
⑤ RINAP Ⅰ 40: 3–11.
⑥ J. N. Postgate, "Assyria: The Home Provinces", in M. Liverani, ed., *Neo-Assyrian Geography*, pp. 9–10.
⑦ RIMA Ⅲ A.0.102.2010: 9.
⑧ J. N. Postgate, "Assyria: The Home Provinces", in M. Liverani, ed., *Neo-Assyrian Geography*, pp. 6–8.

2. 行省的官僚体系

行省的官僚体系包括总督、市长、村长及其附属的官吏等庞大队伍。总督是行省的最高长官,他们一般称为 šaknu, pāhatu（语义符为 man）/ bēl pīhate（语义符为 en nan）。J. N. 波斯特盖特认为,这两种称呼并没有本质的差别, šaknu 多用于正式场合,而 bēl pīhate 则多用于普通场合。① 需要指出的是,新亚述时期,除了指总督外, šaknu 还可以指其下属的高级军官,负责征收马匹与赋税、征调和指挥士兵等事务。② 哈马总督在致萨尔贡二世的信中写道:"šaknu 和'村庄巡检官'摊派到当地人口身上的银子已经上缴。"③ 总督负责行省的军政事务,还有副手（^{lú}šanû,语义符为 man. 2 或 2. kam）协助其处理军政事务。

总督手下还有一支庞大的官僚队伍。行省总管（rab ekalli）协助总督管理总督府的事务,并参与行省的管理。总督的属官有税吏（mākisu）、驿站站长（rab kallî）、仓库总管（rab karmāni）、公共工程总管（rab pilkāni）和石匠总管（rab urāsi）等官僚协助总督处理国王委派的各项事务,有厨师长（rab nuhatimmi）、甜点师总管（rab karkadinni）等官吏负责管理后勤事务,还有征兵官（rab raksi）、队官（rab urāti）、分队指挥官（rab kiṣri）骑兵指挥官（rab kallāpi）、要塞指挥官（rab bīrte）和间谍指挥官（rab daiāli）等军官负责处理军务。

市长（hazannu）负责城市及其辖区的管理。市长的副手也称为 ^{lú}šanšû,他与副总督的区别是该官员往往被称为某个城市的 ^{lú}šanû。城市还有书吏（ṭupšarāli）。阿淑尔城和古扎努城等城市还有长老。④ 一个行省还有若干"城市巡检官"（ša muhhi āli）,可能负责协调城市之间或城市辖区内村庄之间的事务。一些城市还有"村庄巡检官"（rab ālāni,语义符为 gal uru）,该官员可能管辖数个村庄。⑤ 手工业者的管理者被称为 rab kāṣiri。

---

① J. N. Postgate, "Assyria: The Home Provinces", in M. Liverani, ed., *Neo-Assyrian Geography*, pp. 2–5.

② J. N. Postgate, "The Place of the šaknu in Assyrian Government", *AnSt*, Vol. 30 (1980), p. 108.

③ SAA V 176: 4–5.

④ SAA XVI 63: 31; 96: 3.

⑤ Richard A. Henshaw, "Review: Late Assyrian Officialdom", *JAOS*, Vol. 100, No. 3 (1980), p. 285.

村庄（ālu 或 kapru）是亚述最基层的行政管理单位，与市长称号相同的村长（hazannu）负责村庄内外的事务。对内，村长按照当地的习俗和国王的法令管理耕地的轮作、牧场的放牧、审理村庄的案件、维护村庄的安全；对外，村长负责征收税收和征调人力。①

3. 行省与中央政府的关系

行省辖区是亚述直接管理的地区，包括总督在内的行省重要官员由国王任命。阿淑尔纳色尔帕二世和沙尔马纳沙尔三世均曾宣布："我给我获得统治权的国家的和山区（部落）任命了总督。"② 行省总督最初一般出自阿淑尔城的重要家庭，中亚述时期有些行省总督职位甚至父死子继。③ 亚述国王有时也任命被征服地区的首领或国王担任行省总督。上文提到，为了加强对行省的控制，提格拉特皮拉沙尔三世开始使宦官担任行省总督成为一种制度。总督麾下"城市巡检官"的任命也需要获得国王的同意。苏帕特行省总督在致萨尔贡二世的信中写道："如果国王我的主人同意，请他们给 šaknu 纳布-乌萨拉寄一封信，让我任命他的副手雅伊鲁担任那里的'城市巡检官'。"④

国王还委派亲信参与行省的管理。中亚述时期，国王向什巴尼巴、泰尔·阿尔-里马赫和哈布尔河流域的行省派驻了（收税的）"国王的代表"，主要负责转运谷物和管理流放的人口。⑤ 新亚述时期，"国王的代表"还直接参与谷物税的征收。伊萨纳副总督沙鲁-埃穆拉尼在致国王的信中写道："致国王我的主人，（我是）您的仆人伊萨纳副总督沙鲁-埃穆拉尼。我们过去向巴鲁库和涅尔伽尔-阿沙莱征收 nusāhē 税，但是，现在贝尔-阿普里-伊狄纳驱赶了（收税的）'国王的代表'。"⑥

亚述人把传统的商道和各地的道路连接起来，逐步建立连接各个都城、

---

① J. N. Postgate, "The Ownership and Exploitation of Land in Assyria in the First Millennium BC", in M. Lebeau et P. Talon, eds., *Reflets des deux fleuves: Volume de mélanges offerts à André Finet*, pp. 141 – 152.

② RIMA II A. 0. 101. 56: 12 – 13; RIAM III A. 0. 102. 6: iv 37 – iv 39.

③ 沙马什-努里和阿达德-伊特伊父子均曾担任古扎努总督。参见 RIMA II A. 0. 101. 2004. 8 – 9; V. A. Jakobson, "The Social Structure of the Neo-Assyrian Empire", in I. M. Diakonoff, ed., *Ancient Mesopotamia: Socio-Economic History: A Collection of Studies by Soviet Scholars*, p. 286。

④ SAA I 177: 17 – 21.

⑤ P. Machinist, "Provincial Governance in Middle Assyria and Some New Texts from Yale", *Assur*, Vol. 3, No. 2 (1982), p. 25.

⑥ CTN V 74: 1 – 11.

行省省会和主要城市的交通网,因此,亚述帝国有"交通帝国"之称。[1]行省总督通过交通网把辖区的情况汇报给国王,国王的指令也通过这套交通网及时地传达到相关地区。通过遍及全国的交通网,国王可以直接处理行省的军政事务。[2]

第二节　农业税

亚述的农业大致可以分为种植业和养殖业两大类,与之相对应,其农业税[3]也分为种植业税和养殖业税两种,前者包括 šibšu 税和 nusāhē 税,后者主要是ṣibtu税。

一　种植业税

1. šibšu 税与 nusāhē 税的词源与发展演变

šibšu 税是两河流域古老的税种之一,而 nusāhē 税则是亚述特有的税种。由于它们通常一起征收,因此,亚述学术界通常把二者放在一起来考察。[4]

šibšu 一词来源于动词 šabāšu(本义是"收集",引申为"课税"),[5] 主要指农业方面的税赋。[6] 在亚述文献中,šibšu 有:še-eb-še, še-eb-še, še-eb-šú, ^{še}šib-še, ^{še}ši-ib-še, ^{še}šib-ši, ši-ib-si, ši-ib-še, šib-ši, ^{še}in. nu 等多种拼写方式。

šibšu 一词最早出现在阿卡德王国时期,但是,其词义尚不清楚。阿斯玛尔遗址出土的数份破损文献提到了 šibšu,其中一份文献写道:"4 古尔 2 帕努来自阿比-提什帕克;16 古尔来自宫廷;3 古尔 3 帕努来自伊达达;3

---

[1] M. Liverani, "The Growth of the Assyrian Empire in the Habur/Middle Euphrates Area: A Paradigm", *SAAB*, Vol. 2, No. 2 (1988), pp. 81 – 98.
[2] SAA I, pp. xiii – xiv; K. Kessler, "'Royal Road' and other Questions of the Neo-Assyrian Communication System", in S. Parpola and R. M. Whiting, hrsg., *Assyria 1995: Proceedings of the 10th Anniversary Symposium of the Neo-Assyrian Text Corpus Project*, Helsinki: The Neo-Assyrian Text Corpus Project, 1997, pp. 129 – 136.
[3] 中国史学界往往称农业税为田赋,而西方学术界则多称之为土地税。
[4] J. N. Postgate, *Taxation and Conscription of the Assyrian Empire*, pp. 174 – 199.
[5] CAD Š/1, pp. 6 – 7.
[6] CAD Š/2, pp. 383 – 385.

古尔 3 帕努来自普-伊利：（以上是）阿扎伽尔（征收）的 šibšu。"① 这份文献可能是一个名为阿扎伽尔的官员收取或交纳 šibšu 的记录，但是，šibšu 涉及的物品却不得而知。另一份文献写道："□②□□□古尔□□□□古尔，šibšu 大麦□□□□"③ 可见，šibšu 很可能指的是大麦。由于阿斯马尔出土的文献比较简短，且出现了破损，šibšu 究竟是不是一种税赋并不确定。④ 尽管《芝加哥大学东方研究所亚述语词典》的编者将其解释为"一种为土地收益权支付的税"⑤，但是，相关文献并没有明确地提到它与土地的关系，因此，阿卡德王国时期的 šibšu 是否是种植业税还有待于进一步考证。

古巴比伦时期，šibšu 已成为一种与土地有关的税赋。为了缓和社会矛盾、稳定社会秩序，两河流域的统治者有时会豁免有关的赋役，⑥ 其中古巴比伦国王阿米-萨杜卡在一篇豁免赋役的敕令中写道："由于国王向全国（民众）宣布（要建立社会）公正，苏胡地区（民众）所欠的（充作）šibšu 税的大麦及其所欠的（根据）土地分成契约（应交的）大麦都被豁免了，不得征收了，（今后）不得向苏胡地区的家庭索要欠粮了。"⑦在阿米-萨杜卡豁免敕令中，šibšu 税是一种国家税赋，交纳的物品是大麦。同期，哈尔马尔遗址出土的一封信也谈到了 šibšu 税与土地的关系："伊姆古尔-辛对耕种我土地的埃特尔-皮-沙马什之子埃里巴姆吩咐道：'你不要把他的土地的 šibšu 税交给库布图姆！'"⑧ 古巴比伦时期，šibšu 税征收的物品不仅包括大麦，而且还可以是小麦、芝麻等。⑨

中亚述时期，šibšu 一词开始出现在亚述文献中。一篇破损严重的文献写道："mikisi šibšu。"⑩ šibšu 前面有古代两河流域表示税收的单词 miksu，这

---

① I. J. Gelb, *Sargonic Texts in the Louvre Museum*, Chicago: The University of Chicago Press, 1970, 3.
② □表示文本文献中的破损部分，一个□相当于一个楔形文字字符。
③ I. J. Gelb, *Sargonic Texts from the Diyala Region*, 35: 1 – 3.
④ G. Visicato, "A Temple Institution in the Barley Records from Sargonic Ešnunna", *ASJ*, Vol. 19 (1997), p. 246f.
⑤ I. J. Gelb, *Glossary of Old Akkadian*, Chicago: The University of Chicago Press, 1957, p. 263.
⑥ Moshe Weinfeld, *Social Justice in Ancient Israel and in the Ancient Near East*, pp. 103 – 137.
⑦ J. P. J. Olivier, "Restitution as Economic Redress: The Fine Print of the Old Babylonian *mēšarum*-edict of Ammişaduqa", *ZAR*, Vol. 3 (1997), pp. 16 – 17.
⑧ A. Goetze, "Fifty Old-Babylonian Letters from Harmal", *Sumer*, Vol. 14 (1958), p. 16: 3 – 7.
⑨ M. deJ Ellis, "Old Babylonian Economic Texts and Letters from Tell Harmal", *JCS*, Vol. 24, No. 3 (1972), 9 and 10.
⑩ J. J. Finkelstein, "Cuneiform Texts from Tell Billa", *JCS*, Vol. 7, No. 4 (1953), 86: 9.

篇文献提及的 šibšu 无疑是一种税赋。① 由于阿卡德王国曾统治过亚述地区，古巴比伦王国也对亚述的发展产生过巨大影响，而米坦尼王国是否存在 šibšu 税等问题尚无定论，因此，亚述的 šibšu 税究竟源于哪个时期尚无法确定。

与 šibšu 税不同，nusāhē 税却是亚述人特有的税种。nusāhē 来源于动词 nasāhu，该动词主要有"使离开、驱逐、拉扯、离开、减少"等多种意思②，引申为"强取、征收"。nusāhē 税主要指种植业税，尤其是大麦税。③ 在亚述文献中，nusāhē 的拼写方式较为固定，总是拼写为 nu-sa-he，不过，有时面前有表示类别的前置词 še，后面有表示复数的后置词 meš。

中亚述时期，nusāhē 税一出现就与 šibšu 税一起征收。上文提到的中亚述破损文献还写道："mikisi šibšu ^{še}nusāhē。"④ 新亚述时期，nusāhē 税频繁地出现在亚述的私人法律文献、国王敕令、书信和行政管理档案等多种文献中，并且在很多时候都是与 šibšu 税一起征收的。⑤

新巴比伦时期，nusāhē 税不见了踪影，而 šibšu 税仍然是一种重要的农业税赋，征收的产品仍然是古代两河流域主要粮食作物大麦。例如，尼布加尼撒 29 年的一篇收税记录写道："10 库尔大麦来自拉巴什和泽鲁图的哈鲁渠的 šibšu 税，（它们是）沙马什-埃里巴的家人为剪羊毛的工人做面包（用的）。"⑥

2. 课征的物品

šibšu 税课征的产品在不同时期差别很大。中亚述时期，šibšu 税征收的产品可能与古巴比伦时期的 šibšu 税一样，也包括各种农产品，其中一篇法律文献写道："1 伊麦如（imēru，又作 imāru）⑦ 兵豆的 šibšu 税，（它是）根据衡量同样耕地的 šibšu 税计算的。⑧ 尽管上述文献比较拗口，但是，我们

---

① 不过，芬克尔施泰因将 še. in. nu 转写为 tibnu。
② CAD N/2, pp. 1 - 14.
③ CAD N/2, pp. 351 - 352.
④ J. J. Finkelstein, "Cuneiform Texts from Tell Billa", *JCS*, Vol. 7, No. 4 (1953), 86: 9.
⑤ CAD N/2, pp. 351 - 352; AHW, p. 805.
⑥ D. B. Wiesberg, *Neo-Babylonian Texts in the Oriental Institute Collection*, Chicago: The University of Chicago Press, 2003, 80: 1 - 6.
⑦ imāru 本义为"驴"，由于驴是古代两河流域的驮兽，一头驴所载货物的重量逐渐成为一种重量单位。新亚述时期，播种的种子重量发展成为耕地的面积单位，一头驴所载种子的重量又演变成面积单位。CAD, I-J, pp. 111 - 114.
⑧ 1 imēru abšu šibšu ina giš. bán ša šibše，转自 CAD, p. 384.

几乎可以肯定的是中亚述时期 šibšu 税征收的物品是兵豆。尽管目前没有直接的证据，但是，亚述的主要粮食作物大麦很可能是 šibšu 税征收的产品。

新亚述时期，šibšu 税征收的产品已发生了明显的变化，可能主要局限于大麦等农作物的秸秆。① 例如，尼姆鲁德出土的一份涉及 šibšu 税的文件写道："根据亚述（的计算方法），15 捆禾秆是国王的薪俸田的 šibšu 税，（它应上缴）沙马什–阿胡–伊狄纳手下的粮仓官（rab karmi）。"② 这份文件明确地指出 šibšu 税的物品是农作物的秸秆。

新亚述时期，nasāhē 税继承了 šibšu 税的大部分内容，大麦成为其征收的主要农产品。尼姆鲁德出土的另一份文件清楚地记录了 nasāhē 税的内容："根据每苏图 10 卡的计量方式，9 伊麦如大麦是国王薪俸田的 nasāhē 税，（它应上缴）沙马什–阿胡–伊狄纳手下的粮仓官。"③

nusāhē 税征收的农产品并不局限于大麦，还可能包括水果。公元前 682 年，一桩交易的对象是一个果园，但相关的交易契约的附加条款写道："那个果园的 nusāhē 税不得征收。"④ 不过，上述果园的保有者并不一定要交纳水果，也可能像其他耕地的保有者一样交纳大麦。

新亚述时期，šibšu 税与 nusāhē 税不但征收实物，还可以征收折算的银子。尼姆鲁德出土的一份租地契约写道："在 11 月 1 日，阿达德–伊克比应该与塔塔亚一起起誓道：'我发誓的确在宫廷总管的耕地上播种了 9 苏图的（大麦）种子，我真的（要）付给他 4 米那银子作为 šibšu 税与 nusāhē 税。'如果他们拒绝以神的名义起誓，他们就要付给宫廷总管 3 伊麦如 2 苏图大麦。"⑤ 阿达德–伊克比和塔塔亚耕种了总管的土地，他们需要负担 šibšu 税与 nusāhē 税，但是，他们有两种选择：如果他们在神面前起誓，他们可以缴纳 4 米那银子来顶替 šibšu 税与 nusāhē 税；如果他们拒绝发誓，他们就要付 3 伊麦如 2 苏图大麦。我们不清楚在神面前起誓与 šibšu 税和 nusāhē 税交付方式有何关系，但是，这份文献告诉我们，土地耕种者可以交纳银子代替实物税。

---

① 中国古代称为"刍稿"，它是春秋战国时期和秦代一项重要的税收。参见黄天华《秦代赋税结构及其沿革》，《广东社会科学》2000 年第 6 期，第 40—41 页。
② J. N. Postgate, *Taxation and Conscription of the Assyrian Empire*, ND 9904: 1 – 6.
③ CTN III 16: 1 – 7.
④ SAA VI 191: r. 4 – r. 6.
⑤ CTN III 70: 1 – 10.

3. 纳税的土地

种植业税与土地有直接关系，不过，不同种类的土地负担的 šibšu 税和 nusāhē 税的义务也不尽相同。根据土地保有者的不同，亚述的土地可以分为行省总督直接管理的公田、官署的公廨田、国王与官员等人员的薪俸田、职业军人的土地、神庙的土地和私人保有的土地等多种类型。

行省总督负责管理辖区内的土地，其中一部分土地由总督直接组织人员进行耕种。例如，哈马总督阿达德-哈梯在致国王的信中写道："我已收获了□□□□城的耕地，除了它们之外，我还收获了拉巴乌城1000伊麦如的耕地。"① 总督直接耕种的土地收益可能归行省，他没有必要向这类土地征收税赋。

官署的公廨田指官署占有的土地，获得的收益主要充作公用经费。在亚述文献中，一些公廨田直接称为某官员官署（é）的土地。例如，一位官员在致国王的信中写道："'苏卡鲁'（sukkallu，又拼为 šukkallu）② 和'萨尔提努'（sartinnu）③官署的土地不超过拉达努河，通向阿扎里的御道是它们的边界。"④ 在亚述的文献中，在提到有关土地的归属时仅仅提及某官职，而根本不给出相关官员的名字，这类土地与其职务有关，也属于公廨田。尼尼微出土的一份土地清单罗列了"拉伯—沙克"、"纳吉尔—埃卡里"、"萨尔提努"、尼尼微总督、比尔图总督、塔姆努纳总督等官职占有的土地。⑤ 上文提到，阿达德-伊克比和塔塔亚租种的土地属于"纳吉尔—埃卡里"，但是，相关文件并没有提及该官员的名字，因此相关土地应该是该官员的公廨田，这类土地的耕种者需要负担 šibšu 税和 nusāhē 税。官署公廨田的耕种者交纳的税赋主要用作办公经费，实质上相当于地租。

---

① SAA Ⅰ 176: r. 25 – r. 26.
② "苏卡鲁"是新亚述时期宫廷七大高官之一，一般译为"高官"（vizier）。参见 Simo Parpola, "The Assyrian Cabinet", in M. Dietrich and O. Loretz, hrsg., *Vom alten Orient zum alten Testament. Festschrift für Wolfram Freiherrn von Soden zum 85 Geburtstag am 19 Juni 1993*, pp. 379 – 401; SAAS Ⅺ, pp. 91 – 106。
③ "萨尔提努"是新亚述时期宫廷七大高官之一，一般译为"大法官"。参见 Simo Parpola, "The Assyrian Cabinet", in M. Dietrich and O. Loretz, hrsg., *Vom alten Orient zum alten Testament; Festschrift für Wolfram Freiherrn von Soden zum 85 Geburtstag am 19 Juni 1993*, pp. 379 – 401; SAAS Ⅺ, pp. 77 – 90。
④ CTN Ⅴ 41: 16 – 21.
⑤ SAA Ⅺ 219.

亚述国王和大臣等人员都占有薪俸田（ma'uttu）。① 虽然国王是全国土地名义上的所有者，但是，他可以享受收益的土地仅限于其薪俸田。新亚述时期的文献多次提及国王的薪俸田，其中一位大臣在致国王的信中写道："比特-胡散尼是国王的薪俸田，（它）坐落于库塔和基什之间的皮图水渠畔，它的椰枣（产量）是100（古尔），它的大麦（产量）是100（古尔）。"② 一位大臣在致国王的信中写道："国王的土地非常好，国王的薪俸田已收获完毕。"③ 王太子也占有薪俸田，其中一封信写道："□□□□一块40伊麦如的土地□□□□我当面给了太子府的管家，在伊萨纳总督贝尔-阿普里-伊狄纳的1000（伊麦如）耕地中，他还享有200（伊麦如）薪俸田。"④ 亚述的一些薪俸田并没有提到国王或王太子，它们可能是一些官员的薪俸田。一位大臣在致国王的信中写道："我将把收获工人派到薪俸田里，如果人手仍然不足，我自己将（设法）弥补缺口。"⑤ 亚述的一份土地清单写道："（这块）10伊麦如的耕地（是一块）薪俸田。"⑥ 阿淑尔巴尼拔的车夫莱曼尼-阿达德购买卡特纳附近的土地契约中提到有关的耕地临近某人的薪俸田。⑦ 神庙祭司等人员也占有薪俸田。一位祭司在给国王的信中写道："国王我的主人的父亲把哈拉胡的10伊麦如耕地赐给了我，我已经享有这块耕地的使用权达14之久，没有人向我提出异议。但是，现在巴尔哈尔兹总督赶来虐待我的农夫，劫掠他们的房屋，侵占我的耕地。国王我的主人知道我是一个穷人，我关注着国王我的主人的安全，我在宫廷里没有任何懈怠。现在，我被剥夺了耕地，我恳求国王我的主人，让国王为我主持公道，不要让我饿死。"⑧ 上文提到，耕种国王薪俸田的人需要交纳 šibšu 税和 nusāhē 税，国王田产的管理人员把国王的薪俸田出租给有关人员耕种，他们要像耕种其他土地一样缴纳税赋。不过，薪俸田的最终受益者是国王本人而非国家，相关的税收实质上相当于地租。可以想见，亚述的官吏也会

---

① 在巴比伦语中，该词拼写为 mu'untu。波斯特盖特曾将其译为"水田"，参见 J. N. Postgate, Neo-Assyrian Royal Grant and Decrees, pp. 180 – 181。
② SAA XIII 56: r. 6 – r. 9.
③ CTN V 52: 4 – 6.
④ CTN V 74: r. 3 – r. 9.
⑤ CTN V 24: 25 – 28.
⑥ SAA XI 224: 5.
⑦ SAA VI 335: 4.
⑧ SAA X 173: 6 – r. 9.

像国王一样出租其薪俸田,然后收取名为 šibšu 税和 nusāhē 税的地租。

亚述神庙也占有大量土地。一份菜园的交易契约提到,被转让的菜园临近"涅尔伽尔神的一个菜园"。① 尼尼微的人口和财产清单提到哈拉胡地区的纳布神的一个村庄,② 另一份清单提到胡兹里纳地区的伊什塔尔女神的一个果园。③ 亚述神庙的土地主要来自国王的赏赐和个人的捐赠。上文提到,阿达德-尼拉里三世曾经颁布敕令将宦官的薪俸田赐予阿淑尔神庙。④ 阿淑尔总督塔伯-西尔-埃沙拉在一封信中写道:"国王我的主人把哈拉胡省一个叫库拉尼的村庄 4000 伊麦如可耕地献给了杜尔-沙鲁金的纳布神庙。"⑤ 除了直接捐赠土地外,亚述国王还指定耕地向神庙提供供物。一份葡萄园转让契约写道:"它是一个向阿淑尔神和穆里苏女神提供 ginû 供品的葡萄园。"⑥ 在赐予神庙土地时,国王一般都豁免了其国家赋役。阿达德-尼拉里三世曾在赐予阿淑尔神庙土地的诏书中写道:"为了保全他的生命,亚述国王阿达德-尼拉里豁免了(它们的赋役),把它们献给了他的主人阿淑尔神。"⑦ 在修建杜尔-沙鲁金时,萨尔贡二世占用了向阿淑尔神和巴布神提供大麦和面粉的耕地,它们是阿达德-尼拉里三世献给两位神灵的。⑧

除了上述各类土地外,亚述文献提到最多的是私人土地,这类土地是 šibšu 税和 nusāhē 税的主要征收对象。在提及私人土地时,有关文献一般要列举保有者的名字而非仅仅介绍其身份。私人土地在进行买卖和租赁等交易时,有关文献不但明确土地所有者的名字和身份,而且往往列举其亲属等与土地权属有关联的人员。私人土地要负担 šibšu 税和 nusāhē 税。亚述人可能按照惯例由土地的保有者缴纳税赋,土地所有权的转让一般不涉及税赋问题,因此,正常的土地买卖很少提及税赋问题。然而,在租赁土地时,承租人只是在一定期限内占有相关的土地,双方往往在契约中要明确税赋的负担者。公元前 631 年,一份租地契约规定 šibšu 税与 nusāhē 税由承租人

---

① SAA Ⅵ 204:6.
② F. M. Fales, *Censimenti e catasti di epoca Neo-Assyria*, Rome: Studi Economici tecnologici ns. 2, 1973, 24: r. 14.
③ SAA Ⅺ 219:iv 16.
④ SAA Ⅱ 1:5-7.
⑤ SAA Ⅰ 106:6-9.
⑥ SAA Ⅵ 188:r. 6.
⑦ SAA Ⅻ 1:4.
⑧ SAA Ⅻ 19.

负担:"他将享有这块土地的使用权 6 年;(其中)3 年耕种,3 年休耕,总共是 6 年。它的 šibšu 税将要征收,它的 nusāhē 税(也)需要征收。"① 公元前 650 年,一份土地抵押契约则规定:"他将享有这块土地的使用权 8 年;(其中)4 年耕种,4 年休耕,总共是 8 年,(这块土地)既不需要交纳 šibšu 税,也不需要交纳 nusāhē 税。"②

4. 征收方式

农业生产具有明显的季节性,šibšu 税与 nusāhē 税的征收也是季节性的工作,因此,亚述没有专职的 šibšu 税与 nusāhē 税税官。不过,上自行省总督下至村庄的村长的各级官员都参与 šibšu 税与 nusāhē 税的征收。

征收税赋是行省总督的重要职责之一。埃萨尔哈东时期,阿淑尔省总督公然违反惯例向阿淑尔城征收 šibšu 税和 nusāhē 税,阿淑尔城的市长和长老们联名写信给国王维护他们的权益:"您的父亲、您的祖父和您祖父的父亲都豁免了阿淑尔城(的赋役),您还赐予我们额外的特权。现在总督府的人任命了内城的'国王的代表',他们正在征收 šibšu 税和 nusāhē 税。您是辛纳赫里布的嫡系子孙,阿淑尔神和沙马什神保佑您、您的儿子、您儿子的儿子乃至千秋万代。(可是)在您统治期间,他们却征收我们的 šibšu 税和 nusāhē 税。"③

行省副总督和派驻行省的"国王的代表"也参与 šibšu 税与 nusāhē 税的征收。④ 上文提到,伊萨纳副总督沙鲁-埃穆拉尼过去我们向巴鲁库和涅尔伽尔-阿沙莱征收 nusāhē 税,但是,现在贝尔-阿普里-伊丁驱赶了"国王的代表"。在这封信中,贝尔-阿普里-伊丁驱赶的伊萨纳省的征 nusāhē 税的官员是"国王的代表"。

有时,国王派遣其侍卫去催交税收。一位高官在致萨尔贡二世的信中写道:"现在,国王我的主人应该问问正在这里征收 nusāhē 税的国王的侍卫曼努-基-阿赫,这里是否有大麦。"⑤

由于一些人员拒交税赋,征收 šibšu 税与 nusāhē 税有时还需要军队协助。伊萨纳副总督沙鲁-埃穆拉尼致萨尔贡二世的信还写道:"我已派去了一

---

① SAA XIV 287: 7 – 10.
② D. J. Wiseman, "The Nimrud Tablets, 1953", *Iraq*, Vol. 15, No. 2 (1953), ND 3430: 3 – 10.
③ SAA XVI 96: 1 – r. 10.
④ SAA I 181: 6 – r. 1.
⑤ SAA V 82: r. 9 – r. 13.

个'国王的代表'□□□□□舍佩-阿淑尔的 *nusāhē* 税□□□□□□我派去了伊图族士兵。"① 卡尔胡省的一位官吏在致总督的信也提到了军队参与征收 *nusāhē* 税的情况:"总督沙马什-贝鲁-乌粟尔正要拿走□□□□我们不应被征收的 *nusāhē* 税,他今年为什么征收我们的 *nusāhē* 税?他的军队天天都□□□□□在我们的村庄周围游荡。"②

有关官员一般在打谷场上征收 *šibšu* 税与 *nusāhē* 税。尼姆鲁德出土的一篇征税记录写道:"他(纳税人)应该把(它)运到打谷场(*adru*)上。"③ 行省征收的 *šibšu* 税与 *nusāhē* 税一般储存在行省,行省官员根据国王的命令向军队士兵等人员供应粮草。阿拉泊哈省总督在致萨尔贡二世的信中提道:"他们应当送给我一个盖(国王)印的命令,我才可以根据写字板的记录,给他们相应数量的大麦。(我的)大麦都储存在沙布□□□□镇□□□□□。"④ 一位官员在萨尔贡二世的信中写道:"我们准备出发去参加检阅,但是,队官伊什美-伊鲁给我们带来了国王的金印,他三番五次地阻止我们说:'交来给马扎穆阿行省军队的大麦!'"⑤

5. 税率

迄今为止,尚未发现亚述涉及 *šibšu* 税与 *nusāhē* 税率的法律,其他涉及这两种税赋税率的文献也屈指可数,因此,这两种种植业税的税率还没有定论。大约公元前 685 年,⑥ 一份破损的土地买卖文书的附加条款写道:"*nusāhē* 税是 1/10, *šibšu* 税为 1/4。"⑦无独有偶,公元前 625 年 10 月 3 日签订的一份租地契约的附加条款规定:"*nusāhē* 税是 1/10, *šibšu* 税为 1/4。"⑧然而,上述税率似乎并不是全国统一的税率。公元前 630 年 10 月,一份以土地作抵押的借款契约约定:"他需要像村庄一样缴纳 *šibšu* 税与 *nusāhē* 税。"⑨ 但是,这份契约既未明确参照同村村民纳税的原因,又未提交

---

① CTN V 74: r. 17 – r. 19.
② CTN II 196.
③ CTN III 14: 8; 16: 7.
④ SAA XV 10: 7 – r. 3.
⑤ SAA V 234: 1 – r. 1.
⑥ 由于相关部分的破损,这份法律文书的确切时间无法断定,但是,由于买主穆沙里姆-伊鲁曾在公元前 685 年借给亚狄-伊尔 4 米那银子,我们断定上述两宗交易可能相距不会太长。参见 SAA VI 175。
⑦ SAA VI 176: s. 1.
⑧ SAA XIV 41: r. 14.
⑨ SAA XIV 122: r. 3 – r. 4.

税率。

新巴比伦时期，šibšu 不再仅仅是一种国家课征的农业税，而主要指土地所有者向承租人收取的地租，比例可达 25% 至 30%，甚至可达 50%。与 šibšu 有关的农作物通常是芝麻等二类农作物，这在波尔西帕城尤其明显。[①]

二 养殖业税

1. ṣibtu 税的词源与起源

ṣibtu 大概来源于动词 ṣabātu（抓住、捆住等），它的语义符 máš 通常与动词 aṣābu（增长、添加）联系在一起。[②] ṣibtu 一词的用法和意思非常复杂，在不同的文献中有不同的意思：在法律文献中，ṣibtu 通常指"利息、利率"[③]；在肝脏占卜文献中，该词既可以表示"增长或增加"，也可以表示"(疾病等)的发作"[④]；而在与牲畜有关的文献中，则指国家征收的一种家畜税。[⑤] 在与牲畜有关的文献中，ṣibtu 主要拼写为 ṣi-bit、ṣi-ib-ti、ṣi-bi-ti、ṣi-ib-te、ṣib-ti、ṣib-te、ṣib-tu、ṣib-tú，其语义符是 máš；ṣibtu 多跟表示牲畜的名词构成结构态，它一般拼写为 ṣibit 或 ṣibat。

作为牲畜税，ṣibtu 税最早出现在中巴比伦时期国王豁免臣僚地产赋役的敕令中。巴比伦第四王朝国王尼布加尼撒一世曾在奖赏对埃兰的战争中建立功勋的战车军官里提–马尔都克的敕令中写道："(他的) 牛羊的 ṣibtu 税不得被国王和纳马尔总督征收□□□□□□"[⑥] 国王马尔都克–纳丁–阿赫在赏赐对埃兰的战争中建立功勋的阿达德–泽尔–伊科沙的敕令中写道："□□□□□□征收牛的 ṣibtu 税和征收绵羊的 ṣibtu 税的税吏（mākisu）不得进入他的城镇□□□□□□。"[⑦] 尽管上述文件残缺不全，但是，ṣibtu 和牛、

---

① G. van Driel, *Elusive Silver: In Search of a Role of a Market in an Agrarian Environment: Aspects of Mesopotamia's Society*, Leiden: Nederlands Instituut voor het Nabije Oosten, 2002, pp. 291–292.

② J. N. Postgate, *Taxation and Conscription in the Assyrian Empire*, p. 171.

③ K. R. Veenhof, "Price and Trade: The Old Assyrian Evidence", AoF, Vol. 15, No. 2 (1988), p. 262; SAAS VI, pp. 177f.

④ SAA IV, p. xlv.

⑤ CAD Ṣ, pp. 158–162.

⑥ L. W. King, *Babylonian Boundary-Stones and Memorial-Tablets in the British Museum*, London: The Oxford University Press, 1912, VI: i 55.

⑦ L. W. King, *Babylonian Boundary-Stones and Memorial-Tablets in the British Museum*, VIII Addition Article: 21–24.

绵羊联系在一起，并且提到了税吏，sibtu税是一种牲畜税无疑。

在亚述地区，sibtu税作为牲畜税最早出现在新亚述时期。尽管没有确切的证据，它很可能像其他赋役制度一样随着亚述对巴比伦尼亚的征服而被引进到亚述。迄今为止，亚述最早提到sibtu税的文献是沙尔马纳沙尔四世时期"纳吉尔—埃卡里"贝尔-哈兰-贝尔-乌粟尔记录以其名字命名城市修建过程的铭文，他写道："我确定了这个城市的免税特权，（它的）šibšu税和nusāhē税不得征收，任何人都不得改变其渠道的流向，它的边界不得改变，（它的）牛羊的sibtu税不得征收。"① 此后，阿淑尔巴尼拔和阿淑尔-埃特尔-伊拉尼等国王在豁免其臣僚地产赋役的敕令中也有类似的表述："他们的牛羊不得课sibtu税。"② sibtu税与其他税赋出现在国王的敕令中表明，它是一种正式的国家税赋。

新巴比伦王国和阿黑门尼德王朝时期，sibtu税仍然是一种与牲畜有关的税赋，大多供应神庙。埃巴巴尔神庙的文献和一些私人文献表明，尽管sibtu税官征集大量牲畜奉献神灵，但是，该官员仍然是独立于神庙之外的国家官吏，可以供应数个神庙需要的牲畜。③ 然而，在国家的档案中，sibtu则指从国家的牧人手中征收的牲畜，④ 然后送到国家掌管的牲畜育肥圈中育肥。⑤

2. 课征的牲畜

sibtu税征收的牲畜包括多种常见家畜，主要有牛、绵羊、驴、马和山

---

① RIMA Ⅲ A.0.105.2: 19-21. 现在的铭文提到的是提格拉皮拉沙尔三世，但是，铭文有明显的改动痕迹，原来的铭文写的是沙尔马纳沙尔（四世）。

② SAA XII 25: 33, 26: 33, 36; 35: r.26, 36: r.30.

③ M. Dandamaev, "The Neo-Babylonian rab Sibti", in J. Marzahn und H. Neumann, hrsg., Assyriologica et Semitica: Festschrift für Joachim Oelsner anläßlich seines 65 Geburtstages am 18 Februar 1997, pp. 29-31; A. C. V. M. Bongenaar, The Neo-Babylonian Ebabbar Temple at Sippar: Its Administration and Prosopography, Leiden: Nederlands Historisch-Archaeologish Instituut te Istanbul, 1997, p.101; M. G. Kozuh, The Sacrificial Economy: On the Management of Sacrificial Sheep and Goats at the Neo-Babylonian/Achaemenid Eanna Temple of Uruk (c.625-520 BC), PhD Dissertation of the University of Chicago, 2006, pp.182-184.

④ John MacGinnis, "The Royal Establishment at Sppar in the 6th Century BC", ZA, Vol. 84, No.2 (1994), p.202.

⑤ G. van Driel, Elusive Silver: In Search of a Role of a Market in an Agrarian Environment: Aspects of Mesopotamia's Society, pp.286-288; G. van Driel, "Cattle in the Neo-Babylonian Period", BSA, Vol. Ⅷ (1995), pp.228-229.

羊等。

牛和绵羊是亚述ṣibtu税课征的主要牲畜。尼尼微宫廷档案中一份分配ṣibtu税牲畜的清单写道:"ṣibtu税(征来的)牛和绵羊分配(如下):厨师长官署(提供的)ṣibtu(牲畜)共有140头(只),(包括)40头牛、'rēšēti供品'和100只作为日常供品的(绵羊)(牛);辛–沙鲁–伊伯尼麾下的尼尼微众神的农夫(交来)20头(牛),纳布–沙鲁–乌粟尔的农夫(交来)110头牛□□□□□"①

驴和马也是亚述ṣibtu税征收的重要牲畜。卡尔胡出土的一份接受牲畜的账目清单写道:"□□□□年闰6月ṣibtu税的账目:一个栏25头骡子,1栏有120头驮重的驴,356头□□□□两栏总共476头驴。151(头驴)是后备的□□□□(头驴子)是旧的贡赋□□□□头(驴是)□□□挽车的驴,总共412头驴。"②

亚述ṣibtu税征收的牲畜还可以是马和山羊。亚述的一份登记人口和财产的清单写道:"□□□30匹马是□□□□□ṣibtu税。"③ 尼姆鲁德出土的一份破损的印文写道:"□□百40只山羊□□□□ṣibtu税□□□□。"④

3. 课税的对象

牧民是ṣibtu税的征税重要对象。埃萨尔哈东时期,由于牧民没有交纳ṣibtu税,负责阿淑尔神庙牲畜供应的官员达狄无法进献宴会上用的绵羊,该官员在国王的信中写道:"致国王我的主人:(我是)您的仆人达狄。祝国王我的主人身体健康!愿纳布和马尔都克保佑国王我的主人!现在,卢丁–伊拉城负责供应宴会的牧人阿尔贝拉玉和吉里图扣留我向国王交付的绵羊ṣibtu税(已)达7年了,他们(根本)不出来交税。"⑤ 可见,以放牧为生的牧民是ṣibtu税的负担者。

除了以放牧为生的牧民外,其他居民饲养的牲畜也要交纳ṣibtu税。上

---

① SAA Ⅺ 90:1–12.
② B. Parker, "Administrative Tablets from the North-West Palace, Nimrud", *Iraq*, Vol. 23, No. 1 (1961), ND 2451:1–12.
③ SAA Ⅺ 201:iii 2.
④ CTN Ⅱ 256.
⑤ ABL 727:1–25.

文提到，贝尔-哈兰-贝尔-乌粟尔豁免了其城市居民的ṣibtu税，然而，他并没有提到牧民，因此，贝尔-哈兰-贝尔-乌粟尔豁免的可能是其城镇居民的牲畜。阿淑尔巴尼拔和阿淑尔-埃特尔-伊拉尼在豁免臣僚地产的赋役时，其地产上饲养的牲畜的ṣibtu税也被豁免，可见有关人员地产的牲畜也要交纳ṣibtu税。

ṣibtu税课征的对象有时是被征服地区居民。阿淑尔纳色尔帕二世[①]的一篇铭文写道："在我登极之年和我统治的第一年，我堂而皇之地登上了我的王位，调集了我的战车和庞大的军队。我收取了吉尔扎努的（作为）ṣibtu税的马匹。"[②] 公元前720年，萨尔贡二世把（提供）大小牲畜的ṣibtu税摊派到新征服的哈马人身上。[③] 公元前710年，萨尔贡二世还向普库杜和欣达鲁部落征收ṣibtu税以供应贝尔和纳布等神灵。[④]

4. 征收的方式

行省总督负责征收ṣibtu税供应神庙。巴比伦尼亚的一份神职人员的备忘录写道："关于给贝尔、纳布和涅尔伽尔的牛和绵羊的ṣibtu税，总督们已经征集了。"[⑤] 由此可见，行省总督对本省ṣibtu税的征收负有责任，各个神庙是各种牲畜的重要消费对象。

在行省中，ṣibtu税由专职官员"ṣibtu税官"（rab ṣibti）负责征收。由于没有筹集到足够的绵羊，"ṣibtu税官"受到了宫廷书吏的责罚，他的朋友塔伯尼向宫廷书吏求情，他在信中写道："致宫廷书吏我的主人：（我是）您的仆人塔伯尼。祝我的主人身体健康！愿纳布和马尔都克保佑我的主人！愿您精神饱满地进入尼尼微，心平气和地面对纳布和国王！现在阿尔帕德城（负责征收）ṣibtu税绵羊的税官阿伯尼就要去面见我的主人了。他是我最好的朋友，（他还）是一个尊重我的主人的人。关于（充作）ṣibtu税的绵羊，

---

① 学术界对这份文献的时间有不同的看法，一些人坚持认为此文献是阿淑尔纳色尔帕一世的铭文。RIMA II, p. 254.

② RIMA II A. 0. 101. 18：1 - 4.

③ S. Holloway, *Aššur is King! Aššur is King! Religion in the Exercise of Power in the Neo-Assyrian Empire*, p. 106.

④ A. Fuchs, *Die Inschriften Sargon II aus Khorsabad*, Göttingen：Cuvillier Verlag, 1994, Ann. 277 - 278.

⑤ SAA XIII 166：r. 1 - 3.

我的主人应该信任他。我的主人为什么要虐待他？这个人受到了不公正的对待。愿我的主人向总督求情，让会计总管出来帮助他。"[1] "ṣibtu税官"阿伯尼因充作ṣibtu税的绵羊受到宫廷书吏的责罚表明，"ṣibtu税官"具体负责ṣibtu税的征收，而宫廷书吏可能负责登记全国上交的ṣibtu税。塔伯尼请求宫廷书吏让总督安排会计总管帮助ṣibtu税官，再次表明行省总督对ṣibtu税征收负有责任。

尽管不少亚述文献提及ṣibtu税，但是，它们并未提及具体的课税数目，因此，该税的税率还有待于新文献的揭示。

需要指出的是，新亚述时期，国王还委派 mušarkisu 到行省的村镇，他们负责运送、征集国王需要的人员和物资，其中包括军队需要的马匹。[2] 不过，我们既不清楚他们以何名义征集马匹以及它们与ṣibtu税的关系，也不清楚 mušarkisu 与ṣibtu税税官的关系。

总之，征收农业税是亚述剥削行省居民的重要方式。随着亚述的扩张，亚述在借鉴被征服地区行省制度的基础上建立了自己行省，并组建了一套完整的官僚体系。行省是亚述的基本的行政单位，上自总督、副总督、"村庄巡检官"，下至村庄的村长等主要的行政管理官吏都参与农业税的征缴。尽管亚述存在ṣibtu税税官，但是，该官吏隶属于行省总督，不过是养殖业税的具体执行者。

种植业税是亚述农业税的重要税种，它们与土地保有有直接关系。亚述名义上实行土地国有制，实际上土地被上自国王下至平民的各个社会阶层占有，多数私有土地均负有交纳农业税的义务，征收农业税是土地国有的重要表现形式。占有土地是负担农业税的前提条件，大土地所有者应多负担农业税，小土地所有者可以少负担农业税，不占有土地的人员则不需要缴纳农业税，这一定程度上体现了社会公平，具有一定的进步意义。

亚述农业税的种类比较单一，且实行分成税。种植业仅仅负担 nusāhē 税和 šibšu 税，而养殖业需要负担ṣibtu税。1/10 的 nusāhē 税和 1/4 的 šibšu 税表明，亚述的种植业税赋实行的是分成制。尽管亚述农业税的税率尚无定论，但是，土地耕作者多产则国家多征，而土地耕作者少收则政府少征，

---

[1] SAA XVI 48.

[2] J. N. Postgate, *Taxation and Conscription of the Assyrian Empire*, pp. 142–145.

分成制税赋有利于提高土地所有者的生产积极性，促进农业生产的发展。由于耕种土地有利可图，富有的贵族官僚纷纷购买土地，亚述农业税的分成税制可能是导致土地兼并的重要原因之一。

第三章 附属国的贡赋

除了直接管理的行省辖区外，附属国所辖的区域也是亚述的重要组成部分。尽管附属国在内政和外交等许多方面受到亚述的干预和控制，但是，它们仍然保持相当大的独立性，属于间接地接受亚述的统治。附属国负有进献贡赋的义务，摊派贡赋是亚述剥削附属国的主要方式，本章将在概述亚述附属国基本情况的基础上，介绍各类贡赋的征缴情况。

第一节 附属国概况

亚述人一般称其附属国为 *dāgil pāni*，该词由 *dāgilu* 和 *pānu* 两个单词组成，前者的意思是"观察者、旁观者"，后者的意思是"前面"，二者合起来的意思是"附属国"或"附属国地位"。有时候，附属国只用 *pānu* 来表示。①

一 独立性

与行省相比，附属国最突出的特点是保持相当大的独立性，主要表现为它们在统治方式、生产和生活以及神灵崇拜三个方面在归附前后基本保持不变。

1. 统治方式

慑于亚述的声威或在大军压境的情况下，一些国家和地区主动归降。亚述一般允许其保留原有的统治方式。例如，征服大马士革后，阿达德-尼拉里二世宣布："我进军大马士革，把大马士革国王马里困在了他的皇城大马士革。我的主人阿淑尔神的可怕光辉震慑了他，他归顺了我，他的国家成为我的附属国。我在他的皇城大马士革的宫殿里收取了2300塔兰特银、

---

① Simo Parpola, *Assyrian-English-Assyrian Dictionary*, p. 80; CAD D, p. 25.

20 塔兰特金、3000 塔兰特青铜、5000 塔兰特铁、1 件镶有多彩饰边的亚麻衣服、1 张象牙床、1 张镶嵌象牙的卧榻和不计其数的（其他）财物。"① 大马士革归顺后，阿达德-尼拉里二世只是接受了该国国王的财物，并未提及改变该国统治方式。

  一些国家和地区曾激烈地抵抗亚述的侵略，然而，一旦它们归顺，亚述依然没有改变其原来的统治方式。例如，在征服纳伊利地区后，提格拉特皮拉沙尔一世宣布："我活捉了纳伊利地区的所有国王，我怜悯那些国王，饶恕了他们的性命。在我的主人沙马什面前，我卸掉了他们的枷锁，迫使他们以我的大神的名义发誓永远做我的附属国。我把他们亲生的皇家子弟扣为人质，把（由）1200 匹马和 1200 头牛（构成）的 maddattu 贡赋摊派到他们的身上，（然后）允许他们回到他们的国家。"② 纳伊利地区的诸王归顺亚述后，提格拉特皮拉沙尔一世只是强迫他们在诸神面前起誓，将贵族子弟扣为人质，并强迫他们负担贡赋，也没有改变附属国的统治方式。

  由于亚述没有改变附属国的统治方式，附属国的军队一般仍由其国王统率。例如，阿淑尔-尼拉里五世在与阿尔帕德国王马提-伊鲁签订的条约规定，如果亚述军队出征，而后者不率领贵族和军队出征将受到严厉的惩罚。③ 公元前 667 年，阿淑尔巴尼拔远征埃及时，叙利亚和巴勒斯坦地区 22 个附属国的国王曾率军从征："在我行军途中，沿海的、海中的及陆地上的 22 位国王臣服于我，他们把丰厚的礼物带到我面前，吻了我的脚。那些国王及他们的部队与我的军队一起在陆地上行军，他们的船在海里开进，我命他们头前开路。"④

  由于亚述并未改变附属国的统治方式，亚述官员无法直接役使附属国的民众。萨尔贡二世时期，"纳吉尔—埃卡里"伽布-阿纳-阿淑尔曾向萨尔贡二世抱怨道："（开采和运输）石门槛和巨型牛（石雕）的（任务）摊派到了我的身上，但是，那个国家的所有人却拒绝出来做我的工作，并（反问）道：'我们是你的人吗？'他们根本不听我（的命令）□□□□□□这些人以一切可能的方式违抗我（的命令）。"⑤

---

① RIMA Ⅲ A.0.104.8：15 – 21.
② RIMA Ⅱ A.0.87.1：v 8 – v 21.
③ SAA Ⅱ 2：iv 1 – iv 16.
④ ARAB Ⅱ 771.
⑤ SAA Ⅴ 118.

2. 生产和生活

征服相关的国家和地区以后，亚述一般要掠走一部分人口到亚述作人质，他们往往是王室成员。例如，在总结前15年的成就时，提格拉特皮拉沙尔一世的铭文写道："从我即位的第1年到我统治的第15年，我征服了从下扎布河对岸遥远的山区到幼发拉底河对岸的哈提与下方之海的42个国家的统治者。我迫使他们服从一个权威，并带走了他们的人质。"① 提格拉特皮拉沙尔一世的铭文还写道："乌拉提纳什城市的国王哈图胡之子沙狄-特舒伯投降了我，我把他亲生的儿子和他的家庭（成员）扣为人质。"②

被掠走的王室成员仅仅占附属国人口很小的比例，大部分居民仍然留在原地继续原来的生产和生活。公元前882年，阿淑尔纳色尔帕二世远征纳伊利地区，他曾宣布："其余的尼尔布人逃过了我的武器（打击），他们赶来归顺了我，我把他们安置到他们抛弃的城市和房屋里。我把比以前更重的（由）马、驴、牛、绵羊、葡萄酒和青铜盘（构成的）*biltu* 贡赋、*mandattu* 贡赋和劳役摊派到他们的城市身上。"③ 公元前879年，阿淑尔纳色尔帕二世远征马提阿图，其铭文曾写道："我用剑砍倒了他们的2800名士兵，带走了许多俘虏。那些逃脱我的武器打击的士兵归顺了我，我把他们安置到他们的城市。我把（交纳）*biltu* 贡赋、*maddattu* 贡赋以及（充当）劳力的义务摊派到他们身上。"④ 阿淑尔纳色尔帕二世把附属国的居民安置到他们原来的城市，意在让他们继续原来的生产和生活。

3. 神灵崇拜

神灵往往是古代国家的精神支柱，掠走其神灵会打击其民众的斗志。一些国家和地区在逃避亚述打击时，一般要带走神灵："为了逃命，他们带着他们的神灵和财物，像鸟一样飞到高山的峭壁上。"⑤ 远征反叛的苏巴尔图、卡什伊亚里山区远至阿尔祖等附属国时，图库尔提-尼努尔塔一世宣称："我征服了普鲁里姆祖的巨大祭祀中心。"⑥ 征服一个国家和地区后，亚述往往掠走其神灵。例如，阿达德-尼拉里二世征服库马努以后，把掠夺的

---

① RIMA II A.87.1: vi 39 – vi 47.
② RIMA II A.0.87.1: ii 43 – ii 46.
③ RIMA II A.0.101.1: ii 9 – ii 11.
④ RIMA II A.0.101.1: ii 89 – ii 90.
⑤ RIMA II A.0.87.1: ii 39 – ii 42.
⑥ C. J. Gadd, "The Prism Inscriptions of Sargon", *Iraq*, Vol. 16, No. 2 (1954), pp. 179 – 182.

该国神灵献给了阿淑尔神。① 又如，公元前843年，沙尔马纳沙尔三世远征纳姆里，掳走了其神灵。② 亚述掠走被征服地区神灵的事例不胜枚举，由于相关的情况还要在下文列举，这里暂不赘述。

然而，如果相关的国家和地区选择归顺，亚述一般会归还掠走的神灵。哈尔哈尔人投降亚述以后，表现良好，在他们受到外敌入侵时，萨尔贡二世驱逐入侵者，重建了它的神庙，将它的神灵放回原来的位置。③ 埃萨尔哈东曾把其父辛纳赫里布掠夺的阿拉伯人的神灵归还给其国王黑兹尔与塔布阿，④ 他还归还了犹大国王莱阿勒的神灵。⑤ 亚述国王归还附属国神灵的例子比比皆是，更多的例子将在下文列举，这里暂不赘述。

由于附属国保持一定程度的独立性，亚述无法直接管理附属国民众，只能间接地通过附属国国王勒索贡赋。

二 管理与控制

附属国既然臣服亚述，就要接受亚述的管理与控制，这主要表现在确定依附关系、扶植亲亚述的国王、派驻"国王的代表"、严惩反叛者和保护附属国五个方面。

1. 依附关系的确定

被征服地区的统治者当众以神灵的名义发誓臣服，标示着他们的国家正式成为亚述的附属国。例如，阿达德-尼拉里一世征服哈尼伽尔巴特后，郑重宣布："当哈尼伽尔巴特国王沙图阿拉发动战争时，根据我的主人和同盟阿淑尔神与决定我好运的诸位大神的命令，我捉住了他，把他带到了我的城市阿淑尔。我迫使他发誓，然后允许他回到他的国家。只要他活着，我每年都要在我的城市阿淑尔定期收到他的 nāmurtu 贡赋。"⑥ 违背誓言意味着背叛，必将招致亚述的严厉报复。公元前898年，阿达德-尼拉里二世第四次进攻哈尼伽尔巴特，其理由是该国家背弃了誓言："那时候，特曼努的穆库鲁背弃了在诸神面前的誓言，凶狠地发动了反对我的战争。"⑦

---

① RIMA Ⅱ A. 0. 99. 1：16 – 17.
② RIMA Ⅲ A. 0. 102. 14：95.
③ S. Dalley, "Foreign Chariotry and Cavalry in the Armies of Tiglath-pileser Ⅲ and Sargon Ⅱ", *Iraq*, Vol. 47 (1985), pp. 41 – 42.
④ RINAP Ⅳ 1：iv 1 – iv 16.
⑤ RINAP Ⅳ 2：iii 20 – iii 32.
⑥ RIMA Ⅰ A. 076. 3：4 – 14.
⑦ RIMA Ⅱ A. 0. 99. 2：49 – 50.

新亚述时期,附属国依附关系的确定更为正式,有时需要签订书面条约来确定附属国的义务。阿淑尔-尼拉里五世曾经与阿尔帕德国王马提-伊鲁签订了附属国条约,罗列了附属国君臣及民众违背条约将要受到的种种诅咒和惩罚。① 埃萨尔哈东与推罗国王巴尔签订了条约,规定了推罗商人经商时需要承担的义务。②

2. 扶植亲亚述的傀儡国王

上文提到,亚述把附属国的王室成员掠到亚述作人质,他们逐渐被培养成亲亚述的势力,亚述往往从他们当中选择附属国王位的继承人。征服巴比伦尼亚后,辛纳赫里布曾宣布:"建筑工匠之子贝尔-伊伯尼是舒安纳的后裔,他像一条狗一样在我的宫廷中长大,我把他立为苏美尔与阿卡德之王。"③ 埃萨尔哈东任命在其父辛纳赫里布宫中长大的阿拉伯女人塔布阿为阿拉伯的统治者。此外,亚述还把附属国王室成员中亲亚述的人扶上附属国的王位。在征服卡特穆胡后,阿淑尔-丹二世的一篇铭文写道:"我□□□□一个忠于我的人扶上了王位。"④ 曼纳国王阿扎被亲乌拉尔图的叛乱分子弑杀后,萨尔贡二世宣布:"我把他的兄弟乌鲁苏努放到了王位上,我让整个曼纳都服从他。"⑤ 阿拉伯国王黑兹尔死后,埃萨尔哈东把其子伊亚塔扶上了他的王位。⑥ 埃萨尔哈东还把巴拉苏之子纳布-沙里姆扶上了巴比伦王位。⑦

为了维护附属国的秩序,亚述严惩附属国内的犯上作乱者。公元前831年,帕提努人杀死了他们的国王鲁巴尔纳,拥戴非王室人员苏里为王,沙尔马纳沙尔三世立刻派其"图尔塔努"戴伊安-阿淑尔前去平叛。⑧ 得知古

---

① "(如果亚述军队)按照亚述国王阿淑尔-尼拉里(五世)的命令出征,而马提-伊鲁没有真心地与他的权贵、他的军队和他的战车(兵)参战;愿居住在哈兰的大神辛将麻风病像斗篷一样覆盖在他们身上,让他们不得不徘徊在旷野上,让他们得不到任何怜悯;愿他的国家的牛羊骡马不再排粪便;愿天地之间的河道巡视者阿达德使马提-伊鲁的国家因为他的人口受饥饿灾荒(侵袭)而灭亡,让他们吃自己子女的肌肉,并且像(品尝)春天的羔羊一样味美;愿他们不能听到阿达德的雷声,于是雨水不再降临到他们头上;愿尘土成为他们的食物,沥青成为他们的药膏,驴尿成为他们的饮料,纸草成为他们的衣服,粪堆成为他们的住处。" SAA II 2: iv 1 – 16.
② SAA II 5.
③ ARAB II 263.
④ RIMA II A.0.98.1: 39.
⑤ ARAB II 5.
⑥ RINAP IV 97: 14 – 15.
⑦ RINAP IV 1: iii 69 – iii 70.
⑧ RIMA III A.0.102.16: 268 – 274.

尔古姆发生弑君篡位的事件后，萨尔贡二世亲率大军前去平叛，其铭文写道："古尔古姆的塔尔胡拉拉（被）其子穆塔鲁姆用刀杀死了，他未经我的允许登上了王位，统治了他的国家。我怒火中烧，率领我的战车以及在危险地区都不曾离开的骑兵以最快的速度杀向马尔卡西城。"①

3. 派驻"国王的代表"

新亚述时期，亚述还向附属国派驻"国王的代表"和军队。阿拉伯女王萨姆西归顺亚述以后，提格拉特皮拉沙尔三世给她委派了一个"国王的代表"，并随之派驻了10000名士兵。② 萨尔贡二世时期，北部的附属国也驻有"国王的代表"。亚述驻库麦的"国王的代表"阿淑尔-莱苏瓦非常活跃。③ 由于他过度干涉附属国的内政，萨尔贡二世时期一封破损的信写道："整个库麦都无法忍受'国王的代表'了。"④ 辛纳赫里布在远征幼发拉底河中游地区时，接受了驻哈拉拉提城的"国王的代表"的礼物。⑤

4. 严厉处罚反叛的附属国

一些附属国并不甘心屈服，伺机挣脱亚述的羁绊，而亚述总是严厉惩罚背叛者：轻则加重贡赋，重则掠走财物和人口，甚至夷平城池。图库尔提-尼努尔塔一世曾严厉惩罚反叛的阿尔祖，其铭文写道："我攻克了阿尔祖国王埃赫里-特舒伯的4个坚固城市和阿马达努6个反叛的城市。我带走了他们的俘虏和财物，把它们运到我的都城阿淑尔。"⑥ 提格拉特皮拉沙尔一世曾严厉惩罚背叛的库马努，其铭文写道："库马努国王畏惧我猛烈无情的打击而向我投降，我饶恕了那个城市。我命令他拆毁用烧制的砖修建的宏伟城墙和塔，他从顶到地基都拆掉了，把它变成了一个废土丘。他流放了300个家庭，他们是不服从我的主人阿淑尔神的反叛者，我接收了他们。我接受了他的人质，把比原来更重的贡赋摊派到他的身上。"⑦

新亚述时期，亚述对反叛的附属国的处罚更为严厉，一些附属国被降为直接管理的行省。萨尔贡二世时期的一篇铭文写道："昆穆赫的穆塔鲁姆（是）一个邪恶的赫梯人；他不敬畏诸神的名字，总是图谋不轨、挑拨是

---

① ARAB Ⅱ 61.
② RINAP Ⅰ 49：22.
③ SAA Ⅰ 29, 30, 31, 41, 43, 44.
④ SAA Ⅴ 106：14 – 16.
⑤ RINAP Ⅲ/1 2：17.
⑥ RIMA Ⅰ A.0.78.1：iv 1 – iv 5.
⑦ RIMA Ⅱ A.087.1：vi 24 – vi 36.

非。他相信乌拉尔图国王阿尔吉斯提，（尽管）他的盟友并不能挽救他的性命，他停交了每年（都要进献）的 biltu 贡赋和 maddattu 贡赋，扣留了（应交）nāmurtu 贡赋。我怒火中烧，率领在危险地区都不曾离开我的战车和骑兵上路去打击他。他一见我的军队临近，就抛弃了他的城市，消失得无影无踪。我包围并攻克了那个城市和其他62个城市，带走了他的妻子、他的儿子、他的女儿、财产、物资、他的宫中各类贵重的物品，他的财物和民众无一漏网。我重组了那个地区，把我亲手俘获的比特-雅金人安置到那里，任命我的宦官为他们的总督。"① 阿斯杜杜也曾受同样的惩罚。②

5. 对附属国的保护

亚述一方面想方设法地控制附属国，另一方面还保护附属国的利益，尤其是当它们受到敌国侵略时，亚述立即驰援。例如，当附属国库麦受到哈伯胡侵略时，阿达德-尼拉里二世立即率军去援助："我驰援库麦，在我的主人库麦的阿达德神面前献上了供品，焚烧了库麦的敌人哈伯胡的城市。"③ 萨尔贡二世也曾打击附属国的敌人，其铭文写道："在我统治的第7年，乌拉尔图的鲁萨对曼纳的乌鲁苏努产生敌意，夺取了他的22个要塞作为战利品□□□□□□我恢复了曼纳的平静。"④ 当附属国发生内乱时，亚述立即前去平叛。萨尔贡二世的一篇铭文写道："埃里皮的达尔塔是一个（身上）套着'阿淑尔之轭'的顺从奴仆，其边境地区的5个地区反叛他、不服从他的统治，我赶到那些地区援助他。"⑤ 萨尔贡二世的一篇铭文还写道："在我统治的第3年，强大的城市舒安达胡尔和杜尔-杜卡信赖兹基尔图的（国王）米塔提，打算进攻他们已臣服于我的曼纳的伊兰祖，米塔提把他的士兵和骑兵给了他们作为援军。我调集了阿淑尔神的军队，前去占领这两个城市。"⑥

亚述对附属国的管理和控制保证了贡赋的交纳，维护附属国的利益实际上是确保它们进献贡赋的连续性。

三　地位与作用

附属国是亚述的重要组成部分，在亚述的政治、经济和社会生活中扮

---

① ARAB Ⅱ 64.
② ARAB Ⅱ 30.
③ RIMA Ⅱ A.0.99.2：91-92.
④ ARAB Ⅱ 12.
⑤ ARAB Ⅱ 58.
⑥ ARAB Ⅱ 6.

演着不可或缺的角色，主要表现为拱卫边境、保卫王权、提供自然资源和劳动力三个方面。

1. 拱卫边境

附属国往往位于亚述的边境地区，构成了阻挡敌军入侵的重要屏障。提格拉特皮拉沙尔三世曾在一篇铭文中写道："马萨、特马、萨巴、哈亚帕、巴达努、哈特和伊狄巴伊鲁等部落位于西部边境，没有人知道它们，它们的（生活）地点非常偏僻。当他们听到我的主人的名声和我的伟业后，他们便恳求我。他们带着由金、银、骆驼、母骆驼及各种香料构成的 *maddattu* 贡赋来到我面前，吻了我的脚。我任命伊狄巴伊鲁为应对埃及（入侵）的守门人。"① 埃萨尔哈东在一篇铭文中写道："布南努之子贝尔-伊齐沙是一个甘布鲁人，他像一条鱼，居住在12里加水（环绕的）沼泽中。根据我的主人阿淑尔的命令，恐怖降临到他的身上，他心甘情愿地带着 *biltu* 贡赋、*maddattu* 贡赋、未骟的公牛和来自埃兰的白骡子，把它们带到尼尼微我面前，吻了我的脚。我怜悯他，鼓励他。我加强了他坚固要塞沙-匹-贝尔的防御，把他和他的弓箭手安置到那里作为驻军，他们像一道门封锁了埃兰（入侵）的道路。"②

附属国一般直接面对敌国，可以提供敌国威胁亚述的信息。例如，王太子辛纳赫里布曾经向萨尔贡二世转递了库麦国王阿里耶汇报的有关乌拉尔图的情报："乌库国王写信报告乌拉尔图国王说，亚述国王的总督们正在库麦境内构筑一个要塞，（于是），乌拉尔图国王向他的总督发布命令：'带上你们的军队，去到库麦人那里生俘亚述国王的总督，把他们带到我面前！'我还没有得到全部信息，一旦我得到更多信息，我立刻速报王太子。这就是阿里耶的报告。"③

2. 保卫王权

尽管附属国偏安边远地区，不受亚述的直接管辖，但是，它们也负有拱卫亚述王权的义务。为了使他的王权能够顺利地传给指定的继承人阿淑尔巴尼拔，埃萨尔哈东曾经与米底地区的附属国纳赫什马尔提国王胡姆巴莱什及亚述臣民签订契约，条约规定："当亚述国王埃萨尔哈东去世时，你

---

① Hayim Tadmor, *The Inscriptions of Tiglath-pileser* Ⅲ, *King of Assyria*, Excurses 4: 7 – 9.
② RINAP Ⅳ 2: iii 37 – iii 52.
③ SAA Ⅰ 29: 8 – 21.

应当把他指定的伟大王太子扶上王位,他将对你行使王权。你应当在乡村和城镇保护他,誓死效命于他。你应当忠心耿耿地对他说话,给他明智的谏言,在各方面为他铺平道路。你既不得废黜他,也不得把他的兄弟扶上王位取代他,且不论其长幼。你(也)不得改变亚述国王埃萨尔哈东(继位条约)的措辞,而应当服侍你的主人亚述国王埃萨尔哈东给你指定的伟大王太子阿淑尔巴尼拔,他才是你的主人。"① 纳赫什马尔提国王胡姆巴莱什是阿淑尔巴尼拔继位条约的执行人之一,可见,他有维护王权的义务。

违背条约、不维护亚述王权的附属国将受到严惩。埃萨尔哈东曾经指责迦勒底国王背弃附属国条约、不维护他的王权:"那时候,海国总督马尔都克-阿普拉-伊狄纳之子纳布-泽尔-基提-里什尔没有信守他的诺言,背弃了(与)亚述(签订)的条约,忘记了(与)我父亲的友好关系。在亚述发生骚乱时,他整饬军备,包围了忠于我的乌尔总督宁伽尔-伊丁,切断了他的逃跑路线。阿淑尔、沙马什、贝尔、纳布、尼尼微的伊什塔尔和阿尔贝拉的伊什塔尔兴高采烈地把我扶上埃萨尔哈东我父亲的王位,把各国的王权转交给我;(但是),他傲慢无礼,没有停止(他的犯罪行为),没有释放我的仆人。更为甚者,他没有遣使到我面前,没有问候我的王权的安危。"②

3. 提供自然资源和人力资源

亚述地区的自然资源并不丰富,很多种物产需要从域外输入。例如,铜可能来自伊朗西部、高加索山区、小亚细亚、塞浦路斯、巴林岛和阿曼等地,锡可能来自伊朗、高加索和阿富汗,白银可能来自托罗斯山,而其黄金则来自从埃及到印度的许多矿点。③ 亚述地区仅有石灰石和"摩苏尔大理石"两种较为普通石材;各种大型建筑所需的优质石材主要来自东部和东北部的扎格罗斯山,黑曜石主要来自安纳托利亚地区的凡湖地区,④ 而天青石、红玉髓等宝石主要来自扎格罗斯山以东的山区。⑤ 亚述地区的森林

---

① SAA Ⅱ 6: 46-61.

② RINP Ⅳ 1: ii 40-ii 50.

③ D. T. Potts, *Mesopotamian Civilization: The Material Foundations*, London: The Athlone Press, 1997, pp. 164-178; Geoges Roux, *Ancient Iraq*, p. 13.

④ F. Hole, *Studies in the Archaeological History of the Deh Luran Plain: The Excavation of Chagha Sefid*, Ann Arbor: University of Michigan Press, 1977, pp. 289-311.

⑤ A. K. Thomason, *Luxury and Legitimation: Royal Collecting in Ancient Mesopotamia*, Burlington: Ashgate Publishing Company, 2005, p. 20.

资源也不够丰富,虽然亚述人可以在扎格罗斯山和托罗斯山上找到普通木材,①但是,建造雄伟的庙宇和宫殿需要的高大杉木、柏木和雪松则取自地中海岸边的黎巴嫩山和阿马努斯山。② 另外,尽管亚述人饲养绵羊、山羊、牛等多种牲畜,但是,他们的马匹主要来自叙利亚、巴勒斯坦、亚述北部和东北部的山区乃至遥远的埃及。③ 由此可见,附属国是亚述多种重要资源的供应地。

亚述修建了大量的城市和神庙,不但耗费了各种自然资源,而且需要花费大量的人力,其中大量人力来自附属国。例如,在建造新都杜尔-沙鲁金时,萨尔贡二世大量征调被征服地区的居民,他的铭文写道:"利用我俘虏的人口——阿淑尔、纳布和马尔都克让他们服从我,他们负担我套的轭——根据神的命令和我真心推动,我在穆斯里山麓尼尼微以上的地方建造了一座城市,我给它取的名字是'杜尔-沙鲁金'。"④

第二节 贡赋的征收

亚述向附属国征收的贡赋种类较多,它们大致可以分为正式贡赋和附带贡赋两大类,前者包括 *biltu* 贡赋和 *maddattu* 贡赋两种,而后者包括 *nāmurtu* 贡赋和 *igisû* 贡赋两种。

一 正式贡赋

正式贡赋指亚述以誓言或条约等较为正式的方式向附属国摊派的贡赋。

(一) *biltu* 贡赋

1. 词源与发展演变

biltu 来源于苏美尔语 gú 或 gú. un 或 gun,既可以指"负载量"、"包"、"捆",又可以作重量单位"塔兰特",也可以指"(耕地、菜园、畜群,甚至一个地区的)产量",还可以指"(交给国王的)税收"或"(付给土地

---

① M. B. Rowton, "The Woodlands of Ancient Western Asia", *JNES*, Vol. 26, No. 4 (1967), pp. 261–277.
② D. T. Potts, *Mesopotamian Civilization: The Material Foundations*, pp. 106–113.
③ N. B. Jankowska, "Some Problems of the Economy of the Assyrian Empire", in I. M. Diakonoff, ed., *Ancient Mesopotamia: Socio-Economic History: A Collection of Studies by Soviet Scholars*, pp. 266–267.
④ ARAB II 72.

所有者的）地租",也可以指"（被征服地区向宗主国进贡的）贡赋"。①在亚述文献中，*biltu* 主要拼写方式有 *gú. un*，*gú*，*bi-lat*，*bi-la-at*，*bi-il-tam*，*bil-ti*，*bil-tu* 和 *bíl-tu* 等。

早在早王朝时期，*gú* 就已指被征服地区向宗主国奉献的贡赋。拉格什国王乌尔-南什的王室铭文曾写道："拉格什国王乌尔-南什命令狄尔蒙船舶交纳木材作为外国（进贡）的 *gú* 贡赋。"②

乌尔第三王朝沿袭了早王朝向被征服地区征收 *gú. un* 贡赋的惯例。国王舒-辛的一篇铭文写道："舒-辛是一位强大的王、乌尔之王和四方之王，他击败扎伯沙里和西马什基以后，（用）用安山献给他的 *gú. un* 贡赋雕刻了一个巨大的山羊像。"③

"上美索不达米亚王国"也向被征服地区征收 *biltu* 贡赋。沙马什-阿达德一世在一篇铭文中写道："那时候，我在我的城市阿淑尔收到了图克里什的国王们与'下方之地'国王（交纳）的 *biltu* 贡赋。"④

古巴比伦时期，巴比伦尼亚诸国向被征服地区征收的贡赋也称为 *gú. un*/*biltu* 贡赋。伊辛国王伊什美-达甘的一篇铭文写道："伊什美-达甘是达甘神的后裔，他免除了苏美尔与阿卡德地区（居民）的 *gú. un* 贡赋，使臣服他的国家（民众）心满意足。"⑤ 马里国王亚赫顿-里姆的一篇铭文写道："他征服了大海沿岸的诸国，使它们服从他的命令，使它们顺从他（的意愿）。他把 *biltu* 贡赋永远地摊派它们身上，它们现在给他送来了（应交）的 *biltu* 贡赋。"⑥

从中亚述王国崛起到尼尼微的陷落，*biltu* 贡赋一直是亚述向附属国征收的一种重要贡赋。上文提到，乌尔第三王朝曾征服亚述地区，他们可能把 *biltu* 贡赋摊派到亚述地区的民众身上。马里曾是沙马什-阿达德一世创建的"上美索不达米亚王国"的重要组成部分，他也可能沿袭了该地区剥削被征服地区的方式。因此，我们目前无法确定亚述向被征服地区征收 *biltu* 贡赋做法的确切来源。

---

① CAD B, p. 229.
② RIME Ⅰ E1. 9. 1. 2: 1 – 6.
③ RIME Ⅰ E1. 4. 6.
④ RIMA Ⅰ A. 0. 38. 1: 73 – 80.
⑤ RIME Ⅳ E4. 1. 4. 6: 7 – 14.
⑥ RIME Ⅳ E4. 6. 8. 2: 60 – 66.

新巴比伦时期和波斯阿黑门尼德王朝时期，*biltu* 具有"贡赋"、"塔兰特"和"负载量"三种意思，不过，尼普尔出土的新巴比伦早期文献表明上述三种意思的拼写方法是不同的：在表示"贡赋"时，*biltu* 通常拼写为 *bi-lu-tu-ú*，*bi-lat*；在表示"塔兰特"时，*biltu* 通常拼写为 gú. un；而在表示"负载量"时，*biltu* 则沿用古亚述和古巴比伦时期以来最简单的拼写方式，即 gú。①

2. 贡品的种类

迄今为止，*biltu* 贡赋的物品种类尚不完全清楚，不过，山区国家进献的 *biltu* 贡赋往往包含山区的特产。沙尔马纳沙尔一世的一篇铭文写道："我用三天的时间让乌鲁阿特里所有的地区都拜倒在我的主人阿淑尔神的脚下，我挑选了它们的年轻人，把他们选进我的服务（队伍），把大量的山区 *biltu* 贡赋永远地摊派到它们的身上。"② 有时，*biltu* 贡赋又与山区特产一起征收。图库尔图-尼努尔塔一世的一篇铭文曾写道："他们定期把他们国家的 *biltu* 贡赋与他们的山区特产送到我的面前。"③ 提格拉特皮拉沙尔一世的一篇铭文写道："在我返回时，我成为整个哈梯的主人，我把（交纳）*biltu* 贡赋、*maddattu* 贡赋和雪松横梁（的任务）摊派到哈梯国王伊尼-特舒伯身上。"④ 因此，亚述向附属国征收的 *biltu* 贡赋可能是各地特产及其他珍贵物品。

3. 征收的对象

biltu 贡赋征收的主要对象是附属国。在总结自己的成就时，阿淑尔纳色尔帕二世的一篇铭文称："（他是）一位诸位大神支持的国王，征服了所有的国家，获得了所有山区的统治权，收到了它们（进献）的 *biltu* 贡赋。"⑤

亚述还向强制移民征收 *biltu* 贡赋。提格拉特皮拉沙尔三世的一篇铭文写道："我在名为胡穆特的土丘上建造了一座城市，它从地基到城墙都完工了。我在那里建造了一所宫殿作为我的驻跸地，称之为'卡尔-阿淑尔'，我在那里放置了我的主人阿淑尔的武器。我把征服国家的人口安置到那里，

---

① OIP 114, p. 159.
② RIMA I A. 0. 77. 1: 40 – 46.
③ RIMA I A. 0. 78. 23: 83 – 85.
④ RIMA II A. 0. 87. 10: 33 – 35.
⑤ RIMA II A. 0. 101. 28: iii 3 – iii 6.

把他们视为亚述人，并把 *biltu* 贡赋和 *maddattu* 贡赋摊派到他们身上。"① 强制移民来自被征服地区，像掠夺附属国居民一样勒索贡赋是亚述剥削他们的一种手段。

4. 征收的方式

亚述征收 *biltu* 贡赋的方式非常多。交纳 *biltu* 贡赋象征着被征服地区承认亚述的宗主国地位，亚述国王每年在都城举行隆重的仪式接收 *biltu* 贡赋。图库尔提-尼努尔塔一世的一篇铭文写道："我每年都在我的都城阿淑尔城以（隆重的）仪式收取他们交来的贵重的 *biltu* 贡赋。"②

有时，亚述国王会在战场把 *biltu* 贡赋摊派到被征服地区居民身上。在远征库图时，图库尔提-尼努尔塔一世曾宣布："（通向）偏远国家库图的道路非常差，地形不利于我的军队行动，他们（指库图人——笔者）畏惧我的残酷战争，而拜倒在我的脚下。我把 *biltu* 贡赋和 *maddattu* 贡赋摊派到他们身上。"③ 西顿国王逃跑后，辛纳赫里布宣布："我把图巴鲁放到他的王位上，把作为（承认）我的宗主权的 *biltu* 贡赋和 *maddattu* 贡赋摊派到他的身上，（他需要）年复一年（进献贡赋），（任何情况下都）不许中断。"④

有时，亚述国王还在行军途中接收沿途附属国交纳的 *biltu* 贡赋。在第三次战役过程中，辛纳赫里布宣布："阿穆鲁所有的国王都到乌舒城附近给我送来大量 *biltu* 贡赋。"⑤

然而，有些附属国并不主动地交纳 *biltu* 贡赋，因此，亚述不得不动用武力去索取。沙尔马纳沙尔三世曾对其"图尔塔努"说："要塞都托付给你了，（你要）加强你的警备；为了收取他们的 *biltu* 贡赋，你要确保你的军队安全。"⑥ "图尔塔努"是亚述公兵义务兵的主将，沙尔马纳沙尔三世告诫其"图尔塔努"征收 *biltu* 贡赋时的注意事项表明，这位官员要率军去索取 *biltu* 贡赋。

biltu 贡赋有时与 *maddattu* 贡赋一起征收。上文提到，提格拉特皮拉沙尔一世在总结其执政前 15 年的成就时，他曾把 *biltu* 贡赋与 *maddattu* 贡赋

---

① RINAP I 5：1-4.
② RIMA I A.0.78.1：iii 7.
③ RIMA I A.0.78.1：iii 8-iii 11.
④ RINAP III/1 4：35.
⑤ OIP II, p.69：19-20.
⑥ RIMA III A.0.102.17：11-12.

摊派到所征服的 42 个国家身上。① 再如，阿达德-尼拉里二世的一篇铭文写道："从塔比图出发，我进入了沙狄坎努城，收取了 *biltu* 贡赋、*maddattu* 贡赋、车辆和黄金。"② 值得注意的是，*biltu* 与 *maddattu* 两词之间并不存在连词 *u*，*biltu* 在这里也可以理解为后者的指示词。

有时，*biltu* 贡赋也可以与 *nāmurtu* 贡赋一起征收。例如，提格拉特皮拉沙尔一世的一篇铭文写道："在我的主人阿淑尔的支持下，我征服了从图穆到戴埃努和西方的下方之海纳伊利所有的地区，降伏了它们的 30 位国王。我像牵牛一样把他们带到了我的城市阿淑尔，扣留了他们的人质，把 *biltu* 贡赋与 *nāmurtu* 贡赋摊派到他们身上。"③

biltu 贡赋还可以与 *igisû* 贡赋一起征收。沙马什-阿达德五世在铭文中自称为"四方之王沙尔马纳沙尔（三世）之子、各地王公的竞争者、各国的蹂躏者、阿淑尔纳色尔帕（二世）之孙、从四方（各国）收取 *biltu* 贡赋与 *igisû* 贡赋的人……"④

（二）*maddattu* 贡赋⑤

1. 词源与发展演变

maddattu，也拼写为 *mandattu*，来源于动词 *nadānu* Ⅱ（给），主要指贡赋，也可以指工作任务、赠予、奴隶的赔偿等。⑥ 在亚述文献中，*maddattu* 的复数形式为 *maddanāti*，*maddattu* 及其复数主要拼写形式有 *ma-da-at-ta*、*ma-da-tu*、*ma-da-tú*、*man-da-at-tu*、*ma-da-at-tú* 等。

作为贡赋，*maddattu* 一词最早出现在赫梯王国的阿卡德语文献中。赫梯文化深受两河流域文化的影响，一些赫梯文献有赫梯语和阿卡德语两个版本，与阿卡德语 *maddattu* 对应的赫梯语是 *argamannu*。赫梯国王图特哈里二世（约公元前 1400—前 1390 年在位）与基苏瓦特纳的国王苏纳什舒拉签订条约，规定："当他的陛下招呼他：'到我面前来！'如果他本人不愿意来，他的儿子殿下必须到他的陛下面前，但是，他不必向他的陛下交纳

---

① RIMA Ⅱ A.0.87.1: vi 39 – vi 48.
② RIMA Ⅱ A.0.99.2: 106 – 107.
③ RIMA Ⅱ A.0.87.2: 25 – 27.
④ RIMA Ⅲ A.0.103.1: i 34 – i 38.
⑤ 不过，J. N. Postgate 将其拼写为 *madattu*，参见 J. N. Postgate, *Taxation and Conscription in the Assyrian Empire*, pp. 111 – 130。
⑥ CAD M/1, p. 13.

maddattu 贡赋。"①

在亚述地区，*maddattu* 贡赋最早出现在中亚述时期。上文提到，由于中亚述国王曾经与赫梯王国夹击米坦尼王国，他们在交往过程中可能了解到其盟友剥削附属国的方法，即向它们征收 *maddattu* 贡赋。从中亚述时期到亚述灭亡，*maddattu* 贡赋一直是亚述剥削附属国的重要方式。

新巴比伦时期，*maddattu* 的意思发生了变化，不仅可以指向附属国征收的贡赋，而且可以指为弥补失去的时间而支付的钱款。②

2. 贡品的种类

亚述向附属国征收的 *maddattu* 贡赋的地域色彩非常明显，它们往往是各地的特产和贵金属。叙利亚、巴勒斯坦地区和安纳托利亚地区以盛产金、银、锡、铁和青铜等金属而闻名，上述地区的附属国进献的 *maddattu* 贡赋中各种贵金属及其制品占很大比例；腓尼基地区以生产各种染料而闻名，彩色的衣服是他们进贡的 *maddattu* 贡赋的重要组成部分；阿拉伯人以饲养骆驼闻名，他们往往奉献骆驼作为 *maddattu* 贡赋；扎格罗斯山区盛产的马、牛、绵羊和山羊等牲畜，它们往往是山区附属国奉献的 *maddattu* 贡赋的重要组成部分。③ 提格拉特皮拉沙尔三世在一篇铭文中罗列了亚述向附属国摊派的 *maddattu* 贡赋："对于哈梯诸王、太阳落下之海沿岸的阿拉米人、科达尔人和阿拉伯人，（他们是）昆穆赫的库什塔什皮、大马士革的拉恰努、撒玛利亚的麦纳赫姆、推罗城的图贝尔、毕布勒斯的西比提-贝尔、魁的乌里科、梅利德的苏鲁马尔、塔巴尔的乌阿苏尔麦、阿图纳的乌什希提、图哈纳的乌尔巴拉、伊什吞狄的图哈麦、胡比什纳的乌里米、卡斯卡的达迪鲁、卡尔赫米什城的皮西里斯、萨马尔的帕纳穆、古尔古姆的塔尔胡拉拉和阿拉伯女王扎比贝，我把 *biltu* 贡赋和 *maddattu* 贡赋摊派到他们身上，（它们包括）银、金、锡、铁、象皮、象牙、蓝紫和红紫色的衣服、多彩的亚麻衣服、骆驼和母骆驼。（而对于）曼纳的伊兰祖、埃里皮的达尔塔以及纳姆里、辛吉布提以及整个东部山区的统治者，我把由马匹、骡子、巴克特里

---

① Gary Beckman, *Hittite Diplomatic Texts*, Atlanta: Scholars Press, 1996, 2: §10A i 45 – i 48.

② Jeremy Black, Andrew George and J. N. Postgate, *A Concise Dictionary of Akkadian*, Wiesbaden: Harrassowitz, 2000, p. 187.

③ N. B. Jankowaska, "Some Problems of the Economy of the Assyrian Empire", in I. M. Diakonoff, ed., *Ancient Mesopotamia: Socio-Economic History: A Collection of Studies by Soviet Scholars*, pp. 253 – 276.

亚骆驼、牛、绵羊和山羊（构成的 *maddattu* 贡赋）摊派到他们身上,我每年都要在亚述接收（它们）。"①

除了贵金属和各地特产外,附属国向亚述进献的 *maddattu* 贡赋还可以是面粉、大麦、蜂蜜、杏仁、笃蓐香、葡萄酒等食品和饮料,甚至还有车辆、斗篷、腰带、马鞍等物品。尼尼微出土的一份记录宫廷人员分享 *maddattu* 贡赋的清单写道:"*maddattu* 贡赋分配如下:司库（分到）□□只定期奉献的绵羊、1只绵羊和1碗葡萄酒,负责 *ginû* 供品的牧人（分到）5苏图面粉、5苏图大麦和1碗葡萄酒,厨师长（分到）100只奉献的绵羊、2只绵羊和2碗葡萄酒,厨师长的书吏（分到）1只绵羊、1碗葡萄酒,总会计（分到）同样的物品,漂洗工长（分到）7苏图蜂蜜、4米那蜡、1塔兰特铜和20米那染色的羊毛,榨油师傅（分到）2只绵羊、2碗葡萄酒、他的食物、10米那铜、2只绵羊和2碗葡萄酒,榨油师傅的书吏（分到）2只绵羊、2碗葡萄酒、他的食物、10米那铜、2只绵羊和2碗葡萄酒,水果师傅（分到）□□□□只绵羊和1碗酒,甜品师傅长（分到）2苏图杏仁、2苏图笃蓐香和1碗葡萄酒,司库的书吏（分到）1辆会见用车、1只绵羊和2碗酒,宫廷警卫副队长（分到）1辆会见用车、1只绵羊和1碗葡萄酒,宫廷警卫队队长（分到）□□只斗篷、4条腰带、2对马鞍袋、2只绵羊和1碗酒,宫廷警卫长的书吏（分到）6只斗篷、4条腰带、2对马鞍袋、2只绵羊和1碗葡萄酒,*batiqu* 税吏（分到）200棵柳树、1只绵羊和1碗葡萄酒□□□。"②

3. 征收的对象

maddattu 贡赋征收的主要对象是附属国。例如,提格拉特皮拉沙尔一世的一篇铭文写道:"我征服了桀骜不驯的伊苏阿和达里亚,我把 *biltu* 贡赋和 *maddattu* 贡赋摊派到他们身上,使他们成为我的主人阿淑尔的附属国。"③ 又如,阿达德-尼拉里二世的一篇铭文写道:"迦勒底的所有国家都成了我的附属国,我把 *biltu* 贡赋和 *maddattu* 贡赋永远地摊派到它们身上。"④ 再如,阿淑尔纳色尔帕二世的一篇铭文曾写道:"我收到了（所有）

---

① RINAP Ⅰ 35:iii 1 – iii 30.
② SAA Ⅺ 36:i 1 – ii 22.
③ RIMA Ⅱ A.0.87.1:iii 89 – iii 91.
④ RIMA Ⅲ A.0.104.8:22 – 23.

国家和山区（进献）的 maddattu 贡赋。"①

新建行省还没有组建完善的官僚机构，无法征收农业税，它们也需要像附属国一样交纳贡赋。阿淑尔纳色尔帕二世的一篇铭文写道："我总是给被征服的地区任命总督来收取他们的 maddattu 贡赋。"②他的铭文还写道："我接受了苏胡和鲁伯达总督的 5 头活象作为 maddattu 贡赋。"③ 沙尔马纳沙尔三世的铭文也有类似的表述："我给我征服的国家和山区（部落）任命了总督，把 biltu 贡赋和 maddattu 贡赋、zabil kudurru 义务摊派到他们身上。"④ 萨尔贡二世的一篇铭文写道："我任命我的宦官为哈马总督，并把 biltu 贡赋和 maddattu 贡赋摊派到他们身上。"⑤ 阿淑尔纳色尔帕二世的一篇铭文写道："尽管苏胡总督在我的父辈先王时期并未前来亚述（进贡），（但是）苏胡总督伊里-伊伯尼来到尼尼微，带着他（充作）的 maddattu 贡赋的金银来挽救他本人以及他的兄弟和他的儿子们（的性命）。"⑥ 辛纳赫里布的一篇铭文写道："在战斗过程中，我接受了哈拉拉提总督纳布-贝尔-舒马特由大量金、银、巨大的红木、驴、骆驼、牛和绵羊（构成的）maddattu 贡赋。"⑦

正如亚述国家名义上属于阿淑尔神一样，附属国的贡赋名义上也属于阿淑尔神。提格拉特皮拉沙尔一世的一篇铭文写道："那时，我向桀骜不驯的卡特穆胡进发，（因为它）扣留了我的主人阿淑尔神的 biltu 贡赋和 maddattu 贡赋。"⑧ 阿淑尔纳色尔帕二世的一篇铭文写道："阿麦卡与阿拉什图阿扣留了我的主人阿淑尔神的 maddattu 贡赋与 kudurru 义务。"⑨ 沙尔马纳沙尔三世的一篇铭文写道："比特-阿狄尼人阿胡努曾吹嘘自己的力量，从我的前辈国王起就拒交我的主人阿淑尔神的 biltu 贡赋和 maddattu 贡赋。"⑩

4. 征收的方式

亚述的 maddattu 贡赋大致可以分为主动交纳的贡赋和强制勒索的贡赋

---

① RIMA Ⅱ A. 0. 102. 21：6.
② RIMA Ⅱ A. 0. 101. 53：6.
③ RIMA Ⅱ A. 0. 101. 30：95 – 96.
④ RIMA Ⅲ A. 0. 102. 6：iv 37 – iv 39.
⑤ ARAB Ⅱ 183.
⑥ RIMA Ⅱ A. 0. 101. 1：i 100 – i 101.
⑦ OIP Ⅱ, p. 55：57.
⑧ RIMA Ⅱ A. 0. 87. 1：i 89 – i 91.
⑨ RIMA Ⅱ A. 0. 101. 17：iii 28 – iii 29.
⑩ RIMA Ⅲ A. 0. 102. 20：7 – 9.

两大类,前者指有关国家和地区在向亚述投降时或亚述大军压境时主动交纳的贡赋,而后者则指亚述每年向被征服地区强征的贡赋。①

征服相关地区后,亚述往往把 *maddattu* 贡赋摊派到它们身上。例如,提格拉特皮拉沙尔一世的一篇铭文写道:"在我统治的前10年间,我征服了从下扎布河对岸到幼发拉底河对岸、赫梯和西方的下方之海,迫使它们服从一个权威,扣留它们的人质,把 *biltu* 贡赋和 *maddattu* 贡赋摊派到它们身上。"②

一些国家和地区慑于亚述军队的威力被迫屈服于亚述,因而主动进献 *maddattu* 贡赋请降,这就是一些学者所谓的"投降贡赋"。例如,提格拉特皮拉沙尔一世的一篇铭文写道:"关于乌拉提纳什(这个国家),他们的据点位于帕纳鲁,我的主人阿淑尔神的恐怖和光辉震慑了他们;为了活命,他们带着他们的神灵和财物,像鸟一样远遁高山中。我带着我的战车和军队渡过了底格里斯河,(身为)哈图胡之子的乌拉提纳什国王沙狄-特舒伯在他自己的国土上归顺了我,我把他的亲生儿子和家庭(其他成员)扣为人质。他给我送来60件铜壶、青铜缸和青铜浴盆以及120个人、(无数)牛和绵羊作为他的 *biltu* 贡赋和 *maddattu* 贡赋。"③ 有时候,亚述国王在远征有关国家和地区时,周边的被征服地区纷纷主动送来 *maddattu* 贡赋。④ 在西征途中,阿达德-尼拉里二世宣布:"我接收了欣达努的 *maddattu* 贡赋,把它们运到了我的城市阿淑尔。"⑤

一些被征服地区的统治者,尤其是东部地区的统治者,有时亲赴亚述的都城当面把 *maddattu* 贡赋献给亚述国王。尼姆鲁德出土的一封信提到了东北部的附属国卡拉拉的统治者奉献 *maddattu* 贡赋的情形:"关于国王在给我的信中提到的卡拉拉统治者,他在22日进入卡尔兹,将要在23日手捧 *maddattu* 贡赋进入卡尔胡。"⑥

---

① M. 埃拉特称之为"投降贡赋"和"年度贡赋"。参见 M. Elat, "The Impact of Tribute and Booty on Countries and People within the Assyrian Empire", *AfO*, Beiheft Vol. 19 (1982), pp. 244–251.
② RIMA II A. 0. 87. 2: 5'–7'.
③ RIMA II A. 0. 87. 1: ii 36–ii 54.
④ RIMA II A. 0. 101. 17: ii 37–ii 47.
⑤ RIMA II A. 0. 99. 2: 119.
⑥ CTN V ND 2677: 4–11.

边远地区的附属国往往派遣密使（*sīru*，语义符为 lú. mah）① 赴亚述的都城进献 *maddattu* 贡赋。例如，尼姆鲁德出土的一封信提到埃及和巴勒斯坦地区诸国的密使赴卡尔胡奉献 *maddattu* 贡赋的情况："埃及、加沙、犹大、摩押、班-阿曼的密使在 12 日手捧着 *maddattu* 贡赋进入了卡尔胡。"② 又如，辛纳赫里布在致萨尔贡二世的一封信中写道："昆穆赫的密使已经到了，用 7 头骡子驮着 *maddattu* 贡赋。"③

边境地区的行省总督有时代收邻近附属国的 *maddattu* 贡赋。卡尔-沙鲁金总督纳布-贝鲁-卡因在致萨尔贡二世的信中写道："关于达尔塔，他（还）没有离开（他的）房屋，没有人看到他。我听说他正在收集其余的 *maddattu* 贡赋，我命令他运输它们。我接收了身边被释放的米底人和 30 匹马，其余的人也在我身边。我已接受了扎克鲁图（作为）*maddattu* 贡赋的 40 匹马，他们承诺将交付其余的 *maddattu* 贡赋。"④

边境地区的"港口监督"也可能代收附属国的 *maddattu* 贡赋。⑤ 尼姆鲁德出土的一份破损文献写道："总共 233 头牛□□□□国的 *maddattu* 贡赋□□□□这是'港口监督'运来的全部□□□□"⑥

一些被征服国家和地区并不心甘情愿地向亚述交纳 *maddattu* 贡赋，因此，亚述不得不派兵去强征 *maddattu* 贡赋。阿达德-尼拉里二世的一篇铭文写道："在'内城'总督阿达德-阿哈-伊狄纳任名年官之年，我第五次进军哈尼伽尔巴特，收取了所有国家的 *maddattu* 贡赋。"⑦ 亚述国王有时命令边境地区的官员带兵去征收 *maddattu* 贡赋。一位国王曾因此事向太阳神问卜道："我向伟大的沙马什咨询：比特-卡里和萨帕尔达的高官和总督们应该带着他们麾下的人员、马匹和军队去米底地区征集（作为）*maddattu* 贡赋的马匹吗？"⑧ 沙尔马纳沙尔三世晚年多次派'图尔塔努'戴伊安-阿淑尔

---

① Simo Parpola, *Assyrian-English-Assyrian Dictionary*, p. 105; CAD Ṣ, p. 213.
② CTN Ⅴ 2765: 34 – 38.
③ SAA Ⅰ 33: 8 – 10.
④ SAA ⅩⅤ 84: 3 – 9.
⑤ Shigeo Yamada, "*Kārus* on the Frontiers of the Neo-Assyrian Empire", *Orient*, Vol. 40 (2005), pp. 79 – 80.
⑥ B. Parker, "Administrative Tablets from the North-west Palace, Nimrud", *Iraq*, Vol. 23, No. 1 (1961), p. 48.
⑦ RIMA Ⅱ A. 0. 99. 2: 61.
⑧ SAA Ⅳ 67: 4 – 6.

代替自己率军出征,其铭文写道:"那时候,我留在卡尔胡,我发布命令,派遣我的军队的主将'图尔塔努'戴伊安-阿淑尔到我的军队和军营的前面。他逼近了胡布什齐亚(国王)达塔的城市,接受了他进献的 maddattu 贡赋。"①

5. 征收的时间

顾名思义,战场贡赋指有关国家和地区战败后在战场上就要交纳的贡赋,而年度贡赋指附属国每年都需要到亚述都城进献的贡赋。国王在向被征服地区摊派 maddattu 贡赋时,有时特意强调是"每年地"(šattisamma = mu-šám-ma)。提格拉特皮拉沙尔一世在一篇铭文中写道:"我征服了桀骜不驯的舒布利亚,把我(象征)统治的重轭套到阿尔祖和普鲁鲁姆祖身上;他们曾经拒绝交纳 biltu 贡赋和 maddattu 贡赋,现在他们每年都要到我的城市阿淑尔把(应交的) biltu 贡赋和 maddattu 贡赋送到我的面前。"②

年度贡赋很可能在每年的年初或年中交纳。赴亚述进献贡赋的埃及和巴勒斯坦地区诸国的密使在上述信中还写道:"节日表演已结束□□□□□□□□神(像)已出去,(又)回来了。"③ 古代两河流域的神灵一般在"阿基图节"离开所在的城市到郊外巡游,④ 因此这里提到的节日很可能是"阿基图节"。埃及和巴勒斯坦地区诸国的密使大概在年初,即1月,进献 maddattu 贡赋。"拉伯—沙克"阿淑尔-杜尔-帕尼亚在致萨尔贡二世的一封信中写道:"舒布利亚的密使在12月23日到达了沙比莱舒。"⑤ 这意味着他们要在新年节交纳 maddattu 贡赋。然而,辛纳赫里布在致萨尔贡二世的信中却写道:"阿什杜德进贡的 maddattu 贡赋已运到了卡尔胡,我接收了它,我盖上印章,把它存放在□□□宫。我给国王我的主人寄这封信的时间是6月11日。"⑥ 一般情况下,臣属要迅速向国王报告各种事件,因此,阿什杜德奉献 maddattu 贡赋的时间大概在6月。

需要指出的是,亚述的 maddattu 还可指亚述与其他国家交换的礼物。一块疑为沙尔马纳沙尔三世时期的黑色方尖碑上的一段铭文写道:"我收到

---

① RIMA Ⅲ A. 0. 102. 14: 175 – 177.
② RIMA Ⅱ A. 0. 87. 1: ii 89 – ii 96.
③ CTN Ⅴ 2765: 4 – 6.
④ J. Bidmead, *The Akītu Festival: Religious Continuity and Royal Legitimation in Mesopotamia*, pp. 182 – 185.
⑤ J. N. Postgate, *Taxation and Conscription in the Assyrian Empire*, p. 121.
⑥ SAA Ⅰ 29: r. 22 – r. 26.

埃及的 maddattu 包括：□峰双峰驼、一头水牛、一只羚羊、□□头母象、□□□只母猴和□□只黑猩猩。"① 沙尔马纳沙尔三世时期，亚述并未征服埃及，因此，上述铭文提到的 maddattu 很可能指并未有从属关系的两国之间交换的礼物。

二　附带贡赋

附带贡赋指附属国在进献正式贡赋时附带的礼物。最初，附带的礼物是有关国家自愿奉献的，后来才成为一种强制性的课征。

（一）nāmurtu 贡赋

1. 词源及发展演变

nāmurtu，有时拼作 tāmurtu，来源于动词 amāmru（遇见、会见等）的 N 态，② 意思是"景观、景致、观看、阅读等"，引申为"（会见时的）礼物、贡献、贡赋"③，特指各类依附国家和地区的统治者或其使节在觐见宗主国国王时缴纳的觐见礼物。nāmurtu 对应的苏美尔语是 igi. duh。在亚述文献中，nāmurtu 多用复数形式为 nāmurātu 或 nāmurtu，主要拼写为 na-mur-tu，na-mu-ra-a-tu，na-mu-ur-tu，na-mur-tú，ta-mar-tu。

nāmurtu 一词出现很早，既可以是向神灵奉献的礼物，也可以是人与人之间交换的礼物，并没有强制性。nāmurtu 曾出现在魏德纳编辑的《年代记》中："乌鲁克国王乌图赫伽尔把在海边捉的一条鱼作为 nāmurtu（礼物）献给了大神马尔都克。"④ 乌图赫伽尔把鱼献给了马尔都克，显然不是贡赋。尽管乌图赫伽尔是早王朝末期乌鲁克的国王，但是，记载其事迹的魏德纳编辑的《年代记》是新亚述时期和新巴比伦时期版本，我们无法断定该材料最初年代。

古亚述时期，nāmurtu 指家庭成员之间馈赠的礼物。一个名叫塔里莎的女孩曾在致其父瓦拉德-辛的信中写道："关于伊比-沙马什送给你的 nāmurtu 礼物，我让我的客人辛-伊狄纳姆带给你一块泥板。辛-伊狄纳姆让伊赫里什-埃拉给那个女孩带去了 3 串无花果。"⑤ 塔里莎在致其姐姐塔

---

① RIMA Ⅲ A. 0. 102. 89.
② N 态是阿卡德语动词的四种形态之一，大致相当于阿拉伯语动词的第七种形态。
③ CAD T, pp. 111 – 114.
④ ABC 19：58 – 59.
⑤ W. H. van Soldt, *Letters in the British Musuem*, Leiden：E. J. Brill, 1990, 59：19 – 27.

图尔-马图姆的信中也有类似的内容。① 信中提到的 *nāmurtu* 礼物是亲戚之间的馈赠，也跟贡赋没有关系。

强制性的 *nāmurtu* 贡赋可能源于"阿玛尔纳时代"。② 埃及法老给在一位附属国国王的信中写道："（你要）为国王你的主人装扮你的女儿，（你还要）准备下列 *nāmurtu* 贡赋：20 名上等奴隶、银、车和头等马匹。这样你的国王才会说：'好极了！'你献给国王的礼物要伴随着你的女儿一起送来。"③ 在这里，*nāmurtu* 不再是一种自愿的礼物，开始具有强迫意义。

亚述强制性的 *nāmurtu* 贡赋最早出现在中亚述时期，多与正式贡赋一起征收。上文提到，阿达德-尼拉里一世曾经把哈尼伽尔巴特国王沙图阿拉捉到了阿淑尔城，后者发誓臣服，国王把 *nāmurtu* 贡赋摊派他身上。④ 降伏纳伊利地区的 30 个国王以后，提格拉特皮拉沙尔一世宣称："我像（捆）牛一样用牵牛绳把他们捆住，把他们带到了我的城市阿淑尔。我从他们当中挑选了人质，并把 *maddattu* 贡赋和 *nāmurtu* 贡赋摊派到他们身上。"⑤ 征服北部和西北部地区诸国以后，提格拉特皮拉沙尔一世如法炮制，把 *maddattu* 贡赋和 *nāmurtu* 贡赋摊派到当地居民身上。⑥ 阿达德-尼拉里二世征服纳伊利以后，也从他们当中挑选了人质，并把 *maddattu* 贡赋和 *nāmurtu* 贡赋摊派到他们身上。⑦ 阿达德-尼拉里二世攻占西库尔和萨帕努以后，接受了当地居民的 *maddattu* 贡赋，把严苛的 *nāmurtu* 贡赋摊派到他们身上。⑧ 征服哈布尔河流域以后，阿淑尔纳色尔帕二世宣布："当我在苏鲁时，我把超大量的 *maddattu* 贡赋和 *nāmurtu* 贡赋摊派到拉库诸王身上，（它们包括）银、

---

① W. H. van Soldt, *Letters in the British Musuem*, 60: 16 - 23.

② 埃尔-阿玛尔纳是埃及十八王朝法老埃赫纳吞在中埃及营建新都的现代名字，考古学家在此发现了一批楔形文字书信，其中一些文献带有埃及注释。这批书信主要是利凡特地区的总督和附属国国王的通信与报告，还有 43 封书信是埃及法老与米坦尼王国、巴比伦王国和亚述等国国王之间的外交信函。"阿玛尔纳时代"主要指埃赫纳吞统治时期，即公元前 1352 年至公元前 1336 年。不过，一些信件属于阿蒙霍特普三世（约公元前 1390 年—前 1352 年在位）时期，因此，"阿玛尔纳时代"实际上在这位国王时期就开始了。G. Leick, *Historical Dictionary of Mesopotamia*, Lanham and Oxford: The Scarecrow Press, 2003, p. 8.

③ William L. Moran, *The Amarna Letters*, Baltimore and London: The Johns Hopkins University Press, 1992, 99: 10 - 20.

④ RIMA Ⅰ A. 0. 76. 3: 4 - 14.

⑤ RIMA Ⅱ A. 0. 87. 2: 27; A. 0. 87. 3: 15.

⑥ RIMA Ⅱ A. 0. 87. 2: 7'.

⑦ RIMA Ⅱ A. 0. 99. 2: 32.

⑧ RIMA Ⅱ A. 0. 99. 2: 90.

金、锡、青铜、青铜盘、牛、绵羊、带多彩流苏的衣服和亚麻衣服。"①

新亚述时期，nāmurtu 贡赋主要指附属国觐见亚述国王时进献的见面礼物。萨尔贡王朝的诸王纷纷在其铭文记载附属国缴纳觐见礼物的情况，其中辛纳赫里布在致其父萨尔贡二世的信中写道："曼纳使节带到我面前 1 匹马作为 nāmurtu 贡赋，并向您致以曼纳国王的问候。"② 在第 3 次战役期间，地中海沿岸诸国被迫归附，辛纳赫里布称："他们带到我面前大量的物品作为他们的 nāmurtu 贡赋。"③

2. 贡品的种类

nāmurtu 贡赋涉及的物品与 maddattu 贡赋并无明显的区别，既可以是金银，又可以是衣服和食物，还可能是牲畜。例如，辛纳赫里布在致其父萨尔贡二世的一封信中写道："□□塔兰特银、代替象牙的 40 米那银、20 件长过膝盖的短袖束腰外衣、20 件托加袍、3 满罐冰（鱼）、10 鱼篓多达 1000 尾鱼，以上都来自 maddattu 贡赋。1 顶带画的金冠、20 个金碗、10 件长过膝盖的短袖束腰外衣、10 件托加袍、4 件□□□托加袍和 1 满罐冰鱼，以上（都）来自 nāmurtu 贡赋。"④ 据尼姆鲁德的文献记载，东部边境城市哈尔马努镇奉献的 nāmurtu 贡赋却是马和骡等牲畜："阿赫萨的 50 匹乘骑马、□□□184 匹马、哈尔马努镇的 20 匹乘骑马、供给处的 100 匹马，总共 404 匹马。作为 iškāru 的 60 匹马和 30 头骡。哈尔马努交付的 nāmurtu 贡赋是总共 464 匹马、30 头骡和 20 匹马。"⑤ 有时候，附属国的公主及其嫁妆也成了 nāmurtu 贡赋。图库尔提-尼努尔塔二世时期，一篇铭文写道："20 米那金、20 米那银、32 塔兰特锡、130 塔兰特青铜、100 件青铜器皿、1 个盆、150 件编织的衣服、1 塔兰特紫羊毛与雪花石膏、1 塔兰特□□□4 米那锑化物药物、2 塔兰特铁与精炼油、1200 只绵羊、100 头牛、□□只鸭、他的两个妹妹及她们的丰富嫁妆，（以上是）他（进献）的 nāmurtu 贡赋。"⑥

---

① RIMA Ⅱ A.0.101.1：i 94 – i 96.
② SAA Ⅰ 29：r.18 – r.19.
③ OIP Ⅱ, p.30：ii 58 – ii 59.
④ SAA Ⅰ 34：r.4 – r.7.
⑤ Barbara Parker, "Administrative Tablets from North-West Palace, Nimrud", *Iraq*, Vol. 23, No. 1 (1961), ND 2727.
⑥ RIMA Ⅱ A.0.100.5：98 – 101.

3. 征收的对象

亚述 nāmurtu 贡赋征收的对象主要是附属国。例如，击败纳伊利地区诸国以后，图库尔提-尼努尔塔一世宣称："我成了他们所有国家的主人，我向他们征收 maddattu 贡赋和 nāmurtu 贡赋。"① 归附亚述的游牧部落也需要向亚述交纳 nāmurtu 贡赋。阿淑尔巴尼拔在征讨阿拉伯人前历数其国王的罪行："他不再来问候我的健康，停止了交给我的 nāmurtu 贡赋。"② 一些边远地区的统治者慑于亚述的声威，主动送来 nāmurtu 贡赋以示归顺。辛纳赫里布夷平巴比伦城以后，狄尔蒙人心生畏惧："阿淑尔的威力震慑了他们，他们送来了他们的 nāmurtu 贡赋。"③

4. 征收的方式

nāmurtu 贡赋作为觐见国王所献的礼物，一般由附属国国王或其使节亲自到亚述的都城献给国王。上文提到，阿达德-尼拉里一世称每年都可以定期在阿淑尔收到附属国的 nāmurtu 贡赋。然而，在国王离开都城远征时，王太子往往替国王接收 nāmurtu 贡赋。上文提到，辛纳赫里布曾向其父萨尔贡二世报告曼纳的信使送来了一匹马作为 nāmurtu 贡赋。④ 国王还可以在进军途中接受归附地区的 nāmurtu 贡赋。图库尔提-尼努尔塔二世在一篇铭文中写道："我从比特-哈鲁佩的苏鲁出发，接近了乌萨拉。我接受的乌萨拉进献的 nāmurtu 贡赋是 200 只绵羊、30 头牛、面包、啤酒、谷物和草料。"⑤

尽管阿达德-尼拉里一世规定哈尼伽尔巴特国王沙图阿拉在有生之年每年要定期到阿淑尔交纳 nāmurtu 贡赋，但是，其进献的具体时间尚无定论。有学者提出，附属国国王和行省总督每年两次觐见亚述国王，⑥ 他们很可能每次都携带 nāmurtu 贡赋。上文提到，辛纳赫里布曾在 6 月 11 日致其父萨尔贡二世的信中提到曼纳使节送来 nāmurtu 贡赋，因此 nāmurtu 贡赋交付的时间大概在 6 月。但是，萨尔贡二世时期的两封信却提到了其他时间。几位官员在致国王的信中写道："国王我们的主人知道 10 月的 nāmurtu 贡赋已

---

① RIMA Ⅰ A.0.78.5: 44 – 47; A.0.78.23: 55.
② A. C. Piepkorn, *Historical Prism of Inscriptions of Ashurbanipal I*, Chicago: The University of Chicago Press, 1993, Edition B: viii 2 – viii 3.
③ OIP Ⅱ, p.137: 40 – 41.
④ SAA Ⅰ 29: r.18 – r.21.
⑤ RIMA Ⅱ A.0.100.5: 102 – 103.
⑥ Raija Mattila, "Balancing the Accounts of the Royal New Year Receptions", *SAAB*, Vol. 4, No.1 (1990), p.16.

经储存好了，但是，我们没有地方来存放国王的酒了。"① 阿淑尔-贝鲁-乌粟尔在致萨尔贡二世的信中不但提到了"10 月的 nāmurtu 贡赋"，而且还提到了在其他时间交纳的 nāmurtu 贡赋："国王我的主人在关于 10 月的 nāmurtu 贡赋的信中说：'你要带给我 2 匹马、2 头牛、20 只绵羊和 20 碗酒！'这封信在 11 月 3 日(才) 到达我手里，它们该什么时候送走呢？□□□□去年我在 1 月交付，但国王却命令我们在 7 月交付。"②

需要指出的是，直到新亚述时期，nāmurtu 仍然可以指亚述与其他国家交换的礼物。萨尔贡二世在一篇铭文中写道："我收到的埃及国王皮鲁、阿拉伯女王萨姆西、伊塔马拉、萨布等海中和沙漠中的国王的 nāmurtu 是金、山货、宝石、象牙、枫树的种子、各种草药、马匹和骆驼。"③ 萨尔贡二世时期，亚述并未征服埃及，因此，这里提到的埃及 nāmurtu 显然是两国之间交换的礼物而非附属国的贡赋。

从中亚述时期起，nāmurtu 虽然可以指亚述向附属国征收的一种贡赋，但是，它仍然可以指亚述官员向国王进献的礼物。阿淑尔城发现的一些中亚述时期的账目清单记录了臣僚进献 nāmurtu 的情况，其中一份账单提到"来自行省的绵羊"④，这表明亚述国王收到的觐见礼物不仅来自附属国，而且来自行省总督，此间 nāmurtu 仍然可以指代不具有强迫意义的礼物。在第一次战役中，辛纳赫里布宣布："在我的战斗过程中，我收到了驻守哈拉拉提的官员纳布-贝尔-舒马特的厚重 nāmurtu（是）金、银、穆苏坎努（musukannu）木、驴、骆驼、绵羊和山羊。"⑤ 纳布-贝尔-舒马特系哈拉拉提总督，其奉献国王的 nāmurtu 也是一份礼物，而非附属国的贡赋。不过，哈拉拉提属于新建行省，该总督也可能像附属国国王一样进献 nāmurtu 贡赋。

（二）igisû 贡赋

1. 词源与发展演变

igisû 贡赋源自苏美尔语 igi.sá，既可以指王向商人与祭司等人员征收的一种税收，又可以指进献神灵的供品，也可以指进贡国王的礼品。⑥ 在亚

---

① SAA XVI 117：11 - r. 2.
② ABL 241：3 - 9, r. 6' - 8'.
③ ARAB II 18.
④ CAD N/1, p. 254.
⑤ RINAP III/1 8：15.
⑥ CAD I-J, pp. 41 - 43.

述文献中，*igisû* 主要拼写为 *i-gi-si-e* 和 igi. sá-e。

igisû 贡赋最早出现在阿卡德王国时期，大概与正式贡赋一起进献国王。萨尔贡时期，一份破损的文献写道："从□□□路边的巴扎桥、麦鲁哈，到雪松山的哈纳的 9 个国王，从雪松山道苏巴尔图的安山□□□□□□□□□负担萨尔贡的 *biltu* 贡赋、*igisû* 贡赋，他统治了世界□□□□"① 文献的破损阻碍了我们对 *igisû* 贡赋内容的判断，但是，征收的对象是遥远地区的国王，且与 *biltu* 贡赋一起进献，这大概表明，*igisû* 指进献正式贡赋时附带的礼品。

沙马什-阿达德一世时期，*igisû* 的意思发生了显著的变化，该词指有关官员交纳的税赋。"上美索不达米亚王国"都城舒巴特-恩利尔出土的一篇文献写道："地区长官沙乌姆纳马尔接收了扎图姆里的 *igisû* 税是 2 舍克勒银子。"② 无独有偶，该地出土的另一篇文献写道："地区长官阿伽普塔希接收的 *igisû* 税是 6 舍克勒银子。"③

古巴比伦时期，*igisû* 主要指向商人或祭司等人员征收的一种税收。例如，阿比-埃舒赫的一封信写道："向商人征集 *igisû* 税银子，并解送到巴比伦城的命令已传达给总督□□□□□"④ 另一封写给行省总督的信中提道："他已履行了 6 次 *ilku* 义务，并向我支付了 *igisû* 税，（它们是）与其神庙祭司和神庙歌手有关的。"⑤ 除了上述两类人员外，"商人的监督"和法官可能也需要负担 *igisû* 税。⑥

中巴比伦时期，*igisû* 主要指向神灵或神庙奉献的供品。巴比伦第四王朝国王尼布加尼撒一世的敕令提到"向埃库尔提供 *sattukku* 供品、大量 *niqû* 供品和丰富的 *igisû* 供品"⑦。

新亚述时期，*igisû* 主要指向被征服地区的统治者征收的一种贡赋，它

---

① A. K. Grayson, "The Empire of Sargon of Akkad", *AfO*, Vol. 25 (1974–1977), p. 60: 1–4.
② C. A. Vincente, The 1987 Tell Lailan Tablets Dated by the Limmu of Habil-kinu, PhD Dissertation of Yale University, 1991, p. 54.
③ C. A. Vincente, The 1987 Tell Lailan Tablets Dated by the Limmu of Habil-kinu, 58. 类似的文献还有 61, 66。
④ CAD I-J, p. 42.
⑤ CAD I-J, p. 42.
⑥ CAD I-J, p. 42; R. Harris, *Ancient Sippar: A Demographic Study of an Old-Babylonian City (1894–1595B. C.)*, Leiden: Nederlands Historisch-Archaeologish Instituut te Istanbul, 1975, p. 43.
⑦ W. J. Hinke, *Selected Babylonian Kudurru Inscriptions*, Leiden: E. Brill, 1911, IV: ii 9.

通常与 *maddattu* 贡赋、*nāmurtu* 贡赋或 *biltu* 贡赋一起征收。

新巴比伦时期，*igisû* 主要指向神灵或神庙奉献的供品。例如，纳波尼都在王室铭文中被称为"精心地照料神庙，并向（它们）奉献丰富 *igisû* 供品的人"①。

2. 征收方式

igisû 贡赋与其他贡赋的最显著区别是国王多在征战过程中向被征服地区统治者征收。沙尔马纳沙尔三世在一篇铭文中写道："我的主人阿淑尔可怕的光辉震慑了图阿提，他把自己困在他的城市里来活命。我包围了他的皇城阿尔图鲁，他的儿子基基畏惧战斗而投降了我，我接受了他进献的 *maddattu* 贡赋，收取了塔巴尔地区 20 位国王进献的 *igisû* 贡赋。"② 沙马什-阿达德五世的一篇铭文写道："沙马什-阿达德（五世）是□□□□沙尔马纳沙尔（三世）之子、四方之王、各地王公的竞争者、各国的蹂躏者与阿淑尔纳色尔帕（二世）之孙，（他是）四方进献的 *biltu* 贡赋与 *igisû* 贡赋的收取者。"③ 萨尔贡二世时期，一篇铭文写道："他（指阿淑尔神——笔者）授权我征服山区的王公，并收取他们的 *igisû* 贡赋。"④ 在辛纳赫里布的第三次战役中，地中海沿岸诸国国王向他奉献了 *igisû* 贡赋，相关的铭文写道："□□□□□阿穆鲁地区所有的国王们都带着丰厚的 *igisû* 贡赋和他们大量的 *nāmurtu* 贡赋来到我面前，吻了我的脚。"⑤

不过，*igisû* 在新亚述时期仍然可以指奉献神灵的供品。萨尔贡二世时期，一篇文献写道："我向他们（指亚述诸神——笔者）奉献的 *igisû* 供品（包括）微红的金、闪亮的银和使人印象深刻的展品。"⑥

综上所述，附属国间接地接受亚述的统治，也是亚述国家的重要组成部分。尽管附属国国王宣誓甚至是签订条约归顺了亚述，但是，他们依旧保持相当大的独立性，可以维持原来的统治方式、生产和生活以及神灵崇拜。亚述主要通过扶植傀儡、派驻"国王的代表"和严惩背叛者等方式控制附属国，使之成为亚述国家安全、王权稳定的重要力量。

---

① CAD I-J, p. 43.
② RIMA Ⅲ A. 0. 102. 16：191－194.
③ RIMA Ⅲ A. 0. 103. 1：i 34－i 38.
④ TCL 3 68，转自 CAD I-J, p. 43.
⑤ OIP Ⅱ，p. 30：58－60.
⑥ H. Winckler, *Die Keilschrifttexte Sargon*, Leipzig：E. Pfeiffer, 1889, 36：168.

交纳贡赋是附属国臣服亚述的重要表现。尽管亚述一般不改变征服附属国的政权结构，但是，它们被亚述套上了"阿淑尔之轭"，成为广义上的亚述的重要组成部分。附属国向亚述进献的贡赋，犹如行省交纳的农业税，是其对宗主国应尽的重要义务。

与农业税相比，亚述向附属国征收的贡赋属于一种间接的剥削方式。尽管亚述在附属国派驻有"国王的代表"和"港口监督"等官员，但是，他们并不直接管理当地居民，因此，无法向他们征收贡赋，只能通过附属国的国王间接地剥削当地民众。

附属国的贡赋大多为金、银、各类牲畜及各地特产。附属国大多位于边远地区，离亚述国王驻跸的都城有一定的距离，不便于运输大量的粮食和其他农产品；另外，为了表示对亚述的忠心，附属国需要进献最珍贵的财物，金银、各类牲畜及各地的其他特产自然成为首选。

与农业税不同，附属国进献的贡赋并不进入国家的财政系统，多数被国王及其亲信瓜分。附属国臣服于亚述国王，并不隶属于亚述朝廷的官员，它们进献的贡赋多直接献给国王。国王一般与臣僚分享附属国进献的贡赋，普通的平民无缘享受，附属国进献贡赋导致社会的两极化进一步加剧。

第四章　对外贸易与关税

商业（mahīru，语义符为 ki. lam）① 是亚述经济的重要组成部分，大致可以分为国内贸易和对外贸易两大部分。与古代两河流域的其他地区一样，亚述国内的商品交易一般不需要负担任何税赋，② 只有从事对外贸易的商人才负担税赋，因此，亚述商业方面的税赋主要指对外贸易的关税。亚述的对外贸易在不同的历史阶段的差别非常显著，各个时期的关税制度也存在明显的差异，本章将在介绍亚述对外贸易发展状况的基础上，分别介绍各个时段关税的征收情况。

第一节　对外贸易概况

对外贸易并不是一种完全独立的经济活动，而受政治、经济和社会等多种因素的影响。如前所述，在近 1500 年的时间里，亚述的政治、经济和社会发生了深刻的变化，与之相对应，其对外贸易在不同的历史阶段呈现出不同特点。

一　古亚述时期的对外贸易

1. 开展对外贸易的前提条件

上文曾提到，两河流域的自然资源总起来说相对较为贫乏，金属矿藏、优质石材和木材等自然资源大多需要从外地输入，除了附属国进献的贡赋和从战场上劫掠的战利品外，对外贸易也是亚述人获得域外资源的重要渠道。阿淑尔城位于两河流域的腹地，扼守古代西亚地区的交通要冲，具有

---

① mahīru 既可以指商业活动，还可以指商品交易的价格等。CAD M/1, pp. 92-97.
② 古代西亚地区的商品交易税可能是从波斯阿黑门尼德王朝时期开始征收的，最初课税的商品是巴比伦尼亚的奴隶。参见 M. W. Stolper, "Registration and Taxation of Slave Sales in Achaemenid Babylonia", ZA, Vol. 79, No. 1 (1989), p. 92。

发展对外贸易的优越地理条件。首先，阿淑尔城位于两河流域通往叙利亚和地中海岸的重要商路上。这条路自西帕尔沿底格里斯河北上，到达尼尼微后转向西方，穿过哈布尔河上游的各个城镇，由舒巴特-恩利尔到古扎纳；在巴里赫河上游的哈兰城休整后，继续向西在埃马尔城或卡尔赫美什城渡过幼发拉底河，前面就是叙利亚北部的重镇阿勒颇。由阿勒颇向西可到达奥伦特斯河流域诸城和地中海岸的乌伽里特城，南下可经哈马城到叙利亚的大马士革，向北过阿马努斯山进入小亚细亚的奇里乞亚地区，并由此通向小亚细亚半岛西部。两河流域通往小亚细亚东部的商路既可以由尼尼微沿底格里斯河上溯，也可以由哈兰向北穿过托罗斯山脉的各个隘口。①其次，阿淑尔城还处在两河流域商人走向东方各地的商路上。由于高山峻岭的阻隔，两河流域商人需要通过扎格罗斯山的三个隘口方能到达东方。最北点在上扎布河上游的柔万杜兹以东、下扎布河源头附近的腊亚特，过此关隘可进入乌尔米亚湖南岸和阿塞拜疆。中部关口在迪亚拉河上游南岸的哈拉比亚，其西北是下扎布河南岸的苏莱曼尼亚市，由此关口可以进入伊朗高原。最南的关口在迪亚拉河中游南岸的城市哈那秦，对面的伊朗城市是凯尔曼沙；往东再行是哈马丹，进入伊朗高原向东北行则至里海南岸地区。沿扎格罗斯向东南，经德尔城，可以进入埃兰首都苏萨；由苏萨向东是安山，向北是里海南岸。

2. 对外贸易发展概况

亚述地区居民与域外物资交换的历史最早可以追溯到旧石器时代。两河流域并不出产黑曜石，而安纳托利亚地区的中部、东部、东北部和外高加索地区却盛产这种物品，② 亚述地区的沙尼达和帕勒伽拉等遗址出土了一批由黑曜石制成的旧石器时代石器，它们是亚述地区居民与域外进行物资交换最早的证据。③

进入新石器时代，亚述地区居民与外部进行物品交换的证据更加丰富。

---

① Geoges Roux, *Ancient Iraq*, pp. 13 – 15; A. Tuba Ökse, "Ancient Mountain Routes Connecting Central Anatolia to the Upper Euphrates Region", *AnSt*, Vol. 57 (2007), pp. 35 – 45.

② E. E. Frahm, The Bronze-Age Obsidian Industry at Tell Mozan (Ancient Urkesh), Syria: Redeveloping Electron Microprobe Analysis for 21st Sources Research and the Implications for Obsidian Use and Exchange in Northern Mesopotamia after Neolithic, PhD Dissertation of the University of Minnesota, 2010, pp. 812 – 832.

③ Petr Charvát, *Mesopotamia before History*, pp. 1 – 2.

公元前七八千年，辛贾尔山附近的马扎利亚形成了前陶新石器时代文化，其中一些石制工具由黑曜石磨制而成，它们是以原料的形式输入的。① 公元前6500年至公元前6000年，耶莫地区也出现了来自凡湖地区的黑曜石。② 公元前5500年至公元前5000年，两河流域北部形成了哈苏纳彩陶文化，其中哈苏纳遗址发现了黑曜石石镞，③ 乌姆·达巴吉亚遗址发现了许多仓库，一般认为是山区的猎人与平原地区的农民储存用交换的物品的场所。④

乌鲁克文化时期，两河流域北部与外界的物品交换更加频繁。高拉遗址的墓穴里发现了大量随葬品，其中一座墓中发现的珠子达25000颗以上，珠子的材质有绿松石、玉、光玉髓、赤铁矿石、大理石、石英、天青石和花岗岩等。⑤ 这些外来的宝石是两河流域北部居民进行对外贸易的重要证据。

阿卡德王国时期，亚述地区的对外贸易继续发展。迪亚拉河流域的伽苏尔出土了大量泥板文书，反映了阿卡德王国时期亚述地区与两河流域南部地区的贸易情况。⑥ 在阿卡德王国国王萨尔贡的故事中，在布鲁什哈杜姆经商的阿淑尔商人曾恳求萨尔贡远征当地的王公，⑦ 而后者是阿淑尔城的宗主，这大概表明阿淑尔商人在阿卡德王国时期就已与安纳托利亚地区建立了贸易关系。

阿淑尔城邦时期，阿淑尔商人在安纳托利亚与叙利亚北部地区设立了大约35个商业据点，⑧ 建立了一套完整的商业网络。阿淑尔商人的据点分为 kārum 和 warbatum 两类。kārum 的本义是"码头"或"港口"，由于两河流域早期的货物运输大多依靠水运，码头成为商人聚集进行交易的重要场所，该词引申为"商业区域"。⑨ 尽管阿淑尔商人使用了 kārum 称呼他们

---

① 杨建华：《两河流域史前时代》，第34页。
② [英]塞顿·劳埃德：《美索不达米亚考古》，第25页。
③ 同上书，第58页。
④ 同上书，第59页。
⑤ 同上书，第72页；杨建华：《两河流域史前时代》，第197页。
⑥ [英]塞顿·劳埃德：《美索不达米亚考古》，第132页。
⑦ L. L. Orlin, *Assyrian Colonies in Cappadocia*, p. 228.
⑧ K. R. Veenhof, "Archives of Old Assyrian Traders", in Maria Brosius, ed., *Ancient Archives and Archival Traditions: Concepts of Record-Keeping in the Ancient World*, p. 78.
⑨ CAD K, pp. 231 – 235; M. T. Larsen, *Assyrian City State and Its Colonies*, p. 236; L. L. Orlin, *Assyrian Colonies in Cappadocia*, p. 25. 国外学者往往称其为"殖民地"（colony）。阿淑尔商人建立的据点只是商人进行贸易的场所，并未获得完全的独立，因此，笔者将其称为"商业据点"。

的商业据点,但是,这并不意味着他们将其建立在河畔。wabartum 是阿淑尔商人在安纳托利亚设立的特殊商业据点,该词与"客人"有关,最初可能指"客栈",后来才发展成商业据点。① wabartum 一般从属于附近的 kārum。商业据点的建立和商业网络的形成降低了长途贸易的风险,可以促进对外贸易的发展。然而,公元前 19 世纪后期,卡涅什的商业据点却不知何故突然被毁。

阿淑尔城与安纳托利亚地区的贸易掌握在一些有实力的家族手中。家族的族长居住在阿淑尔城指导安纳托利亚地区的贸易,家庭的一些男性成员或其代理人居住在商业据点,出售货物,并把利润送回阿淑尔城。阿淑尔的商人有时候也雇用家族以外的人员完成交易。阿淑尔城贸易的资本来自长期合伙人,投资人与他们的商业代理人签订契约(naruqqu),并在约定的时间里分享利润。②

由运货驴子组成的商队是阿淑尔城商人运输商品的基本形式。通常情况下,每头驴驮运 130 米那锡或 30 件纺织品,经过五六周时间的跋涉才到达安纳托利亚地区。③ 到达目的地以后,阿淑尔商人不但卖掉锡和纺织品等商品,而且卖掉运输商品的驴子。锡是冶炼青铜的重要材料,是阿淑尔城向安纳托利亚输出的重要商品;它们的具体来源并不能确定,可能来自今乌兹别克斯坦或塔吉克斯坦,甚至泰国。④ 阿淑尔城向安纳托利亚输出的一部分纺织品来自阿淑尔城本地,大部分来自巴比伦尼亚。⑤

阿淑尔城与两河流域南部地区的贸易关系也十分密切。尽管巴比伦尼亚地区的羊毛和织物是阿淑尔商人输往安纳托利亚地区的重要商品,但是,阿淑尔城输往两河流域南部的商品却不甚清楚。阿淑尔城邦国王伊鲁-舒马曾豁免巴比伦尼亚商人的债务,涉及毗邻波斯湾的沼泽、乌尔、尼普尔、阿瓦尔、基斯马尔和德尔等众多巴比伦尼亚城市。⑥ 由于上述城市并不是阿

---

① A. Kuhrt, "The Old Assyrian Merchants", H. Parkins and C. Smith, eds., *Trade, Traders and the Ancient City*, London and New York: Routledge, 1998, p. 22.
② M. T. Larsen, "Partership in the Old Assyrian Trade", *Iraq*, Vol. 39, No. 2 (1977), pp. 119 – 145.
③ H. Oguchi, "Trade Routes in the Old Assyrian Period", *Al-Rāfidān*, Vol. 20 (1999), pp. 85 – 106.
④ J. G. Dercksen, *Old Assyrian Institutions*, p. 17.
⑤ K. R. Veenhof, *Aspects of Old Assyrian Trade and Its Terminologies*, pp. 98 – 102.
⑥ RIMA Ⅰ A. 0. 32. 2: 49 – 65.

淑尔城邦的辖区，被伊鲁-舒马豁免的人员很可能是与阿淑尔商人进行贸易的巴比伦尼亚商人。

沙马什-阿达德一世统治时期，阿淑尔城与安纳托利亚、巴比伦尼亚地区的贸易十分频繁，并出现了一些新特点。首先，经过一段时间的恢复，卡涅什被毁的商业据点又焕发了生机，其中一些 wabartum 发展成为 kārum。① 由于前者附属于后者，这大概意味着此间对外贸易的进一步发展。其次，阿淑尔城与巴比伦尼亚地区的埃什嫩纳、西帕尔等城市的贸易引人注目，② 西帕尔城成为阿淑尔城与巴比伦尼亚地区贸易的中介。巴比伦尼亚向阿淑尔输出的商品是羊毛、大麦和银，③ 阿淑尔商人向西帕尔输出的商品是铜。④ 除了巴比伦尼亚人到阿淑尔城从事贸易外，一些阿淑尔商人也到西帕尔等地经商。⑤ 再次，国王对商业据点的管理方式也发生了显著的变化。在城邦时期，阿淑尔城时常向商业据点派遣信使传达阿淑尔城的命令，但是，在沙马什-阿达德一世统治时期，安纳托利亚地区的文献再也没有提到"（阿淑尔）城的信使"，⑥ 因为他在安纳托利亚地区的商业据点设置了专门管理商人或商业代理人的官职"商人的监督"。⑦阿淑尔城派往商业据点信使的消失与"商人的监督"的设置大概意味着国王对商人控制的加强，拉尔森甚至认为从事陆路贸易的商人需要持有许可证。⑧

二 中亚述时期的对外贸易

中亚述时期是亚述历史上材料相对较少的阶段，有关对外贸易的资料更是屈指可数，⑨ 我们只能对中亚述时期对外贸易情况做一个粗线条的

---

① M. T. Larsen, *Assyrian City-State and Its Colonies*, pp. 239 – 240.

② W. F. Leemans, *Foreign Trade in the Old Babylonian Period: As Revealed by Texts from Southern Mesopotamia*, Leiden: E. J. Brill, 1960, pp. 96 – 98.

③ W. F. Leemans, "Old Babylonian Letters and Economic History: A Review Article with a Digression on Foreign Trade", *JESHO*, Vol. 11, No. 1 (1968), pp. 179 – 180.

④ W. F. Leemans, *Foreign Trade in the Old Babylonian Period: As Revealed by Texts from Southern Mesopotamia*, pp. 101 – 102.

⑤ C. Walker, "Some Assyrians at Sippar in the Old Babylonian Period", *AnSt*, Vol. 30 (1980), pp. 15 – 22.

⑥ M. T. Larsen, *Assyrian City-State and Its Colonies*, p. 273.

⑦ W. F. Leemans, "Old Babylonian Letters and Economic History", *JESHO*, Vol. 11, No. 1 (1968), p. 199.

⑧ M. T. Larsen, *Assyrian City-State and Its Colonies*, p. 221.

⑨ C. F. Monroe, Scales of Fate: Trade, Tradition, and Transformation in the Eastern Mediterranean ca. 1350 – 1175 BCE, PhD Dissertation of University of Michigan, 2000, p. 234.

描述。

1. 开展对外贸易的前提条件

中亚述时期，亚述版图的扩大促进了贸易的发展。从公元前 14 世纪中期起，亚述从底格里斯河中游河畔的城市国家发展成囊括了两河流域北部的区域性强国。河谷平原的种植业相对发达，而草原和山区地区则以养殖业为主，专业分工促进了经济的繁荣，大量剩余产品增加了可供用来交换的商品。

中亚述时期，亚述与西亚北非地区各国的频繁交往也促进了贸易的发展。公元前 2000 年代后期是亚述、埃及、赫梯和巴比伦尼亚等西亚北非地区各大国博弈的时代，各国外交活动频繁促进了贸易的发展。[1] 上文提到，在摆脱胡里安人羁绊的过程中，亚述曾采取了远交近攻的策略，以厚礼交好埃及，以联姻的方式笼络加喜特王朝，与赫梯王国从东面和西北两个方向夹击米坦尼王国。随着亚述与各国友好关系的建立，亚述商人可以将对外贸易活动扩张到更广阔的地区。

2. 对外贸易发展概况

随着版图的扩大，亚述贸易的对象呈现多元化，北面的纳伊利地区诸国、西北的哈梯地区、西面的埃马尔地区和南面的巴比伦尼亚都与亚述建立了贸易关系。据泰尔·阿尔-里马赫的一份文献记载，商人乌帕尔苏-马尔都克从纳伊利地区贩运的商品是一匹 2 岁的母马。[2] 提格拉特皮拉沙尔一世时期，国王奉献神灵的雪松树脂来自哈梯地区。[3] 据阿淑尔神庙里的一份关于铜来源的文献记载，该神庙获得的铜来自哈梯地区和埃马尔地区。[4] 据《图库尔提-尼努尔塔一世史诗》记载，一些巴比伦尼亚商人因从事间谍活

---

[1] 西亚北非地区的各国不但禁止敌国的商人在自己的国家经商，而且敦促自己的友邦阻止敌国商人的商业活动。加喜特国王布尔纳-布里亚什在给埃及国王埃赫那吞的信中写道："关于亚述的臣民，并不是我把他们派到你那里的。他们为什么能自作主张去了你的国家？如果你爱我，不要让他们在那里做生意，而是把他们送还给我。" W. L. Moran, *The Amarna Letters*, EA 9: 31 – 35. 哈梯国王图德哈里亚与阿穆如国王沙乌什伽-穆瓦的条约中规定："由于亚述国王是我的陛下的敌人，他也将是你的敌人。你的商人不要去亚述，你也不要让它的商人到你的国家经商。" Gary Beckman, *Hittite Diplomatic Texts*, 17: iv 6 – iv 11.

[2] D. J. Wiseman, "The Tell al-Rimah Tablets, 1966", *Iraq*, Vol. 30, No. 2 (1968), TR. 3019: 4 – 5.

[3] C. F. Monroe, Scales of Fate: Trade, Tradition, and Transformation in the Eastern Mediterranean ca. 1350 – 1175 BCE, p. 236。

[4] MARV 3 19.

动而被逮捕。① 尼努尔塔-库杜鲁-乌粟尔的铭文表明，特马和萨巴的商队曾到达幼发拉底河中游的欣达努地区。② 在卡塔拉，一位名为萨里姆图的妇女从苏图部落购买了一头3岁的驴。③

中亚述时期，从事对外贸易活动的商人与官员的关系十分密切。学界一般认为，阿卡德语 *tamkāru*（语义符为 dam. qar）就指商人、放贷者；④ 然而，萨波雷蒂在分析中亚述时期文献中的 *tamkāru* 后，指出此间他们仅仅扮演行商或者是出口商角色，而不再参与信贷活动。⑤ 一些商人直接为官员，甚至为国王本人服务。沙尔马纳沙尔一世时期，巴布-阿哈-伊狄纳是一位国王身边位高权重的官员，他雇用了大量人员处理私人事务，他的档案记录了西奇-伊拉尼、阿胡-塔伯、乌巴里苏-马尔都克等商人为他运输或购买织物、铜、锡、青铜器物和木材等物资的情况。⑥ 阿达德-尼拉里一世时期，一个北方行省的总督阿淑尔-阿哈-伊狄纳的多份文献记录了数量可观的锡。图库尔提-尼努尔塔一世时期，阿淑尔-阿哈-伊狄纳的孙子乌拉德-舍鲁阿可能也是一位行省总督，⑦ 曾购买大量的锡和大麦。⑧ 提格拉特皮拉沙尔一世曾通过商人购买哈梯地区的雪松树脂。⑨

中亚述时期，亚述与西亚北非地区诸国之间交换的礼物具有贸易性质。阿玛尔纳时代，西亚北非地区各国的使节（*mār šipri*）往来于各国宫廷之

---

① B. R. Foster, *From Distant Days: Myths, Tales, and Poetry of Ancient Mesopotamia*, p. 182; 209 - 229.

② J. N. Postgate, "Some Latter Days Merchant Aššur", M. Dietrich and O. Loretz, hrsg., *Vom alten Orient zum alten Testament: Festschrift für Wolfram Freiherrn von Soden zum 85 Geburtstag am 19 Juni 1993*, p. 405.

③ H. W. F. Saggs, "The Tell al-Rimah Tablets, 1965", *Iraq*, Vol. 30, No. 2, (1968), TR. 2059.

④ CAD T, pp. 125 - 140.

⑤ C. Saporetti, "La Figura del tamkāru nell' Assiria del XIII secolo", *SMEA*, Vol. 18 (1977), pp. 93 - 101.

⑥ C. F. Monroe, Scales of Fate: Trade, Tradition, and Transformation in the Eastern Mediterranean ca. 1350 - 1175 BCE, pp. 236 - 238.

⑦ J. N. Postgate, *The Archive of Urad-Šerūa and His Family: A Middle Assyrian Household in Government Service*, pp. viii-xiii.

⑧ C. F. Monroe, Scales of Fate: Trade, Tradition, and Transformation in the Eastern Mediterranean ca. 1350 - 1175 BCE, pp. 238 - 239; J. N. Postgate, "System and Style in Three Near Eastern Bureaucracies", in S. Voutsaki and J. T. Killen, eds., *Economy and Politics in the Mycenaean Palace States*, Cambridge: Cambridge Philological Society, 2001, pp. 191 - 194.

⑨ C. F. Monroe, Scales of Fate: Trade, Tradition, and Transformation in the Eastern Mediterranean ca. 1350 - 1175 BCE, p. 236.

间，他们不但带来了本国国王的问候，而且带来了丰厚的礼物。① 例如，亚述国王阿淑尔-乌巴利特一世在致埃及法老埃赫纳吞的信中写道："你送给我一把（专门）为我制作的御椅、2 匹（专门）为我饲养的白马、1 把不是（专门）为我制作的椅子和一枚真正的天青石印章作为见面礼，这是一位伟大国王（应该送）的礼物吗？在你的国家，黄金多如泥土，俯拾皆是，你为什么吝啬它们呢？我正在建造一座新宫殿，送给我足够装饰它的黄金吧！"② 亚述国王的抱怨表明，西亚北非地区诸强间的礼物交换绝不单纯的是为增进双方的友谊，而实质上是一种变相的贸易。③ 不过，无论亚述国王送给埃及国王的礼物，还是他们从埃及获得的馈赠，都不是普通的商品，而是黄金及国王的其他御用之物。④

三 新亚述时期的对外贸易

新亚述时期，亚述疆域广阔，经济繁荣，对外贸易出现了新特点。

1. 进行对外贸易的前提条件

亚述的空前繁荣是广泛开展对外贸易的前提和基础。在风调雨顺的情况下，亚述地区的农作物和牲畜生长良好，农产品价格低廉。阿淑尔巴尼拔时期，一篇铭文曾写道："阿达德为我降下了甘露，埃阿为我打开了他的泉水。谷物的秸秆最高可达 5 库比特，每穗长达 5/6 库比特。（亚述）耕地上五谷丰登，果园里硕果累累。在我统治时期，（亚述呈现出）繁荣富强（的景象），在我统治的岁月，各种物资堆积如山，全国的物价是：（每舍克勒银子可以买）10 伊麦如大麦或 1 伊麦如葡萄酒或 2 苏图油或 1 塔兰特羊毛。（亚述的）繁荣年复一年。"⑤ 除了供应本地居民消费外，剩余的农业产品可用来交换其他物品，因此，亚述农牧业为对外贸易的发展奠定了

---

① T. Bryce, *Letters of the Great Kings of the Ancient Near East: The Royal Correspondence of the Late Bronze Age*, London: Routledge, 2003, p. 89.

② W. L. Moran, *The Amarna Letters*, EA 16: 9 – 18.

③ T. Bryce, *Letters of the Great Kings of the Ancient Near East: The Royal Correspondence of the Late Bronze Age*, p. 94.

④ T. Bryce, *Letters of the Great Kings of the Ancient Near East: The Royal Correspondence of the Late Bronze Age*, pp. 89 – 92.

⑤ A. C. Piepkorn, *Historical Prism of Inscriptions of Ashurbanipal I*, B: i 27 – 38. 原文的翻译并未给出银子的数目，本书所引的译文参考了 J. D. 霍金斯的翻译。J. D. Hawkins, "Royal Statements of Ideal Prices: Assyria, Babylonian and Hittite", J. V. Canby et al., eds., *Ancient Anatolia: Aspects of Change and Cultural Development: Essays in Honor of Machteld J. Mellink*, Madison: The University of Wisconsin Press, 1986, p. 95.

基础。

对外扩张也促进了亚述对外贸易的发展。为了推动对外贸易活动的发展，新亚述诸王也像其阿淑尔城邦的先辈一样在被征服地区建立商业据点，一方面用来管理当地的对外贸易活动，另一方面用来征收税赋。亚述人首先在幼发拉底河中游和哈布尔河下游地区建立了商业据点，进而将其推广到叙利亚和腓尼基北部，最终使亚述的商业据点遍及地中海东岸和扎格罗斯山区。① 随着亚述帝国的建立，各个国家和地区之间的壁垒被打破，商人们可以更加自由地往来经商。

亚述管理对外贸易活动的官员称为"港口监督"，他在亚述的官僚体系中占据重要地位。上文提到，征服埃及后，埃萨尔哈东任命了众多官吏管理被征服地区，其中之一便是"港口监督"。② "港口监督"最初可能由国家的财政总管兼任。一枚用来选举名年官的骰子上的铭文写道："（这是）亚哈鲁的骰子，（他是）亚述国王沙尔马纳沙尔三世的财政总管、基普舒尼、库麦尼、麦赫拉尼、乌齐和雪松山的总督和'港口监督'。"③ 新亚述时期的名年官表显示，亚哈鲁曾担任公元前833年的名年官。④公元前657年，"港口监督"拉巴西被任命为名年官。⑤ 由于没有证据表明拉巴西还兼任其他官职，我们断定在新亚述晚期"港口监督"可能已成为一个单独的官职。对外贸易的发展是促使国王设立"港口监督"的重要原因。

2. 对外贸易政策

亚述奉行自由贸易的政策。在谈到与埃及的贸易时，萨尔贡二世说道："我打开了封闭的埃及港口，把亚述人和埃及人混杂在一起，让他们一起进行贸易。"⑥ 埃萨尔哈东与推罗国王巴尔曾经就推罗人的经商问题签订了条约，条约规定："亚述国王埃萨尔哈东把下列贸易港口和城市委托给他的仆人巴尔：（它们包括）阿科、道尔、到非力士人的全部地区、亚述境内所有的沿海城市、毕布勒斯、黎巴嫩、外国的所有城市以及亚述国王埃萨尔哈

---

① Shigeo Yamada, "*Kārus* on the Frontiers of the Neo-Assyrian Empire", *Orient*, Vol. 40 (2005), pp. 75–77.
② RINAP IV 98: 47–48.
③ SAAS II, p. 8.
④ SAAS II, p. 57.
⑤ SAAS II, p. 62. 不过，米拉德把拉巴西的身份翻译为"财政官"(revenue officer)。
⑥ H. Tadmor, "The Campaigns of Sargon II of Assur: A Chronological Historical Study", *JCS*, Vol. 12, No. 1 (1958), p. 34.

东的所有城市,巴尔(的商人)可以进入这些城市。"① 这部条约表明,埃萨尔哈东授予推罗商人在亚述境内所有的城市和地中海沿岸港口经商的权利。巴比伦尼亚的秩序恢复后,埃萨尔哈东把巴比伦人送回了他们的故乡,他宣布:"我为他们打开了通向四方的道路,通过与各国建立贸易关系,他们(重新)确立了(他们的)重要地位。"② 埃萨尔哈东所言不谬,他在另一篇铭文中曾写道:"巴比伦人(正在)把金、银和宝石卖给埃兰(人)。"③

不过,对于一些战略物资,亚述则严禁它们出口。例如,埃及不出产建造船队所需的优质木材,而叙利亚地区是古代西亚北非地区优质木材的重要产地,亚述禁止推罗商人将木材运到埃及。提格拉特皮拉沙尔三世派驻推罗的"国王的代表"库尔狄-阿淑尔-拉穆尔与推罗人谈判,其中一个条件是:"(你可以)把木材运下山来加工,(但是)不得把它们运到埃及和非力士地区。"④ 铁可以用来制作精良的武器,亚述禁止将其出售给敌人。萨尔贡二世曾在致贝尔-里科比的信中指责道:"你已经把胡扎扎变成了一个商业城镇,人们正在把铁卖给阿拉伯人牟利。"⑤

新亚述时期,国王重视商业的发展,有时通过占卜天象预测包括对外贸易在内的商业发展状况。在苏美尔—巴比伦尼亚天象占卜的基础上,亚述也形成了一套完善的占星术体系,商业活动是其占卜的主要内容之一。例如,每天都有雾,⑥ 月亮初现时是红色的,⑦ 2月28日出现日食,⑧ 十一月降下冰雹,⑨ 商业将变得繁荣;然而,渡鸦进入太阳的轨道,⑩ 月亮在不合时宜的时间出现,⑪ 木星进入月亮的轨道,⑫ 月亮运动急促,⑬ 商业活动

---

① SAA Ⅱ 5: ⅲ 18 – ⅲ 22.
② RINAP Ⅳ 104: v 35 – v 38.
③ RINAP Ⅳ 104: i 31 – i 33.
④ CTN V 2715: 24 – 27; SAA XIX 22: 24 – 27. 禁止将铁出售阿拉伯人。参见 SAA Ⅰ 179. 西亚北非地区的国家普遍禁止附属国与敌对国家贸易,参见 ABL 282: r. 18 – r. 25; ABL 227: r. 7 – r. 13。
⑤ SAA Ⅰ 179: 21 – 24.
⑥ SAA Ⅷ 178: r. 5; 353: 4.
⑦ SAA Ⅷ 263: 3.
⑧ SAA Ⅷ 384: 4.
⑨ SAA Ⅷ 423: r. 1.
⑩ SAA Ⅷ 82: 5.
⑪ SAA Ⅷ 88: 2.
⑫ SAA Ⅷ 100: r. 1 – r. 2.
⑬ SAA Ⅷ 173: 7 – 8.

会变得萧条；不过，月亏之日风雨神怒吼，① 月亏之日降雨，② 半人马星座出现时闪烁，③ 商业将会比较稳定。

3. 对外贸易的基本状况

新亚述时期，一些交通便利的城市成为商品集散地。一份商人交易备忘录记录了几个商品集散地的商品交易情况："在□□□城内，他用5米那银子从□□□□手中购买了□□塔兰特铁；在哈兰城内，他用1米那银从阿淑尔城的一个铁匠手中购买了4塔兰特铁，他（买主——笔者）说：'我不知道他的名字。'（他）总共用18米那银购买了75塔兰特铁。在卡尔胡城内，他用$10\frac{2}{3}$米那银从阿淑尔城的□□□□购买了301张染色的皮，他（卖主——笔者）本人需要把它们运到城门外。在哈兰城门内，他用$6\frac{1}{2}$米那银购买了3张染色的皮。（他）总共（购买了）304张染色的皮。在昆穆赫，他用2米那53舍克勒银购买了84张鞣制的皮，（他说：）'我不知道商人的名字。'在哈兰城内，他用2米那10舍克勒银购买了8盒□□□□他说：'我不知道商人（的名字）。'在哈兰城内，他用1米那10舍克勒银从巴比伦人巴拉苏手中购买了1塔兰特6米那□□宝石，他说：'他正通过（城门）。'在哈兰城内，他用1米那23舍克勒银从一个阿拉米人手中购买了2件亚麻衣服，他说：'我不认识他。'在哈兰城内，他用1/2米那银从一个昆穆赫人手中购买了5件亚麻长袍，他说：'我不认识他。'在□□□□□他用1米那□□□□□银购买了$4\frac{5}{6}$米那黑色的羊毛和1/3米那红色羊毛。"④ 亚述本土的阿淑尔城和卡尔胡城、西部的重镇哈兰、西北部的要地昆穆赫等城市均是亚述的重要对外贸易中心，亚述、昆穆赫、阿拉米人和巴比伦尼亚等地的商人贩卖铁、皮革、宝石、羊毛和衣服等商品。

一些商人或商业代理人与政府关系十分密切，甚至成为王室的商业代

---

① SAA Ⅷ 32: 2, 221: 2.
② SAA Ⅷ 99: 3; 354: 2; 365: 5.
③ SAA Ⅷ 158: r. 7.
④ SAA Ⅺ 26: 1 – r. 13.

理人。① 他们被国王授予某些特权,有时会代替国家征收税赋。② 为了完成任务,亚述商人甚至还可以指挥军队。③ 具有官方背景的商人买卖的商品主要有奴隶、马匹、金属和其他奢侈品。其中,马匹的输入引人注目。④ 新亚述时期,骑兵成为亚述军队的重要组成部分,⑤ 然而,亚述本土不产马,军用马匹基本上靠外地输入,购买马匹成为与亚述官方关系密切的商人的重要使命。一些商人可能专司买马,因此获得了"马商"(tamkārē sīsē)的称号。⑥

新亚述时期,私人组织的商队(harrānu)十分活跃,商队的组织者称为"商队头领"(bēl harrāni)。亚述人,尤其是阿淑尔城的居民,把手中的钱财借给一个或多个"商队头领",后者接受一个或多个人的钱财,再加上其自有的资本,组织商队进行贸易。有些借款只付很低的利息,有的则不需要付任何利息,而有关人员可能在贸易结束后分享收益。⑦ 对于投资人而

---

① K. Radner, "Traders in the Neo-Assyrian Period", in J. G. Dercksen, ed., *Trade and Finance in Ancient Mesopotamia*, Leiden: Nederlands Historisch-Archaeologisch Instituut te Istanbul, 1999, p. 101. 拉德纳称新亚述的 tamkāru 为"皇家的商人或商业代理人",但是,她似乎太绝对化,没有证据表明这些仅为皇家服务。我们认为,当时可能有以下三种情况:一部分商人或商业代理人为皇家服务,一部分为私人服务,还有一些人既为皇家服务也替私人服务。

② 卡尔胡总督阿淑尔-巴尼在致萨尔贡二世的信中提到阿拉米商人萨迪尔:"萨迪鲁的一个儿子已经征收 iškāru 三年了。萨迪鲁儿子们向王室请愿称他们已经被削弱了,他们说:'我们被王室授权为军队征收 iškāru。'"SAA I 118: r. 3 – r. 9. 辛纳赫里布在致其父萨尔贡二世的一封信中写道:"昆穆赫的使节也带着贡赋和7头骡子赶来了。使节们把贡赋和骡子委托给大使,他们正在那里吃他们的面包。它们应该送到巴比伦城还是在这里接受?让他们赶快传达给我的国王我的主人的命令。他们还带来了红毛线。商人们告诉我,他们已经从中挑选了7塔兰特;但是,昆穆赫人不允许他们挑选,说:'你们以为你们是谁啊?你们不要挑选,让他们把它带过去,让国王的织工在那里挑选吧。'"SAA I 33: 8 – r. 1.

③ 国王的书吏乌伯鲁-纳布在致埃兹尔哈东的信中提到了商人阿拉米什-沙尔-伊拉尼的情况:"阿拉米什-沙尔-伊拉尼之子舒马-伊鲁(是一位)征兵官,他来到我跟前恳求国王干预,他说:'我的父亲死在异国,他麾下的50个人和他们手中的12匹马回来了,他们现在逗留在尼尼微郊外。'我对他们说:'我的父亲死了,你们为什么抛弃国王的侍卫回来了?'现在我把他送到国王我的主人面前,让国王我的主人询问他,让他告诉国王我的主人怎么回事。那个卡尔赫米什的商人是被他的仆人杀死的,他们一个都没有逃命,我已将他们逮捕了。"SAA XI 105: 10 – r. 11.

④ K. Radner, "Traders in the Neo-Assyrian Period", in J. G. Dercksen, ed., *Trade and Finance in Ancient Mesopotamia*, p. 103.

⑤ Duncan Noble, "Assyrian Chariotry and Cavalry", *SAAB*, Vol. 4, No. 1 (1990), p. 64.

⑥ 尼尼微出土的一份财产登记簿提道:"伊吉里:卡尔胡的'马商'。"SAA XI 222: r. 9. 阿淑尔的总督家眷购买奴隶的证人中,有一个人叫纳丁-埃阿,他的身份也是"马商"。参见 SAA VI 86: r. 9。

⑦ K. Radner, "Traders in the Neo-Assyrian Period", in J. G. Dercksen, ed., *Trade and Finance in Ancient Mesopotamia*, pp. 109 – 119.

言,"商队头领"是商队的组织者;对于其贸易对象,"商队头领"的身份应该是商人或商业代理人。

随着对外贸易活动的发展,亚述商人还形成了自己的计量标准。新亚述时期,主要的支付手段是银、铜、金和青铜等金属,其中以银为最多。米那是亚述常用的计量单位,除了国王或国家的米那和卡尔赫米什的米那外,亚述商人还形成了"商人的米那"(ma. na ša^{lá}dam. qar)。①

第二节 关税

对外贸易的发展状况决定了关税征收的内容与方式。古亚述时期,尤其是阿淑尔城邦时期,对外贸易发达,关税制度特点鲜明,我们将其单独考察;而中亚述时期和新亚述时期对外贸易没有明显的差别,课税的情况十分类似,我们将其合在一起进行考察。

一 古亚述时期的关税

安纳托利亚地区出土的古亚述文献提到了许多种税赋,主要有阿淑尔城邦征收的出口税(wāṣītu)、商业据点向寄存货物的商人课征的šadduâtum税、十分之一税(išrātum)以及安纳托利亚地区王公征收的nishātum税、②向商队的人员征收的qaqqadātum税③等。此外,阿淑尔商人还要向商业据点交纳mētum hamšat(5%)和dātum。需要指出的是,安纳托利亚王公征收的nishātum税和qaqqadātum税不是亚述税收体系的组成部分,因此,它们不属于我们研究的对象;mētum hamšat 和 dātum 是商人的投资的份额,它们也不在我们的考察之列。

(一) wāṣītu 税

1. 词源与发展演变

wāṣītu,也拼作 āṣītu 或 āṣû,来源于动词 waṣā'um 或 aṣā'um(离开,出发)。wāṣītu 的本义为"出去、(建筑物的)出口、(排水)沟渠、(衣服

---

① K. Radner, "Money in Neo-Assyrian Empire", in pp. J. G. Dercksen, ed. , *Trade and Finance in Ancient Mesopotamia* , pp. 128 – 131.

② 安纳托利亚当地王公向亚述进口的纺织品征收的进口税的税率为5%,而锡的税率则为3%。参见 M. T. Larsen, *Old Assyrian City-State and Its Colonies*, pp. 243 – 245; B. L. Rosen, Studies in Old Assyrian Contracts, p. 98。

③ K. R. Veenhof, *Aspects of Old Assyrian Trade and Its Terminology*, pp. 264 – 269.

等的）开口"等，引申为"出口税、向外开出的军队"等。① 在亚述文献中，wāṣītu 的主要拼写方式有 wa-ṣí-sú, wa-ṣí-tí, wa-ṣí-tám, wa-ṣí-tum, a-ṣí-tú, a-ṣí-tu₄ 等。

在不同历史时期，wāṣītu 的用法和意思存在很大的差异。wāṣītu 最早出现于阿淑尔城邦时期，尤其是安纳托利亚地区商业据点的文献中，主要指商队在离开阿淑尔城时缴纳的税收。古巴比伦时期以后，wāṣītu 大多指"（排水）沟渠、（衣服等的）开口"等。②

安纳托利亚地区的商业据点被摧毁后，wāṣītu 税一度从阿淑尔文献中消失了；新亚述时期，wāṣītu 再次出现在亚述文献中，不过，其意思并不清楚。其中，阿淑尔城的副祭司和阿淑尔市长在致埃萨尔哈东的一封信中写道："致国王我们的主人：（我们是）您的仆人副祭司穆塔基尔-阿淑尔和您的仆人市长伊萨尔-纳狄。祝国王我们的主人身体健康！愿阿淑尔和埃沙拉保佑国王我们的主人！伊图（士兵）的指挥官比比亚与伊图（士兵）指挥官的副手逗留在'内城'门外，一起吃面包，饮酒，挥霍'内城'的 wāṣītu。"③ 这封信是目前已知新亚述时期唯一提及 wāṣītu 的文献，然而，由于其历史背景不详，我们无法断定其确切内容。

2. 课税的机构

wāṣītu 税征收的地点一般是市政厅。古亚述时期，尤其在阿淑尔城邦时期，市政厅是一个多功能的机构，主要包括审核商品的重量和体积、测定金属的纯度、储存和售卖大麦、监督出口商品的交易、保管阿淑尔神的财物以及城邦档案等。④ 阿淑尔城的出口商品在市政厅有关官员的监管下进行交易，⑤ 然后，还要盖上市政厅的印章，⑥ 因此，阿淑尔城的 wāṣītu 税可

---

① CAD A/2, pp. 355 – 356.
② CAD A/2, pp. 355 – 356.
③ SAA XIII 33: r. 1 – r. 4.
④ J. G. Dercksen, *Old Assyrian Institutions*, p. 76.
⑤ M. T. Larsen, *The Aššur-nādā Archives*, 171.
⑥ M. T. Larsen, *The Aššur-nādā Archives*, 23, 24, 26, 28.

以说是一种印花税。①

名年官是阿淑尔城市政厅的负责官员，相应也是税 $wāṣītu$ 征收的主要官员。例如，一封商业信函提到了交付 $wāṣītu$ 税的情况："我的代理人写信给我说：'我们已经交付了名年官阿淑尔-丹4米那43舍克勒银。我们还付给名年官舒-胡布尔 $1\frac{1}{3}$ 米那银子作为天青石的价钱，付了3米那1舍克勒银作为舒-胡布拉房屋的价钱。我们还从你托付给我作为 $wāṣītu$ 税的1米那5舍克勒银中取出5舍克勒银付给了名年官阿淑尔-达米齐。"② 另一封信写道："名年官舒达亚向我要银子，他说道：'你至少欠1米那银子的 $wāṣītu$ 税。'"③

除了名年官外，一个被称为 $mūṣi'um$④ 的官员也参与 $wāṣītu$ 税的征收。一个名为拉玛斯的妇女在与其驻卡涅什的丈夫普舒金的通信中写道："（阿淑尔）城的羊毛很贵，你把1米那银子交给我后，我（用它）购买了羊毛。关于你给我交 $wāṣītu$ 税的1米那银子，$muṣi'um$ 要求我给他；我担心（这会损害）你的利益，而没有给他。我说：'让名年官来这里，让他（从）这所房子里带走（它）。'"⑤

3. 税率

$wāṣītu$ 税的税率一般为1∶120，通常向商人直接征收银子。阿淑尔-伊狄是一位驻卡涅什城的商务代表，他在致雇主的信中多次提及交纳 $wāṣītu$ 税的情况。阿淑尔-纳达在致阿淑尔-伊狄的信中写道："阿淑尔-丹已带着6米那精炼银子奔你而去，它的 $šaddū'utum$ 税已从你共有资金中扣除了。他

---

① 有时候，商业据点当局在商人把赚取的银子运送到阿淑尔时课征的税赋也称为 $wāṣītu$ 税。参见 K. R. Veehof, *Aspects of Old Assyrian Trade and Its Terminology*, p. 268; M. T. Larsen, *Old Assyrian Caravan Procedures*, p. 43 note 68。

② I 489：23 – 33，转自 J. G. Dercksen, *Old Assyrian Institutions*, p. 45。

③ F. J. Stephens, *Old Assyrian Letters and Business Documents*, New Haven: Universify of Yale Press, 1944, 3：3 – 9。

④ $mūṣi'um$ 一词源于动词 $waṣā'um$ 或 $aṣā'um$，目前已知的职能是征收出口税。参见 J. G. Dercksen, *Old Assyrian Institutions*, p. 72; M. T. Larsen, *Old Assyrian City-State and Its Colonies*, pp. 196 – 197。

⑤ P. Garelli, "Tablettes Cappadociennes de Collections Diverses (suite)：3 Tablettes Conservées au Musée d'Art et d'Histoire de Genève", *RA*, Vol. 59, No. 4, (1965), 16209：11 – 25; J. G. Dercksen, *Old Assyrian Institutions*, p. 72。

已交付了 3 舍克勒银子的 *wāṣītu* 税。"① 6 米那可换算为 360 舍克勒,因此,这宗货物的出口税为 1∶120。阿淑尔-伊狄在致阿淑尔-塔克拉库的信中也提到了缴纳 *wāṣītu* 税的情况:"阿淑尔-伊狄对阿淑尔-塔克拉库说:'3 件薄织物、2 件什里普库(*šilipkš*)② 织物、4 件塔库什塔乌(*takuštāu*)③ 织物、2 件衣服,总共 11 件织物,价值为 1 米那 5/6 舍克勒银子,其中 1/2 舍克勒(银子)是 *wāṣītu* 税。'"④这宗货物的 *wāṣītu* 税税率也是为 1∶120。

(二) *šaddū'utum* 税

1. 词源

šaddū'utum 来源于动词 *nadû*(扔、放下、加(税)等)的 Š 态,指安纳托利亚地区的阿淑尔商业据点当局向商人征收的一种税赋,⑤ 它是古亚述时期特有的税种。在亚述文献中,*šaddū'utum* 的主要拼写方式有 *ša-du-a-tum*、*ša-du-a-tam*、*ša-du-a-tim*、*ša-du-a-tám*、*ša-du-e-tim*、*ša-du-a-tí-im*、*ša-du-ú-tum*、*ša-du-wa-sú*、*ša-du-a-sú*、*ša-du-i-tí*、*ša-du-i-tí-a*、*ša-du-a-su*、*ša-du-a-at* 等。

2. 类别

šaddū'utum 税可分为两类,一类是向储存在安纳托利亚地区商业据点仓库里的货物征收的税赋,另一类是向赴阿淑尔城购买商品的钱财征收的税收。安纳托利亚地区的商人把获得的钱财送回阿淑尔城购买商品,这些钱财的 *šaddū'utum* 税在其送到阿淑尔城前征收。例如,一份运送钱财的协议规定:"我把盖有商人印章的 2 米那优质 *pašallu*⑥ 金和 13 米那银子委托给了库祖姆和阿布-沙里姆,他要把它们带到商人的代理人(所在)的地方。关于上述金银,它的 *nishātu* 税已包括在内,它的 *šaddū'utum* 税已支付。"⑦这里提到的 *šaddū'utum* 税属于前一类情况。阿淑尔商人阿淑尔-纳达在致父亲阿淑尔-伊狄的信也提到了 *šaddū'utum* 税:"阿淑尔-纳达对阿淑尔-伊

---

① M. T. Larsen, *The Aššur-nādā Archives*, 44: 1 – 8.
② *šilipkš* 织物系亚述出口的一种商品,该词非亚述语词汇,意思不详。参见 K. R. Veehof, *Aspects of Old Assyrian Trade and Its Terminology*, pp. 165 – 166。
③ *takuštāu* 织物也是亚述出口的一种商品,该词非亚述语词汇,意思不详。参见 K. R. Veehof, *Aspects of Old Assyrian Trade and Its Terminology*, pp. 166 – 167。
④ M. T. Larsen, *The Aššur-nādā Archives*, 42: 1 – 8.
⑤ CAD Š/1, pp. 43 – 47.
⑥ *pašallu* 是安纳托利亚地区的一种金银合金。参见 CAD P, pp. 233 – 234。
⑦ CCT I 16a: 1 – 13, 转自 M. T. Larsen, *Old Assyrian Caravan Procedures*, p. 49。

狄说：'10 米那精炼的银子，它的 nishatu 税已添加，它的 šaddū'utum 税已支付，阿淑尔-丹已带着它奔你而去。（你要）购买优质的锡，把它送给我。'"①这封信提及的 šaddū'utum 税属于后一类情况。

3. 课税的方式

šaddū'utum 税一般由商业据点的书吏征收，小商业据点则可能委托商人代收。一封涉及征收 šaddū'utum 税的信件表明，收取该税的是商业据点的书吏："库扎鲁姆致阿淑尔-纳达和伊什塔尔-皮拉赫：当书吏库拉来征收 šaddū'utum 税时，他们已把 šaddū'utum 税加到我要运走的（商品）上。□□□□伊什塔尔-皮拉赫商队的商品已征过 šaddū'utum 税了。为了使我不至于重复缴纳 šaddū'utum 税，我亲爱的父亲和主人们（应该）与那里的商业据点对质。"② 在较小的商业据点沙拉图瓦尔，šaddū'utum 税被委托给交纳 dātum 商人征收："从今天起，你要按照每塔兰特 1 米那的税率来征收 šaddū'utum 税，你送来每米那银的一半（即可），另一半可作为你（征税）的花销。"③

向安纳托利亚地区商业据点储存的货物征收的 šaddū'utum 税一般在商业据点征收，征收的一般是实物。例如，一份记录商品交易的文献写道："我收到了储存在商业据点布鲁什哈杜姆的仓库里的 4 塔兰特 28 米那铜，我还在那里储存了 1 件库塔奴（kutānu）织物。来自商业据点的伊丁-伊什塔尔征收了 2 米那铜（作为商品）的 šaddū'utum 税。"④ 又如，一位阿淑尔商人在致其安纳托利亚地区的商业代理人的信中写道："阿淑尔-卡什在致阿淑尔-纳达和兹库尔-伊里的信中写道：'比尼马-阿胡姆给我送来 52 件库塔奴织物和 2 头黑驴，（其中）$2\frac{1}{2}$ 件库塔奴织物（是 wāṣītu 税），你需要用 10 舍克勒银子来补偿。因为（你拥有）3 件库塔奴织物的购买优先权，你在库房里收到的 $1\frac{1}{2}$ 舍克勒银子□□7 $\frac{1}{2}$ 件库塔奴织物被拿走交 šaddū'utum 税了。'"⑤

---

① M. T. Larsen, The Aššur-nādā Archives, 48：r. 31 – r. 39.
② M. T. Larsen, The Aššur-nādā Archives, 129：1 – 23.
③ M. T. Larsen, Old Assyrian City-State and Its Colonies, p. 252.
④ M. T. Larsen, The Aššur-nādā Archives, 159：1 – 10.
⑤ M. T. Larsen, The Aššur-nādā Archives, 111：1 – 19.

4. 税率

一般情况下，šaddū'utum 税的税率是 1∶60。例如，卡涅什商业据点的一封信中写道："按照每米那 1 舍克勒银子的税率交纳 šaddū'utum 税是你的义务。"① 又如，阿淑尔-塔克拉库在其兄弟阿淑尔-纳达的一封信中写道："13 舍克勒银是 13 米那银的 šaddū'utum 税。"②

但是，1∶60 的税率并不是 šaddū'utum 税唯一的税率，一些文献还提到了其他税率。例如，阿淑尔-塔克拉库在致其兄弟阿淑尔-纳达的一封信中却提到另一种税率："你给我运来了 10 件 lubiru 织物和 2 件带毛的皮革。按照每件 8 舍克勒的价格，（所有织物）的价值是 $1\frac{1}{3}$ 米那，再加上皮革的价值的 4 舍克勒，（上述货物的价值是）$1\frac{1}{3}$ 米那 4 舍克勒，其中 1 舍克勒是 šaddū'utum 税。"③ 这封信中提到的 šaddū'utum 税税率是 1∶84。一位商业代理人在致其货主的信中写道："我已按每米那 1 舍克勒（的标准）为你储存在商业据点的仓库的（商品）交了我的 šaddū'utum 税，我拿到了（完税）清单；他们却说：'（你要）按每米那 3 舍克勒的（标准）缴纳卡涅什商业据点的 šaddū'utum 税。'"④ 显然，1∶60 是常见的税率，相关人员却要求按 1∶20 的税率课税。

（三）išrātum 税

1. 词源及发展演变

išrātum，也拼作 ešrātum，源于数词 ešer/ ešertu "十"，⑤ 既可以指向商人征收的一种税赋，通常是货物的 1/10，也可以指生意中货值的 1/10 份额。⑥ 在亚述文献中，išrātum 的主要拼写方式有 iš-ra-ti，iš-ra-tum，iš-ra-tim，iš-ra-at、zag.10 和 10-gín 等。

古巴比伦时期，一些文献也曾提及 išrātum 税（通常拼写为 zag.10），征收的物品主要用来奉献神灵。伊辛国王伊什美-达甘曾在王室铭文中宣布

---

① Kt 92/k 200: 13 – 14, 转自 J. G. Dercksen, *Old Assyrian Institutions*, p. 114。
② M. T. Larsen, *The Aššur-nādā Archives*, 85: 32 – 33。
③ M. T. Larsen, *The Aššur-nādā Archives*, 84: 3 – 10。
④ TC II 26: 2 – 5, 转自 J. G. Dercksen, *Old Assyrian Institutions*, p. 112。
⑤ CAD E, p. 368; Simo Parpola, *Assyrian-English-Assyrian Dictionary*, p. 271。
⑥ B. L. Rosen, Studies in Old Assyrian Contracts, p. 53。

豁免了"苏美尔与阿卡德人的 zag. 10 税"。① 拉尔萨王国赴狄尔蒙进行贸易的商人需要交纳 išrātum 税，其中一份交纳 išrātum 税的文献写道："1 塔兰特 53 $\frac{5}{6}$ 米那 3 舍克勒铜、2/3 米那 2 舍克勒象牙、4 卡 5 舍克勒白色珊瑚、3 卡 10 舍克勒□□□□1 个大□□□1 个小□□□2 串腰子形的红玉髓珠子来自皮克－伊什塔尔的女儿阿玛特－宁伽尔；1/6（舍克勒）7 乌塔图银子来自赴狄尔蒙的长途贸易。（以上是敬献）女神宁伽尔的 zag. 10。"② 古巴比伦时期的 išrātum 税类似中世纪时期西欧居民向教会交纳的"什一税"。

古巴比伦时期以后，无论巴比伦尼亚的文献还是亚述文献均不再提及 išrātum 税。

2. 课税的对象

išrātum 税是卡涅什的商业据点根据阿淑尔城当局的命令向经营铁等当时十分稀有金属的商人征收的税赋。卡涅什的商业据点当局曾向安纳托利亚地区的各个商业据点传达阿淑尔城征收 išrātum 税的命令："卡涅什的商业据点给交付 dātum 的人、我们的使节、每一个商业据点和每一个商栈的命令（是）：'一块来自（阿淑尔）城的泥板到了，（阿淑尔）城泥板（的内容）是：从即日起，所有购买铁的人都要对（阿淑尔）城公布收益，卡涅什商业据点将收取 išrātum 税，这是他们的义务。当你们收到这块泥板时，你们要在一块泥板上记下拥有铁的商人及其父亲的名字，不管他将携带的铁卖给了（当地）宫廷，还是卖给了（当地）宫廷的随从，抑或是因为没有出售仍然留在自己手中。（我们）随我们的使节寄去了这块泥板，（你们要）给每个商业据点和商栈寄一份我们的泥板，并记下出售铁的商人的名字。'"③ 铁在新亚述时期属于稀有的金属，④ 阿淑尔城邦可能以课税的方式限制铁的出口。

išrātum 税课税的商品并不局限于稀有金属铁，还包括一些织物。阿淑

---

① RIME Ⅳ E4. 1. 4. 6：ii 1 – ii 12.

② UET V 546，转自 W. F. Leemans, *Foreign Trade in the Old Babylonian Period: As Revealed by Texts from Southern Mesopotamia*, pp. 26 – 27。类似的例子如 UET III 751, UET V 678，参见 W. F. Leemans, *Foreign Trade in the Old Babylonian Period: As Revealed by Texts from Southern Mesopotamia*, pp. 21, 26。

③ Kt 92/k221：1 – 28，转自 J. G. Dercksen, *Old Assyrian Institutions*, p. 114。

④ K. R. Maxwell-Hyslop, "Assyrian Sources of Iron: A Preliminary Survey of the Historical and Geographical Evidence", *Iraq*, Vol. 36, No. 1/2 (1974), pp. 139 – 154.

尔商人阿淑尔-纳达与其他三人达成的关于投资织物的协议规定:"(我们要)在卡涅什预留4舍克勒银子作为 *išrātum* 税。"① 库鲁马亚在其合作伙伴普舒-肯的信中写道:"关于 *išrātum* 税,他们没有认识到(应该预留)。"②

3. 课税的方式

išrātum 税由卡涅什行政管理机构派出的使节征收。卡涅什商业据点的书吏不但向商业据点传达了阿淑尔城当局征收 *išrātum* 税的命令,而且规定了该税的征收方式:"卡涅什的商业据点向交纳 *dātum* 的人、我们的使节库里亚、库布尔纳特、哈纳克纳克、提什穆尔纳在一个整季节的商业据点(发布)的命令:'在你接到我们的泥板之日,你要在我们的使节库里亚面前拿出"阿淑尔神之剑",命令所有运输铁的人都到那里,无论他是已经将它卖给了(当地)宫廷,还是没有售出而仍然留在手中,交纳 *išrātum* 税以及按照每米那1舍克勒银子的标准交纳 *šaddū'utum* 税是他们的义务,让库里亚(当场)带走它。'"③

二 中亚述和新亚述时期的关税

1. *miksu* 的词源及发展演变

miksu 来源于动词 *makāsu*,后者具有双重意思:作为普通用语,*makāsu* 指"提取(收获物的)一部分";作为专门术语,它指"收取税收";与之相对应,*miksu* 也有双重意思:作为普通用语,它主要指"份额",作为专门术语,它主要指"税收"。④ 在苏美尔语—阿卡德语对照表中,*miksu* 对应的苏美尔语是 níg-kud-da。⑤ 在亚述文献中,*miksu* 的主要拼写方式有 *mi-ik-si*、*me-ek-si* 和 *mi-ik-se* 等。

作为国家征收的税赋,*miksu* 最早出现在古巴比伦时期,主要指农业和商业等领域的税赋。例如,古巴比伦时期的一封书信写道:"建筑工人未经许可耕种了王室的土地,(你)要根据它们的产量向他们征 *miksu* 税。"⑥ 古巴比伦时期,一份商人向宁伽尔神庙交税的清单写道:"米尔库-达努姆(贩运了)麦鲁哈的穆什扎(muš.za)宝石、8块吐哈鲁姆(*tuharum*)宝

---

① M. T. Larsen, *The Aššur-nādā Archives*, 157: 24.
② S. 561: 16-17,转自 M. T. Larsen, *Old Assyrian Caravan Procedures*, p. 156。
③ Kt 92/k 200: 1-15,转自 J. G. Dercksen, *Old Assyrian Institutions*, p. 114。
④ Maria deJ Ellis, "Taxation in Ancient Mesopotamia: The History of the Term *milksu*", *JCS*, Vol. 26, No. 4 (1974), p. 211。
⑤ 转引自 CAD M/2, p. 64。
⑥ CAD M/2, p. 64。

石,他自狄尔蒙返回后就向宁伽尔女神缴纳了(获利的) 1/10,这是每个商人都(应)向宁伽尔神庙敬献的 *miksu* 税。"① 阿米萨杜卡时期,西帕尔的一份税收清单写道:"舒穆里比什带进西帕尔-亚赫鲁鲁姆门 14 头驴子,税吏征收了他 1/2 舍克勒银子。"②

沙马什-阿达德一世时期,一些文献中也提到了 *miksu* 税,但是,它课征的对象不是很明确。沙马什-阿达德一世在致其子亚斯马赫阿杜的信中写道:"关于你在信中提到的税吏的任命,你不要再为那个城镇委派任何税吏了,(因为)税吏辛拉比已经收了他们的 *miksu* 税。那城镇不归吐吐尔(市长)管辖,(而)归舒巴特-恩利尔(市长)管辖。你不要(再跟我)讨论那个城镇居民(的税收)了。"③ 信中提到的税吏在城镇征收 *miksu* 税,它既可以是该城镇辖区内的农业税,也可能是商业税。

中亚述时期,*miksu* 税既可以笼统地指一切税赋,也可以指对外贸易的关税。上文提到,在泰尔·比拉出土的破损文献中,*miksu* 在 *šibšu* 之前做表示税收的指示词,这表明该词可以指所有的税赋。然而,在一篇疑为税收记录的破损文献中,*miksu* 税显然指关税。该文献写道:"一匹来自纳伊利地区两岁马的 *miksu* 税是 50 米那锡,商人乌巴里苏-马尔都克把它从纳伊利地区运给了沙达纳之子阿布-塔伯和沙马什-阿赫-埃里什之子卢拉玉。税吏检查并课征了税,他们的 *miksu* 税已经交纳……"④ 上述文献提及的马匹来自两河流域外的纳伊利地区,相关税吏征收的 *miksu* 税应该属于关税。

新亚述早期,*miksu* 税仍然可以指广义的税收。泰尔·比拉出土的一篇破损的文献写道:"他们要负担 *šibšu* 税和 *nusāhē* 税。"(*mi-ik-se še. in. nu še. nu-sa-he i-du-nu*)⑤ 上文提到,新亚述时期的秸秆税和谷物税分别用 *šibšu* 和 *nusāhē* 来表示,这里的 *miksu* 用作指示词表示税收。泰尔·比拉出

---

① UET V 549: 1 – 11.

② Maria deJ Ellis, "Taxation in Ancient Mesopotamia: The History of the Term *milksu*", *JCS*, Vol. 26, No. 4 (1974), pp. 226 – 227; S. F. C. Richardson, The Collapse of a Complex State: A Reappraisal of the End of the First Dynasty of Babylon 1683 – 1595 B. C., PhD Dissertation of the University of Columbia, 2002, p. 114.

③ ARM Ⅳ 11: r. 14' – r. 20'.

④ D. J. Wiseman, "The Tell al-Rimah Tablets, 1966", *Iraq*, Vol. 30, No. 2 (1968), p. 183. 该文献的恢复和翻译参考了法伊斯特的专著,参见 B. I. Faist, *Der Fernhandel des assyrischen Reiches zwischen dem 14 und 11 Jh. V. Chr*, pp. 185 – 186。

⑤ J. J. Finkelstein, "Cuneiform Texts from Tell Billa", *JCS* Vol. 7, No. 4 (1953), Bi 86: 9.

土的文献大致可以确定在公元前 874 年到公元前 830 年之间，① 这里的 *miksu* 税显然延续了中亚述时期以来其通用的意思。

不过，沙尔马纳沙尔三世以后，*miksu* 税可能跟农业再也没有任何关系了，只局限在对外贸易领域。亚述国王通常在豁免赋役的敕令中写道："我豁免了他们的 *šibšu* 税和 *nusāhē* 税以及在我的国土上的港口和渡口的 *miksu* 税。"② 在这份文献中，*šibšu* 税和 *nusāhē* 税与港口和渡口的（通行）*miksu* 税并列，这表明 *miksu* 可能不再适用于大麦税和秸秆税等农业税，而局限于对外贸易领域的关税。

新巴比伦时期与波斯阿黑门尼德王朝时期，*miksu* 税仍然是向经过收税点（*bīt miksi*）、使用渡口或通过桥梁的商人征收的一种税赋。新巴比伦时期的税官称为 *rab kāri šarri*，波斯阿黑门尼德王朝时期的税吏称为 *rab miksi*；尽管商人贩运大蒜和大麦等商品，但是，他们支付的 *miksu* 税多数是银子，只有极个别的商人交付的是运输的商品。③

2. 征税机构

负责 *miksu* 税稽征的税吏称为 *mākisu*，它也源于动词 *makāsu*。④ 最初，*mākisu* 可能泛指所有税种的税吏，中亚述以后，它才仅仅指关税税吏。中亚述时期，一些记录征税的文件提及了多位税吏。例如，在库里什纳什城，一位名为乌伯鲁的人从一个苏图部落中购买了一只绵羊，税吏西里-伊底歌拉特征了他的税。⑤ 在同一个城市，伊塔伯什-登-阿淑尔任名年官之年，一位名为萨里姆图的女人从一个苏图牧人手中购买了一头 3 岁的驴，税吏辛舒穆-来舍尔的人见证了他们的交易，并征收了她的税。⑥ 在阿淑尔城，一位名为库塔里-沙马什的人从一个名为伊克苏的人手中购买了 60 件衣服，一位没具名的税吏征收了税。⑦

---

① J. J. Finkelstein, "Cuneiform Texts from Tell Billa", *JCS* Vol. 7, No. 4 (1953), p. 116.
② RINAP Ⅳ 57: iii 8 – iii 11.
③ M. Dandamaev, "Customs Dues in First-millennium Babylonia", in R. Dittmann et. al., hrsg., *Variatio Delectat: Iran und der Westen Gedenkschrift für Peter Calmeyer*, pp. 215–222.
④ 山田认为 *mākisu* 可能还负责关税以外的其他税赋的征税，不过，他的推论并没有直接的证据。参见 Shigeo Yamada, "*Kārus* on the Frontiers of the Neo-Assyrian Empire", *Orient*, Vol. 40 (2005), p. 78.
⑤ M. Aynard and J. M. Durand, "Documents dépoque médio-assyrienne", *Assur*, Vol. 3, No. 1 (1980), pp. 44–46.
⑥ H. W. F. Saggs, "The Tell al-Rimah Tablets, 1965", *Iraq*, Vol. 30, No. 2 (1968), TR. 2059.
⑦ KAJ 301.

亚述税吏的上司称为"税收总管"(*rab mākisi*)。① 据提格拉特皮拉沙尔一世的一篇王室铭文记载,一位名为尼奴阿雅的名年官的父亲阿淑尔-阿普鲁-里什尔的身份是"税收总管"。② 由于缺乏相关的历史背景,我们不能确定他是行省总督的下属还是直属国王的朝廷官吏。由于这位官吏并未出现在亚述的名年官表中,我们可以肯定他并未在亚述官僚体系中占据重要地位。

尽管亚述在行省设置了税吏 *mākisu*,但是,他们可能并不受所在行省总督的节制,而是直接对国王负责。③ 苏帕特总督贝尔-里科比在致萨尔贡二世的信中写道:"谁是在那里售卖的商人?三个人(分别)是阿塔的长老□□□□□□□□□□我们正在那里储备葡萄,已经购进20或30伊麦如,正(准备)把它们卖给阿拉伯人。我(只)把铁卖给了强制移民,(只把)铜卖给了阿拉伯人。我以国王我的主人的神灵的名义发誓,我正在苏帕特,我只在胡扎扎卖了30伊麦如葡萄。国王我的主人应该让我对此负责。(他们已在)苏帕特城门委派了一个税吏,现在他们又要把(他的)副手安置在胡扎扎城。阿拉伯人正在离去,不再来了,因为他们害怕了。我难道还不如一位税吏对国王我的主人忠诚吗?"④ 上述文字表明,税吏可以不经过总督直接向国王报告行省的贸易状况。胡扎扎城税吏的任命表明,税吏的任命权并不在行省总督手中。公元前661年,一份疑为向阿淑尔神庙交纳供品的清单写道:"□□□1(匹)马来自魁省的税吏狄里尔-伊萨尔□□□□□□□□"⑤ 这位税吏独自向国家保护神奉献供品也表明,他可能直接对国王负责。

国王派驻附属国的"国王的代表"也可以任命税吏征收 *miksu* 税。亚述驻推罗的"国王的代表"库尔狄-阿淑尔-拉穆尔在致国王提格拉特皮拉沙尔三世的信中写道:"关于推罗的统治者,国王提到的'你要心平气和地跟他说话',所有的码头都在他的控制之下。他的臣民可以自由地出入商品交易场所(*bīt kārāni*),自由地进行买卖。黎巴嫩山(也)在他的掌控之

---

① CAD M/1, pp. 129-130.
② RIMA Ⅱ A.0.87.3:51.
③ 波斯特盖特持不同的观点,他认为行省总督负责辖区内 *miksu* 税的稽征。参见 J. N. Postgate, *Taxation and Conscription in the Assyrian Empire*, p. 134.
④ SAA Ⅰ 179:24-r.12.
⑤ SAA Ⅶ 118:r.ii 20.

中，他们可以随意地上山下山，并运走木材。我向所有向山下运木材的人课 miksu 税，我向靠近黎巴嫩山的所有港口都派驻了税吏，他们正（严密地）监视（所有的）港口。西顿人驱逐了我派遣到西顿的税吏，现在我派了伊图族（士兵）分队到黎巴嫩山，他们使（当地）人害怕了；后来，他们写信给我说他们已把税吏送回西顿了。"①

亚述派驻港口的"港口监督"可能也负责征税。一位驻阿尔瓦德的官员伊提-沙马什-巴拉图在致埃萨尔哈东的信中反复提及阿尔瓦的国王伊基鲁阻碍亚述的船只进入该国的港口，因此，他可能是一位"港口监督"。②伊提-沙马什-巴拉图在给埃萨尔哈东的信中写道："除了国王我的主人外，我不会给任何人一个甚至半个舍克勒银子。"③伊提-沙马什-巴拉图在这里强调交给国王的银子可能是向进入港口的船只征收的 miksu 税。④

3. 课税方式

中亚述时期的文献并未涉及 miksu 税的课征方式，新亚述时期，miksu 税可能在港口（kāru）、渡口（nēberu）和城门（abullu）征收。多位国王的豁免赋役的敕令提到了 miksu 税豁免的情况。据"阿淑尔宪章"记载，萨尔贡豁免了阿淑尔城居民的港口税（miksi kāri）。⑤ 阿淑尔巴尼拔的敕令规定："他们不需要缴纳港口和渡口（通行）税（miksi kāri nēbiri）……"⑥ 阿淑尔-埃特尔-伊拉尼的敕令规定："他们不需要缴纳在陆地和水上的港口、渡口和城门（的通行）税（miksi kāri nēbiri abulli ina māti hirit）……"⑦

迄今为止，由于缺乏相关的文献，miksu 税的税率尚不得而知。

总起来说，亚述具有发展对外贸易的客观要求和有利条件。亚述地区的自然资源种类不全，金属矿藏、优质石材和木材等自然资源大多需要从域外输入，具有开展对外贸易的客观要求。亚述地区扼守两河流域的重要商道，具备发展对外贸易的优越地理条件。

---

① SAA XIX 22: 3-22; CTN V 12: 3-22.

② Shigeo Yamada, "*Kārus* on the Frontiers of the Neo-Assyrian Empire", *Orient*, Vol. 40 (2005), pp. 77-79.

③ SAA XVI 127: r. 11-r. 13.

④ L. Lewy, "On some Institutions of the Old Assyrian Empire", *HUCA*, Vol. 27 (1956), p. 42.

⑤ H. W. F. Saggs, "Historical Texts and Fragments of Sargon of Assyria 1. The 'Aššur Charter'", *Iraq*, Vol. 37, No. 1 (1975), p. 16.

⑥ SAA XII 25: 30-r. 3; 26: 30-r. 3.

⑦ SAA XII 35: r. 19-r. 23; 36: r. 25-r. 29.

不过，在不同时期，亚述的对外贸易差别非常大，既有出口税，又有进口税，还有对特殊商品的课税。古亚述时期，对外贸易在经济生活中占主导地位，关税制度比较完善；中亚述和新亚述时期，由于附属国的进献贡赋和军事掠夺，对外贸易的作用下降，官方色彩的对外贸易所占的比例上升，关税变得较为单一。

在不同时期，亚述的关税征收的方式有很大差异。阿淑尔城邦时期，关税由名年官、商业据点的书吏和使节等人员在阿淑尔城市政厅或其商业据点征收；而中亚述和新亚述时期，关税由税吏、"国王的代表"和"港口监督"等人员在商业据点、渡口和城门口等处征收。

在不同时期，关税在亚述财政体系中的地位和作用是不同的。古亚述时期，尤其是阿淑尔城邦时期，各种关税直接或间接地进入城邦的国库。中亚述时期，关税与亚述财政的关系不详。但是，新亚述时期，行省税吏不对相关总督负责和国王的代表在附属国征收关税的情况表明，无论行省课征的关税还是从附属国征收的关税，都进入了国王的个人财务体系。

第五章 人口与徭役

徭役有狭义和广义之分,狭义的徭役是指兵役之外的其他无偿劳动,而广义的徭役则包括兵役在内的力役。我们这里所说的徭役属于广义的徭役,指国家向民众无偿征发的力役,大致可以分为兵役和劳役两部分。徭役是国家对民众人力的征用,因此,本章将在概述亚述可资利用人口资源的基础上,分别介绍亚述军队发展演变与兵役的征调、劳动用工情况与劳役的摊派。

第一节 人口概况

一 基本情况

1. "亚述人"概念的演变

在亚述文献中,亚述人有不同的称呼,其含义也不尽相同。亚述人主要有 lú/dumu^{d}Aššur^{ki}、ba'ulāt ^{d}Illil/ ^{d}Aššur、nišē/mārē/ ba'ulāt māti Aššur 和 ^{lú}Aššurû 或 ^{lú}Aššurāyu 四种不同的称呼。① lú/dumu^{d}Aššur^{ki}是亚述人最早的表示方式,意思是"阿淑尔城的人口或居民"②,这种称呼一直延续到新亚述时期。③ nišē/mārē/ ba'ulāt māti Aššur 是"阿淑尔之地"形成以后亚述人最

---

① P. Machinist, "Assyrians on Assyria in the First Millennium B. C.", in K. Raaflaub unter Mitarbeit von E. Müller-Luckner, hrsg., *Anfänge politischen Denkens in der Antike: Die nahöstlischen Kulturen und die Griechen*, pp. 81 – 82.

② C. Günbatti, "Two Treaty Tablets Found at Kültepe", J. C. Derksen, ed., *Assyria and Beyond: Studies Presented to Mogens Trolle Larsen*, p. 252: 40, 47, 50, 53, 55, 72, 80.

③ 阿淑尔巴尼拔时期,一封巴比伦书信仍然用这种方式称亚述人。参见 ABL 1430,转自 Simo Parpola, "National and Ethnic Identity in the Neo-Assyrian Empire and Assyrian Identity in Post-Empire Times", *JAAS*, Vol. 18, No. 2 (2004), p. 6 note 4。

常见的称呼。*nišē* 的意思是"人、人口、居民"等,① *mārē* 通常指"儿子、后裔",也可以指某个城市或国家的居民,② *ba'ulāt* 的意思是"人口或臣民"③,因此, *nišē/mārē/ba'ulāt māti Aššur* 拼写形式表明亚述人是"阿淑尔之地"上的人口或民众。*mārē māti Aššur* 是一种较为正式的称呼,多出现在条约等正式文件中;*nišē māti Aššur* 多出现在王室铭文中。④ *ba'ulāt Illil / Aššur* 也是一种较为常见的称呼,多用于王室铭文和文学作品中。埃利尔(*Illil*)是阿卡德语对苏美尔众神之王恩利尔的称呼,亚述的众神之王阿淑尔有时也被称为"亚述的埃利尔",因此, *ba'ulāt Illil / Aššur* 表明,亚述人是阿淑尔神的臣民或子民。^{lú}*Aššurû* 或 ^{lú}*Aššurāyu* 在不同时期有不同的含义:在中亚述时期的法律文献中,它指阿淑尔城的居民;⑤ 在米坦尼王国的努兹文献中,它指被卖为奴隶的亚述人;⑥ 在《中亚述法典》中,它大概指地位较低但享有自由权的公民;⑦ 而在新亚述时期,它主要指亚述本土的居民而非附属国的居民。⑧

在"阿淑尔之地"形成和拓展的过程中,亚述国王不断把被征服地区添加到"阿淑尔之地"之中,相关地区的人口也随之被添加到亚述人中,这在亚述王室铭文中形成了程式化的表述方式:ugu kur *Aššur māta* ugu un. meš-*šá* un. meš *uraddi*,其意思是:"我把(征服)地区添加到'阿淑尔之地',把(被征服地区)的人口添加到它的人口中。"亚述归化被征服地区居民的行为最早见诸提格拉特皮拉沙尔一世的王室铭文,⑨ 并一直延续到新亚述时期,图库尔提-尼努尔塔二世、⑩ 阿淑尔纳色尔帕二世、⑪ 沙尔马

---

① CAD N/2, PP. 283 – 285; Simo Parpola, *Assyrian-English-Assyrian Dictionary*, p. 77.
② CAD M/1, pp. 308 – 316; Simo Parpola, *Assyrian-English-Assyrian Dictionary*, p. 60.
③ CAD B, pp. 182 – 183; Simo Parpola, *Assyrian-English-Assyrian Dictionary*, p. 15.
④ Simo Parpola, "National and Ethnic Identity in the Neo-Assyrian Empire and Assyrian Identity in Post-Empire Times", *JAAS*, Vol. 18, No. 2 (2004), p. 13.
⑤ J. N. Postgate, *The Archive of Urad-Šerūa and His Family*: *A Middle Assyrian Household in Government Service*, 50: 18, 23.
⑥ M. P. Maidman, *Nuzi Texts and Their Uses as Historical Evidence*, p. 53.
⑦ M. T. Roth, *Law Collections from Mesopotamia and Asia Minor*, "Middle Assyrian Laws" Tablet A vi 40 – vi 45.
⑧ Simo Parpola, "National and Ethnic Identity in the Neo-Assyrian Empire and Assyrian Identity in Post-Empire Times", *JAAS*, Vol. 18, No. 2 (2004), p. 13 note 37.
⑨ RIMA II A. 0. 78. 1: i 59 – i 60, vii 32 – vii 33.
⑩ RIMA II A. 0. 100. 3: 4; A. 0. 100. 5: 133.
⑪ RIMA II A. 0. 102. 30: 100 – 101.

纳沙尔三世、① 提格拉特皮拉沙尔三世②等国王多次归化被征服地区居民。

在对外掠夺战争中，亚述还不断归化掠夺的人口。在亚述的扩张战争中，大量俘虏和被征服地区居民被掳到"阿淑尔之地"，其中一些人被归化的亚述人，这种行为在亚述王室铭文中也形成了格式化的表述方式：*ana / itti nišē māt Aššur/ mātia amnū*（*šunūti*），其意思是"我把……/他们看作'阿淑尔之地'/我的国家的人或者我把……与'阿淑尔之地'/我把他们和土地上的人一样看待"③。提格拉特皮拉沙尔一世也是最早归化俘虏的亚述国王，他曾把6000名穆什库战俘、④ 哈梯军队中的乌鲁穆人和阿贝什鲁人归化为亚述人。⑤ 新亚述时期，把俘虏掠到"阿淑尔之地"的政策演变为大规模地强制迁移被征服地区居民的政策。从阿淑尔纳色尔帕二世、⑥ 沙尔马纳沙尔三世⑦和沙马什-阿达德五世⑧到萨尔贡二世时期，大量移民被归化为亚述人。⑨

提格拉特皮拉沙尔三世和萨尔贡二世时期，一些移民不再被看作亚述人，只是要求他们像亚述人一样纳税服役，⑩ 新的民族政策在王室铭文中也有格式化的表述方式：*ilku tupšikku/biltu maddattu kî ša Aššurû ēmissunūti*，其意思是"我把 *ilku* 义务、*tupšikku* 义务/*biltu* 贡赋、*maddattu* 贡赋摊派到他们身上，就像（他们是）亚述人一样"。如前所述，交纳 *biltu* 贡赋和 *maddattu* 贡赋是附属国而非一般行省的经济义务，可见被征服地区居民并没有被归化为亚述人。⑪ 提格拉特皮拉沙尔三世曾把从巴比伦尼亚

---

① RIMA Ⅲ A. 0. 102. 2: ii 75.

② RINAP Ⅰ 5: 4, 5: 11, 6: 4.

③ CAD A/2, p. 421; Bustenay Oded, *Mass Deportation and Deportees in the Neo-Assyrian Empire*, Wiesbaden: Dr. Ludwig Reicht Verlag, 1979, pp. 81 – 86.

④ RIMA Ⅱ A. 0. 87. 1: i 88.

⑤ RIMA Ⅱ A. 0. 87. 4: 21.

⑥ RIMA Ⅱ A. 0. 101. 40: 25, A. 0. 101. 42: 7.

⑦ RIMA Ⅲ A. 0. 102. 2: ii 75; A. 0. 102. 5: iii 6; A. 0. 102. 20: 19; A. 0. 102. 29: 11 – 12.

⑧ RIMA Ⅲ A. 0. 103. 1: iv 8.

⑨ P. Machinist, "Assyrians on Assyria in the First Millennium B. C.", in K. Raaflaub unter Mitarbeit von E. Müller-Luckner, hrsg., *Anfänge politischen Denkens in der Antike: Die nahöstlischen Kulturen und die Griechen*, pp. 91 – 93.

⑩ Bustenay Oded, *Mass Deportation and Deportees in the Neo-Assyrian Empire*, p. 84.

⑪ P. Machinist, "Assyrians on Assyria in the First Millennium B. C.", in K. Raaflaub unter Mitarbeit von E. Müller-Luckner, hrsg., *Anfänge politischen Denkens in der Antike: Die nahöstlischen Kulturen und die Griechen*, p. 91.

俘获的阿拉米部落安置到叙利亚地区的行省,同时把亚述人的 *ilku* 义务和 *tupšikku* 义务摊派到相关的人员身上。① 征服穆萨西尔后,萨尔贡二世没有把该地区的居民视为亚述人,而是把 *ilku* 义务和 *tupšikku* 义务摊派到他们身上。②

  萨尔贡王朝时期,亚述的民族政策又发生了显著变化,亚述人既不将被征服地区居民视为亚述人,也不再要求他们像亚述人一样纳税服役,而是将其与其他战利品一样瓜分掉。③ 其实,早在提格拉特皮拉沙尔三世时期,他就曾在军中如同分配绵羊和山羊一样瓜分了温齐的人口、财物。④ 在对舒布利亚的战役中,埃萨尔哈东掠夺了大量的人口,除了奉献阿淑尔神、补充"国王的分队"外,他把剩余的人口像绵羊一样分给了朝臣、贵族和尼尼微、卡尔胡、卡尔祖及阿尔贝拉等城市的居民。⑤辛纳赫里布也宣布把补充军队后剩余的俘虏如同分配山羊和绵羊一样分给了士兵、总督、祭祀中心的人们。⑥ 阿淑尔巴尼拔曾把从埃兰掠来的俘虏当作绵羊分给了大城市居民、官僚、贵族和士兵。⑦ 亚述民族政策的改变与亚述帝国的形成和民族优越感上升有直接关系。经过提格拉特皮拉沙尔三世和萨尔贡二世的多次远征,特别是萨尔贡二世彻底击败劲敌乌拉尔图,亚述帝国初具规模,亚述人在西亚地区再无敌手,于是产生了凌驾其他民族之上的优越感,便不再将亚述的公民身份赐予被征服地区居民。⑧

  上文提到,亚述人还可以指"阿淑尔神的臣民或人口",附属国向亚述投降,其居民也归顺了阿淑尔神,他们也可以称为广义上的亚述人。征服一个国家或地区后,亚述人往往宣布给被征服地区居民套上"阿淑尔之轭"(*nīri/abšāni Aššur*)。*nīru* 或 *abšānu* 原本指"套牲口颈上的轭",可以引申为"统治"。⑨ 亚述国王把"阿淑尔之轭"套到被征服的国家和地区居民身上,相关国家和地区的臣民成为阿淑尔神的臣民。例如,萨尔贡二世曾把"阿

---

① RINAP I 14:9.
② ARAB II 118.
③ Bustenay Oded, *Mass Deportation and Deportees in the Neo-Assyrian Empire*, p. 112.
④ RINAP I 12:6-7.
⑤ RINAP IV 33:iii 19-iii 22.
⑥ RINAP III/1 4:59-60.
⑦ ARAB II 814.
⑧ Bustenay Oded, *Mass Deportation and Deportees in the Neo-Assyrian Empire*, pp. 89-91.
⑨ CAD N/2, pp. 260-264; Simo Parpola, *Assyrian-English-Assyrian Dictionary*, p. 77.

淑尔之轭"套到埃里皮地区和舒尔达的居民身上,① 埃萨尔哈东指责西顿国王阿波迪-米尔库提和推罗国王巴尔扔掉了"阿淑尔之轭"②,并把"阿淑尔之轭"套到埃及与地中海东岸各国居民身上。③ 阿淑尔巴尼拔强迫不归顺的国家屈服于"阿淑尔之轭",并将其加到有关国家居民身上。④ 附属国居民被套上了"阿淑尔之轭",他们成了阿淑尔神的臣民,尽管相关的附属国并未在"阿淑尔之地"的范围内,但是,他们也可以称为广义上的亚述人。

2. 种族构成

亚述初期的材料十分稀少,亚述人的起源至今尚无定论。尽管两河流域北部的山区很早就有人类生活,并创造了丰富多彩的史前文化,但是,由于没有发明文字,他们没有留下文献材料,我们对其初期历史的认识非常模糊。有关亚述人最早的文字材料主要来自两河流域南部地区,两河流域北部地区及其居民分别被称为"苏巴尔图"和"苏巴里人",然而,这两个词的确切含义尚存在较大争议。⑤

亚述人自古便是一个多种族的国家。⑥ 阿淑尔城邦独立以前,先后臣服于塞姆人的阿卡德王国和苏美尔人的乌尔第三王朝,这两个种族的统治对阿淑尔城居民的种族构成产生过一定影响。阿淑尔城邦独立后,亚述人并没有彻底消除外来种族的烙印,其中萨尔贡一世和纳拉姆-辛两位国王便以阿卡德王国的著名国王命名,这大概暗示亚述人具有塞姆人的血统。⑦

阿淑尔城邦灭亡后,塞姆人的分支阿摩利人入主亚述地区,亚述人中又增加了新成分。乌尔第三王朝末年,阿摩利人涌入两河流域,其中一支进入了两河流域北部。最初,他们主要生活在哈布尔河流域,公元前19世纪末其酋长沙马什-阿达德一世崛起于阿淑尔城北面的埃卡拉图城,并在三

---

① ARAB Ⅱ 79, 118.
② RINAP Ⅳ 1: ii 67, 34: 12-13.
③ RINAP Ⅳ 60: 15.
④ CAD N/2, p. 262.
⑤ E. A. Speiser, "Hurrians and Subarians", *JAOS*, Vol. 68, No. 1 (1948), pp. 1-13; Gernot Wilhelm, *The Hurrians*, pp. 7-42.
⑥ Karl Moore and David Lewis, "The First Multinationals: Assyria circa 2000 BC", *Management International Review*, Vol. 38, No. 2 (1998), pp. 95-107; J. N. Postgate, "Ancient Assyria: A Multi-Racial State", *Aram*, Vol. 1 (1989), pp. 1-10.
⑦ Simo Parpola, "The Neo-Assyrian Ruling Class", in Thomas Kämmerer, hrsg., *Studeien zur Ritual und Sozialgeschichtim alten Orient*, Berlin: Walter de Gruyter, 2007, p. 258 note 1.

年后废黜了阿淑尔城的埃里舒姆二世，登上了阿淑尔城邦的王位。①沙马什-阿达德一世建立的"上美索不达米亚王国"瓦解后，一个名为普祖尔-辛的人指责沙马什-阿达德一世及其子孙不具有阿淑尔城的血统，② 可见，外来的阿摩利人与阿淑尔城的土著居民并非同宗。然而，后世的多位亚述国王不但自称为沙马什-阿达德，而且将沙马什-阿达德一世与亚述没有关系的祖先编入了《亚述王表》中，③ 由此可见，阿摩利人也融入到亚述人中。

中亚述时期，胡里安人成为亚述人的新成员。胡里安人是一个种族归属不明的古老民族，早在阿卡德王国时期他们就生活在两河流域；公元前2000年代早期，胡里安人广泛地分布于两河流域北部，因此，一些学者认为他们可能是亚述人的祖先。"上美索不达米亚王国"瓦解后，胡里安人趁机崛起，并于公元前16世纪中期左右建立了几乎囊括两河流域北部的米坦尼王国，阿淑尔城可能沦为其附属国。④ 公元前14世纪中期起，中亚述王国就是在蚕食米坦尼王国版图的基础上建立的，胡里安人也成为亚述人的重要组成部分。

从中亚述时期开始，亚述走上了对外扩张的道路，它不但将被征服地区的居民视为亚述人，而且将俘虏掳到亚述，亚述的民族成分更加复杂。除了消灭原来的宗主国米坦尼王国外，亚述还征服了亚述地区东部和东北部的山区，并进军北面的纳伊利地区和南面的巴比伦尼亚，胡里安人、扎格罗斯山区的部落、乌拉尔图人和巴比伦尼亚的加喜特人等种族成为亚述的新成员。

新亚述时期，亚述征服了西亚大部分地区和埃及北部地区，亚述的种族构成更加复杂。公元前2000年代中期起，塞姆人的另一个分支阿拉米人不但广泛散布到地中海东岸许多地区，而且趁亚述衰落之际渡过幼发拉底河向东渗透，逐步在底格里斯河以西到地中海沿岸之间的地区建立了许多阿拉米人的王国。亚述政权复兴后，阿拉米人建立的政权成为亚述人兼并

---

① Jean-Jacques Glassner, *Mesopotamia Chronicles*, p. 139.
② 普祖尔-辛的铭文写道："我废黜了阿西努姆，（他是）一个外来血统的人，一个没有阿淑尔城血统的人。阿淑尔神用他神圣的手公正地□□□□根据我的主人阿淑尔的命令，我摧毁了他的不当建筑，也就是他的祖父沙马什-阿达德（修建）的城墙和宫殿，他（也是）一个外来血统的人，（而）不是具有阿淑尔城血统的人。"RIMA I A. 0. 40. 1001：1 - 26.
③ Jean-Jacques Glassner, *Mesopotamian Chronicles*, pp. 137 - 144.
④ Gernot Wilhelm, *The Hurrians*, pp. 7 - 42.

的对象，阿拉米人也成为亚述人的新成员。① 此外，亚述还击败了新赫梯王国、乌拉尔图王国、扎格罗斯山区以东的米底各部、埃兰、巴比伦尼亚、埃及等，相关国家和地区的一些人口被掠夺到亚述。新亚述时期，亚述的都城卡尔胡和尼尼微等大城市生活着西亚和埃及北部的大部分民族，除了两河流域的亚述人和巴比伦人外，还有阿拉米人、阿摩利人、阿拉伯人、腓尼基人、犹太人、赫梯人、胡里安人、乌拉尔图人、米底人、埃兰人和埃及人等。②

新亚述时期，亚述还采取积极的措施同化被征服地区居民。在都城杜尔-沙鲁金竣工后，萨尔贡二世宣布："操不同语言、居住在山区和平原的人均受他们的神灵的统治，根据我的主人阿淑尔神的命令，我用我的权杖把他们带走了。我命令他们操一种语言，把他们安置到（杜尔-沙鲁金）城中，任命亚述人，尤其是精通技艺的学者，为他们的书吏和监督，教导他们如何正确地敬畏神灵和国王。"③

3. 社会结构

自由民和奴隶是亚述最重要的两个阶级，它们在不同阶段有不同的拼写方式。在古亚述时期，自由民拼写为 *awīlu*，在中亚述时期，拼写为 *a'īlu*，而在新亚述时期则拼写为 *amēlu*；在古亚述时期，奴隶拼写为 *urdu* 或 *bardu*，而它在中亚述时期和新亚述时期则拼写为 *urdu*。值得注意的是，《中亚述法典》和亚述其他文献并没有提及古巴比伦王国时期依附于王室的穆什根努（*muškēnu*）等级。④

自由民内部有贫富和贵贱之分，其上层是贵族（*rabû*，多拼写为 lú.gal），属于统治阶级。贵族占有大量土地和人口等财产，垄断了高级官职，有资格与国王分享战利品以及附属国进献的贡赋，并享有免赋役的特

---

① J. J. Szuchman, Prelude to Empire: Middle Assyrian Hanigalbat and the Rise of the Aramaeans, pp. 93 – 183.

② Ran Zadok, "The EthnoLinguistic Composition of Assyrian Proper in the 9th – 7th Centuries BC", in Hartmu Waetzoldt und Harald Hauptman, hrsg., *Assyrien im Wandel der Zeiten*, pp. 209 – 216; Ran Zadok, "The Ethno-Linguistic Character of Northwest Iran and Kurdistan in the Neo-Assyrian Period", *Iran*, Vol. 40 (2002), pp. 89 – 151.

③ ARAB II 122.

④ CAD M/2, p. 275.

权。① 贵族又可分为世袭贵族和军事贵族两类，前者从阿淑尔城古老的家族演变而来，而后者则崛起于军事征服过程中。直到亚述灭亡前夕，世袭贵族一直是亚述统治阶级的重要组成部分，② 沙尔马纳沙尔五世因侵犯世袭贵族的利益而被罢黜，因此，阿淑尔巴尼拔想方设法地取悦世袭贵族。③ 被征服地区的统治阶级上层也是军事贵族的重要组成部分，他们不但可以像世袭贵族一样担任行省总督和名年官，④ 而且可以担任"马森努"、"图尔塔努"、"苏卡鲁"和"萨尔提努"等朝廷高官。⑤

自由民的下层是平民（ṣāb hupši）。平民占有面积不大的份地，⑥ 拥有少量的奴隶，需要纳税服役，可以充任下级官吏和祭司，有时也可以分享战利品和附属国进贡的贡赋。⑦ 一些平民通过效忠国王、建立军功成为国王的亲信，也可以跻身于统治阶级上层。⑧ 多数平民则处于被压迫地位，他们仅有的少量份地时常面临被贵族霸占的危险，⑨ 那些陷入窘境的平民不得不出卖自己的份地、家庭成员，甚至自身。⑩

---

① Simo Parpola, "The Neo-Assyrian Ruling Class", in Thomas R. Kämmerer, hrsg., *Studien zur Ritual und Sozialgeschichte im alten Orient*, pp. 257 – 274.

② V. A. 雅各布森认为，世袭贵族在新亚述时期消失了。参见 V. A. Jakobson, "The Social Structure of the Neo-Assyrian Empire", in I. M. Diakonoff, ed., *Ancient Mesopotamia: Socio-Economic History: A Collection of Studies by Soviet Scholars*, p. 278。

③ 阿淑尔巴尼拔曾对尼尼微城的大家族的族长说："把你们的孩子给我，让他们充作我的扈从！"参见 SAA XIII 226: r. 6 – 7。

④ Bustenay Oded, *Mass Deportation and Deportees in the Neo-Assyrian Empire*, p. 105.

⑤ Simo Parpola, "The Neo-Assyrian Ruling Class", in Thomas R. Kämmerer, hrsg., *Studien zur Ritual und Sozialgeschichte im alten Orient*, p. 260 note 16.

⑥ 一位学者在致萨尔贡二世的信中提道："您的父亲提格拉特皮拉沙尔（三世）赐给我 30 库尔耕地。" SAA XVII 46: r. 8 – r. 11。一位占卜师在致埃萨尔哈东的信中提道，国王曾赐给他 10 伊麦如耕地。参见 SAA X 173: 6 – 8。

⑦ Simo Parpola, "The Neo-Assyrian Ruling Class", in Thomas R. Kämmerer, hrsg., *Studien zur Ritual und Sozialgeschichte im alten Orient*, pp. 257 – 274.

⑧ 阿淑尔巴尼拔的车夫莱曼尼-阿达德后来升任国王的车夫长，并在国王的庇护下建立了庞大的地产，其中包括两个整个村庄、各地面积不等的耕地和大量的人口。参见 SAA VI 296 – 336。

⑨ V. A. Jakobson, "The Social Structure of the Neo-Assyrian Empire", in I. M. Diakonoff, ed., *Ancient Mesopotamia: Socio-Economic History: A Collection of Studies by Soviet Scholars*, p. 286; G. Galil, "Appropriation of Land by Officials in the Neo-Assyrian Period", in G. Frame, ed., *From the Upper Sea to the Lower Sea: Studies on the History of Assyria and Babylonia in Honour of A. Kirk Grayson*, Leiden: Nederlands Historisch-Arcaeologisch Instituut te Istanbul, 2004, pp. 95 – 118.

⑩ G. Galil, *The Low Stratum Families in the Neo-Assyrian Period*, Leiden and Boston: Brill, 2007, pp. 47 – 93.

奴隶处于社会的最底层，他们同牲畜一样被视为奴隶主的财产，可以被任意买卖、转让、交换、租借和赠予。陷入窘境的自由民和战俘与被征服地区人口是奴隶的主要来源。一部分自由民因负债而或借贷沦为奴隶，《中亚述法典》有多款法律涉及债务奴隶的情况。[①] 自由人可能由于背负债务而沦为奴隶，也可能因为一家之主的抵押或变卖而沦为奴隶。除非有人为他清偿债务，债务奴隶将无法获得自由。奴隶是家庭财产的重要组成部分。但是，就整个家庭而言，包括奴隶在内的家庭成员均是一家之长的私人财产，都可以成为家长的抵押品。战俘和从被征服地区掠夺的人口是亚述奴隶的另一个重要来源。亚述帝国形成以后，越来越多的俘虏和被征服地区居民如同分配绵羊一样被国王分给王室、神庙、官吏、贵族和平民，成为相关机构和人员的奴隶。不过，亚述的奴隶享有相当大的民事权利，他们不但可以从事各种经济活动，而且可以上法庭作证。

二 人口规模

由于亚述各个时期的国力差别很大，其控制的区域也有区别，人口的数量也在不断变化。

1. 阿淑尔城邦时期的人口规模

阿淑尔城邦时期，亚述的辖区较小，人口数量不多。阿淑尔城以从事长途贸易而闻名，尽管阿淑尔商人在安纳托利亚和叙利亚北部等地建立了拥有一定自治权的商业据点，但是，他们并没有用武力征服当地居民。因此，阿淑尔城邦时期，亚述人主要包括阿淑尔城居民以及在外从事贸易的商人及其家庭成员。据有关专家估算，城邦时期阿淑尔城的人口大概在1.5万人左右。[②]

2. 中亚述时期的人口规模

迄今为止，我们尚未掌握中亚述王国进行人口登记的材料。不过，由于中亚述时期的最大版图与沙马什-阿达德一世建立的"上美索不达米亚王国"的版图大体相当，这位国王不但进行过人口普查和登记，而且提及了不少相关的数字，因此，推算"上美索不达米亚王国"有助于估算中亚述时期的人口规模。

[①] M. T. Roth, *Law Collections from Mesopotamia and Asia Minor*, "Middle Assyrian Laws" C: 2-3.
[②] A. Kuhrt, "The Old Assyrian Merchants", H. Parkins and C. Smith, eds., *Trade, Traders and the Ancient City*, p. 17.

马里出土的书信表明，沙马什-阿达德一世与其子伊什美-达甘和亚斯马赫阿杜在通信中多次提及在各地进行的人口登记和普查情况。① 不过，迄今为止，我们尚未发现比较完整的人口登记簿，"上美索不达米亚王国"的人口总数尚不得而知。不过，伊什美-达甘的敌人在一封求救信中提到，亚述军队有6万之众。② 这个数字大概是可以参战的成年男性的数目。尽管古代两河流域诸国不禁止纳妾，但是，多数家庭是一夫一妻制；每个家庭由夫妻双方和未成年的子女组成，每个家庭的子女一般在2—3个，③ 因此，亚述的家庭大致有4—5口人。根据伊什美-达甘军队的规模推算，其辖区内的总人口大概在24万—30万之间。由于伊什美-达甘和其父沙马什-阿达德一世及弟弟亚斯马赫阿杜分区驻守"上美索不达米亚王国"，假设其辖区占王国的三分之一，因此，王国的总面积是伊什美-达甘辖区的3倍。假设三人辖区内的人口分布大致相当，"上美索不达米亚王国"的人口在七八十万到九十万之间。

上文提到，中亚述诸王多次把俘虏和被征服地区人口掳到亚述，他们也增加了亚述人口的数量。例如，击败哈尼伽尔巴特、赫梯和阿赫拉穆联军以后，沙尔马纳沙尔一世把免遭屠杀的14400名士兵掠走了。④ 又如，图库尔提-尼努尔塔一世即位之初，他不但从卡特穆胡的5个叛乱城市劫掠的俘虏和财物带到了阿淑尔城；⑤ 而且把幼发拉底河外的28800赫梯人迁移到亚述。⑥ 再如，提格拉特皮拉沙尔一世把4000名乌鲁穆、阿贝什鲁和赫梯俘虏归化为亚述人，⑦ 他还把2万名库马努俘虏掠到了亚述。⑧ 上述数字

---

① 沙马什-阿达德一世在致其子亚斯马赫阿杜的信中提到了全国的人口登记："现在，所有地区的人口登记工作都已开始。你的哥哥正在（他）那里进行人口登记，我在这里正在进行人口登记，你不要忘记了人口登记。到下游牧场去！让拉乌姆和幼发拉底河畔的官员和你一起去，那里或许有1000名开小差的幼发拉底河畔的士兵。从那块牧场开始，让拉乌姆和幼发拉底河畔的官员搜索所有的牧场。让牧场的官员发誓。（让他）把这些开小差者给你带到幼发拉底河畔，交到你手中进行登记。" ARM IV 7：4-26.

② J. Læssóe, "IM 62100: A Letter from Tell Shemshara", in H. G. Güterbock and Th. Jacobsen, eds., *Studies in Honor of Benno Landsberger on His 75th Birthday*, Chicago: The University of Chicago Press, 1965, p.191.

③ H. W. F. Saggs, *The Might That Was Assyria*, pp.137-138.

④ RIMA I A.0.76.1：60-75.

⑤ RIMA I A.0.78.1：iii 21-iii 29.

⑥ RIMA I A.0.78.23：28-30.

⑦ RIMA II A.0.87.2：21-22.

⑧ RIMA II A.0.87.2：35-36.

表明，中亚述诸王掠夺的人口可能数以十万计。

中亚述王国与"上美索不达米亚王国"的版图大体相当，其人口数量应该相差不大，大致在七八十万到九十万左右。如果再考虑到亚述国王把数以十万计的俘虏或被征服地区居民掠到亚述，中亚述时期的人口应该达到 150 万左右。

3. 新亚述时期的人口规模

新亚述时期，相关文献中出现了一批类似人口登记簿的文献，它们通常被称为"亚述的末日审判书"。[①] 这批文献出自尼尼微，主要包括若干个家庭的成员名单、他们的土地、房屋等财产及其所在的地理位置三方面的内容。[②] 这些材料主要涉及的地区是哈兰，因此，它们也被称为"哈兰的人口普查册"。[③] 不过，这些材料并未说明它们书写的时间和目的，帕尔波拉断定它们大致在萨尔贡二世晚期或辛纳赫里布时期形成，[④] 波斯特盖特推断，这些材料可能用于豁免有关人员的赋役。[⑤] 但是，新亚述时期的"亚述的末日审判书"并未提供该时期亚述全国人口的数量等信息。

亚述王室铭文，尤其是新亚述时期的王室铭文，有时列举了亚述强制迁移的被征服地区居民的数量，这为我们估算亚述人口的数量提供了一定的依据。从阿淑尔-丹二世到阿淑尔巴尼拔，亚述共强制移民 157 次，其中 43 次移民的数目被完整地保存下来；上述 43 次移民的总数为 1210928 人，每次移民的平均数目为 2.8 万人。[⑥] 上述 43 次移民并不是有意挑选的，而是随意地分布在阿淑尔纳色尔帕二世、沙尔马纳沙尔三世、沙马什-阿达德五世、萨尔贡二世和辛纳赫里布五位国王在位期间，这个数目也许可以被看作 157 次强制移民的平均数目。据此推算，新亚述时期，亚述移民的数目约 440 万。[⑦] 上文提到，中亚述时期"阿淑尔之地"的人口大致在 150 万，因此，新亚述时期亚述本土和迁移到亚述的被征服地区居民与俘虏的

---

① C. H. W. Johns, *An Assyrian Doomsday Book*, Leipzig: Hinrichs Buchhandlung, 1901, p. 123.
② SAA XI, p. xxxi.
③ F. M. Fales, *Censimenti e catasti di epoca Neo-Assyria*, pp. 63 – 72.
④ S. Parpola, "A Note to the Assyrian Census Lists", *ZA*, Vol. 64, No. 1 (1974), pp. 96 – 115.
⑤ J. N. Postgate, "Some Remarks on Condition in the Assyrian Countryside", *JESHO*, Vol. 17 (1974), pp. 229 – 230.
⑥ Bustenay Oded, *Mass Deportation and Deportees in the Neo-Assyrian Empire*, p. 19.
⑦ Bustenay Oded, *Mass Deportation and Deportees in the Neo-Assyrian Empire*, p. 20 note 1.

总数应该不少于六七百万。①

第二节 军队与兵役

充足的人口是亚述摊派兵役的前提，兵员的征调与军事需要密切相关，本节将在介绍亚述军队发展状况的基础上分析兵役的征召情况。

一 军队概况

军队是阶级统治的工具，它是在阶级社会和国家形成与发展的过程中产生的。生产力的发展是完善军队组织的前提，社会物质生产的状况决定了军队的发展状况。古亚述时期，阿淑尔城致力于发展对外贸易，担任守备的步兵是军队的主力；中亚述时期，亚述人走上了对外扩张的道路，军队开始成为历史舞台的主角，构成日益复杂化；新亚述时期，亚述的扩张达到了顶峰，军队规模庞大，兵种齐全。

1. 古亚述时期的军队

阿淑尔城邦以从事对外贸易而闻名，并没有确凿的证据表明它曾进行过对外军事征服，有关亚述军事和军队的信息非常有限。阿淑尔城扼守古代两河流域交通的要冲，凭借转口贸易积累了大量财富，其富庶为邻居所垂涎，亚述人不得不加强城市的防御。阿淑尔城一位被称为"尼布姆"（*nibum*）②的官员曾在致卡涅什的商业据点的一封信中写道："城市（决定）征发你 10 米那银子，（这是）加强（阿淑尔城）防御的费用。"③

由于阿淑尔城以防守为主，步兵是其军队的主力。例如，埃里舒姆一世的一篇铭文写道："愿我的神灵阿淑尔、阿达德和贝尔赐给我刀、弓和盾牌！"④ 埃里舒姆一世恳求神灵赐予的刀、弓和盾牌等是步兵常用的武器。亚述军队主要用于防御，其数量可能不会太多。不过，沙马什-阿达德一世

---

① 波斯阿黑门尼德王朝时期，两河流域的人口大约五六百万，叙利亚—巴勒斯坦地区的人口大约 150 万到 200 万，参见 Josef Wiesehöfer, "The Achaemenid Empire", in Ian Morris and Walter Scheidel, eds., *The Dynamics of Ancient Empires: State Power from Assyria to Byzantium*, p. 77。上述两个地区是亚述的主体，两地区人口数量之和大致与新亚述时期的人口相当，这表明本书估算的新亚述时期的人口规模基本是可信的。

② *nibum* 是古亚述时期亚述商业据点征收 *nishātu* 税的官员，具体意义不详。参见 J. G. Dercksen, *Old Assyrian Institutions*, p. 65.

③ TC I 1: 4-6，转引自 J. G. Dercksen, *Old Assyrian Institutions*, p. 64。

④ RIMA 1 A.0.33.1: 73-74.

花费了3年的时间才从北面不远的埃卡拉图城攻陷阿淑尔城,① 可见,其军队的战斗力并不弱。

2. 中亚述时期的军队

中亚述时期,在摆脱了胡里安人统治的过程中,亚述走上了对外扩张的道路,军事活动成为其政治生活的主要内容,军队成为国家政治舞台的主角。

临时征召的公民义务兵是中亚述军队的主力。从中亚述时期起,军事征伐成为亚述王室铭文的重要内容,值得注意的是,国王们通常在战前宣布:"我征集了我的(武器/战车和)军队。"② 国王在战前举国动员表明,中亚述的军队主要是临时征召而来的。

随着战争的频繁和控制被征服地区的需要,亚述还组建了常备军。在扩张的过程中,亚述往往在一些被征服地区建立军事要塞,并在要塞中安置驻军。阿淑尔纳色尔帕二世的一篇铭文提到了先王建立的要塞:"我重新夺取了西纳布和提杜,(它们曾是)我之前的亚述国王沙尔马纳沙尔二世在纳伊利地区驻军的要塞,后来它们被阿拉米人武力占领。"③ 军事要塞常年需要士兵守卫,这项任务是临时征召的士兵无法完成的,因此,要塞中的驻军应该是常备军。

随着国家的发展与王权的强大,中亚述国王开始用俘虏和被征服地区居民扩充自己的卫队。沙尔马纳沙尔一世征服乌拉尔图地区诸国,他挑选了一些年轻人充实自己的卫队。④

中亚述时期,亚述军队主要由步兵和战车兵组成,骑兵出现得较晚。步兵是中亚述军队的主力,一般按其武器分为弓箭兵、持矛兵和持盾牌兵等不同的兵种。持棒和操投掷器的辅助部队主要任务是冲乱敌阵、劫掠敌营。战车兵主要由贵族充任,是中亚述军队的主要突击力量。亚述早期的战车是轻型战车,有两匹马驾驭,车上共有车夫和士兵二人,战车上的士兵有弓箭、战斧和长矛等武器。提格拉特皮拉沙尔一世时期,亚述军队开始出现骑兵。早期的亚述骑兵不过是乘骑的步兵,有专门的仆役帮助其驾驭马匹。骑兵最初在军中并不占重要地位,还没有骑兵单独出战的战例。

---

① Jean-Jacques Glassner, *Mesopotamian Chronicles*,, p. 139.
② CAD D, p. 141.
③ RIMA Ⅱ A.0.101.19: 92 – 93.
④ RIMA Ⅰ A.0.77.1: 42 – 44.

3. 新亚述时期的军队

新亚述时期，亚述征服了两河流域及周边地区和埃及北部地区，其军队规模不但庞大，而且种类繁多、组织严密。

与中亚述国王一样，新亚述诸王依旧在大战前夕举国进行动员，公民义务兵仍然是其军队的首要来源。① 行省的公民义务兵称为"国王的士兵"（ṣāb šarri），一般由总督负责征召并在他的率领下维持地方治安或抵御外地入侵。国王发动大规模的战役时，行省的军队要在总督的率领下跟随国王或"图尔塔努"等高官去作战。

新亚述时期，亚述还利用俘虏和被征服地区居民组织了一支听命于国王的常备军。亚述的常备军统称为"国王的分队"（kiṣir šarri），它可能是从国王的卫队发展而来的。萨尔贡王朝诸王多次将俘虏和被征服地区居民收编到"国王的分队"中。例如，在征服撒马利亚以后，萨尔贡二世宣布："我从他们中间（挑选人），组建了一支由 50 人组成的战车兵分队。"② 又如，在击败卡尔赫米什后，萨尔贡二世又宣布："我从他们中间挑选了 50 名战车兵、200 名骑兵和 3000 名步兵，并把他们收编到我的'国王的分队'中。"③ 再如，征服埃兰以后，辛纳赫里布说："我把（俘虏的）3.5 万名弓箭手和 3.5 万名盾牌兵收编到我的'国王的分队'中。"④ 第 7 次战役后，阿淑尔巴尼拔宣布："我把剩下的那些人带到了亚述，命他们加入我的'国王的分队'中，把他们收编到阿淑尔神交给我的大军中。"⑤在第 9 次战役后，阿淑尔巴尼拔又说："我把（俘虏的）弓箭手、盾牌手、军官和重装弓箭手从埃兰带走，把他们收编到我的'国王的分队'中。"⑥ 宦官总管（rab ša-rēši）⑦ 是亚述中央常备军的主将，由于他没有像其他朝廷高官领有

---

① J. N. Postgate, *Taxation and Conscription in the Assyrian Empire*, pp. 218ff. ; SAA XI, p. 149.
② 转引自 S. Dalley, "Foreign Chariotry and Cavalry in the Armies of Tiglath-pileser III and Sargon II," *Iraq*, Vol. 47 (1985), p. 35。
③ ARAB II 8.
④ 转引自 CAD A/2, p. 270。
⑤ ARAB II 814.
⑥ ARAB II 830.
⑦ 宦官总管是新亚述宫廷七大高官之一。参见 H. Tadmor, "The Role of the Chief Eunuch and the Place of Eunuchs in the Assyrian Empire", in Simo Parpola and Robert M. Whiting, eds. , *Sex and Gender in the Ancient Near East: Proceedings of the 47th Recontre Assyriologue Internationale*, Helsinki: The Neo-Assyrian Text Corpus Project, 2002, pp. 603 – 611; SAAS XI, pp. 61 – 76。

行省，其统率的军队可能平时驻守都城周围，战时在其率领下出征。还有一部分常备军士兵驻守在行省和附属国，他们在行省总督和"国王的代表"等官员指挥下维持地方治安、镇压辖区内的骚乱。①

国王的侍卫是"国王的分队"的核心。亚述人称国王的侍卫为 qurbūtu，亦拼作 ša qurbūti 和 qurbūtu ša šēpē。② 国王的侍卫不但在国王的身边充当护卫，而且担任使节赴行省或附属国传达国王的命令，还可以率领常备军处置地方骚乱。③ 国王的侍卫大概有 1000 人，战时不离国王左右，他们是亚述军队的核心。④

亚述军队征战时，附属国也要派士兵参战。公元前 879 年，阿淑尔纳西尔帕二世远征地中海沿岸时，比特-巴希阿尼、阿扎拉、比特-阿狄尼、卡尔赫米什和达伽拉等附属国纷纷派军队随亚述军队作战。⑤ 在与阿尔帕德国王马提-伊鲁签订的条约中，阿淑尔-尼拉里五世规定马提-伊鲁必须在亚述征战时率军从征，否则将受到神灵的惩罚。⑥ 公元前 709 年，萨尔贡二世击败了穆什库，该国国王米塔派遣使节到亚述军中求和："他的使节（不但）带来了和平信息，（而且）带到我在埃兰边境的大营 1000 名士兵，这使我非常高兴。"⑦ 上文提到，阿淑尔巴尼拔远征埃及时，地中海中与沿岸地区的 22 个附属国国王曾率军从征。⑧ 在平定埃及叛乱时，阿淑尔巴尼拔说："'拉伯—沙克'、大河外的总督们和附属国的国王们都臣服于我，我把他们的军队和船只收编到我的军队中，把提腊卡驱逐出埃及和库什。"⑨

新亚述时期，亚述人口数以百万计，其军队规模庞大。例如，公元前 885 年，图库尔提-尼努尔塔二世在全国征集用于拖拉战车的马为 2072 匹，战车为 1351 辆。⑩ 又如，在远征梅赫鲁时，阿淑尔纳色尔帕二世调集了 5

---

① SAAS Ⅺ, pp. 153 – 154.

② CAD Q, pp. 315 – 316.

③ Tamás Dezsö, *The Assyrian Army: The Structure of the Neo-Assyrion Army*, Part Ⅰ, Budapest: Eötvös Loránd University Press, 2012, pp. 123 – 142.

④ ARAB Ⅱ 154; T. Wise and A. McBride, *Ancient Armies of the Ancient Near East*, Oxford: Osprey Publishing Ltd., 1981, p. 33.

⑤ RIMA Ⅱ A.0101.1.

⑥ SAA Ⅱ 2: iv 1 – iv 16.

⑦ ARAB Ⅱ 42.

⑧ ARAB Ⅱ 771.

⑨ ARAB Ⅱ 901.

⑩ RIMA Ⅱ A.0.100.5: 130 – 131.

万名士兵。① 公元前 844 年,沙尔马纳沙尔三世远征地中海沿岸诸国,随他渡过幼发拉底河的士兵多达 12 万人。② 再如,公元前 842 年,沙尔马纳沙尔三世调集的马匹装备了 2002 辆战车和 5542 名骑兵。③ 上文提到,提格拉特皮拉沙尔三世派遣 1 万名士兵监管归顺的阿拉伯女王萨姆西。萨尔贡二世征服昆穆赫以后,带走了其居民,然后在该地区设立了行省。他从安置到该地区的比特-雅金人中挑选了 150 名战车兵、1500 名骑兵和 2 万名弓箭兵和 1 万名盾牌兵和长矛兵,交给该省的左"图尔塔努"④ 统辖。⑤ 据《旧约·列王记》记载,公元前 699 年,辛纳赫里布在巴勒斯坦地区的征伐触怒了耶和华,导致 185000 名亚述士兵被杀死。⑥ 尽管上述数字可能有不少夸张的成分,⑦ 但是,亚述军队规模的庞大却是无可争辩的事实。

新亚述时期,军队兵种齐全,主要有战车兵($sūsānu$)、骑兵($ša\ pēthalli$)和步兵($kimarru$ 或 $zūku$)等兵种。战车兵仍然来自贵族,乘员增加到三到四人,除了车夫和士兵外,还有一到二人持盾牌者保护他们。随着骑术的提高,骑兵不再需要仆役驾驭马匹。除了骑马的弓箭兵外,还出现了骑马的持矛兵。公元前 9 世纪,骑兵逐渐取代战车兵成为主要的突击力量,公元前 8 世纪,骑兵成为独立作战的单位。⑧ 上文提到,亚述多次收编俘虏补充战车兵和骑兵部队。步兵又可以分为弓箭兵($māhiṣ\ nāš\ qašti\ ṣāqassi$)、盾牌兵($ša$-$mušēzibti$)、持矛兵($nāš\ kabābi$)和投掷兵($sādiu$)等。被征服地区居民和部落成员是亚述辅助部队的重要来源。

新亚述军队的组织体系比较健全。国王是亚述军队的总指挥,"图尔塔努"和宦官总管分别是公民义务兵和中央常备军的主将。国王有时亲自率军出征,有时委派"图尔塔努"或宦官总管等高官率军出征,行省总督和附属国国王率本省或本国的士兵从征。总督麾下的高级军官是 $šaknu$。亚述

---

① RIMA Ⅱ A.0.101.40:28.
② RIMA Ⅲ A.0.102.6:iii 24 – iii 26.
③ RIMA Ⅲ A.0.102.6:iv 47 – iv 48.
④ 萨尔贡二世时期,图尔塔努一分为二,左图尔塔努驻昆穆赫,右图尔塔努驻哈兰。参见 SAAS Ⅺ, p. 115。
⑤ ARAB 64.
⑥ 《列王记》下 19:35.
⑦ 不过,有学者指出,亚述王室铭文中提到的数字有夸张的成分。参见 SAAS Ⅲ, pp. 107 – 109。
⑧ Duncan Noble, "Assyrian Chariotry and Cavalry", *SAAB*, Vol. 4, No. 1 (1990), pp. 61 – 68.

军队有"千人队"、"分队"、"五十人队"和"十人组"等编制，其指挥官分别称为 rab līmi、rab kiṣri、rab hamšē、rab eširti。①

二 兵役

从阿淑尔城邦独立到亚述灭亡，亚述军队发生了显著的变化，但是，公民义务兵始终是军队的主力，亚述人履行的主要兵役义务有 dikût māti 义务和 ilku 义务两种。

（一） dikût māti 义务

1. 词源与发展演变

dikûtu 源于动词 dekû（"挪移、移动、征集、聚集"等，引申为"动员士兵、派遣士兵参战"等），主要指"（为执行军事任务的）聚集"。② 在亚述文献中，dikûtu 主要拼写为 di-ku-ut，da-ku-ut，di-ku-tu。

dikûtu 义务最早出现在古巴比伦时期，主要指"（应召从事的）体力劳动或（群体的）召集"③。例如，一封破损的书信写道："关于在□□□水渠上的 dikûtu 义务，□□□□致信给我：'（我已）征召了1800人，他们都归你使用。'"④ dikûtu 义务与开挖水渠有关，显然只是一种体力劳动。中巴比伦时期，dikûtu 义务延续了古巴比伦时期的用法。加喜特王朝晚期，国王马尔都克-阿普拉-伊狄纳一世在一篇铭文中写道："（他）命令（他的官员）征调履行 dikûtu 义务和 tupšikku 义务□□□□□开挖水渠□□□□。"⑤

在亚述，dikûtu 义务最早出现在中亚述时期。沙尔马纳沙尔一世时期，亚述王室铭文首次提到 dikûtu："在我统治初期，乌鲁阿特里起兵反叛我。我向我的主人阿淑尔神及（其他）大神进行了祈祷，我把我的军队聚集起来（dikûtu），冲进了他们的雄伟大山之中。"⑥ 无独有偶，阿淑尔纳色尔帕二世时期，一篇铭文写道："根据我的主人大神阿淑尔的命令，我在1月1日命令我的军队聚集起来（dikûtu），第三次远征扎穆阿，（阿淑尔神的）圣旗走在（他们的）前面。"⑦

---

① E. Salonen, "Heer", RlA Ⅳ, pp. 244 – 247.
② CAD D, pp. 123 – 128.
③ CAD D, p. 141.
④ BIN 7 30：4, 转自 CAD D, p. 141。
⑤ W. J. Hinke, Selected Babylonian Kudurru Inscriptions, Ⅲ：25.
⑥ RIMA Ⅰ A. O. 77. 1：25 – 31.
⑦ RIMA Ⅱ A. O. 101. 1：ii 49 – ii 51；A. O. 101. 1：iii 27 – iii 31.

新亚述时期，*dikûtu* 与 *mātu* 联系在一起，构成了一个由结构态词组 *dikût māti*,① 频频出现在国王豁免神庙和臣僚地产赋役的敕令中。例如，阿达德-尼拉里三世在赐予阿淑尔神庙免赋役特权的一道敕令中写道："（关于）这些面包师、酿酒师和船夫（的义务），当（国王征发）*ilku* 义务、*tupšikku* 义务、*dikût māti* 义务和传令官召唤时，总督、'城市巡检官'、市长或什夫长不得进入他们的门，强迫他们去履行 *ilku* 义务和 *tupšikku* 义务。"② 阿淑尔巴尼拔和阿淑尔-埃特尔-伊拉尼在豁免臣僚地产的敕令也多次提到该义务："这些耕地和果园里的人员不得被征召履行 *ilku* 义务、*tupšikku* 义务和 *dikût māti* 义务。"③

不过，国王的敕令并没有透露 *dikût māti* 义务的具体内容。涉及 *dikût māti* 义务的国王豁免赋役的诏书与记载国王征战的王室铭文具有很多相似性：第一，国王通常在王室铭文开头罗列的头衔和谱系也出现在国王豁免赋役的敕令的开头，第二，国王的豁免诏令与王室铭文一样一般复制为多份，第三，国王的豁免诏书与王室铭文都严厉诅咒损坏其文字的人员。④ 这两类文献的上述相似性表明，*dikûtu* 的用法也应该与王室铭文中的意思是相似的，*dikût māti* 义务作为一种国家义务大概指参军作战的义务。

不过，需要指出的是，直到新亚述时期，*dikûtu* 义务依旧可以像古巴比伦时期和中巴比伦时期一样指体力劳动。辛纳赫里布时期，一篇铭文曾写道："他们（指狄尔蒙人——笔者）从他们的国家派遣了一支履行 *dikûtu* 义务的队伍去拆毁巴比伦城。"⑤

新巴比伦王国时期，*dikûtu* 义务依然是民众的一项重要义务，不过，它主要指"体力劳动"。纳波泊拉沙尔时期，一篇文献写道："当我的国家（需要）征召大批人手时，我把 *dikûtu* 义务摊派到应征者身上。"⑥ 由于文献并没有提及战斗任务，有关人员的 *dikûtu* 义务很可能指劳动任务。

2. 征召的对象

亚述的 *dikût māti* 义务是一种举国征召的兵役义务。例如，阿达德-尼

---

① *māti* 是 *dikûtu* 的修饰词；*māti* 一般译为"国家"或"地区"，是 *mātu* 的属格（genetive）。
② SAA XII 9：r. 26 – r. 27.
③ SAA XII 25：r. 1 – r. 2；26：r. 1 – r. 2；36：27；40：r. 1 – r. 2.
④ SAA XII, introduction pp. xiv-xvi.
⑤ OIP II, p. 138：42.
⑥ VAB 4 60：ii 3. 转自 CAD D, p. 141。

拉里三世在一篇铭文中写道:"在我登上王位的第 5 年,我进行了全国动员(*māti adki*),统帅亚述大军向哈梯进发。"①"全国动员"表明,亚述境内的所有民众都需要履行 *dikût māti* 义务。然而,*dikût māti* 义务征召的对象可能局限于保有土地的自由民。上文提到,阿淑尔巴尼拔和阿淑尔-埃特尔-伊拉尼等新亚述国王在豁免臣僚地产的赋役时,相关地产上的依附人员的 *dikût māti* 义务也在豁免之列。这些依附人员原本是相关土地的保有者,国王免除他们的 *dikût māti* 义务表明,他们原本需要履行该义务。由此可见,*dikût māti* 义务与土地保有有直接关系。占有土地是自由民的权利,尽管一些自由民因种种原因丧失了保有的土地,②但是,他们并未丧失自由民的身份,仍然需要履行 *dikût māti* 义务。因此,*dikût māti* 义务是自由民需要履行的一种兵役义务。土地保有者平时耕种土地,战时出征作战,这种亦民亦兵的军队可以称为民军。

亚述的民军制具有鲜明的阶级性。土地国有制度是亚述民军存在的物质基础。在亚述,国王是名义上的土地所有者,一封破损的信件写道:"从太阳升起之处到太阳落下之处,所有的土地都属于国王,土地上的所有人口都顺从国王。"③在处理与土地所有权有关的事宜时,国王自称"监督"(*uklu*),代表国家把土地授予所有公民。④ 享有公民权是获得份地的前提,作为回报,遇到战事发生,土地保有者需要应召出征。处于被奴役地位的奴隶无权分得份地,自然也不需要服兵役。奴隶即使在作战时被征召,也不过从事一些杂役。

3. 服役的时间

亚述的 *dikût māti* 义务原本是一种季节性的兵役义务。例如,萨尔贡二世曾在致诸神的信中写道:"塔穆兹月(Tamuzu/Du'uzu)是恩利尔的强大和法力无边的儿子、诸神中最强大的神灵尼努尔塔的月份,智慧之神宁什

---

① RIMA Ⅲ, p. 208.

② F. M. Fales, "A Survey of Neo-Assyrian Land Sales", in T. Khalid, ed., *Land Tenure and Social Transformation in the Middle East*, Beirut: American University of Beirut, 1984, p. 9; G. Galil, "Appropriation of Land by Officials in the Neo-Assyrian Period", G. Frame, ed., *From the Upper Sea to the Lower Sea: Studies on the History of Assyria and Babylonia in Honour of A. Kirk Grayson*, pp. 95 – 118.

③ SAA ⅩⅥ 200: r. 4 – r. 6.

④ I. M. Diakonoff, "Agrarian Conditions in Middle Assyria", in I. M. Diakonoff, ed., *Ancient Mesopotamia: Socio-Economic History: A Collection of Studies by Soviet Scholars*, pp. 219 – 220; M. T. Larsen, *The Old Assyrian City-State and Its Colonies*, pp. 129 – 147.

库（Ninšiku）①在古老的泥板中规定（该月是）调集军队、完善兵营的（时间）。我已向民众发布（出征的）命令，从我的皇城卡尔胡出发，在洪水泛滥的时节渡过了上扎布河。"②塔穆兹月是标准美索不达米亚历法的第4个月份，大致相当于现行公历的6月下旬至7月上旬，在此期间大麦和小麦等农作物大多已收获完毕，而早播作物才刚刚发芽，因此，该月属于农闲时间。③尼努尔塔神原本是苏美尔时期的农业丰收之神，自中亚述时期起被亚述人奉他为战神。④塔穆兹月属于战神尼努尔塔的月份表明，亚述的全民出征发生在农闲时节。智慧之神宁什库在古老的泥板上记载塔穆兹月为"调集军队、完善兵营的时间"也表明，亚述的战争发生在农闲时节，那些以农业为生的亚述人均可以随军出征。一些亚述国王确实在塔穆兹月出兵征战。例如，阿淑尔贝尔-卡拉曾在塔穆兹月远征穆什库，⑤他还在这个月份出兵打击阿拉米人。⑥又如，公元前878年，阿淑尔纳色尔帕二世曾在塔穆兹月渡幼发拉底河西征。⑦

亚述的民军制是由亚述的生产力水平决定的。阿淑尔城邦处于铜石并用时代，直到新亚述后期铁器才逐渐发展起来，总的来说，亚述早期的生产力水平极为低下，剩余产品很少，完全脱产的人员非常少。在这种情况下，一方面，生产力发展水平不允许民众长时间地脱离生产活动，因此，战争是短暂的，且大多发生在农闲时节；另一方面，低下的生产力发展水平决定了统治者无力供养一支规模庞大的常备军，只能选择既经济又实用的民军。

塔穆兹月征兵可能仅仅是非常古老的习俗，其他月份征战的例子比比皆是。阿淑尔贝尔-卡拉征战的时间是很能说明问题。除了在塔穆兹月出兵外，他曾在9月与阿拉米人作战，⑧他还在2月远征穆斯里，⑨他于11月远

---

① 宁什库是智慧之神埃阿的别名。
② ARAB Ⅱ 142.
③ Mark E. Cohen, *The Cultic Calendars of the Ancient Near East*, Bethesda of Maryland: CDL Press, 1993, p. 315.
④ G. Leick, *A Dictionary of Ancient Near Eastern Mythology*, London and New York: Routledge, 2003, p. 135.
⑤ RIMA Ⅱ A. 0. 89. 7: ii 11.
⑥ RIMA Ⅱ A. 0. 89. 7: iii 2.
⑦ RIMA Ⅱ A. 0. 101. 1: iii 1 – iii 2.
⑧ RIMA Ⅱ A. 0. 89. 7: iii 1.
⑨ RIMA Ⅱ A. 0. 89. 7: iii 3.

征巴比伦尼亚城市杜尔-库里伽尔祖；① 在另一年，阿淑尔贝尔-卡拉在 3 月击败了穆斯里，② 他分别在 5 月、6 月和 8 月与阿拉米人作战。③

亚述兵农合一的民军制脱胎于氏族社会全民皆兵的军事制度。在以血缘关系为中心的氏族社会中，所有的成员共享土地、牛羊和战利品等财产，同时也需要参加本氏族的战斗。据《亚述王表》记载，亚述最初的 17 位国王住在帐篷中④，因此，阿淑尔城邦也是从氏族部落发展而来的。随着历史的发展，社会内部已发生显著分化，但是，从氏族发展而来的村庄直到新亚述时期仍然是社会的基本细胞。⑤ 由于原始社会的残余，亚述形成了普遍的义务兵役制。亚述公民平时为民，战时为兵，农忙时在家务农，农闲时进行军事训练或出征打仗。

（二）*ilku* 义务

1. 词源与发展演变

ilku 源于动词 *alāku*（走、去、来等），本义为"去（履行义务）"，后来演化出多种意思：既可以指为获得土地而从事的工作，又可以指为换取土地保有权而提供的服务，还可以指为换取土地保有权而交纳的部分收获物，等等。⑥ 在亚述文献中，*ilku* 主要拼写形式有 *il-ku*、*al-ku*、*al-lik* 等，其复数形式有 *ilkakātu*、*ilkāni*。*ilku* 的意思与苏美尔语 kaskal 大体相当。

ilku 义务最早出现在阿卡德王国时期，其具体内容和征召的原则尚不完全清楚，不过，可以确定的是神庙中的劳动为其重要内容之一。为了取悦太阳神，马尼什图舒曾豁免了献给太阳神的 38 个城市的 *ilku* 义务："我（把）从阿伯山到杜尔-达努姆以东的阿克沙克的 38 个城镇献给了沙马什神，我不再要求它们（的居民）履行 *ilku* 义务，不再征召他们服役，他们将只在埃巴巴尔神庙中履行 *ilku* 义务。"⑦

古巴比伦时期，*ilku* 义务的内容和服役的方式已非常清楚，它是一种

---

① RIMA Ⅱ A. 0. 89. 7：iii 4.
② RIMA Ⅱ A. 0. 89. 7：iii 11.
③ RIMA Ⅱ A. 0. 89. 7：iii 13，iii 18，iii 19.
④ Jean-Jacques Glassner, *Mesopotamian Chronicles*, p. 137.
⑤ J. N. Postgate, "The Ownership and Exploitation of Land in Assyria in the First Millennium BC", in M. Lebeau et P. Talon, eds., *Reflets des deux fleuves: Volume de mélanges offerts à André Finet*, pp. 144 – 145.
⑥ CAD I-J, p. 73.
⑦ E. Sollberger, "The Cruciform Monument", *JEOL*, Vol. 20 – 23 (1967 – 1974), pp. 55 – 57：124 – 138.

与土地保有有关的国家义务,既可以是一种兵役义务,也可以指修建公共工程的劳役。在著名的《汉穆拉比法典》中,*ilku* 义务往往是一种兵役义务,该义务的履行与保有土地有直接的关系。① 在行省的行政管理档案、书信等文献中,*ilku* 义务往往是劳役,② 可以交纳银子代替服役。③

在米坦尼王国的努兹地区,*ilku* 义务也是一种与不动产保有有关的重要义务。有关人员占有耕地、房屋和其他类型的不动产,需要负担 *ilku* 义务。一般情况下,各种不动产不能转让给家庭外的人员,买卖双方采取收养的方式来买卖正常情况下不能转让的不动产:卖主收养买主,卖主把不动产的所有权交付买主,买主交给卖主一份相当于不动产价值的礼物,但是,一些卖主往往继续负担相关不动产的 *ilku* 义务。④ 尽管努兹地区的 *ilku* 义务有时可能是兵役义务,但是,有关文献表明它多数时候指农业和手工业方面的劳动。⑤

在亚述,*ilku* 义务最早出现于中亚述时期,在新亚述时期成为土地保有者等人员需要履行的最重要的义务。⑥ 中亚述王国是在灭亡米坦尼王国的基础上建立的,不但领有该王国的全部领土,而且继承了它的各种制度,⑦ 因此,亚述的 *ilku* 义务很可能是从米坦尼王国,尤其是努兹地区沿袭下来的。⑧

亚述灭亡后,新巴比伦王国和波斯阿黑门尼德王朝继承了亚述的 *ilku*

---

① Martha T. Roth, *Law Collections from Mesopotamia and Asia Minor*, "Laws of Hammurabi": 27 – 32.

② M. Y. Ishikida, "The *Ilkum* Institution in the Provincial Adminstration of Larsa during the Reign of Hammurapi (1792 – 1750 BC)", *Orient*, Vol. 34 (1999), pp. 61 – 87.

③ S. F. C. Richardson, The Collapse of a Complex State: A Reappraisal of the End of the First Dynasty of Babylon 1683 – 1595 B. C., pp. 348 – 447.

④ Pierre M. Purves, "Commentary on Nuzi Real Property in the Light of Recent Studies", *JNES*, Vol. 4, No. 2 (1945), pp. 68 – 86; M. P. Maidman, *Nuzi Texts and Their Uses as Historical Evidence*, pp. 163 – 168.

⑤ M. P. Maidman, *Nuzi Texts and Their Uses as Historical Evidence*, p. 164.

⑥ J. N. Postgate, *Taxation and Conscription of the Assyrian Empire*, pp. 63 – 93.

⑦ Amir Harrak, Assyria and Hanigalbat: A Historical Reconstruction of Bilateral Relations from the Middle of the Fourteenth to the End of the Twelfth Centuries B. C., PhD Dissertation of the University of Toronto, 1987, pp. 174 – 178, 262 – 282, 373 – 383.

⑧ J. N. Postgate, "*ilku* and Land Tenure in the Middle Assyrian Kingdom: A Second Attempt", in M. A. Dandamaev et al., eds., *Societies and Languages of the Ancient Near East: Studies in Honour of I. M. Diakonoff*, pp. 305 – 307.

义务，但是，随着军队来源多元化，雇佣兵扮演越来越重要的角色，有关人员通常交纳银子代替服兵役。*ilku* 义务既可以指一种劳动义务，① 也可以指一种税赋。②

2. 主要内容

中亚述时期，兵役是 *ilku* 义务的重要内容。例如，泰尔·阿尔-里马赫出土的一份中亚述时期的一份物品清单写道："1 伊麦如 3 苏图谷物□□□3 罐猪油、2 米那羊毛，（这是）给在尼赫里亚履行 *ilku* 义务的军队（*hurādu*）③ 及其兄弟们的（给养）□□□□□"④ 谷物、油和羊毛等物品是古代两河流域士兵的给养。⑤ 伊什美-达甘曾在致其弟亚斯马赫阿杜的信中写道："这些没有组织起来、不会种田的人将成为后备兵员的替补！让他们成为后备兵员！让他们从宫廷里领取大麦、油和羊毛！"⑥ 中亚述时期的物品清单提到的物资很可能也是配给士兵的给养。尼赫里亚位于叙利亚东北部马尔丁、锡韦雷克和迪亚巴克尔构成的三角地带，古亚述时期的商人曾在这里建立

---

① A. Ragen, The Neo-Babylonian *Širku*: A Social History, pp. 4, 23, 34, 44, 300, 312, 315, 322, 558, 589. 不过，需要指出的是，阿黑门尼德王朝时期的劳役种类繁多，*ilku* 义务只是其中之一，其他的名目还有 *urāšu*, *rikis*, *qabli*, *qatšu* 等。参见 C. Waerzegges, "The Babylonian Revolts against Xerxes and the End of Archives", *AfO*, Vol. 50 (2003 - 2004), p. 167。

② B. Kienast, "*ilku*", *RlA* V, p. 58; M. W. Stolper, *Entrepreneurs and Empire: The Murašû Archive, the Murašû Firm and Persian Rule in Babylonia*, Istanbul: Nederlands Historisch-Archaeologish Instituut te Istanbul, 1985, pp. 149 - 150; Joachim Olesner, Bruce Well and C. Wunsch, "Neo-Babylonian Period", in R. Westbrook, ed., *A History of Ancient Near Eastern Law*, Vol. II, p. 920; C. Wunsch, "Neubabylonische Geschäftsleute und ihre Beziehungen zu Palast- und Tempelverwaltungen: Das Beispiel der Familie Egibi", in A. C. V. M. Bongenaar, ed., *Interdependency of Institutions and Private Entrepreneurs: Proceedings of the 2nd MOS Symposium*, Istanbul: Nederlands Historisch-Archaeologisch Instituut te Istanbul, 2000, pp. 111. f; M. W. Stolper, "Late Achaemenid Texts from Uruk and Larsa", *Baghdader Mitteilungen* Vol. 21 (1990), pp. 559 - 622; Kathleen Abraham, *Business and Politics under the Persian Empire: The Financial Dealings of Marduk-nāṣir-apli of the House of Egibi*, Bethesda, Maryland: CDL-Press, 2004, pp. 66. ff; A. Ragen, The Neo-Babylonian *Širku*: A Social History, p. 231.

③ 不过，魏兹曼将该词转写为 *hu-da-di*, 意思难以理解；波斯特盖特根据上下文的意思将其恢复为 *hurādu*，笔者赞同后一种处理方法。

④ D. J. Wiseman, "The Tell Rimah Tablets, 1966", *Iraq*, Vol. 30, No. 2 (1968), p. 179.

⑤ J. N. Postgate, "Land Tenure in the Middle Assyrian Period: A Reconstruction", *BSOAS*, Vol. 34, No. 3 (1971), p. 498.

⑥ ARM IV 86: 32 - 35.

了商业据点，① 中亚述王国与赫梯曾在此展开长时间的角逐。② 因此，相关士兵履行的 *ilku* 义务应该是兵役义务。履行 *dikût māti* 义务的士兵往往在战斗结束后返回家园，不大可能长时间驻守远离亚述本土的尼赫里亚。因此，在该城履行 *ilku* 义务的亚述士兵不可能是临时征召来的民军，他们能够长时间服役，具备了常备军性质。

新亚述时期，兵役依旧是 *ilku* 义务的重要内容，阿淑尔总督塔伯-西尔-埃沙拉致国王萨尔贡二世的一封信写道："在过去的岁月，国王我的主人的父亲在位时□□□□□□□我不需要填补埃卡拉图③宫的亏空；但是，现在国王我的主人豁免了'内城'（ᵘʳᵘ*libbi āli*）④ 的赋役，'内城'的 *ilku* 义务被摊派到了我的身上，我不得不填补埃卡拉图宫的亏空。他们是像他们自称的'买来的人'的孩子，还是宫廷管理人的 *zakkû*？我在写字板上列举了'买来的人'的孩子和宫廷女仆的孩子，把它送给了国王我的主人。他们总共 370 人：90 个人是'国王的士兵'，90 个人是后备军（*kutallu*），（其余的）190 个人应该从事国王的劳动（*dullu ša šarri*）。"⑤ 如此看来，阿淑尔省总督征召的履行 *ilku* 义务的人员分为"国王的士兵"、"后备军"和"从事国王劳动的人员"三类。上文提到，"国王的士兵"指行省履行兵役义务的人员。*kutallu* 源于动词 *kalû* 的 Š 态（保留、储备），本义指"后面"，引申为"在家待命的士兵"，即"后备军"。⑥ 无论现役士兵还是后备军都是军人，这表明兵役是 *ilku* 义务的重要内容。

不过，"190 个人应该从事国王的劳动"表明，劳役也是 *ilku* 义务的重要内容。因此，亚述的兵役和劳役有时是合一的，履行 *ilku* 义务的人员既可以服兵役，也可以从事劳役。

ilku 义务还可以指神庙中的劳动。例如，一个名为贝尔-乌帕克的人在

---

① L. L. Orlin, *Assyrian Colonies in Cappadocia*, p. 82.
② Itamar Singer, "The Battle of Nihriya and the End of the Hittite Empire", *ZA*, Vol. 75, No. 1 (1985), pp. 100 – 123.
③ 埃卡拉图系阿淑尔城附近的古城，沙马什-阿达德一世以埃卡拉图为基地篡夺了亚述政权。参见 Jean-Jacques Glassner, *Mesopotamian Chronicles*, p. 139。
④ "内城"系阿淑尔城的别名，意思是"城中之城"。参见 I. M. Diakonoff, "Agrarian Conditions in Middle Assyria", I. M. Diakonoff, ed., *Ancient Mesopotamia: Socio-Economic History: A Collection of Studies by Soviet Scholars*, p. 210。
⑤ SAA I 99: r. 2 – r. 16.
⑥ Simo Parpola, *Assyrian-English-Assyrian Dictionary*, p. 52.

致其父库纳的信中写道:"我每天都向纳布和纳娜祈祷,希望我的父亲长命百岁,我不停地代表我的父亲向埃兹达神庙提供 *ilku* 义务。"① 一份向尼努尔塔神献祭的文献写道:"杜尔-马基-伊萨尔是贝尔-纳伊德和纳布-纳伊德的妹妹纳拉姆图的儿子,她在做神妓期间生下了他。他们把他养大,(然后)把他作为礼物献给了他们的主人尼努尔塔。(他的) *ilku* 义务和 *tupšikku* 义务属于尼努尔塔神庙(义务)的一部分。"② 一封破损的书信写道:"你要在神庙中履行 *ilku* 义务。"③ 但是,我们不清楚神庙中的 *ilku* 义务是守卫神庙,还是神庙中的杂役,或者是其他活动。

3. 征召服役的原则

ilku 义务是一种与土地保有有关的国家义务。中亚述时期,一篇有关 *ilku* 义务的法律文献写道:"阿苏阿特-伊底格拉特与她的后代将是阿穆茹-纳西尔及其孩子的 *ālaiu*,他们将要替阿穆茹-纳西尔及其孩子履行 *ilka ša ālaiūti*。"④ 学术界对这段话中提到的 *ilku* 义务有不同的理解:季亚科诺夫认为,上述 *ilku* 义务指国家摊派到村庄里土地保有者身上的义务,它可以转嫁到其依附者身上。⑤ 芝加哥大学东方研究所亚述语词典的编撰者们认为,上述 *ilku* 义务指村庄里土地拥有者向其依附者征发的私人服务。⑥ 波斯特盖特则认为,上述 *ilku* 义务指国家摊派到村庄里土地保有者的义务,可以由其依附者代替服役。⑦ 尽管上述三种解释存在一定的差别,但是,它们也有明显的共同之处,即都认为 *ilku* 义务是一种与村庄里土地保有者有关的义务。村庄是亚述最基本的生产单位。阿淑尔出土的文献表明,亚述实行二圃制的休耕制度。⑧ 在实行土地休耕与轮作制度的地方,休耕后土地的重新分配涉及全体村民的利益,村民身份是参与土地分配的必要条件。

---

① SAA XVIII 64: 4-9.
② SAA XII 92: 12.
③ SAA XIII 182: 5.
④ KAJ 7.
⑤ I. M. Diakonoff, "Agrarian Conditions in Middle Assyria", in I. M. Diakonoff, ed., *Ancient Mesopotamia: Socio-Economic History: A Collection of Studies by Soviet Scholars*, p. 232.
⑥ CAD A/1, p. 391.
⑦ J. N. Postgate, "Land Tenure in the Middle Assyrian Period: A Reconstruction", *BSOAS*, Vol. 34, No. 3 (1971), pp. 497-498.
⑧ J. N. Postgate, "*Ilku* and Land Tenure in the Middle Assyrian Kingdom: A Second Attempt", in M. A. Dandamaev et al., eds., *Societies and Languages of the Ancient Near East: Studies in Honor of I. M. Diakonoff*, pp. 309-310.

阿苏阿特-伊底格拉特及其后代的村民身份表明她们也有资格参与土地分配。不过，由于她们依附于阿穆茹-纳西尔父子，其参与土地分配的行为可能是代替主人行事。苏阿特-伊底格拉特及其后代代替主人参与土地分配可能意味着她们是相关土地的实际耕种者。上文提到，村庄古代两河流域最基层的行政管理单位，履行 *ilku* 义务人员的征调仍然以村庄为单位。阿苏阿特-伊底格拉特及其后代代替阿穆茹-纳西尔父子耕种村里的土地，自然也应该代替主人履行村民的义务。由此可见，这里提到的 *ilku* 义务也与土地保有有直接的关系，不过，它可以由依附于土地保有者的人代为履行。

新亚述时期，*ilku* 义务也与土地保有有关，一些土地买卖文书是有力的证据。土地交易的法律文书一般包括卖主的印章或手印、转让过程、毁约诅咒、见证交易的证人和交易发生的时间五个必备的要素。① 毁约诅咒是对将来爽约的人员的诅咒，土地买卖文书列举了将来可能对交易提出异议的人员，主要包括卖主、卖主的儿子、兄弟、其他亲属、所在地的总督和 *bēl ilki*。② 卖主的儿子、兄弟和其他亲属可能对被交易的土地拥有一定的权益，土地买卖契约提到他们是很自然的。行省总督和其他官员代表国王管理辖区内的土地，土地转让文书提到他们也是不难理解的。*bēl ilki* 出现在土地买卖契约中则表明，他们也与土地保有有关。*bēl ilki* 的字面意思是"*ilku* 之主"，既可能是负责征发 *ilku* 义务的官员，也可能是需要履行该义务的人。*bēl ilki* 出现在土地交易过程中表明他与被交易的土地有关。由此可见，*ilku* 义务与土地保有有一定的关系。公元前 734 年，卡舒迪将 5 苏图土地以 13 米那铜的价格卖给了一个名为纳兹的人，交易契约的附加条款约定："卡舒迪将负责履行（上述土地的）*ilku* 义务。"③

新亚述时期，一些没有占有土地的人和奴隶也需要履行 *ilku* 义务。上文提到，阿淑尔总督塔伯-西尔-埃沙拉征召履行 *ilku* 义务的人员包括"买来的人"的孩子，他们属于奴隶。一些没有耕地的铁匠曾致信国王抱怨摊派到其身上的 *ilku* 义务："我们是 17 个铁匠，没有一个人占有耕地

---

① J. N. Postgate, *Fifty Neo-Assyrian Legal Documents*, Warminster: Aris & Philips, 1976, pp. 12 – 21.

② Barbara Parker, "Economic Tablets from the Temple of Mamu at Balawat", *Iraq*, Vol. 25, No. 1 (1963), 125: 16; SAA Ⅵ 101: 15; 102: 13; 299: 9; 342: 14; SAA ⅩⅣ 190: 14; 463: 16.

③ Barbara Parker, "Economic Tablets from the Temple Mamu at Balawat", *Iraq*, Vol. 25, No. 1 (1963), BT 106: 26 – 27.

□□□□□□我们没有耕地,没有人会给我们粮种。宫廷的工作已成为我们身上的负担。愿国王过问并彻查(这件事):由于它的缘故,我们撤走了。请国王询问队官:'那些人在哪里?'人们离去了,由于履行 *ilku* 义务都进入宫廷了。"①

随着亚述的扩张,*ilku* 义务的征发范围被扩展到被征服地区。例如,阿达德-尼拉里三世曾把新征服的欣达努地区委托给拉萨帕省总督涅尔伽尔-埃里什管理,他在相关的敕令中写道:"我把欣达努地区委托给拉萨帕省总督涅尔伽尔-埃里什,(该地区的)*ilku* 义务(也)在他的管辖之下。"② 又如,哈勒资亚特巴尔省总督在致国王的信中写道:"国王我的主人在信中给我提到的乌舒人和库达人已经服从国王我的主人的命令了,(那些)在国王的侍卫沙马什-伊拉伊(攻打他们)时没有投降的城镇(居民)现在已经集中,并且听从我的(指挥)。我与他们达成了和平(协议)。那些该履行 *ilku* 义务的人都服役了,那些该提供'国王的士兵'的人也都提供('国王的士兵')了。"③

新亚述时期,附属国居民有时也需要履行 *ilku* 义务。沙比莱舒总督阿淑尔-杜尔-帕尼亚在致埃萨尔哈东的信中写道:"舒布利亚的信使来到了沙比莱舒。国王我的主人会问:'他们是谁?'(他们是)雅塔、他的临近乌拉尔图边境地区的'村庄巡检官'、阿比-雅卡和当地居民。④ 国王我的主人会问:'他的兄弟和他的副官在阅兵时说要来,为什么没有来?'他们说:'胡-特舒伯病了,(于是派)这些人来谈判。'他们在泥板上记下了当地居民中在去年、前年及三年前逃避充作'国王的士兵'的 *ilku* 义务,而进入他(乌拉尔图国王——笔者)控制地区的人,他们把那些(逃跑的)人作为他们谈判的目标,他们要把泥板带去读给国王我的主人听。"⑤ 上述信件表明,附属国居民不仅需要履行 *ilku* 义务,而且要充当现役军人。

综上所述,*ilku* 义务原本与 *dikût māti* 义务一样是国家向保有土地的自由民征发的一种义务;但是,随着版图的扩大,亚述需要更多的兵力去防

---

① SAA XVI 40:r.3 - r.17.
② RIMA III A.0.104.9:4 - 5.
③ SAA V 78:4 - r.3.
④ 乔瓦尼·B. 兰弗兰基和西莫·帕尔波拉将这段话译为:"(They are) Yata, his man in charge of the towns near the Urartian border, and with him Abi-yaqa, a local inhabitant." 笔者认为如此翻译不够准确:一方面,雅塔是邻近乌拉尔图边境的"村庄巡检官";阿比-雅卡不见得是当地人,因为这里是复数(un. meš kur)。基于上述考虑,笔者对译文做了一定修改。
⑤ SAA V 52:1 - 24.

守新征服的城市和地区，国家被迫征召奴隶、被征服地区居民以及附属国居民等人员去服役，于是，亚述的 *ilku* 义务演变成普遍的征兵制。

4. 代役

除了土地保有者及其依附人员亲自去履行 *ilku* 义务外，他们还可以缴纳军用物资代替服役。中亚述时期，两份文件提到的 *ilku* 义务是马匹饲料，其中一份文件写道："阿努姆-舒马-埃莱什收到了 16 伊麦如 5 苏图（充作）马饲料的谷物，（这是）来自帕尔帕拉佑的 *ilku* 义务。"[1] 这位名为帕尔帕拉佑的人的 *ilku* 义务却是一定数量的马饲料，他可能通过缴纳马饲料的方式代替履行 *ilku* 义务。[2] 另一份文献稍有不同："5 苏图（充作）马饲料的谷物，（这是）伊齐什亚和□□□□□管辖的 *ilku* 义务。"[3] 伊齐什亚可能是负责管理 *ilku* 义务的官员，他征收的 *ilku* 是 5 苏图的马饲料，这也表明有关人员也可能缴纳马饲料代替履行 *ilku* 义务。

新亚述时期，一些军用物资也称为 *ilku*。例如，卡尔胡的一份物品清单写道："车兵从宫廷总管收到的 *ilku*：（过去是）每月 3 伊麦如饲料；现在是（每月）7 捆□□□9$\frac{1}{2}$（捆）秸秆、9 苏图面粉、1 卡酒、1/2 卡油、1 苏图小豆蔻、1 苏图食盐和 1 伊麦如 2 苏图豌豆。在我（管理）期间，他每月收到我的 10 捆秸秆、1 卡油；他（还）收到我的 24 舍克勒银子（来购买）药草、1 伊麦如 8 苏图面粉、2 块织物、2 块皮革、3 米那羊毛和 3 卡油，这都是给他（们参加）战斗（准备的物资）。"[4] 车兵从宫廷总管手里接收的 *ilku* 是人畜的食物和草料等物资，它们都是为发动一场战斗而准备的军队给养。这份清单可能意味着一些人缴纳军用物资代替履行 *ilku* 义务。尼姆鲁德的另一份物品清单也记录了极为类似的内容："□□□□的 *ilku*：每天□□碗葡萄酒、2 伊麦如 1 苏图面包、2 伊麦茹啤酒、5 苏图饲料和 2 米那买灯油的铜。这都是他远征的给养。"[5] 上述物品清单表明，在新亚述时期有些人也可以通过缴纳物资的方式代替履行 *ilku* 义务。

---

[1] KAJ 233: 1–6.

[2] J. N. Postgate, "Land Tenure in the Middle Assyrian Period: A Reconstruction", *BSOAS*, Vol. 34, No. 3 (1971), pp. 496–501.

[3] KAJ 253: 1–5.

[4] D. J. Wiseman, "The Nimrud Tablets, 1953", *Iraq*, Vol. 15, No. 2 (1953), p. 146.

[5] CTN II 141: 1–8.

牛羊、食物、饮料、衣服和铁等民用物资也可以抵充 ilku 义务。一位名为涅尔伽尔-埃提尔的官员在致萨尔贡二世的信中写道："国王摊派到我的身上 ilku 义务：□□□□牛□□□□帕尔苏阿的绵羊□□□□□□□□。"①尼尼微出土的一份破损的交纳物品清单写道："□□□□41□□□□□杯□□□□14□□□□□杯□□□□□□□□□这是（他们交来抵充）ilku 义务（的物品）。他们的 ilku 义务份额□□□□牛、100 只□□□□绵羊□□□□。"②尼尼微出土的另一份破损的交纳物品清单写道："□□□□（交来抵充）ilku 义务的物品：□□□□□□谷物□□□□□□啤酒□□□□□2 伊麦如小麦、1 伊麦如面粉、3 苏图葡萄、1 苏图□□□□12 块无花果糕点、1 苏图猪油、1 件下面加厚的衣服、1 件斗篷、1 顶帽子、1 块围巾、1 件长袍、6 米那羊毛□□□□□2 个皮革水袋□□□双便鞋□□□□米那铁□□□□□。"③

朝廷高官"马森努"和行省的总管可能负责管理交纳物资代替服 ilku 义务的事宜。在中央政府，"马森努"是抵充 ilku 义务物资的接收者。卡尔胡的一份破损的文献写道："'马森努'运到宫廷的 ilkakātu 有 83 伊麦如 8 苏图大麦□□□□总共 1584 伊麦如大麦□□□□□。"④一位官员在给国王的信中写道："愿国王我的主人致信'马森努'，他应当接收腰带、皮革水袋和牧人的 ilku。"⑤在行省，行省总管负责把抵充 ilku 义务的物资提交王室。尼姆鲁德出土的一份物品清单写道："总管在王宫交付的（抵充）ilku 义务□□□□。"⑥尼姆鲁德出土的另一份物品清单上写道："阿尔贝拉的总管在王宫交付（抵充）ilku 义务。"⑦

尽管亚述人可以交纳军用和民用物资代替履行 ilku 义务，但是，我们既不清楚哪些人享有这种权利，也不清楚相关人员需要交纳多少物资可抵充 ilku 义务。不过，抵充 ilku 义务的军用物资可能不是一般平民能提供的，因此，交纳物资代役很可能是富有家庭的特权。

---

① SAA XV 67.
② SAA XI 97：r. 3 - r. 4.
③ SAA XI 28.
④ CTN III 88.
⑤ Simo Parpola, *Letters from Assyrian Scholars to the Kings Esarhaddon and Assurbanipal*, Vol. I, Neukirchen-Vluyn：Neukirchener Verlag, 1970, 37.
⑥ CTN I ND 10012.
⑦ CTN I ND 1009.

5. 征召渠道

ilku 义务的摊派依赖于各级官吏。行省是亚述行政管理的基本单位，也是国王征发 *ilku* 义务的基本单位，行省总督负责其辖区 *ilku* 义务的分派。上文提到，阿达德－尼拉里三世曾把新征服的欣达努地区委托给拉萨帕省总督涅尔伽尔－埃里什，该地区分派 *ilku* 义务的任务也委托给他。上文还提到，阿淑尔总督塔伯－西尔－埃沙拉具体负责征召辖区内履行 *ilku* 义务的人员。

村庄是亚述最基层的行政单位，也是 *ilku* 义务征发的单位，村长可能负责本村 *ilku* 义务的征发。新亚述时期，一些土地交易契约还有附加条款，它们往往屡屡提道："他不需要和他的村庄一起履行 *ilku* 义务。"① 村长代表村庄处理与外界的关系，他可能负责分派本村的 *ilku* 义务。

"村庄巡检官"也可能对 *ilku* 义务的征调负有一定的责任。上文提到，沙比莱舒总督阿淑尔－杜尔－帕尼亚在致国王的信中提到，舒布利亚曾派遣"村庄巡检官"前去谈判 *ilku* 义务的问题。舒布利亚国王之所以派"村庄巡检官"去谈判 *ilku* 义务问题，可能是因为该官员负责其辖区内 *ilku* 义务的征发。

由此可见，亚述 *ilku* 义务是自上而下摊派的，多级行政机构参与该义务的征发：国王将需要的 *ilku* 义务分配到行省，行省总督再将其分解到辖区的城镇和村庄，村长具体负责选定本村应服役的人员，"村庄巡检官"负责督促其辖区 *ilku* 义务的征发，而 *bēl ilki* 具体负责 *ilku* 义务的接收。

附属国国王负责本国 *ilku* 义务的征调。例如，在与阿尔帕德国王马提－伊鲁签订的条约中，阿淑尔－尼拉里五世规定马提－伊鲁必须在亚述征战时率军从征，否则将受到神灵的惩罚。② 又如，萨尔贡二世曾命令阿拉布里亚国王贝尔－伊狄纳随马扎穆阿省总督一起去出征，③ 但是，该总督却在一封致国王的信中揭露他的卑鄙伎俩："去年贝尔－伊狄纳之子没有和我一起出征，他把最好的人留在家里，仅仅派给我一些孩子。现在，愿国王我的主人派给我一个搜索官以便他们能随我一起（出征）。否则，他（又）会退缩、逃跑，（并）充满怨恨地警惕着我们。他肯定不会随我一起去（出征），

---

① SAA Ⅵ 31：r. 30，191：r. 5；SAA ⅩⅣ 263：r. 3.
② SAA Ⅱ 2：iv 1 – iv 16.
③ SAA Ⅴ 199：r. 9.

而是仅仅派给我一些孩子，（却）把最好的人留在家里。"①

部落酋长负责本部落 ilku 义务的征发。例如，阿米蒂行省总督里普胡尔-贝尔在致萨尔贡二世的信中写道："我麾下国王的伊图士兵已经从幼发拉底河畔回来了，他们没有跟随'苏卡鲁'出征。我派人征调他们，但是，只有一两户从村里出来了。请国王我的主人写信给（伊图人）酋长，他们应该把'国王的士兵'都带出来，和我一起在拉鲁巴进行警戒，直到我们完成庄稼的收获。"② 阿米蒂行省总督征调伊图士兵，他必须通过国王让伊图酋长把其部落成员带出来。

有时候，士兵也参与 ilku 义务的征发。国王的医生总管乌拉德-纳娜亚在致埃萨尔哈东的信中写道："国王我的主人应该知道，明天是（医生履行）ilku 义务的（时间）。一位（战车上的）'第三人'（tašlīšu）③ 说：'我是奉命行事，医生必须跟我走。'"④

6. 服役的时限、服役者的年龄和逃役情况

对于 ilku 义务履行的时限，我们并没有直接的证据。不过，一些逃役的材料间接地提到了 ilku 义务的期限。上文提到，沙比莱舒行省总督阿淑尔-杜尔-帕尼亚在致埃萨尔哈东的信中写道："他们在泥板上记下了当地居民中在去年、前年及三年前逃避充作'国王的士兵'的 ilku 义务（的人员名单）。"这大概表明 ilku 义务是以一年为单位的。⑤

迄今为止，我们并没有发现履行 ilku 义务人员的年龄，不过，一些间接的材料表明亚述履行 ilku 义务人员的年龄下限非常低，未成年的孩子（ṣehru，语义符为 lú. tur）也在征召之列。新亚述时期，一位总督在致国王的信中写道："我的士兵数量非常少，我的 šaknu 根据我的命令去征调士兵。自从我从国王我的主人身边返回后，我一直在等候他们，但是，他们却没有来。我写信给报告国王我的主人，我只得到了 260 匹马和 13 个孩子。（此外，）还有 267 匹马和 28 个（成年）人。（现在）我总共有 527 匹马和

---

① SAA V 200：r. 2 – r. 16.
② SAA V 3：r. 10 – r. 20.
③ 战车上执盾保护车夫和战士的人，因其是战车上的第三个乘员而得名。
④ SAA X 324：r. 4 – r. 11.
⑤ J. N. 波斯特盖特曾经推断 ilku 义务的履行可能以一年为周期，但是，他并没有给出其依据。参见 J. N. Postgate, "Land Tenure in the Middle Assyrian Period: A Reconstruction", *BSOAS*, Vol. 34, No. 3 (1971), p. 501。

28个（成年）人。我一直写信给'国王的士兵'的所在地，但是，他们却没有来。书吏正在和国王我的主人在一起，国王我的主人可以询问他（有关情况）。"① 既然上述总督敢于向国王报告征发孩子服役情况，可见孩子服役是国王允许的。上文提到，萨尔贡二世曾命令阿拉布里亚国王贝尔-伊狄纳随马扎穆阿省总督一起去出征，但是，阿拉布里亚国王贝尔-伊狄纳却把最好的人留在家里，仅仅派给亚述总督一些孩子。征召孩子服役表明，成年人服役已满足不了国家的需要，亚述的 *ilku* 义务是一项沉重的负担。

ilku 义务可能历时一个月或数月。一位官员在致萨尔贡二世的信中提到卡尔赫米什居民曾逃避 *ilku* 义务："关于国王我的主人在给我的信中提到的国王的臣民，他们当中没有一个人是他们的仆人。国王我的主人应该审问那些赶来的人：他们中间没有一个人是农夫，他们（分别）是卡尔赫米什（国王）的诉讼当事人、债主和亲戚，他们要把他们的报告送给宫廷。现在，人们已经惧怕国王他们的主人（摊派）的 *ilku* 义务了，他们抱怨说：'他们为什么月复一月地迫害我们？'他们接连逃跑，移居到（幼发拉底）河对岸的阿尔帕德。"②

总而言之，亚述实行兵民合一的民军制（*dikût māti*）和征兵制（*ilku*）相结合的兵役制度，二者既有一定的联系，又有明显的区别。*ilku* 义务是以土地保有为基础的征兵制，是 *dikût māti* 义务兵役制的扩大和延续。*ilku* 义务与 *dikût māti* 义务的区别主要体现在两个方面：一方面，履行 *dikût māti* 义务的民军为临时建军，而 *ilku* 制度则有现役和预备役之分，兼顾到平时建军和战时扩军的双重需要；另一方面，*dikût māti* 具有明显的阶级性，局限于自由民等级；而 *ilku* 制度突破了阶级界限，既有自由民，也有依附者、奴隶和附属国居民等。

亚述的兵役制度在不同时期扮演不同的角色。阿淑尔城邦时期，亚述人注重对外贸易，没有对外扩张，平时不需要大量常备军，全民皆兵的 *dikût māti* 义务即可满足防御城市的需要。中亚述时期，亚述在摆脱米坦尼王国羁绊的过程中，走上了对外扩张的道路，组建了常备军以控制被征服地区，同时每年战争季节出征的惯例被打破。新亚述时期，亚述的扩张达到了顶点，士兵服役的时间限制常常被打破，除了利用俘虏和被征服地区

---

① SAA Ⅰ 241：r. 2 – r. 10.

② SAA Ⅰ 183：3 – 17.

居民组建中央常备军外，还征召附属国居民服兵役。

第三节 劳动用工与劳役

劳动用工情况决定了劳役的摊派状况，本节将在介绍劳动用工情况的基础上分析亚述的劳役摊派情况。

一　劳动用工情况

亚述的劳动用工大致可以分为工程建设用工和维持神庙、宫廷和各级官署等机构正常运转的用工两大类，前者指兴建各种工程需要的劳动力，而后者指在上述公共机构中充当仆役的工作。

1. 公共工程的用工情况

亚述的公共工程建设一般被称为"国王的工作或任务"（dullu ša šarri），主要指神庙、城市、军事要塞和农田水利工程等各类工程的建设。上文提到，亚述国王往往自称为阿淑尔神的代理人或祭司，修建神庙是国王的重要职责之一。历代亚述国王均重视神庙的修建，阿淑尔城的阿淑尔神庙尤其受到关注。埃萨尔哈东的铭文曾记述了阿淑尔神庙几次重要的重建情况："阿淑尔的祭司、我的祖先乌皮什亚最初建造的阿淑尔神庙破旧了，阿淑尔的祭司、我的祖先、伊鲁-舒马之子埃里舒姆（一世重）建了（它）。126年后，它又破旧了，阿淑尔的祭司、我的祖先、伊拉-卡伯卡比之子沙马什-阿达德一世（重）建了（它）。434年过去了，那座神庙毁于大火，阿淑尔的祭司、我的祖先、阿达德-尼拉里一世之子沙尔马纳沙尔一世（重新）建造了（它）。580年过去了，那个内室、我的主人阿淑尔神的住所，比特-沙胡鲁、库布神的神庙、迪巴尔神的神庙、埃阿神的神庙变得破旧了，我对重修庙宇的事感到着急、害怕和彷徨。"[1] 亚述的每个城市都有神庙，神庙一般是城市最宏伟的建筑之一，修建神庙往往耗费大量的人力。

亚述曾四次迁都，与之相伴的往往是大兴土木的工程建设。亚述最初的都城阿淑尔位于底格里斯河西岸，对亚述的对外贸易发展起了不可低估的作用。中亚述时期，随着亚述的扩张，亚述历史发展的重心移到了底格里斯河东岸，图库尔提-尼努尔塔一世于是在底格里斯河东岸营建了其新都卡尔-图库尔提-尼努尔塔。不过，图库尔提-尼努尔塔一世被暗杀后，其

---

[1]　RINAP Ⅳ 57：iii 16 – iii 44.

后继者并未驻跸新都，阿淑尔城依旧是亚述的政治、经济和文化中心。阿淑尔纳色尔帕二世时期，底格里斯河东岸地区的重要性再次凸显，他正式迁都卡尔胡城，阿淑尔城变成了国家的宗教中心。亚述帝国时期，乌拉尔图成为亚述的劲敌，萨尔贡二世花十余年的时间营建了新都杜尔-沙鲁金。萨尔贡二世死后，其子辛纳赫里布并未居住在杜尔-沙鲁金，而是大规模地扩建尼尼微城。亚述的都城往往规模巨大，与四次迁都相伴的往往是大量的工程建设，耗费了大量的人力。

为了控制被征服地区和进一步对外扩张，从中亚述时期起，亚述就在被征服地区新建和重建城市作为控制相关地区的中心。此外，新亚述时期，亚述在边境地区修建了大量堡垒（birtu），它们往往在亚述统治体系中扮演不可或缺的角色：一方面，要塞可以作为亚述在被征服地区的行政中心，确保从被征服地区获得各种物资和情报流向亚述本土；另一方面，它们还可以充当在被征服地区内的军事据点，既是镇压周边地区人民叛乱和起义的中心，又是亚述抵御外敌入侵和进一步扩张的基地。[1] 亚述修建城市和军事要塞也耗费了大量的人力。

尽管亚述本土大部分地区的降水基本可以满足旱作农作物生长的需要，但是，由于降水的时间分布不均和年较差比较大，灌溉仍然是保障农业发展的重要条件，因此，亚述兴建了许多水利工程。早在埃里舒姆一世时期，阿淑尔神就被比喻为"不能跨越的水渠"[2]，可见，水利工程的重要性在阿淑尔城邦时期就已被注意到。与之类似，风雨之神阿达德还被亚述人称为"天地间渠道的巡视者"[3]。从中亚述时期起，亚述诸王致力于水利工程的兴建。阿淑尔-乌巴利特一世开凿了有"丰饶水渠"之称的帕提-图赫蒂渠，[4] 图库尔提-尼努尔塔一世开凿了帕图-麦沙里渠。[5] 辛纳赫里布在尼尼微、杜尔-沙鲁金等亚述北部地区开挖了4条著名的水渠。[6] 亚述兴建水利工程也耗费了大量人力。

---

[1] B. J. Parker, "Garrisoning the Empire: Aspects of the Construction and Maintenance of Forts on the Assyrian Frontier", *Iraq*, Vol. 59 (1997), pp. 77–87.

[2] RIMA Ⅰ A. 0. 33. 1: 38.

[3] RIMA Ⅱ A. 0. 101. 40: 42–43.

[4] RIMA Ⅰ A. 0. 73. 3: 5–8.

[5] RIMA Ⅰ A. 0. 78. 22: 45–50.

[6] Jason Ur, "Sennacherib's Northern Assyrian Canals: New Lights from Satellite Imaginary Aerial Photography", *Iraq*, Vol. 67, No. 1 (2005), pp. 317–345.

亚述的神庙和宫殿一般修建得高大宏伟，而亚述本土缺乏优质的木材和石材，不得不花费大量的人力从外地运输建筑材料。新亚述时期的一些王室书信记述了从外地运输木材的情况，宫殿墙壁的浅浮雕则生动地刻画了运输巨石的情况。①

总起来说，由于科学技术水平低下，而亚述的神庙、都城、城市、要塞和水利工程等往往规模巨大或数量众多，它们的建设往往耗费大量的人力，各种劳役就成为行省和附属国居民的重要负担。

2. 国家机构与神庙的仆役用工情况

神庙、王宫和行省官署是亚述政治、经济和文化的中心，它们机构臃肿，往往需要使用大批仆役。

神庙是亚述宗教生活的中心，它们往往豢养了大批专业人员服侍神灵。亚述神庙里的祭司种类繁多，有的念咒祈祷，有的歌唱圣歌，有的主持祭祀，有的实施占卜。② 上文提到，国王赐予神庙大量耕地，这就需要各种各样的人员为神灵生产供品、为祭司等专业人员提供食物等服务。例如，埃萨尔哈东在一篇铭文中写道："通过占卜选拔，我把木匠、玉石匠、铜匠、印章雕刻匠和（其他）通晓技艺的熟练手工业者带到了沙马什和阿达德的神庙中，把他们安置到那里。"③ 辛纳赫里布把阿尔贝拉的41个人赐给了阿淑尔的扎马马神庙作农夫。④ 辛纳赫里布还把战俘及其家庭赐给了阿淑尔城外的新"阿基图"房屋。⑤

从中亚述时期起，随着王权的加强，宫廷成为亚述最重要的国家机构，国王也使用了大批仆役。阿淑尔城邦时期，国王的王宫无足轻重，或者并没有像样的王宫。随着国家的发展，国王的权力不断膨胀，他们利用国家的力量修建了规模巨大的宫殿。与此同时，国王在扩张的过程中积累了大量的财富，建立数量可观的地产。为了保卫国王及王室成员的安全、管理及财产，国王征调大批人员在王宫服务。公元前879年，阿淑尔纳色尔帕二世举行盛大宴会，庆祝新都卡尔胡宫殿的落成，其中王宫的"洒扫人员"

---

① Simo Parpola, "The Construction of Dur-Šarrukin in the Assyrian Royal Correspondence", in A. Caubet, ed., *Khorsabad, le palais de Sargon II, roi d'Assyrie*, Paris: Conférences et colloques, 1995, pp. 58 – 63.

② G. van Driel, *The Cult of Aššur*, p. 184.

③ RINAP IV 48: 81 – 82.

④ G. van Driel, *The Cult of Aššur*, p. 188.

⑤ SAA XII 86.

(zariqu) 就多达 1500 人。①

行省总督府是行省的政治、经济、文化和军事中心，也需要使用大量仆役。上文提到，亚述行省及其下属机构官吏众多，行省总督还直接管理大量移民和组织耕地的生产，② 维持行省机构的正常运转以及管理移民和耕地的生产需要大量劳动力。上文还提到，亚述组建了连接都城、行省省会和主要城市的道路网，一些道路上每隔一天的路程（mardētu）③ 设有驿站（bēt mardēti），有关人员可以在驿站更换车辆、牲畜和车夫，以便以最快的速度到达目的地。④ 维护驿站的正常运转也需要向国家一定的人手。

此外，手工业者和牧民也需要提供一定的服务。亚述的手工业自古便十分发达，门类比较齐全，比较重要的行业有纺织、制革、金属的冶炼与加工、珠宝加工业、泥制品加工、木材加工和石材加工等。⑤ "自我雇佣"是亚述手工业生产的重要组织形式，除了家庭成员参与生产外，手工业者还使用奴隶进行生产。⑥ 亚述在发展过程中，尤其是在新亚述时期，出现了一批大地产，它们的经济具有明显的自给自足的特征，手工业也是其重要组成部分。⑦除了上述类型的手工业者外，亚述还有政府管理的手工业团体（kiṣru）。苏帕特总督贝尔-里科比在国王的信中写道："šaknu 纳布-乌萨拉的人正住在赫萨，他们是一队（kiṣru）手工业者；命令他把他们迁出，（把他们）安置到阿尔吉特，给他们耕地和菜园。"⑧ 上文提到，šaknu 是行省总督麾下的官员，因此，有关的手工业者团体受到他的监管，他们也需要

---

① RIMA III A.0.101.30.143.

② J. N. Postgate, "The Ownership and Exploitation of Land in Assyria in the 1st Millennium B. C.", in M. Lebeau et P. Talon, eds., *Reflets des deux fleuves: Volume de mélanges offerts à André Finet*, pp. 146–147.

③ 大约 30 公里。

④ SAA I, pp. xiii-xiv; K. Kessler, "'Royal Road' and other Questions of the Neo-Assyrian Communication System", in S. Parpola and R. M. Whiting, hrsg., *Assyria 1995: Proceedings of the 10th Anniversary Symposium of the Neo-Assyrian Text Corpus Project*, pp. 129–136.

⑤ H. W. F. Saggs, *The Might That Was Assyria*, pp. 152–156.

⑥ J. N. Postgate, "Employer, Employee and Employment in the Neo-Assyrian Empire", M. A. Powell, ed., *Labor in the Ancient Near East*, New Haven: American Oriental Society, 1987, p. 260.

⑦ F. M. Fales, "A Survey of Neo-Assyrian Land Sales", in T. Khalid, ed., *Land Tenure and Social Transformation in the Middle East*, pp. 12–15; G. van Driel, "Land and People in Assyria", *BiOr*, Vol. 27 (1970), pp. 169–175.

⑧ SAA I 177: 10–16.

利用他们的技能为政府提供服务。①

与手工业者类似，亚述还有一些政府监管的牧人团体，它们也需要为有关机构饲养牲畜。纳西比纳行省总督塔克拉卡纳-贝尔在致萨尔贡二世的信中写道："国王我的主人在给我的信中写道：'伊鲁-皮亚-乌粟尔说："去年我征集了3塔兰特银子，全部上缴了；现在塔克拉卡纳-贝尔（却）命令我带来另外2塔兰特银子。"'我为什么命令他（这样做呢）？他是一个牧人的队官；我向他征收300捆用作制砖的秸秆和芦苇，他什么都没有交？"②

二 劳役

劳动用工情况多种多样，其劳役种类也非常多。上文提到，*ilku* 义务既可以是兵役，也可以是劳役。除此之外，亚述还有 *tupšikku/kudurru* 义务、与 *iškāru* 有关的劳役和 *kalliu* 义务三项比较重要的劳役或杂役。

（一）*tupšikku/kudurru* 义务

1. 词源与历史渊源

tupšikku 本义指"（运砖的）砖斗、（运土的）篮子"，引申为"强迫劳动、劳役"。③ 在阿卡德语中，*kudurru* 也有"（运砖或土的）篮子"的意思，④ 该词也引申为"强制性劳役"。⑤ 在这个意义上，*tupšikku* 与 *kudurru* 意思和用法是相同的。⑥ 在亚述文献中，*tupšikku* 主要拼写为 *tup-šik-ku*、*dup-šik-ku*、*tu-up-ši-ku*、*tup-ši-ku*，其语义符为 gi/giš.íl 或 gi.sag.íl，复数形式为 *tupšikkū* 或 *tupšikkātu*。*kudurru* 主要拼写为 *ku-du-ru*、*ku-dur-ru*、*ku-dúr-ru*，其语义符为 níg.du。

tupšikku 义务最早出现在古巴比伦王国时期。例如，国王汉穆拉比在向太阳神沙马什祷告的铭文中写道："在沙马什英明确定的统治期间，我因为（崇敬）沙马什而豁免了沙马什永恒的城市西帕尔居民的 *tupšikku* 义务。"⑦

---

① J. N. Postgate, "The Economic Structure of the Assyrian Empire", in M. T. Larsen, ed., *Power and Propganda: A Symposium on Ancient Empires*, pp. 210–211; J. N. Postgate, "Employer, Employee and Employment in the Neo-Assyrian Empire", in M. A. Powell, *Labour in the Ancient Near East*, pp. 267–269.

② SAA Ⅰ 236: 9–r. 7.

③ CAD T, p. 476.

④ *kudurru* 还有表示"界碑、边界或地区"等意思。

⑤ CAD K, pp. 495–497.

⑥ CAD T, p. 476.

⑦ I. J. Gelb, "A New Clay-Nail of Hammurabi", *JNES*, Vol. 7, No. 4 (1948), p. 269: A ii 11–ii 16.

古巴比伦时期，一篇占卜文献写道："敌军（俘虏）将为我履行 *tupšikku* 义务。"① 中巴比伦时期，*tupšikku* 义务也是有关人员的一项重要任务，尼布加尼撒一世曾豁免献给埃兰太阳神里亚的土地的 *tupšikku* 义务。②

在亚述，*tupšikku* 义务最早出现在中亚述时期。该义务最初主要指亚述向被征服者征发的强制性劳役，其性质与巴比伦尼亚的情况基本一致，因此，亚述的 *tupšikku* 义务摊派可能源于巴比伦尼亚。现有的材料表明，阿达德－尼拉里一世可能是第一个把 *tupšikku* 义务摊派到被征服地区居民身上的亚述国王。在击败哈尼伽尔巴特国王乌阿萨沙塔以后，他宣布："我把用锄、铲和砖斗（劳动）的 *tupšikku* 义务摊派到他剩下的民众身上。"③ 从此以后一直到亚述灭亡，亚述国王频频把 *tupšikku* 义务摊派到行省和被征服地区居民身上。

亚述灭亡后，新巴比伦王国也征调民众履行 *tupšikku* 义务，搬砖运土等公共工程建设仍然是该义务的主要内容,④ 该义务还可以指在神庙中的劳动。⑤ 古代犹太人政权也像两河流域的政权一样，征召民众参加建造王宫、神庙和其他工程的劳动（希伯来语为 *mas*），它们可能借鉴了亚述人以 *tupšikku* 的名义征调劳动力的手段。⑥

2. 劳动内容

上文提到，*tupšikku/kudurru* 本义为"（运砖的）砖斗、（运土的）篮子"，这种活动通常出现在各项建筑工程建设中。例如，在建筑杜尔-沙鲁金时，萨尔贡二世宣布："我调集了大量人口，命令他们挥锄提篮。"⑦ 在扩建尼尼微的过程中，辛纳赫里布宣布："那时候，我让亲手俘虏的敌国的人口提篮（运土）拓制砖坯。尼尼微城内的宫殿的边长延长到 360 肘，正面

---

① Albrecht Goetze, *Old Babylonian Omen Texts*, New Haven: Yale University Press, 1947, 20: 15. 转自 CAD T, p. 477。

② BBST XXIV: r. 38.

③ RIMA I A. 0. 76. 3: 43 – 44.

④ Joachim Olesner, Bruce Well and C. Wunsch, "Neo-Babylonian Period", in R. Westbrook, ed., *A History of Ancient Near Eastern Law*, Vol. II, p. 920.

⑤ A. Ragen, The Neo-Babylonian *Širku*: A Social History, pp. 34, 41, 46, 48, 57, 362, 558.

⑥ Robert A. Oden Jr., "Taxation in Biblical Israel", *The Journal of Religious Ethnics*, Vol. 12, No. 2 (1984), pp. 165 – 166.

⑦ D. G. Lyon, *Keilschrifttexte Sargon's*, Könings von Assyrien (722 –705 v. Chr.), Leipzig: J. C. Hinrichs Buchhandlung, 1886, 9: 56.

延长到95肘。"① "挥锄提篮"是建筑神庙和宫殿等国家大型工程最基本的劳动，因此，*tupšikku/kudurru* 义务的主要内容可能指各种土木工程劳动。

除了参与建筑建设外，*tupšikku* 义务还包括运输石材和木材等相关的活动。上文提到，亚述本土缺乏各种优质石材和木材，运输各种建材应该也是亚述 *tupšikku* 义务的重要内容。

3. 征调的对象

履行 *tupšikku* 义务的人员被称为 *zābil tupšikki*② 或 *zābil kudurri*③，其中 *zābilu* 的意思是"搬运工"④，因此，这个词组的字面意思是"提篮子的人"。履行 *tupšikku* 义务的人员既包括亚述公民，也包括被征服地区居民。

tupšikku 义务是亚述公民的一种基本义务。例如，提格拉特皮拉沙尔三世在一篇铭文中写道："我把555名比特-散吉布图的山地居民安置到提尔-卡尔麦城，我把他们视为亚述人，我让他们像亚述人负担 *ilku* 义务和 *tupšikku* 义务。"⑤ 又如，萨尔贡二世的一篇铭文也写道："我让他们像亚述人一样负担 *tupšikku* 义务。"⑥ 由此可见，*tupšikku* 义务原本是亚述人的义务，那些被视为亚述人的移民或俘虏也需要履行这种义务。

tupšikku 义务征召的对象可能包括各个社会阶层，既包括普通的自由人，又包括一些没有完全自由的依附者。上文提到，阿淑尔巴尼拔和阿淑尔-埃特尔-伊拉尼在豁免臣僚地产的敕令中也多次提到该义务："这些耕地和果园的人员不得被征召履行 *ilku* 义务、*tupšikku* 义务和 *dikût māti* 义务。"⑦ 被豁免了包括 *tupšikku* 义务在内的各种义务的人员不但包括大地产的所有者，而且包括大地产的依附者，可见，自由人及依附者都需要履行 *tupšikku* 义务。

tupšikku 义务可能是各行各业的人员都需要履行的一种义务。例如，基里兹的占卜师在致国王的信中写道："我们已经观察了月亮。在第14日，月亮和太阳可以互相看见，（这意味着）很好。愿纳布和马尔都克保佑国王！

---

① OIP Ⅱ, p.5: 6-7.
② OIP Ⅱ, p.8: 42.
③ RIMA Ⅱ A.0.101.1: i 56, i 67, ii 11, ii 15; A.0.101.17: i 79, ii 34, ii 47; RIMA Ⅲ A.0.102.6: iv 39.
④ CAD Z, p.8.
⑤ Hayim Tadmor, *The Inscriptions of Tiglath-pileser* Ⅲ, *King of Assyria*, Annal 13: 8-10.
⑥ Andreas Fuchs, *Die Inschriften Sargon* Ⅱ *aus Khorsabad*, p.125.
⑦ SAA Ⅻ 25: r.1-r.2; 26: r.1-r.2; 36: 27; 40: r.1-r.2.

由于（要履行）*ilku* 义务和 *tupšikku* 义务，我们不能观察国王（的健康状况），学徒们（还）没有学会书写技艺。"①

在战斗中俘获的俘虏也需要履行 *tupšikku* 义务。例如，辛纳赫里布在一篇铭文中写道："我把没有接受我的统治的迦勒底人、阿拉米人、曼纳人、魁地区的人和希拉库人捉走，强迫他们提篮拓制砖坯。我砍下迦勒底的芦苇，命令我亲手捉住的敌国人口拖运强壮的芦苇来完成它的工作。"② 阿淑尔纳色尔帕二世在一篇铭文中写道："那些逃过我的武器（打击的）军队赶来向我投降，我把 *kudurru* 义务摊派到他们身上。"③

新建行省的居民也需要履行 *tupšikku* 义务。例如，沙尔马纳沙尔三世的一篇铭文曾写道："我给被征服的国家和山区任命了总督，把（交纳）*biltu* 贡赋、*maddattu* 贡赋和（提供）*zābil kuddurru*（的义务）摊派到他们身上。"④

附属国居民也需要履行 *tupšikku* 义务。例如，图库尔提-尼努尔塔一世的一篇铭文曾写道："当阿淑尔神派我到纳伊利地区和上方之海的国家时，我用愤怒的武器横扫纳伊利地区和上方之海的国家。我成了40位国王的主人，使他们屈从于我，把 *tupšikku* 义务摊派到他们身上。"⑤ 又如，阿淑尔纳色尔帕二世的一篇铭文曾写道："那时，我的主人阿淑尔的恐怖的光辉震慑了扎穆阿地区的所有国王，他们投降了我。我把所有的国家征服了，我把（交纳）马匹、银、金、大麦和麦秸、*kudurru*（义务）摊派到他们身上。"⑥

4. 征召渠道

除了单独摊派 *tupšikku* 义务外，该义务在很多情况下是与 *ilku* 义务一起摊派的，以至于波斯特盖特认为 *ilku tupšikku* 是一个非亚述语词组，大概来

---

① SAA X 143.

② OIP II, p.6: 71 – 72.

③ RIMA II A.0.101.1: I 72 – 73. 阿淑尔纳色尔帕二世向征服地区或附属国摊派 *kudurru* 义务的例子，参见 RIMA II A.0.101.1: ii 47, 50, 79, iii 125; A.0.101.17: iii 109; A.0.101.26: 31; A.0.101.50: 26。

④ RIMA III A.0.102.6: iv 37 – iv 39.

⑤ RIMA I A.0.78.26: 7 – 16. 图库尔提-尼努尔塔一世把 *tupšikku* 义务摊派到附属国的例子，参见 RIMA I A.0.78.23: 39。

⑥ RIMA II A.0.101.1: ii 46 – ii 47. 类似的表述还出现在以下铭文中：RIMA II A.0.101.1: i 73 & iii 125, ii 47, ii 50, ii 79; A.0.101.17: iii 109; A.0.101.26: 31; A.0.101.50: 26。

自巴比伦尼亚,仅仅表示后者的意思。① 沙尔马纳沙尔四世时期,他的权臣贝尔-哈兰-贝尔-乌粟尔在豁免以其名字命名的城市的赋役的铭文中写道:"任何人不得把 *ilku* 义务与 *tupšikku* 义务摊派到居住那里的人身上。"② 此后,类似的表述多次出现在阿淑尔巴尼拔和阿淑尔-埃特尔-伊拉尼豁免赋役的敕令中,我们将在亚述的赋役豁免章节做具体论述,这里暂不赘述。

亚述摊派的 *tupšikku* 义务主要用于神庙、都城、要塞及水利工程上,其中"马森努"可能是各类工程的具体组织和实施者,③ 该官员可能协助国王负责全国 *tupšikku* 义务的摊派。萨尔贡二世时期,"马森努"塔伯-沙尔-阿淑尔在致国王的信中写道:"关于卡尔胡总督的工作任务,国王我的主人给我写信说:'阿拉泊哈总督为什么把一半城门(的建筑任务)留给了他(卡尔胡总督——笔者)?'在第3天,他们开始(建筑)城墙的工作,他们来到我面前说:'来分配我们的任务吧!'我分配了他们的任务□□□□□□卡尔胡总督的工作任务(是建筑)那堵墙延伸到'民众塔'门的边缘,阿拉泊哈总督的(任务是)850个筑城墙的工作(*pilku*),(那堵)墙要延伸到'民众塔'门的另一个边缘……"④ 卡尔胡和阿拉泊哈总督请求"马森努"分配工作任务表明,这位高管具体负责 *tupšikku* 义务的摊派。

"马森努"把工程所需的人员数量摊派到各个行省,行省总督具体负责本省 *tupšikku* 义务的征调。萨尔贡二世时期,拉萨帕总督在致国王的信中提到了工匠的征调情况:"关于国王我的主人在给我的信中提到的钻孔者,我已经给国王我的主人送去了5个钻孔者。"⑤ 尽管没有直接的证据,我们可以设想,行省总督很可能依靠其辖区内的各级行政机构征调"马森努"摊派的 *tupšikku* 义务。

5. 服役的时间、时限与年龄

有关人员可能在农闲的冬春季节履行 *tupšikku* 义务。沙狄坎努总督在致萨尔贡二世的信中写道:"对我来说,国王的工作已成为一项(沉重的)负

---

① J. N. Postgate, *Taxation and Conscription in the Assyrian Empire*, p. 81; Moshe Weinfeld, *Social Justice in Ancient Israel and in the Ancient Near East*, p. 85.
② RIMA Ⅲ A. 0. 105. 2: 21 – 22.
③ SAAS Ⅺ, p. 26.
④ SAA Ⅰ 64: 4 – r. 6.
⑤ SAA Ⅰ 206.

担，我在冬初解散了我手下的人，但是，那些被遣散的人都进入了据点来躲避国王的工作。国王我的主人应该派一位国王的侍卫，授权他把他们带出来，让他们来做国王的工作。"① 冬初是亚述的大麦和小麦等越冬作物的播种季节，该总督在完成播种以后遣散人员是没有问题的；但是，从此以后，国王又摊派了任务，由于无法征调足够的劳动力，因此，国王的工作对相关的总督来说是一个负担。

一般情况下，有关人员履行 tupšikku 义务的期限可能是一个月。萨尔贡二世时期，"马森努"塔伯-沙尔-阿淑尔在致萨尔贡二世的信中提到了一个建筑工匠的抱怨道："帕卡哈对我说：'你（必须）亲自带领 100 人在这项工程上工作一个月的时间。'请国王我的主人召集大人们解释我使用 100 人在这项工程上工作整整一个月的原因。"② 无独有偶，在杜尔-沙鲁金建设期间，其中一封信写道："□□□□□来自宫廷可供一个月的草料已到他们的手中。"③ 有关人员的草料可供 1 个月大概表明，他们的任务持续仅仅一个月。

由于国王摊派的任务十分繁重，不但成年人需要应征服役，一些年幼的孩子也在被征召之列。沙比莱舒总督阿淑尔-杜尔-帕尼亚在致国王的信中写道："关于建筑师傅，国王我的主人在给我的信中写道：'送给大人们一些年幼的孩子，他们能够在其帮助下完成他们的工作任务。'我的 16 个建筑师傅（的工作分配如下）：3 个与'纳吉尔—埃卡里'在一起（工作），3 个人在城市中心，10 个人忙于完成分配给我的砌城墙任务。至于这些年幼的孩子，他们是学徒，不能（单独）做工，它们超出了他们的理解能力，只能在他们后面提篮子。"④

（二）与 iškāru 有关的劳动

1. 词源与发展演变

iškāru 的意思十分复杂，既可以指农业等方面的劳动，又可以指交给工人加工的原料，还可以指加工过的产品，甚至还可以指文学作品集。⑤ 与 iškāru 有关的劳动主要指手工业者或牧人为国王、神庙等机构加工产品或饲

---

① SAA Ⅰ 224：1 – 13.
② SAA Ⅰ 65：r. 3 – r. 12.
③ SAA Ⅰ 170：r. 10 – r. 13.
④ SAA Ⅴ 56：4 – r. 1.
⑤ CAD I-J, pp. 244 – 249.

养牲畜的义务。① *iškāru* 源于苏美尔语 éš. gàr 或 á. giš. gar. ra。在亚述文献中，*iškāru* 主要拼写形式有 *iš-kàr*、*iš-ka-ri*、éš. gàr、giš. gàr，复数为 *iškarātu*。

iškāru 最早出现在阿卡德王国时期，主要指应交付的产品。② 古巴比伦时期，*iškāru* 指农业劳动任务。例如，一份耕种协议规定："乌巴尔-沙马什从辛伊什麦安尼手中接收了 135 伊库清除了芦苇的（耕地），耕种队的 éš. gàr（是）30 萨尔播种□□□□"③

从中亚述时期起，*iškāru* 开始出现在亚述文献中，既可以指交付工人加工的原料，也可以指工人加工过的产品。新亚述时期，除手工业者的原料与产品外，交付牧人饲养的绵羊和马匹等牲畜也被称为 *iškāru*。④

新巴比伦时期，各类手工业者也需要履行与 *iškāru* 有关的义务，不过，他们服务的对象通常是神庙，有关人员通常要签订正式的协议规定 *iškāru* 任务的内容和完成时间等。⑤

2. 劳动内容

中亚述时期，*iškāru* 既可以指交给手工业者加工的原料，又可以指他们加工制成品，因此，与 *iškāru* 有关的劳动主要指各行各业的手工业者加工产品的义务。例如，中亚述时期，一封信写道："打开存放箱子的仓库，把红毛线作为 *iškāru* 交给□□□城；打开宝库，把 *iškāru* 交付宝石雕刻工；打开存放韧皮的房间，把弓箭用的韧皮作为 *iškāru* 发给制造武器的工人。"⑥ 这封信提道的 *iškāru* 劳动指纺织工、宝石雕刻工和武器加工匠的工作。另一封信写道："在泥板上记下箱子中已有衣服的数量，还记下了没有交付

---

① 不过，波斯特盖特和芝加哥大学东方研究所亚述语词典的编纂者将新亚述时期的 *iškāru* 称为一种税收。参见 J. N. Postgate, *Taxation and Conscription in the Assyrian Empire*, pp. 100–110; CAD I-J, p. 248. 该义务类似中国元代的"匠役"，参见黄天华《中国税收制度史》，华东师范大学出版社 2007 年版，第 484 页。

② S. Langdon, "Ten Tablets from the Archives of Adad", *RA*, Vol. 19, No. 2 (1922), p. 192.

③ M. Stol, "A Cultivation Contract", *BSA* Vol. , V (1990), pp. 197–198.

④ CAD I-J, pp. 244–249.

⑤ A. C. V. M. Bongenaar, *The Neo-Babylonian Ebabbar Temple at Sippar: Its Administration and Its Prosopography*, pp. 17, 20, 24, 33, 105, 303, 307, 310, 321, 322, 324, 329–332, 334, 338, 341–343, 346, 348, 351, 352–356, 360–361, 395; A. Ragen, *The Neo-Babylonian Širku: A Social History*, pp. 209–213.

⑥ KAV 100: 14, 17, 21, 转引自 CAD I-J, p. 246。

iškāru 的数量。"① 这封信提到的 iškāru 劳动则指缝衣工的工作。

新亚述时期，iškāru 既可以指手工业者的原料，也可以指其产品，手工业者的工作也是与 iškāru 有关的劳动的重要内容。例如，一封涉及月神辛的神庙加工金银的信中写道："我们已经熔化了包括还愿礼物在内的 23 米那金，他们已经将其捶打至国王要求的厚度□□□□1 塔兰特的银带有金匠主管的印章，也属于它，他（金匠主管——笔者）说：'它出自我的 iškāru。'可是，他手里并没有任何 iškāru。"② 又如，库尔比尔的祭司阿普拉亚在致埃萨尔哈东的信中写道："织工们还没有交付衣服。也许国王我的主人会问：'过去他们从哪里发放它们？'他们过去从王宫里发放 iškāru，它们来自阿尔贝拉。"③

新亚述时期，iškāru 还可以指牧人饲养的牲畜及畜产品，因此，牧民饲养牲畜也是其 iškāru 有关劳动的重要内容。哈兰地区的"人口登记表"提到了牧民的 iškāru。例如，一篇文献写道："牧人丹纳亚、伊尔-纳塔尼和一个妇女，总共 3 个人，60 只绵羊（是他的）iškāru。"④ 另一篇文献写道："□□□□之子马尔-沙里-伊拉阿是一个牧人，50 只绵羊（是他们的）iškāru。"⑤ 还有一篇文献写道："阿达德-比迪之子□□□□牧人、萨姆纳-阿普鲁-伊狄纳、贝尔-巴努、一个吃奶的孩子、2 个妇女，总共 6 个人。170 只绵羊（是他们的）iškāru。"⑥

新亚述时期，国王与负担 iškāru 义务的牧人签订契约，向他们征收的不再局限于牲畜或畜产品，有时还可以是银子。一封检举与 iškāru 有关官员的信写道："国王我的主人的父亲（在位时期），他们在一封亚述语文件和一封阿拉米语文件中分别记下了牧人（应该交的）iškāru 银子，并且用'马森努'纳布-卡提-萨巴特、'村庄巡检官'和书吏挂在脖子上的圆筒印和国王的印章确定了银子的数量，(并规定：)'如果他们今年不交（iškāru 银子），他们将要被处死。'他们接受了（牧人的）贿赂，抹掉了印迹，把它们扔掉了。"⑦

---

① KAV 98：42，转引自 CAD I-J, p. 247。
② SAA XIII 28：4 – 6, r. 3 – r. 6.
③ SAA XIII 186：r. 3 – r. 10.
④ SAA XI 203：r. iv 6 – iv 9.
⑤ SAA XI 205：ii 3 – ii 5.
⑥ SAA XI 206：i 3 – i 10.
⑦ SAA XVI 63：12 – 20.

3. 劳动的实施

"马森努"、书吏及相关人员所在地区的官员等人员负责管理与 *iškāru* 有关的劳动的组织与实施。上文提到,"马森努"、"村庄巡检官"和书吏在与牧人签订的关于 *iškāru* 的契约上盖了印章,他们要对 *iškāru* 原料或牲畜的发放和产品或牲畜、畜产品的征收负责。"马森努"参与征收 *iškāru* 的情况还得到了一封占卜师致埃萨尔哈东的信证实:"愿国王我的主人致信'马森努',他应当接收牧人的 *sagate* 衣服、皮革和 *ilku* 义务□□□□□他们不应当卖掉它们,而应当接收死牲畜的皮,把它们作为 *iškāru*。"①

书吏保管与手工业者或牧人签订的契约,他们可能携带相关契约去征收 *iškāru*。提格拉特皮拉沙尔三世在给阿淑尔-贝尔-塔钦的信中写道:"关于去你的行省□□□王室书吏,无论他们是亚述人还是阿拉米人,把你的信使派到整个地区,把他们聚集起来,(然后)把他们遣送给我。你要派给他们委派骑兵和伊图士兵,要帮助他们到达杜尔-贝里拉亚,要知道征收 *iškāru* 的时间就要到了!"②

"马森努"和书吏并不直接向手工业者和牧人征收产品或牲畜,他们通过手工业者或牧人的团体的头目 *rab kāṣiri* 来完成 *iškāru* 的征收。纳西比纳总督塔克拉卡纳-贝尔在致萨尔贡二世的信中写道:"关于国王我的主人在给我的信中提到的牧人伊鲁-皮亚-乌粟尔:'你已经罢黜了他的 *rab kāṣiri* 职位,你为什么(还)命令他征收 1 塔兰特银子?'事实上,我并没有罢免他,他仍然是一个 *rab kāṣiri*。杜古尔-潘-伊里正与国王我的主人在一起,国王我的主人可以询问他是不是 *rab kāṣiri*。当杜古尔-潘-伊里去剪羊毛时,那个人偷了他的 *iškāru*,他在剪羊毛时并没有露面,而是逃到神庙中寻求庇护。"③

有时商人和军队也参与 *iškāru* 的征收。上文提到,国王曾命令一位总督派骑兵和伊图士兵协助王室书吏去征收 *iškāru*。卡尔胡总督阿淑尔-巴尼在致萨尔贡二世的信中写道:"萨迪鲁的儿子们已经征收 *iškāru* 三年了,萨迪鲁的儿子们向王宫请愿,宣称他们被削弱了,他们说:'我被国王授权与军队一起去征收 *iškāru*。'赛里说的是:'他在何种意义上被削弱了?就像我

---

① Simo Parpola, *Letters from Scholars to the Kings Esarhaddon and Assurbanipal*, Vol. I, 37: 6-15.
② CTN V ND 2356.
③ SAA I 235: 4-15.

征收我负责的 *iškāru* 一样,让他也去征收他负责的 *iškāru*。'"① 信中提到的萨迪鲁是一位商人,他的儿子们大概也是商人,他们曾经与军队一起去征收 *iškāru*。相关的商人可能承包了国王的 *iškāru*。

(三) *kalliu* 义务

1. 词源及发展演变

kalliu 源于动词 *kalû*("扣留、延误和预留"等多重意思)②,字面意思是"预留",引申为"驿站预留的车马"或"驿站服务"③。在亚述文献中,*kalliu* 的主要拼写方式有 *ka-li-ú*、*ka-li-jí*、*ka-li-iu-u*、*ka-li-iu-ú*、*kal-li-e*、*kal-li-i*、*ki-il*、*kal-li-a-ni*,等等。

kalliu 最早出现在古巴比伦时期的马里文献中,主要指"传达国王旨意的信使",与 *mār šiprim*(信使)的意思没有明显的区别。不过,*kalliu* 并不局限于传达国王的旨意,还可以担任护卫人员。④ 在阿玛尔纳时代的书信中,*kalliu* 依然充当大国国王之间交换信息的信使。⑤ 中亚述时期,亚述文献也提到了 *kalliu*,其意思仍然是信使。⑥ 因此,亚述很可能在与各国交往过程中学到了使用 *kalliu* 传达国王意旨的做法,而其最终来源是巴比伦尼亚。新亚述时期,随着连接都城与各地道路网的建设,*kalliu* 服务逐渐完善起来。

波斯阿黑门尼德王朝在全国建立了四通八达的道路交通网,每隔大约一天的路程设立驿站,驿站里向信使提供的车马服务,⑦ 这应该是亚述 *kalliu* 服务的延续。⑧

2. *kalliu* 服务的内容

提供车辆和车夫是 *kalliu* 义务的重要内容。一位名为阿比-哈里的官员

---

① SAA I 118: r. 1 – r. 12.
② CAD K, pp. 95 – 104.
③ SAA I, P. XV. 该义务类似中国元代的"站役",参见黄天华《中国税收制度史》,第 483 页。
④ M. D. Pack, The Administrative Structure of the Palace at Mari (ca. 1800 – 1750 B. C.), pp. 128 – 132.
⑤ William L. Moran, The Amarna Letters, EA 27: 90; EA 28: 13; 29: 25, 38, 41, 42, 159.
⑥ K. Deller, "Review of Mittelassyrische Rechtsurkunden und Verwaltungstexte II", AfO, Vol. 34 (1987), p. 59.
⑦ [古希腊] 希罗多德:《历史》,VIII: 98.
⑧ 不过,希罗多德误以为建设御道、设立驿站是波斯阿黑门尼德王朝的发明。Ali Farazmand, "Administration of Persian Achaemenid World-State Empire: Implications for Modern Public Administration", International Journal of Public Administration, Vol. 21, No. 1 (1998), p. 64.

在致萨尔贡二世的信中写道:"现在我已从他们中给国王的 *kalliu* 提供了 100 人。"① 尼尼微行省总督马赫德在致萨尔二世的信中写道:"关于我们提供的 *kalliu* 服务,赶来的国王侍卫传达国王的命令说,他最远将去沙比莱舒。他用光了我手中的□□□□国王我的主人应该知道我并没有到远至沙比莱舒的车马,那套去那里的车马还没有回来。国王我的主人应该知道我的车马都用光了。我们让从卡尔胡来的车马,包括车辆、牲畜和车夫,与国王的侍卫纳布阿赶赴沙比莱舒,让他们放过沙比莱舒的车马。"② 尼尼微行省总督马赫德不但向国王的侍卫提供了牲畜,而且提供了车辆和车夫。

提供牲畜也是 *kalliu* 义务的重要内容。阿尔祖希纳总督沙马什-贝鲁-乌粟尔在致萨尔贡二世的一封信中写道:"国王我的主人通过阿尔贝拉玉写给我的信问:'那里为什么没有 *kalliu* 服务?'当他和国王的侍卫乌伯鲁-哈兰向我进发时,我在他们到来之前在阿尔祖希纳套了两头骡子供乌伯鲁-哈兰使用。他把它们带到了阿拉泊哈,我又套了两头骡子供阿尔贝拉玉使用,他去了马扎穆阿。请国王我的主人询问(他们)我有没有在杜尔-塔利提准备一套骡子,另一套在塔伽拉吉?当他离开阿尔祖希纳时,那里有两套骡子可供他使用,从一个驿站到另一个驿站,直到阿拉克狄。"③

3. *kalliu* 服务的实施

kalliu 义务的长官"(*rab kallî*)是 *kalliu* 义务的具体实施者,其他官员也负有一定的责任。苏帕特总督贝尔-里科比在致萨尔贡二世的信中写道:"我的驿站赫萨镇缺少人手,那里只有'*kalliu* 义务的长官和'拉科苏'士兵④的长官,他们无法维持它(正常运转)。现在让我征集 30 个家庭,把它们安置到那里。……如果国王我的主人认可(我的安排),让他们给 *šaknu* 纳布-乌萨拉送一封信,让我任命副手亚伊鲁为那里的'村庄巡检官',(安置)阿达德-哈梯的总管辛-伊狄纳到萨扎纳。他们将照料那个驿站,并敬畏国王。"⑤ 苏帕特总督贝尔-里科比称赫萨镇为"我的驿站",这表明该总督对辖区内的驿站的 *kalliu* 负有责任。苏帕特总督任命自己的副手

---

① SAA XIX 141: r.4 – r.6.
② SAA V 74: r.4 – r.5.
③ SAA V 227: 4 – 20.
④ 关于"拉科苏"(*raksu*)士兵的情况,参见国洪更《亚述帝国的"拉科苏"士兵探析》,《世界历史》2012 年第 1 期。
⑤ SAA I 177: 4 – r.6.

担任相关地方的"村庄巡检官"负责照料相关的驿站,可见,该官员也参与管理 kalliu 义务。驿站中的"kalliu 义务的长官"具体负责相关家庭 kalliu 义务的安排,而"'拉科苏'士兵的长官"可能率其部属负责驿站的安全。

综上所述,亚述人是一个复杂的概念,不同时期有不同的内容。亚述人既可以指阿淑尔城的居民,又可以指"阿淑尔之地"上的人口,还可以指归顺阿淑尔神的民众。随着国家的发展,亚述的种族构成、阶级成分和人口规模发生了显著的变化。随着版图的扩大,亚述的人口规模不断扩大,为征召徭役创造了条件。

徭役原本是亚述公民需要履行的义务,后来附属国居民也需要负担徭役。亚述兵役义务的履行最初以占有土地为前提,主要在直接管理的行省内征召。随着国家和社会的发展,徭役的征发发生了变化,兵役与占有土地的关系不再紧密,附属国的居民也在征调之列。国王通过行省的各级管理机构向直接管理的民众摊派兵役和劳役,而国王通过附属国的国王间接地征调军队和一般劳动力。

亚述向行省和附属国摊派的徭役是一项沉重的负担。从中亚述时期起,亚述走上了对外扩张的道路,兵役义务成为亚述人的重要负担。与此同时,亚述还修建了大量神庙、城市、军事要塞、水利工程和道路等公共工程,劳役是亚述人的另一项负担。履行兵役和劳役的义务是行省和附属国居民的义务,然而,一些行省总督和附属国统治者曾因国王摊派的徭役而产生怨言,[①] 而普通民众则以逃亡的方式躲避徭役,这表明亚述摊派的徭役超过了他们服役的能力,成为一种不能承受的负担。

亚述向行省和附属国摊派的徭役具有双重作用:一方面,无论是服兵役的士兵征服的大片土地、掠夺大量战利品,还是服劳役的人员修建大量的宫殿、神庙或向统治阶级提供各种服务,都是在满足统治阶级的需求;另一方面,无论服兵役的士兵抗击敌军的袭扰,还是服劳役的人员修建的水渠和道路等公共工程,都有利于社会的稳定和经济的发展。

---

① 沙比莱舒总督阿淑尔-杜尔-帕尼亚在致萨尔贡二世的信中写道:"建筑师傅(都)有工作做,我不能再交付任何人来。我(已经)派来6名建筑师傅去(做)'纳吉尔—埃卡里'(分配的)城中心的工作,我自己的工作对我来说是一项沉重的负担。"SAA V 56:r. 2 - r. 8。类似的情况还可以见 SAA V 224:4。一些在米尔乞亚做工的附属国国王在致萨尔贡二世的信中提道:"国王在给我们的信中写道:'在□□□□的监管下完成你们的任务!'我将做国王我们的主人在信中提道的工作,并把它汇报给国王我们的主人,但是,这项任务对我们来说是一项沉重的负担。"SAA I 147:6 - 15。类似的情况,参见 SAA XV 235:r. 2 - r. 6。

第六章 神灵崇拜与供品的名目

古代的神灵崇拜不仅是宗教信仰，而且关乎意识形态的主导权，并由此论证统治阶级统治的合法性。亚述的王权与神灵关系十分密切，国王是国家保护神阿淑尔神的代理人，神职人员由国王任命。亚述的神庙由国王组织建造和维持运转，神灵的供品一般也在国王的主导下通过行省总督课征。有些供品直接来源于税收，[①] 因此，神灵的供品与国家的赋税一样也是亚述赋役体系的重要组成部分。[②] 本章将在介绍亚述神灵崇拜的基础上，分别介绍各种名目的神灵供品的起源、发展演变与征收方式等。

第一节 神灵崇拜

亚述神灵无处不在，无时不有，神灵主宰和支配了人们的一切活动。亚述的神灵数量众多，种类繁杂，大致可以分为官方信奉的神灵和民间崇拜的神灵两类。民间崇拜的神灵因很少出现在文献中而不为人识，人们熟知的神灵往往是官方信奉的神灵。官方崇拜的神灵与政权关系密切，主要表现是神灵的地位和作用随国家的发展而不断发生变化。

一　万神殿的演变

1. 史前时代的神灵崇拜

早期陶器文化时期，两河流域北部就出现了神灵崇拜的端倪。乌姆·

[①] 一份关于神庙事务的备忘录写道："关于给贝尔、纳布和涅尔伽尔的牛和绵羊的 *sibtu* 税，总督们已经征集完毕。" SAA XIII 166: r.1 – r.3.

[②] 有学者甚至将一些供品称为税收。参见 Salvatore Gaspa, "The Tax for the Regular Offerings in the Middle Assyrian State: An Overview on Quantification, Transportation, and Processing of the Agricultural Products in the Light of the Middle Assyrian Texts from Assur", *ArOr*, Vol. 79, No. 3 (2011), pp. 233 – 259。

达巴吉亚的遗址出土了两河流域北部最早的裸体妇女塑像，共有全身坐式像和胸像两类，塑像突出了乳房、臀部和腹部等女性特征。① 哈孙纳文化遗址也出土了近四十件妇女塑像，以站式像为主，更加追求人的真实感，并给裸体妇女穿上了长裙。② 同期，哈拉夫遗址也出土了许多妇女塑像，主要有两种风格：一种是写意的，整体形状像一把琵琶；另一种是写实的，呈坐式，双手抱胸，乳房和臀部非常突出。③ 两河流域北部的女性崇拜，尤其是对性别特征进行了夸张，很可能是对女性生殖能力属性的崇拜，后来可能发展成女神崇拜。

彩陶文化的阶段，尤其是萨马腊文化和哈拉夫文化时期，与宗教有关的塑像有男有女；虽然女性仍占重要地位，但是，塑像不再使用夸张性别特征的手法，具有明显的人格特征。鬼怪成为人们的崇拜对象，这个崇拜对象不过是超自然属性的负荷者。鬼怪概念的产生后，人们往往把失败和灾难归咎于它，于是产生了驱鬼避邪的护身符崇拜。

乌鲁克文化时期，亚述地区也进入自然神崇拜阶段。人们关心谷物的播种与收割季节的循环，因此崇拜与丰收和繁殖有关的神灵；各个城市都有自己的保护神，但也不排斥其他城市的神灵。

2. 古亚述时期的万神殿

阿淑尔城邦时期，亚述人信奉的神灵众多，其中最重要的是阿淑尔神。阿淑尔神与阿淑尔城同名，大概源于对阿淑尔城所在山崖的崇拜，④ 其神庙埃胡尔萨格库尔库拉大概在阿卡德王国或乌尔第三王朝时期修建。⑤ 阿淑尔人还在安纳托利亚地区的重要商业据点修建了阿淑尔神的神庙。⑥ 阿淑尔人在提及多位神灵时，阿淑尔神总是居于首位。阿淑里图姆可能是阿淑尔神的配偶。⑦

性爱与战争女神伊什塔尔、风雨之神阿达德、贝鲁姆和月神辛等神灵

---

① 杨建华：《两河流域史前时代》，吉林大学出版社1994年版，第60页。
② 同上书，第77页。
③ 同上书，第119页。
④ W. G. Lambert, "The God Aššur", *Iraq*, Vol. 45, No. 1 (1983), pp. 82–86.
⑤ RIMA I A. 0. 77. 1：112–115.
⑥ Grant Frame, "My Neighbour's God: Aššur in Babylonia and Marduk in Assyria", *BCSMS*, Vol. 34 (1999), p. 12.
⑦ *Aššuritum* 是 *Aššur* 的阴性形式。亚述商人阿淑尔-伊迪在致其子阿淑尔-纳达的信中提到阿淑尔神和阿淑里图姆一起惩罚爽约行为。参见 M. T. Larsen, *The Aššur-nādā Archive*, 14：3–7.

也在阿淑尔城邦的万神殿中占据重要地位。伊什塔尔女神是亚述地区的古老神灵，其中，阿淑尔城的伊什塔尔神庙至少可以追溯到早王朝时期。[1] 伊什塔尔女神的地位还可以从人名中来判断，其中一份运输契约中提到一个女人的名字为"莎拉特-伊什塔尔"（Šarat-Ištar）[2]，其意思为"伊什塔尔是女王/王后"。阿达德神与国王的关系也十分密切，国王埃里舒姆一世称阿达德为"我的主人"。[3] 阿达德的地位也可以从当时人名中来判断，其中一个人的名字为"沙尔-阿达德"（Šar-Adad）[4]，其意思为"阿达德是国王"。埃里舒姆一世的铭文多次提及贝鲁姆，其字面意思是"主或主人"，可见，贝鲁姆也是一位重要神灵。尽管亚述王室铭文没有提到月神辛，但是，安纳托利亚地区的商业据点出土的法律文件却提到了辛的祭司，[5] 可见，辛也是阿淑尔城邦一位举足轻重的神灵。

除了上述神灵外，安纳托利亚地区的商业据点出土文献提到的人名中还包含其他苏美尔—巴比伦尼亚和西塞姆人的重要神灵。天神阿努姆是巴比伦尼亚的众神之父，阿淑尔-伊迪在致阿淑尔-纳达的一封信中提到一个人的名字为"舒-阿努姆"[6]。恩利尔是苏美尔—巴比伦尼亚的众神之王，一份运输契约提到一个人的名字为"恩利尔-巴尼"[7]。埃拉是巴比伦尼亚的灾难之神，它也出现在人名中，其中一份涉及税收的文件提到一个人的名字为"埃拉亚"[8]。阿穆鲁人的神灵阿穆鲁和苏美尔—巴比伦尼亚的太阳神沙马什也出现在亚述的人名中，其中一个人的名字为"阿穆尔-沙马什"[9]。西塞姆人的神灵阿纳也出现在人名中，一个人的名字为"普祖尔-阿纳"[10]。

阿淑尔城邦时期，阿淑尔神在阿淑尔城邦的万神殿中占据首要地位，

---

[1] A. Kuhrt, "The Old Assyrian Merchants", in H. Parkins and C. Smith, eds., *Trade, Traders and the Ancient City*, p. 18

[2] M. T. Larsen, *The Aššur-nādā Archive*, 155: 4, r. 15.

[3] RIMA I A. 0. 33. 14: 16–31.

[4] M. T. Larsen, *The Aššur-nādā Archive*, 60: 11.

[5] BIN 6 239: 11, 转引自 M. T. Larsen, *Old Assyrian Caravan Procedures*, p. 46; TC 3 129: 10, 转引自 J. G. Dercksen, *Old Assyrian Institutions*, p. 36。

[6] M. T. Larsen, *The Aššur-nādā Archive*, 44: 27.

[7] VAT 13 519: 7, 转引自 M. T. Larsen, *Old Assyrian Caravan Procedures*, p. 8。

[8] TC 3 186: 5, 转引自 M. T. Larsen, *Old Assyrian Caravan Procedures*, p. 159。

[9] CCT 2 34: 8, 转引自 M. T. Larsen, *Old Assyrian Caravan Procedures*, p. 83。

[10] M. T. Larsen, *The Aššur-nādā Archive*, 140: 21.

伊什塔尔、阿达德、贝鲁姆和辛等神灵可能紧随其后。不过，由于材料的缺乏，亚述诸神之间的关系尚难确定，其他仅仅出现在亚述人名中的神灵的地位和作用更是不得而知。

沙马什-阿达德一世时期，阿淑尔神成为"上美索不达米亚王国"万神殿中的神王。沙马什-阿达德一世时期，阿淑尔神已经同化了苏美尔—巴比伦尼亚的众神之王恩利尔：一方面，沙马什-阿达德一世多次将阿淑尔神庙称为"恩利尔的神庙"①，另一方面，国王本人自称为"恩利尔神的总督（šaknu）、阿淑尔神的'伊沙库'"②。

随着沙马什-阿达德一世的扩张，被征服地区的神灵也进入了"上美索不达米亚王国"的万神殿。伊图尔-麦尔原本是马里的庇护神，沙马什-阿达德一世征服马里后，他不但向该神奉献了一把座椅，而且在相关铭文中称："我的主人伊图尔-麦尔委托给我马里和幼发拉底河畔地区全部统治权和控制权。"③ 达甘原本是马里城的另一重要神灵。④ 随着沙马什-阿达德一世征服马里，该神也被接受，这位国王不但修建了达甘的神庙，而且自称为"达甘的崇拜者"⑤。沙马什-阿达德一世攻占尼尼微城以后，也接受了该城的伊什塔尔女神，并修复了其破旧的神庙。⑥

沙马什-阿达德一世时期，"上美索不达米亚王国"发展成囊括两河流域北部大部分地区的大国，其神灵崇拜也发生很大的变化：一方面，阿淑尔神开始成为万神殿中的众神之王；另一方面，被征服地区的神灵也进入了其万神殿。由于沙马什-阿达德一世自称为"阿淑尔城国王"，并且视阿淑尔神为国家的保护神，"上美索不达米亚王国"的万神殿对亚述万神殿的发展产生了深刻的影响。

3. 中亚述时期的万神殿

随着亚述实力的增长，阿淑尔神的地位迅速提高，他不但逐渐同化了苏美尔—巴比伦尼亚的部分神灵，而且将相关神灵的家属变成自己的家属。亚述征服了众多国家，亚述国王成为诸王之王；国家保护神阿淑尔神同化

---

① RIMA Ⅰ A.0.39.1：18, 24, 54, 59.
② RIMA Ⅰ A.0.39.4：2－3；A.0.39.5：2－3；A.0.39.7：3－4.
③ RIMA Ⅰ A.0.39.4.
④ G. Leick, *A Dictionary of Ancient Near Eastern Mythology*, p. 29.
⑤ RIMA Ⅰ A.0.39.8.
⑥ RIMA Ⅰ A.0.39.2.

了苏美尔—巴比伦尼亚的神王恩利尔，成为众神之王。图库尔提-尼努尔塔一世称阿淑尔神为"亚述的恩利尔"①。与此同时，阿淑尔神还同化了苏美尔—巴比伦尼亚的众神之父阿努，也被称为"众神之父"②。此外，恩利尔的配偶宁利尔、儿子尼努尔塔分别成为阿淑尔神的配偶和儿子。③

从阿淑尔-乌巴利特一世起，战争成为亚述历史发展的重要主题，战神在万神殿占据重要地位。女神伊什塔尔的战神角色日益突出，阿达德-尼拉里一世在一篇铭文中称："愿我的女主人伊什塔尔让他的国家失败！"④ 图库尔提-尼努尔塔一世的一篇铭文写道："在天地间的女主人——走在我的军队前面的女神伊什塔尔——的帮助下，我去进攻卡尔杜尼亚什国王卡什提里亚舒。"⑤ 苏美尔—巴比伦尼亚的战神尼努尔塔也进入亚述的万神殿，并占据举足轻重的地位。提格拉特皮拉沙尔一世的一篇铭文写道："阿淑尔神和尼努尔塔常常引导他到达他想去的地方，（他）追逐阿淑尔神的每一个敌人，平息所有王公的叛乱。"⑥ 提格拉特皮拉沙尔一世的另一篇铭文写道："在他的主人阿淑尔和尼努尔塔（两位）大神的支持下，他杀死了他们的敌人。"⑦

随着被征服地区统治者的臣服，相关地区的神灵也屈服于亚述的神灵。例如，摧毁沙拉乌什和阿马乌什以后，提格拉特皮拉沙尔一世把其神灵掠到亚述。⑧ 占领胡努苏以后，提格拉特皮拉沙尔一世把该城市的神灵掠到亚述。⑨ 征服苏胡以后，提格拉特皮拉沙尔一世把该国的许多神灵与其财物一道掠到了亚述。⑩ 亚述国王把被征服地区神灵掠到亚述的目的是命其服侍亚述神灵。击败卡特穆胡以后，提格拉特皮拉沙尔一世把被征服地区的神灵献给了阿达德。⑪ 征服鲁鲁麦以后，提格拉特皮拉沙尔一世把当地的25位

---

① RIMA Ⅰ A.0.78.22：39－41.
② RIMA Ⅰ A.0.78.26：2.
③ SAAS ⅩⅣ, p.41.
④ RIMA Ⅰ A.0.76.15：42－43.
⑤ RIMA Ⅰ A.0.78.23：56－61.
⑥ RIMA Ⅱ A.0.87.1：vii 36－vii 41.
⑦ RIMA Ⅱ A.0.87.3：1－4.
⑧ RIMA Ⅱ A.0.87.1：iii 80.
⑨ RIMA Ⅱ A.0.87.1：v 9.
⑩ RIMA Ⅱ A.0.87.4：41－43.
⑪ RIMA Ⅱ A.0.87.1：ii 58－ii 62.

神灵献给了宁利尔、阿努、阿达德和伊什塔尔等亚述神灵的神庙。①

中亚述时期，亚述的版图空前扩大，阿淑尔神的地位迅速上升；由于战事频繁，苏美尔-巴比伦尼亚的战神在亚述万神殿中占据重要地位；随着大片被征服地区并入亚述的版图，相关地区的神灵也臣服于亚述的神灵。

4. 新亚述时期的万神殿

新亚述时期，亚述征服了西亚北非地区的大片区域，被征服地区的神灵也随之臣服于阿淑尔神，阿淑尔成为名副其实的众神之王；随着附属国家和部落的屈服，被俘虏的神灵获得自由，一些巴比伦尼亚神灵甚至受到了特殊的礼遇。

新亚述时期，西亚北非地区的大片区域纳入了亚述的版图，阿淑尔神成为名副其实的众神之王。首先，阿淑尔神攫取了苏美尔神王恩利尔的头衔：在阿淑尔纳色尔帕二世时期，阿淑尔神被称为"伟大的主、所有大神之王"②；萨尔贡二世时期，阿淑尔神被称为"众神之父、万国之主、天地之王、万物的创造者、千王之王"③。其次，阿淑尔还取代了巴比伦的神王马尔都克。大约在公元前2000年代末，马尔都克取代恩利尔成为巴比伦尼亚的众神之王，④，公元前8世纪末或公元前7世纪初，阿淑尔取代马尔都克成为亚述版的创世神话《埃努马-埃里什》的主角，因此，它成为新一代众神之王。⑤

新亚述时期，更多被征服地区的神灵臣服亚述的神灵。例如，阿达德-尼拉里二世的一篇铭文写道："我把他们的神灵作为礼物献给了我的主人阿淑尔神。"⑥ 征服纳西比纳以后，阿达德-尼拉里二世把其神灵及其财物带到了阿淑尔城。⑦ 攻克比亚拉希城以后，图库尔提-尼努尔塔二世把其神灵与其他财物掠到尼尼微。⑧ 攻克苏鲁城以后，阿淑尔纳色尔帕二世把其神灵

---

① RIMA Ⅱ A.0.87.2：23-24.
② RIMA Ⅱ A.0.101.17：i 1.
③ ARAB Ⅱ 170.
④ W. G. Lambert, "The Reign of Nebuchadnezzar I: A Turning Point in the History of Ancient Mesopotamian Religion", W. S. McCullough, ed., *The Seed of Wisdom: Essays in Honor of T. J. Meek*, Toronto: University of Toronto Press, 1964, pp. 3-13.
⑤ W. G. Lambert, "The Assyrian Recension of Enuma Eliš", in Hartmu Waetzoldt und Harald Hauptman, hrsg., *Assyrien im Wandel der Zeiten*, p. 77.
⑥ RIMA Ⅱ A.0.99.1：16-17.
⑦ RIMA Ⅱ A.0.99.2：69.
⑧ RIMA Ⅱ A.0.100.5：7.

与其他财物等掠到亚述。① 击败拉科的阿兹-伊鲁以后,阿淑尔纳色尔帕二世掠走了其神灵。②

表 6 – 1　　　　　新亚述时期掠到亚述的被征服地区神灵③

亚述国王	被掠的神灵
阿淑尔-丹二世	哈伯鲁里的神灵
阿达德-尼拉里二世	库马努的神灵
阿达德-尼拉里二世	名字不详的城市的神灵
阿达德-尼拉里二世	纳西比纳的神灵
图库尔提-尼努尔塔二世	比亚拉希城的神灵
阿淑尔纳色尔帕二世	苏鲁城的神灵
阿淑尔纳色尔帕二世	拉科的神灵
沙尔马纳沙尔三世	比特-阿狄尼的神灵
沙尔马纳沙尔三世	纳姆里国王马尔都克-穆达米科的神灵
沙尔马纳沙尔三世	纳姆里国王伊兰祖的神灵
沙马什-阿达德五世	纳伊利的神灵
沙马什-阿达德五世	麦-图尔兰特的神灵
沙马什-阿达德五世	达特比尔和伊兹杜伊亚的神灵
沙马什-阿达德五世	科莱伯提-阿拉尼的神灵
沙马什-阿达德五世	杜尔-帕普苏卡尔的神灵
沙马什-阿达德五世	德尔的神灵
沙马什-阿达德五世	杜尔-沙鲁库的神灵
沙马什-阿达德五世	巴比伦国王巴巴-阿哈-伊狄纳的圣旗
提格拉特皮拉沙尔三世	沙帕扎城的神灵
提格拉特皮拉沙尔三世	萨拉巴努城的迦勒底神灵
提格拉特皮拉沙尔三世	塔尔巴苏和伊阿巴鲁的迦勒底神灵
提格拉特皮拉沙尔三世	比特-沙阿里城的迦勒底神灵
提格拉特皮拉沙尔三世	加沙的神灵

---

① RIMA Ⅱ A. 0. 101. 1：i 85.
② RIMA Ⅱ A. 0. 101. 1：iii 40.
③ S. Holloway, *Aššur is King! Aššur is King! Religion in the Exercise of Power in the Neo-Assyrian Empire*, pp. 125 – 144.

续表

亚述国王	被掠的神灵
萨尔贡二世	乌拉尔图的神灵
萨尔贡二世	阿什杜德的神灵
萨尔贡二世	聚集在杜尔-雅金的神灵
辛纳赫里布	西德卡的神灵
辛纳赫里布	提尔-伽里穆的神灵
辛纳赫里布	德尔的神灵
辛纳赫里布	比特-雅金的神灵
辛纳赫里布	乌鲁克与拉尔萨的神灵
辛纳赫里布	巴比伦的6位神灵
辛纳赫里布	阿拉伯神灵
辛纳赫里布	阿拉伯神灵
埃萨尔哈东	巴祖的神灵
埃萨尔哈东	阿拉伯神灵
埃萨尔哈东	埃及的神灵
阿淑尔巴尼拔	埃兰29个城市的神灵
阿淑尔巴尼拔	埃兰的神灵
阿淑尔巴尼拔	阿拉伯神灵
阿淑尔巴尼拔	乌舒的神灵

萨尔贡王朝时期，亚述帝国业已形成，亚述人陆续送还了一些被征服地区或附属国的神灵，来收买当地居民。例如，公元前716年，萨尔贡二世送还了哈尔哈尔的神灵。[1] 公元前681年，辛纳赫里布归还了他于公元前693年掠夺的乌鲁克的神灵。[2] 公元前680年，埃萨尔哈东归还了他于公元前693年掳走的德尔的神灵。[3] 公元前671年，埃萨尔哈东归还了辛纳赫里布于公元前693年掠夺的拉尔萨等巴比伦尼亚城市的神灵。[4] 犹大国王莱阿

---

[1] L. D. Levine, *Two Neo-Assyrian Stelae from Iran*, Toronto: Royal Ontario Museum, 1972, 40: ii 44.
[2] ABC 1: 81. iii 29.
[3] RIMA Ⅱ B. 6. 31. 15: 20-25.
[4] RINAP Ⅳ 48: 93-95.

勒归顺后,埃萨尔哈东归还了掠夺到亚述的犹大神灵。① 阿拉伯酋长黑兹尔臣服后,埃萨尔哈东归还了其父辛纳赫里布掠夺的阿拉伯人的神灵。②

表6-2　　　　亚述归还的被征服地区或附属国的神灵③

亚述国王	被归还的神灵
提格拉特皮拉沙尔三世	巴比伦城的神灵
萨尔贡二世	哈尔哈尔的神灵
萨尔贡二世	乌拉尔图的神灵哈尔迪
萨尔贡二世	乌尔、乌鲁克、埃利都、拉尔萨、基西科和奈麦德-拉古达等巴比伦尼亚城市的神灵
辛纳赫里布	乌鲁克的神灵
埃萨尔哈东	德尔的神灵
埃萨尔哈东	杜尔-沙鲁库的神灵
埃萨尔哈东	阿拉伯酋长黑兹尔的神灵
埃萨尔哈东	阿拉伯女王塔布阿的神灵
埃萨尔哈东	阿卡德的伊什塔尔与其他被掠到埃兰的巴比伦城市的神灵
埃萨尔哈东	犹大的神灵
埃萨尔哈东	乌鲁克的神灵
埃萨尔哈东	埃萨吉尔的神灵
埃萨尔哈东	拉尔萨的沙马什
埃萨尔哈东	马尔都克
埃萨尔哈东	巴比伦城的神灵
阿淑尔巴尼拔	巴比伦城的6位神灵
阿淑尔巴尼拔	阿卡德的神灵
阿淑尔巴尼拔	乌鲁克的纳娜女神

---

① RINAP Ⅳ 2: iii 20 – iii 32.
② RINAP Ⅳ 1: iv 1 – iv 16.
③ S. Holloway, *Aššur is King! Aššur is King! Religion in the Exercise of Power in the Neo-Assyrian Empire*, pp. 277–283.

亚述人酷爱苏美尔—巴比伦尼亚文化,巴比伦尼亚的神灵受到了与亚述神灵一样的礼遇。例如,沙尔马纳沙尔三世时期,一篇铭文写道:"他到达神灵中的崇高的英雄乌图鲁的城市库塔,谦恭地跪在神庙门口,奉献了 udu. siskur 供品。他进入了连接天堂与地府的巴比伦城,登上了众神的宫殿、众神之王的住所埃萨吉尔。他虔诚地出现在贝尔和贝拉特面前,正式地举行献祭仪式,在埃萨吉尔屠宰并奉献了高贵的 udu. siskur 供品和神圣的 nindabu 供品。他还向埃萨吉尔和巴比伦尼亚其他神灵的神殿奉献了神圣的 udu. siskur 供品。他向法力无边的王公贝尔之子、纳布的英雄城市波尔西帕进发,进入了决定命运的神庙埃兹达。他跪在他的主人纳布和纳娜女神的面前,举行了合乎礼仪的仪式,屠宰并奉献了优等牛和肥羊。"① 又如,提格拉特皮拉沙尔三世的一篇铭文写道:"我在胡尔萨格库尔库拉②向阿淑尔、舍鲁阿、贝尔、扎尔帕尼图、纳布、塔什麦图、纳娜、贝乐特-巴比伦、涅尔伽尔和拉斯献上纯洁的 udu. siskur 供品。"③ 再如,萨尔贡二世在一篇铭文中写道:"从我即位之年到我统治的第三年,我赠给贝尔、扎尔帕尼图、纳布、塔什麦图等居住在苏美尔与阿卡德大都市的神灵礼物。"④ 还有,在建筑新都卡尔胡时,阿淑尔纳色尔帕二世为巴比伦尼亚诸神建造了神庙:"在我的领土的中心卡尔胡,我建造了先前不曾有的神庙,诸如恩利尔的神庙和尼努尔塔的神庙。我还在那里建造了神王埃阿和达姆基娜的神庙、阿达德与沙拉的神庙、女神古拉的神庙、辛神的神庙、纳布的神庙、女神沙拉特-尼普哈、西比提神的神庙、基德穆鲁和其他大神的神庙。"⑤

　　尽管马尔都克的"众神之王"的地位被阿淑尔神取代,但是,巴比伦尼亚神王与其子纳布在亚述的万神殿中仍然占据很高的地位。虽然马尔都克与其子纳布都是被掠到亚述的,⑥ 但是,早在中亚述时期亚述人就为巴比

---

① RIMA Ⅲ A. 0. 102. 5:v 4 – vi 4.
② 阿淑尔城阿淑尔神的神庙名称,亦称为胡尔萨格卡拉马(Hursakalamma)。
③ Hayim Tadmor, *The Inscriptions of Tiglath-pileser* Ⅲ, *King of Assyri*, Summary Inscription 1:15 – 16.
④ ARAB Ⅱ 184.
⑤ RIMA Ⅱ A. 0. 101. 30:53 – 60.
⑥ 据编年史记载:"他拿埃萨吉尔和巴比伦城的财物作为战利品。他把伟大的马尔都克从他的神龛上移开,把他送到亚述。" ABC 22:5 – 6.

伦神王及其子修建了神庙。① 新亚述时期，马尔都克在亚述万神殿的位次逐渐提升。在阿淑尔纳色尔帕二世、沙尔马纳沙尔三世和阿达德-尼拉里三世时期，马尔都克位于辛、沙马什和阿达德之后，居于第五位；提格拉特皮拉沙尔三世时期，马尔都克及其配偶扎尔帕尼图位于阿淑尔与舍鲁阿或阿淑尔与沙马什之后，居于第三位；萨尔贡二世时期，马尔都克位于阿淑尔或阿淑尔与恩利尔之后，居于第二位或第三位。②

二　神灵的地位和作用

亚述人之所以崇拜神灵，是因为他们能影响到亚述的政治、经济和社会生活的方方面面，在拱卫王权、维护统治秩序和军事扩张三个方面的作用尤其引人注目。

1. 神权与王权

亚述流行君权神授的观念，国王是神灵选定的。从沙马什-阿达德一世起，国王往往被称为"恩利尔神任命的（统治者）"。图库尔提-尼努尔塔一世的一篇铭文写道："图库尔提-尼努尔塔（一世）是四方之王、强大的王、阿淑尔神选中的亚述国王、阿淑尔神的总督、谨慎的牧首和阿努和恩利尔的宠儿，他们把治理四方的权力赐给了他，把他们的统治权委托给他。"③ 提格拉特皮拉沙尔一世被称为"根据沙马什的命令被授予神圣的权杖去统治万民的人"。阿淑尔纳色尔帕二世在一篇铭文中写道："（愿）我的大神阿淑尔呼唤我的名字，使我凌驾于四方国王之上！"④ 阿淑尔巴尼拔时期，一首加冕赞美诗写道："愿天地之王沙马什擢升你去统治四方，愿赐予你权杖的阿淑尔神延长你的岁月，愿舍鲁阿向您的神灵赞美您的名字！"⑤

除了赐予国王权杖外，神灵还指导国王行使王权。亚述国王自称为

---

① 阿淑尔-乌巴利特一世时期，一份私人文献提道了马尔都克在阿淑尔城的神庙，公元前13世纪阿淑尔的一个城门称为"马尔都克门"。参见 Grant Frame, "My Neighbour's God: Aššur in Babylonia and Marduk in Assyria", *BCSMS*, Vol. 34 (1999), p. 13. 沙尔马纳沙尔一世时期，马尔都克的儿子纳布也被亚述人供奉，阿淑尔城修建了他的神庙。参见 Francesco Pomponio, *Nabû: Il culto e la figura di un dio del Pantheon babilonese ed assiro*, Roma: Istituto di studi del vicino Oriente, 1978, p. 100.

② H. Tadmor, Benno Landsberger and Simo Parpola, "The Sin of Sargon and Sennacherib's Last Will", *SAAB*, Vol. 3, No. 1 (1989), p. 25.

③ RIMA I A.0.78.1: I 1-9.

④ RIMA II A.0.101.23: 1.

⑤ SAA III 11: 1-4.

"阿淑尔神的伊沙库"①,意思是"阿淑尔神的代理人",代表神灵统治万民。众神从各个方面帮助亚述国王治理国家。阿淑尔巴尼拔时期,一首加冕赞美诗写道:"阿努赐给他王冠,恩利尔赐给他王位,尼努尔塔赐给他武器,涅尔伽尔赐给他荣耀,努斯库派遣顾问到他面前。"②

亚述国王在选择王位继承人时需要占卜神意。埃萨尔哈东的一篇铭文写道:"(虽然)我是我的兄弟们中最小的弟弟,(但是,)根据阿淑尔、辛、沙马什、贝尔、纳布、尼尼微的伊什塔尔和阿尔贝拉的伊什塔尔等诸神的命令,生养我的父亲从我的兄弟们中擢升了我,他宣布:'这个就是要继承我(王位)的人!'他问卜于沙马什和阿达德,他们给他一个肯定的回答:'他(就)是你的继承人!'他留心他们重要的话语,召集了大大小小的亚述人、我的兄弟们和我父亲家族的子嗣们,命令他们在阿淑尔、辛、沙马什、纳布和马尔都克等亚述神灵及天地间的诸神面前就我的继位郑重起誓。"③ 埃萨尔哈东也曾就其继承人的选择问题问卜太阳神:"伟大的太阳神啊,请就我咨询你的问题给我一个明确而肯定的答案吧!亚述国王埃萨尔哈东应该谋划吗?他的儿子辛-纳丁-阿普里的名字已经写在纸草上并放在神像面前,他应该进入继位宫吗?"④

2. 神灵与社会秩序的维护

神灵在维护社会秩序方面的作用主要体现在亚述国王应神灵的要求颁布正义敕令、建立社会公平与正义等方面。为了使亚述人不因税赋、债务负担而导致社会分化,进而影响国家和社会稳定,亚述国王多次颁布正义敕令,豁免赋役、取消债务和释放债务奴隶。⑤ 萨尔贡二世的一道敕令曾写道:"根据诸位大神给我的命令,为了维护公平与正义,为了保护贫困者,为了使弱者不受(强者的)伤害,我根据购买(土地的)文件记录付给耕地和城镇的所有者银和铜;为了避免抱怨,我(允许)那些耕地被占用而不愿意接受银子的人以地易地。"⑥

---

① RIMA I A.0.31.1: 2-6; A.0.32.1: 2-3; A.0.33.1: 3-4; A.0.34.1: 2-6; A.0.35.1: 3.
② SAA III 11: r.5-r.8.
③ RINAP IV 1: i 8-i 19.
④ SAA IV 149: 1-3.
⑤ P. J. Nel, "Social Justice as Religious Responsibility in Near Eastern Religions: Historic Ideal and Ideological Illusion", *JNSL*, Vol. 26, No. 2 (2000), pp. 143-153.
⑥ A. Fuchs, *Die Inschriften Sargon II aus Khorsabad*, 39: 50-52, 293.

神灵维持社会秩序的另一种表现形式是确保法律文件的有效性。"阿淑尔之剑"（patrum/ gír ša ^{d}Aššur）是阿淑尔神的象征，多次出现在阿淑尔城邦时期的法律文件中。卡涅什的一份法律文件写道："卡涅什的商业据点议事会在神庙中当着'阿淑尔之剑'的面通过了一道法令。"① 另一份法律文件写道："当你读我的泥板时，你必须在我的信使库里亚面前拿出'阿淑尔之剑'。"② 一份分割去世的商人财产的法律文件写道："我们在'阿淑尔之剑'前面提供了我们的证据。"③ 新亚述时期的商业契约一般都包含防止双方反悔的条款，反悔者将遭到神灵的反对："阿淑尔、沙马什、贝尔和纳布将起诉他。"④ 阿淑尔城的一些罚金大概归阿淑尔神所有，其中一份文件写道："当伊丁-阿布姆向卡涅什出发后，你还不归还沙马亚，你想支付阿淑尔神摊派到他身上的 $53\frac{1}{2}$ 米那银子罚金吗？"⑤ 亚述与附属国签订条约时还需要在神灵面前起誓，神灵将严惩那些不遵守条约的附属国统治者。⑥

3. 神灵与战争

亚述的战争具有明显的"圣战"色彩。亚述的军队往往被称为国家保护神阿淑尔的部队，发动战争的目的是拓展阿淑尔的领地，被征服地区居民被套上了阿淑尔神之轭，被征服地区的神灵也屈服于阿淑尔神。祭司伊提-沙马什-巴拉图在致埃萨尔哈东的信中写道："从太阳（升起到）落下的地方，他（太阳神——笔者）让（所有国家的君臣）都匍匐在国王我的主人脚下。"⑦

亚述的战争与和平掌握在神灵手中，亚述国王往往宣称遵从神灵的意旨发动战争。阿达德-尼拉里一世曾根据神灵的命令去报复沙图阿拉，阿淑尔和其他大神命令图库尔提-尼努尔塔一世去扩展他们的领土。⑧ 阿淑尔神还命令图库尔提-尼努尔塔一世远征穆斯里，派遣提格拉特皮拉沙尔一世远

---

① I 445: 1-2, 转自 J. G. Dercksen, *Old Assyrian Institutions*, p. 101。

② Kt 92/k 221: 6-10, 转自 J. G. Dercksen, *Old Assyrian Institutions*, p. 114。

③ M. T. Larsen, *The Aššur-nādā Archive*, 154: r. 34 - r. 36.

④ SAA XIV 39: r. 4 - r. 5.

⑤ I 478: 17-25, 转自 J. G. Dercksen, *Old Assyrian Institutions*, p. 43。

⑥ B. Oded, "The Command of God' as a Reason for Going to War in the Assyrian Royal Inscriptions", in M. Cogan and I. Epha'l, eds., *Ah, Assyria…Studies in Assyrian History and Ancient Near Eastern Historiography Presented to Hayim Tadmor*, pp. 222-225.

⑦ SAA XVI 127: 10-12.

⑧ RIMA II A.0.87.1: i 46 - i 48.

征纳伊利地区和上方之海沿岸。阿淑尔纳色尔帕二世根据阿淑尔神的命令第三次远征扎穆阿。① 萨尔贡二世请求神灵允许他发动战争反击乌拉尔图。②

在战斗中，阿淑尔神的圣旗（urigallu，语义符为 ^{d}ùri.gal）总是引导亚述军队去作战。公元前881年，阿淑尔纳色尔帕二世出兵平定扎穆阿等地的叛乱，阿淑尔神的圣旗飘扬在军队的前面。③公元前853年，在沙尔马纳沙尔三世与叙利亚地区诸国联军决战时，阿淑尔神的圣旗再次飘扬在军队的前面。④ 在沙马什-阿达德五世发动第六次战役中，阿淑尔神的圣旗又一次飘扬在军队的前面。⑤

为了确保战斗的胜利，亚述国王还宣称在战斗中得到神灵的直接支持。埃萨尔哈东的一篇铭文写道："阿淑尔、辛、沙马什、贝尔、纳布、尼尼微的伊什塔尔和阿尔贝拉的伊什塔尔目睹了叛乱者的行为，他们违背了诸神的意愿，（因此神灵）不再支持他们。他们削弱了他们的力量，迫使他们屈服于我。"⑥ 诸神还对埃萨尔哈东鼓劲道："去！不要退缩！我们将走在你的身边，去杀死你的敌人吧！"⑦ 一篇神谕称："我是阿尔贝拉的伊什塔尔，我把敌人掷到你的脚下。我说的哪些话不可信？我是阿尔贝拉的伊什塔尔，我剥下来敌人的皮，把它们交给你。"⑧ 萨尔贡二世在一篇铭文中写道："在我的主人阿淑尔神无穷的力量（的鼓舞下），在我的帮助者贝尔与纳布（的保护下），得到诸神的法官沙马什——他开辟道路，并为我的军队提供庇护——的首肯后，在众神中能力出众的涅尔伽尔的伟大（指引下），我从苏姆布地区出发，进入了尼基帕和乌帕之间陡峭的山中。"⑨ 一位祭司在致埃萨尔哈东的信中写道："天宇的神灵都准备好参战了，愿他们行进在国王我的主人面前，使国王我的主人的敌人匍匐在国王我的主人的脚下。"⑩

三　神灵的生活

亚述神灵一般像人类一样一天进餐两次，第一餐在早晨神庙门打开时，

---

① RIMA Ⅱ A.0.101.17：iii 29 – iii 31.
② ARAB Ⅱ 154.
③ RIMA Ⅱ A.0.101.17：ii 89 – ii 91.
④ RIMA Ⅲ A.0.102.2：96.
⑤ RIMA Ⅲ A.0.103.2：17.
⑥ RINAP Ⅳ 1：i 45 – i 49.
⑦ RINAP Ⅳ 1：i 60 – i 62.
⑧ SAA Ⅸ 1：11 – 18.
⑨ ARAB Ⅱ 176.
⑩ SAA ⅩⅥ 132：5 – 8.

第二餐在傍晚神庙门关闭之际。神灵就餐时,一张桌子摆在神像前,然后,端来一盆洗手的水,最后,在餐桌上摆上各种饮料、食品和水果。① 亚述的一份豁免赋役的诏书写道:"23 只羊、2 头公牛和 2 只牛犊用作早晨和晚上火盆里焚烧的 udu. siskur 供品。"②

除了正常的生活外,神灵们均有自己的节日,其中最重要的节日是"阿基图节"(akītu)。③ 在节日里,神灵们除了到郊外巡游等节日活动外,还举行宴会宴请从各地赶来的神灵。一份向神灵奉献葡萄酒的清单彰显了神灵在节日饮宴的盛况:"9 月 20 日(奉献)8 卡(葡萄酒),10 月 6 日 7(奉献)卡(葡萄酒),11 月 20 日当神灵在神庙大厅巡视时(奉献)3 卡(葡萄酒),(12 月)17 日(奉献)1 苏图(葡萄酒),12 月 18 日卡拉图节时(奉献)1 苏图(葡萄酒),1 月 7 日 7(奉献)卡(葡萄酒),2 月 13 日 7(奉献)卡(葡萄酒),(6 月)16 日(奉献)7 卡(葡萄酒),6 月 17 日 7(奉献)卡。总共需要(奉献)7 苏图 2 卡葡萄酒供节日之用。"④

除了具有人类一样基本需求外,神灵还有一些特殊的要求。例如,将水、葡萄酒、啤酒、油或牺牲动物的血浇到祭坛、容器、地上或牺牲的身上。阿达德-尼拉里二世的一篇铭文写道:"在圣殿里,他宰杀了神圣的牺牲,奉献了牛,浇了最好的啤酒,用山区(产)的甜葡萄酒作为他的 udu. siskur 供品。"⑤

亚述的神灵具有明显的拟人化特征,具有与人类一样的需求。为了赢得神灵的青睐,亚述人千方百计地取悦他们的神灵,不但为众神修建了神庙,而且时时祭祀他们,并奉献各种各样的供品。

第二节　神灵供品的名目

祭祀是神灵与人类沟通的主要渠道,亚述的祭祀活动非常繁杂,大致可以分为日常祭祀、节日祭祀以及占卜时祭祀,等等。奉献供品是祭祀过

---

① K. R. Nemet-Nejat, *Daily Life in Ancient Mesopotamia*, Peabody of Massachusetts: Hendrickson Publishers, 2002, p. 186.
② SAA XII 48: 10 – 11.
③ J. Bidmead, *The Akītu Festival: Religious Continuity and Royal Legitimation in Mesopotamia*.
④ SAA XII 80: r. 6 – r. 12.
⑤ RIMA II A. 0. 99. 2: 74 –76.

程中不可或缺的环节，亚述的神灵供品不仅名目繁多，而且内容多有交叉。我们将分别介绍亚述文献经常提及的供品的统称、日常供品、主要供物以及特殊供物。

一　供品的统称

供品的统称指对各种供品的总的称呼，亚述人一般将其称为 niqû 供品。

1. niqû 的词源与发展演变

niqû，又拼作 nīqu, niq'u, niqiu，源于动词为 naqû（本义为倾注，引申为祭奠、献祭、奉献），既可以指向神灵提供供品的行为，又可以指奉献的物品。① niqû 对应的苏美尔语是 udu. siskur/siskur$_x$。在亚述文献中，niqû 主要拼写方式有 udu. siskur/siskur$_x$, ni-qi-a-te, ni-qí-a, ni-qu-u, ni-qí 等。

早在公元前 3000 年代，苏美尔人就把奉献神灵的供品称为 siskur 供品，奉献的物品主要包括椰枣糖浆、酥油、葡萄酒和绵羊等。乌尔第三王朝时期，国王阿玛尔-辛的一篇铭文写道："阿玛尔-辛是一个蒙尼普尔的恩利尔神召唤的人、恩利尔神庙的供奉者、强大的王、乌尔国王、四方之王，他为万国之主、他喜爱的主人、恩利尔神建造了神庙，其中（存放）siskur 供品地方的椰枣糖浆、酥油和葡萄酒（的供应常年）不断。"② 在乌尔第三王朝的供品中心德莱海姆，一份分配供品的清单写道："1 只用大麦喂养的绵羊献给'哭泣的'伊南娜，1 只用大麦喂养的绵羊和 1 只用草喂养的绵羊作为 siskur 供品献给贝拉特-苏尼尔和贝拉特-提拉班，1 只羔羊作为 siskur 供品献给伊什库。"③

古巴比伦时期，niqû/siskur 供品仍然是诸国奉献神灵供品的统称。例如，在拉尔萨王国，国王里木-辛的一篇铭文写道："杜穆兹神是 siskur 供品的主人、女神伊南娜心仪的丈夫、广阔草原的牧人，他适合照管一切生灵□□□□□"④

从阿淑尔城邦兴起到尼尼微城的陷落，亚述人一直把其奉献神灵的各种供品通称为 niqû/siskur 供品。

新巴比伦时期，国王奉献神灵的供品仍然称为 niqû 供品，主要物品是

---

① CAD N/2, p. 252.
② RIME Ⅲ/2 E3. 1. 3. 6.
③ Marcel Sigrist, *Neo-Sumerian Texts from the Royal Ontario Museum: The Administration at Drehem*, Bethesda of Maryland: CDL Press, 1995, 16: 9 – 15.
④ RIME Ⅳ E4. 2. 14. 4: 1 – 6.

牛、绵羊、鹅和鸭等禽畜。① 一直到希腊时代,巴比伦尼亚地区居民仍然把奉献神灵的供品称为 niqû 供品。②

2. 供应方式与供物种类

阿淑尔城邦时期,niqû 供品主要指商人们向神灵捐献的供品,主要包括金银等物品。例如,卡涅什的阿淑尔商人伊丁-伊什塔尔曾经在致其父阿淑尔-纳达的信中写道:"达亚之子伊库皮亚将要带给你5舍克勒帕沙金子,我亲爱的父亲,你在神面前奉献 niqû 供品,让他保佑我吧!"③ 又如,阿淑尔-纳达在致其兄弟阿淑尔-塔克拉库的信中写道:"伊丁-伊什塔尔之子伊丁-阿布姆给你带去5舍克勒银子,(它是)你奉献(神灵的)niqû 供品。"④ 上述信件并没有提到国王或其他国家机构强迫他们捐献 niqû 供品,因此,阿淑尔商人奉献 niqû 供品的行为大概是一种祈求神灵庇护或感谢神灵庇佑的自愿行为。

中亚述时期,国王规定了各地缴纳 niqû 供品的种类,主要是大麦、牲畜和衣物等生活必需品。图库尔提-尼努尔塔一世曾在规定沙拉特-尼普哈神庙供品的敕令中写道:"12月和7月,所有(用)作 niqû 的供品是大麦。"⑤ 此外,niqû 供品还可以是牲畜和衣服。尼努尔塔-图库尔提-阿淑尔给舍鲁阿的 udu. siskur 供品是一只绵羊。⑥ 一份接收物品的清单写道:"□□□□巴布-阿普拉-乌粟尔所欠的做 niqû 的'鲁贝鲁'(lubēru)⑦ 衣服已经交付王室□□□□□□"⑧ 新亚述时期,niqû 供品主要由行省总督和宫廷权贵轮流负担,主要有牲畜、禽类、面包等各种物品。占卜师阿库拉努在致国王的信中写道:"请国王我的主人就□□□niqû 供品问题询问□□□省副总督:'你为什么没有(按时)奉献(niqû 供品)呢?'国王应

---

① Rocio Da Riva, *Der Ebabbar Tempel von Sippar in frühneubabylonischer Zeit* (650 -648 v. chr), Münster: Ugarit Verlag, 2002, pp. 274ff.

② M. J. H. Linssen, *The Cults of Uruk and Babylon: The Temple Ritual Texts as Evidence for Hellenistic Practices*, Leiden and Boston: Brill and Styx, 2004, pp. 158ff.

③ M. T. Larsen, *The Aššur-nādā Archives*, 117: 3 -11.

④ M. T. Larsen, *The Aššur-nādā Archives*, 87: 7 -11.

⑤ SAA XII 68: r. 3 - r. 4.

⑥ KAJ 192: 16.

⑦ 古亚述和中亚述文献提及的一种衣服,但衣服的款式等不详。参见 CAD L, p. 232。

⑧ J. N. Postgate, "Assyrian Texts and Fragments", *Iraq*, Vol. 35, No. 1 (1973), pp. 22 -24.

当提醒他在'卡努努节'(*kanūnu*)① 期间不要放松（供品的供应）。在'卡努努节'的 10 日晚上以及 11 日和 12 日，他要奉献大量 *niqû* 供品。"② 比特-基德穆里的祭司达狄在致埃萨尔哈东的信中写道："2 头牛和 20 只绵羊是国王指定狄库齐纳（提供的）*niqû* 供品，他还没有送到。"③ 尼尼微出土的宫廷档案也包括一些向神灵奉献 *niqû* 供品的清单，其中，宦官总管在一份缴纳 *niqû* 的供品清单上写道："□□□只鸭、2 只林鸽、2 只灰鹩鸪、20 只斑鸠、2 只跳鼠、14□□40 条'胡胡鲁图'(*huhurutu*)④ 长面包、2 苏图小面包、2 苏图厚面包、10 桌□□□□10 坛□□□□以上是宦官总管在 13 日奉献的 *niqû* 供品。"⑤ 另一份清单提到了在"图尔塔努"13 日应奉献的 *niqû* 供品。⑥ 王后的 *niqû* 供品是"1 头牛、3 头'西萨尔胡'（*sisalhu*）⑦ 牛、4 只母牛犊、24 只绵羊和 4 只鸭"⑧。5 月 11 日的 *niqû* 供品是"1 头牛、10 只绵羊和 1 只（放在）大神殿门口的鸭；1 头牛、10 只绵羊和 1 只（放在小神殿门口的）鸭；2 头牛、1 头'西萨尔胡'牛、30 只绵羊和 2 只（奉献）伊什塔尔的神庙的鸭；总共 4 头牛、1 头'西萨尔胡'牛、50 只绵羊和 4 只鸭，这都是 5 月 11 日（要奉献）的 *niqû* 供品。"⑨

  niqû 供品的奉献还与节日和占卜有关。占卜师阿库拉努在写给埃萨尔哈东的信中写道："明晚塔尔比苏将会有一个洗礼，国王需要奉献 *niqû* 供品。"⑩ 占卜师阿库拉努在写给埃萨尔哈东的另一封信中写道："关于国王在'卡努努节'奉献的 *niqû* 供品，我该是去监管 *niqû* 供品（的置备），还是留在这里？"⑪ 一份占卜文献写道："尝试通过阿达德的门把面粉运到他的面前，送到他面前的面粉就是他的 *niqû* 供品。愿他在清晨降下薄雾，愿（他

---

① *kanūnu*，又作 *kinūnu*，巴比伦尼亚第 10 个月的月名。参见 Jeremy Black, Andrew George, and J. N. Postgate, *A Concise Dictionary of Akkadian*, p. 159. "卡努努节"指 10 月的节日，具体内容不详。
② SAA X 95：r. 11 – r. 17.
③ SAA XIII 18：5 – 7.
④ 新亚述时期的一种面包，具体情况不详。参见 CAD H, p. 226。
⑤ SAA VII 159：r. ii 5 – ii 7.
⑥ SAA VII 160：r. ii 1 – ii 2.
⑦ "西萨尔胡"（*sisalhu*）是新亚述时期的一种牛或绵羊，具体特点不详。参见 CAD S, p. 321。
⑧ SAA VII 175：r. 13 – r. 16.
⑨ SAA VII 181：1 – 5.
⑩ SAA X 93：7 – 11.
⑪ SAA X 94：r. 6 – r. 9.

使）耕地的产量翻一番！"①

二　日常供品

日常供品指每天在神庙中进行例行性祭祀时奉献神灵的供品，主要有 *ginû* 供品和 *sattukku* 供品两种。

（一）*ginû* 供品

1. 词源与发展演变

ginû 既可以用作形容词，表示"永远的、固定的、定期的和标准的"等意思；也可以用作名词，有"常态，端正"，引申为"标准、定期或固定的供品"等意思。② *ginû* 来源于苏美尔语为 gi. na。在亚述文献中，*ginû* 主要拼写方式有 *gi-na-a*，*gi-ni-e*，*gi-nu-u*，*gi-nu-ú* 等。

ginû 供品最早出现于古巴比伦时期。例如，拉尔萨国王瓦拉德－辛时期，一篇铭文写道："库杜尔－马布克是阿摩利人的祖先、西姆提－什尔哈科之子，他重新关注埃巴巴尔神庙，为他的主人乌图神装饰了它；他聚拢了失散的民众，整饬了混乱的军队，使国家恢复了和平；他打碎了他的敌人的头颅，击败了所有的敌人；他使天地间至高的法官乌图心满意足地住在拉尔萨富丽堂皇的神庙里，（这是接收）*ginû* 供品的地方。"③ 又如，古巴比伦时期，一位父亲在致其子的信中写道："愿沙马什与马尔都克保佑你长命百岁！我派伊利－埃利什到你（那儿），送给我 20 米那优质的羊毛作为（奉献神灵）的 *ginû* 供品吧！"④

在亚述地区，*ginû* 供品最早出现在中亚述时期。例如，图库尔提－尼努尔塔一世的一篇铭文写道："除了奉献神灵希望的东西外，我还修建了巨大的祭祀中心和我的皇家住所，我称之为'卡尔－图库尔提－尼努尔塔'。我在它里面修建了阿淑尔、阿达德、沙马什、尼努尔塔、努斯库、涅尔伽尔、西比提和女神伊什塔尔等大神的神庙。我让帕图－麦沙里（渠）流向他们的神庙，把那个水渠里生产的产品永远确定为阿淑尔神和（其他）大神的 *ginû* 供品。"⑤ 上文提到，图库尔提－尼努尔塔一世曾攻占巴比伦城，并把

---

① SAA Ⅷ 461：r. 1 – r. 4.
② CAD G, p. 80.
③ RIME Ⅳ E. 4. 2. 13. 13：14 – 35.
④ D. D. Luckenbill, "Old Babylonian Letters from Bismya", *AJSL* Vol. 32, No. 4 (1916), 6：4 – 9.
⑤ RIMA Ⅰ A. 0. 78. 22：41 – 47；A. 0. 78. 24：52；A. 0. 78. 25：23.

巴比伦城的大量文献掠到了亚述；他很可能仿效巴比伦人的祭祀方式，同时沿袭了巴比伦人奉献的神灵供品的名称。此后，一直到亚述的灭亡，*ginû* 供品一直都是亚述人奉献神灵的重要供品。

亚述灭亡后，新巴比伦王国和波斯阿黑门尼德王朝等继续向诸神奉献 *ginû* 供品。不过，*ginû* 供品与后面要谈的 *sattukku* 供品的意思相同，是可以互换的，前者在新巴比伦早期更为流行，而后者则在新巴比伦后期用的更多。埃巴巴尔神庙的文献表明，构成 *ginû* 供品的物品是由神庙发放原料给面包师、酿酒师和榨油师等职业集团、由他们制备供应的。① 除了面包、酒和油等物品外，*ginû/sattukku* 供品还包括牲畜、衣服等。② *ginû* 供品可能一直延续到希腊化时期，有关文献称巴比伦城负责供品供应的官员被称为 *ša muhhi ginā'e*。③

2. 供物的种类

ginû 供品的品种非常丰富。除了上文提到的水产品外，中亚述时期的 *ginû* 供品还包括面包、大麦、豆类、酒、蔬菜、水果、坚果、牲畜和家禽等生活必需品，甚至还有作为支付手段的铜和银。图库尔提-尼努尔塔一世在确定女神沙拉特-尼普哈神供品的敕令中写道："沙拉特-尼普哈神女神的所有 *ginû* 供品包括：12 月 2 日，总督要向'内城'的面包师和酿酒工人提供大麦，（还要）向拉伯利亚神庙中阿淑尔神的祭司提供 2 卡面包和 2 卡啤酒；7 月 10 日，（他要交给）面包师 10 米那铜、啤酒工人 10 米那铜。"④ 提格拉特皮拉沙尔一世时期，一份记录交纳 *ginû* 供品的清单表明，中亚述时期的 *ginû* 供品包括大麦、蜂蜜、芝麻或亚麻油和水果。⑤ 据估计，提格拉特皮拉沙尔一世时期正常年份阿淑尔神庙收到的 *ginû* 供品为 1000 伊麦如

---

① 新巴比伦时期，*ginû* 和 *sattukku* 的意思基本相同，是可以互换的，其中负责供应献祭牲畜的牧人既可以称为 *rē'û ginê* 也可以称为 *rē'û sattuki*。参见 A. C. V. M. Bongenaar, *The Neo-Babylonian Ebabbar Temple at Sippar: Its Administration and Prosopography*, p. 143。

② John MacGinnis, *Letter Orders from Sippar and the Administration of Ebabbar in the Late-Babylonian Period*, Poznań: "Bonami" Wydawwictwo, 1995, p. 154.

③ M. J. H. Linssen, *The Cults of Uruk and Babylon: The Temple Ritual Texts as Evidence for Hellenistic Practices*, p. 162.

④ SAA XII 68: r. 12 – r. 21.

⑤ J. N. Postgate, "The Middle Assyrian Provinces: Review of *Die Orts-und-Gewassernamen der mittelbabylonischen undmittelassyrischen Zeit*", *AfO*, Vol. 32 (1985), p. 96.

谷物、10 伊麦如蜂蜜、100 伊麦如芝麻和 50 伊麦如水果。①

新亚述时期，*ginû* 供品的种类依然十分丰富，牲畜、食品和饮料等仍然是主要供物。尼尼微出土的一份 *ginû* 供品清单写道："1 条大腿、1 条肩膀、1 块外面的肉和 2 块靠近肩膀的肉，出自同一头牛的肚、肝、肾和心，1 整只绵羊，4 只烤绵羊的头和胸，1 碗牛肉汤、1 碗□□汤，1 只鹅、1 只鸭、10 只斑鸠和 7 条大面包、1 苏图 1 卡 *ginû* 供品面包、1 苏图 1 卡风味面包，1 壶苦—甜味啤酒、1 壶用碎谷物（酿的）啤酒，1 只绵羊、7 块肉、3 卡面包、2 卡 *ginû* 供品面包、2 卡风味面包，这是阿淑尔神面前剩下的新 *ginû* 供品。"② 杜尔–沙鲁金的司库在致萨尔贡二世的信中写道："分给驱魔师 2 卡面包和 2 卡啤酒，给厨房人员 1 卡面包和 1 卡啤酒，总共 6 卡面包和啤酒是纳布神庙 *ginû* 供品中剩下的物品。"③

新亚述时期，*ginû* 供品也可以是银子，并可以放贷生息。公元前 658 年，一份借贷契约写道："根据卡尔赫米什的米那计算的 9 米那 15 舍克勒银子是阿淑尔–莱什–伊什掌管的阿淑尔神的 *ginû* 供品，（现在由）由新宫的葡萄酒师傅泽鲁提和其副手乌鲁拉玉使用。（签约时间为）宦官沙–纳布–舒任名年官之年的 3 月 16 日。（还款之日）这笔银子将增加 1/4。"④

3. 供物的来源

ginû 供品主要由行省轮流提供。阿淑尔神庙中负责收受 *ginû* 供品的官员称为 rab ginê，提格拉特皮拉沙尔一世时期，阿淑尔神庙的 rab ginê 官署里出土了六百余篇记录 *ginû* 供品交纳情况的泥板。⑤ 其中一份提供 *ginû* 供品的清单表明，分担该供品的有伊杜、阿淑尔省、阿尔贝拉、下方省、阿普库、库尔达、阿马萨库、里穆舒、卡尔胡、哈布尔河、哈拉胡、沙比莱舒和库里什纳什等行省和城市。⑥ 乌尔第三王朝时期，行省在指定的时间轮

---

① Salvatore Gaspa, "The *rab ginā'e*'s Administrative Unit at Work: A Quantitative Study on the Provision of Foodstuffs in the Middle Assyrian Period in the Evidence of the Tabular Lists", *UF*, Vol. 43 (2011), pp. 174 – 178.

② SAA Ⅶ 206.

③ SAA Ⅰ 128: r. 16 – r. 18.

④ SAA ⅩⅣ 60: 3 – r. 2.

⑤ J. N. Postgate, "Documents in Government under the Middle Assyrian Kingdom", M. Brosius, ed., *Ancient Archives and Archival Traditions: Concepts of Record-Keeping in the Ancient World*, p. 127.

⑥ J. N. Postgate, "The Middle Assyrian Provinces: Review of *Die Orts-und-Gewassernamen der mittelbabylonischen undmittelassyrischen Zeit*", *AfO*, Vol. 32 (1985), pp. 96 – 97.

流向供品中心德莱赫姆进献供品，① 因此，中亚述时期，亚述各行省轮流供应 ginû 供品的做法很可能源于乌尔第三王朝。

新亚述时期，ginû 供品仍然由行省供负责应。例如，阿达德-尼拉里三世曾经颁布敕令确定阿淑尔神庙的 ginû 供品的供应："阿达德-尼拉里（三世）规定了阿淑尔神的 ginû 供品，把它们委托给布拉里、阿尔贝拉和□□□□行省的城镇的□□□□□□□□□。"② 又如，亚述国王驻巴比伦尼亚的代表马尔-伊萨尔在致埃萨尔哈东的信中写道："'阿卡德的妇人'（gašan ᵘʳᵘAk-kad）逃到埃兰后，她的财产被接管，其耕地和神庙的人员转到□□□□名下。国王我的主人安顿阿卡德城后，请给拉希鲁行省副总管一道盖印的命令：'（你们要）向（女）神奉献 ginû 供品！他们应该前来阿卡德（奉献供品）！'他们奉献了□□年（供品），（现在他们）停止奉献（供品）了。自从国王我的主人派我驻阿卡德城后，他们就不再奉献（神灵供品）了。"③

上文提到，新亚述时期神庙占有大量田产，一部分 ginû 供品来自神庙地产。例如，埃萨尔哈东在一份敕令中写道："□□□□□一块 30 伊麦如的耕地、一块 10 伊麦如的耕地和一个 6 伊麦如的果园（都是）给她生产 ginû 供品的，我把（它们）交给□□□□□阿塔尔-亚提和耕种者辛-克努-乌粟尔。他们的房屋、他们的耕地和他们的果园是免税的，他们的 nusāhē 税也不得征收，他们的 šibšu 税不得征收。"④ 公元前 682 年 2 月 25 日，一份果园转让契约写道："它是（专门）为阿淑尔和穆里苏提供 ginû 供品的果园。"⑤

此外，阿淑尔神庙的 ginû 供品清单表明，王后和王太子等皇室成员和"图尔塔努"、"拉伯—沙克"、"马森努"等朝廷重臣也负有向神庙提供 ginû 供品的义务。⑥

一些被征服地区也被勒令向神灵奉献 ginû 供品。上文提道，埃萨尔哈东在征服埃及后给整个埃及重新任命了国王、总督、šaknu、'港口监督'、

---

① W. W. Hallo, "A Sumerian Amphictyony", *JCS*, Vol. 14, No. 3 (1960), pp. 88 – 114.
② SAA XII 71：4 – 5, r. 4 – r. 6.
③ SAA X 359：4 – 13.
④ SAA XII 24：r. 2—r. 11e.
⑤ SAA VI 188：1 – r. 6.
⑥ SAA VII, pp. xxxv – xxxvi.

"国王的代表"和信使,他"(还)给阿淑尔和(其他)大神确定了 *sattukku* 供品和 *ginû* 供品"①。又如,公元前 649 年,阿淑尔巴尼拔在击败其弟弟沙马什-舒穆-乌金后宣布:"我把他们扔掉的'阿淑尔之轭'重新套到他们身上。我给他们任命了总督、*šaknu* 和监督,把阿淑尔、穆里苏和亚述诸神的 *sattukku* 供品、*ginû* 供品和 *rēštu* 供品摊派到他们身上。"② 再如,征服希里穆以后,辛纳赫里布宣布:"我把 1 头牛、10 只羔羊、10 伊麦如葡萄酒、10 伊麦如椰枣和其他优等物品确定为该地区奉献给我的主人——亚述诸神——的 *ginû* 供品。"③

相关地区的官员和祭司总管具体负责管理 *ginû* 供品的供给。亚述国王驻巴比伦尼亚的代表在致埃萨尔哈东的信中写道:"如果国王我的主人满意,应该任命一个人为'埃舍舒节'(eššešu)在供桌前奉献 *ginû* 供品的祭司总管。"④ 亚述国王驻巴比伦尼亚的代表在致国王的信中还写道:"春天时,国王我的主人派一个贴身侍卫对波尔西帕的指挥官和祭司总管说:'统计纳布神庙的牛羊的数目,像从昔日的波尔西帕人的地产中供应 *ginû* 供品一样,把最肥的羊献给纳布神!'现在牧人贿赂了指挥官和祭司总管。直到现在,没有人统计牛羊(数目),他们(既)没有提供做祭祀时需要的公羊,(也)没有交纳国王在 1 月份要奉献神灵的 *ginû* 供品……"⑤

(二) *sattukku* 供品

1. 词源与发展演变

sattukku,又拼作 *sattakku* 和 *šattukku*,本义是"食物配额",引申为"固定的、定期的供品"。⑥ *sattukku* 来源于苏美尔语 sá. du$_{11}$ 或 sá. dug$_4$,在亚述文献中,*sattukku* 主要拼写方式有 sá. dug,sat-tak-ki,sat-tuk,sa-at-tu-uk-ku 等。

在古代两河流域,奉献 *sattukku*/ sá. du$_{11}$ 供品的历史至少可以追溯到苏美尔城邦时期,主要供物是日常食品、饮料和牛羊等。例如,在拉格什城邦国王古地亚的雕像上,一段铭文写道:"1 卡啤酒、1 卡面包、1/2 卡做

---

① RINAP Ⅳ 98: 47-48.
② ARAB Ⅱ 798.
③ OIP Ⅱ, p. 55: 59.
④ SAA X 352: r. 13-r. 16.
⑤ SAA X 353: 14-26.
⑥ CAD S, pp. 198-201.

（饼）的面粉和 1/2 卡去壳的谷粒是奉献给建造宁吉尔苏神庙的拉格什统治者古地亚雕像的 sá. dug₄ 供品。"①

阿卡德王国沿袭了苏美尔人向神灵奉献 sá. du₁₁ 或 sá. dug₄ 供品的传统，奉献的物品仍然是各种食品。例如，国王里木什在一篇铭文中写道："他确定这些面包、啤酒为沙马什神一天的 sá. du₁₁ 供品。"② 阿卡德王国时期，一份向尼努尔塔奉献洋葱的记录写道："乌尔-宁吉尔苏（交纳了）240 卡洋葱，仓库的看门人埃-萨伽（交纳了）60 卡洋葱，乌尔-古拉之子杜都（交纳了）60 卡洋葱；从 1 月到 10 月，每月（接收了）30 卡洋葱，这 300 卡洋葱（是奉献）尼努尔塔的 sá. du₁₁ 供品。"③

乌尔第三王朝时期，国王仍然向神灵奉献 sá. du₁₁ 供品，主要供物依然是各类食品。例如，国王乌尔纳姆在一篇铭文中写道："我为他（月神南纳——笔者）确定了 90 古尔谷物、30 只绵羊和 30 卡奶油的 sá. du₁₁ 供品。"④ 一份奉献供品的清单写道："11 月 25 日，恩利莱沙接收了舒尔吉-阿穆（提供）的 4 头用大麦育肥的牛作为乌鲁克奉献伊南娜的 sá. du₁₁ 供品。"⑤《乌尔纳姆法典》的序言写道："乌尔纳姆是强大的勇士、乌尔国王、苏美尔与阿卡德国王，他规定每月 21600 卡大麦、30 只羊和 30 卡黄油作为（诸神的）sá. dug₄ 供品。"⑥

古巴比伦时期，诸国国王仍然定期向神灵奉献 sá. du₁₁ 或 sá. dug₄ 供品，主要供物仍然是各类食品。例如，伊辛-国王伊什美-达甘时期，一篇铭文写道："他在你闪光的高台上放了一个巨大的铜锅，为了使人们对它感到惊奇，他把它放在你巨大的餐厅里来盛放你的 sá. dug₄ 供品。"⑦ 拉尔萨国王辛-伊狄纳姆在一篇铭文中写道："根据南纳和乌图的命令，愿敬畏阿努纳基

---

① RIME Ⅲ/1 E3.1.7. StB：1-12.
② RIME Ⅱ E2.1.2.19：ii 2-ii 8.
③ Aage Westenholz, *Old Sumerian and Old Akkadian Texts in Philadelphia: Part Ⅱ: The Akkadian Texts, the Enlilemaba Texts, and the Onion Archive*, Copenhagen: Museum Tusculanum Press, 1987, 114.
④ RIME Ⅲ/2 E3.1.1.20：24-30.
⑤ Marcel Sigrist, *Neo-Sumerian Texts from the Royal Ontario Museum: The Administration at Drehem*, 112.
⑥ M. T. Roth, *Laws Collections from Mesopotamia and Asia Minor*, "Laws of Urnamu"：A i 1-i 30.
⑦ RIME Ⅳ E4.1.4.14：1-10.

的辛-伊狄纳姆成为那个使埃巴巴尔和埃基什努伽尔的 sá. dug₄ 供品完美的人!"① 古巴比伦国王汉穆拉比时期,一篇铭文写道:"他攻占马里及其周边村庄,摧毁它的城墙,并把它的土地变为瓦砾堆和废墟以后,他放置了能演奏使(他的)心愉悦圣歌的里拉琴和青铜鼓、一个与埃麦斯拉姆圣殿相配的□□□一个与他的 sá. dug₄ 供品房的□□□"② 乌尔城宁伽尔神庙的许多 sá. dug₄ 供品分配清单记录了供物的具体情况,其中一份清单写道:"4 $\frac{5}{6}$ 卡黄油、同样多的奶酪和 3 苏图 3 $\frac{5}{6}$ 卡的椰枣奉献给宁-基-乌拉;5 卡奶油、同样多的奶酪和 2 苏图椰枣奉献给恩-美-伽尔-安纳;总共 1 苏图 4 $\frac{2}{3}$ 卡黄油、同样多的奶酪和 1 班 2 苏图 2/3 卡椰枣,(它们是)神龛中诸神的 sá. dug₄ 供品……"③

新亚述时期,亚述文献开始提及 sattukku 供品。尽管阿淑尔巴尼拔的铭文称"增加了它们遥远时代的 sattukku 供品和 ginû 供品"④,但是,迄今为止最早提到 sattukku 供品的亚述国王是阿达德-尼拉里三世,⑤ 以后的亚述诸王的铭文多次提到这种供品。⑥ 公元前 709 年,征服乌尔、乌鲁克、埃里都、拉尔萨、基西克和奈麦德-拉古达以后,萨尔贡二世宣布:"我把它们被掳的神灵归还给它们的祭祀城市,恢复了它们的 sattukku 供品。"⑦ 巴比伦国王沙马什-舒穆-乌金自称为"确定了埃萨吉尔与苏美尔和阿卡德诸神 sattukku 供品的人"⑧。

新巴比伦王国和波斯阿黑门尼德王朝时期,sattukku 供品仍然指向巴比伦神灵奉献的日常供品。⑨ 如前所述,sattukku 和 ginû 意思相同,可以互

---

① RIME Ⅳ E4. 2. 9. 9: 18 - 25.
② RIME Ⅳ E4. 3. 6. 11: 27 - 34.
③ H. H. Figulla, "Accounts concerning Allocation of Provisions for Offerings in the Ningal-Temple at Ur", *Iraq*, Vol. 15, No. 1 (1953), p. 110: 1 - 16.
④ A. C. Piepkorn, *Historical Prism of Inscriptions of Ashurbanipal I*, Edition B I 24.
⑤ SAA Ⅻ 19: 23 - r. 7.
⑥ CAD S, pp. 198 - 201.
⑦ A. Fuchs, *Die Inschriften Sargon Ⅱ aus Khorsabad*, Annal. 377 - 378.
⑧ RIMB Ⅱ B. 6. 33. 6: 4.
⑨ 学界一般认为,新巴比伦国王纳波尼都停止 sattukku 供品的供应是导致他的政权倒台的原因。参见 M. E. Stevens, Tithes and Taxes: The Economic Role of the Jerusalem Temple in its Ancient Near Eastern Context, PhD Dissertation of University of Virgina, 2002, p. 119。

换,但是,新巴比伦前期多称为 ginû,而新巴比伦后期多倾向于称为 sattukku。sattukku 供品是日常供品,通常与其他供品,如每周、每月和节日的供品并列在一起。① sattukku 供品主要是小麦、大麦、椰枣、芝麻、油、蜂蜜、果酒和啤酒等产品以及绵羊、牛、山羊、鱼和禽类等动物。②

2. 供物的种类

亚述的 sattukku 供品主要由谷物和水果构成。例如,萨尔贡二世建筑杜尔-沙鲁金占用了供应阿淑尔神和巴布神 sattukku 供品的耕地,于是他拿尼尼微附近的耕地进行交换,他在相关的文件中写道:"我之前的国王沙马什-阿达德(五世)之子阿达德-尼拉里(三世)豁免了'面包师的城镇'(uru lú. ninda. meš, āl-āpiu)□□□把它交给了卡努尼、阿胡-拉穆尔、曼努-启-阿比。他把(供应)10 伊麦如作为阿淑尔神和巴布神的 sattukku 供品的磨好谷物(的任务)摊派到他们身上。"③又如,萨尔贡二世在致纳娜女神的一首赞美诗中写道:"邪恶的蝗虫吞噬了谷物,罪恶的蚱蜢吃光了果园,也吃光了男女诸神的 sattukku 供品。"④

3. 进献的方式

与 ginû 供品类似,sattukku 供品也主要由行省、被征服地区和国王赏赐的耕地负责供应。上文提到,埃萨尔哈东征服埃及后,把 ginû 供品和 sattukku 供品摊派到埃及的附属国国王和行省总督身上。征服加沙后,提格拉特皮拉沙尔三世在其王宫中立了亚述神像,确定了他们的 sattukku 供品。⑤阿淑尔巴尼拔击败其弟弟沙马什-舒穆-乌金后,曾把阿淑尔、穆里苏和亚述诸神的 sattukku 供品、ginû 供品和 rēštu 供品摊派到巴比伦尼亚地区。埃萨尔哈东修复埃萨吉尔神庙后宣布:"我在他们面前献上他们纯洁的 guppu 供品、圣洁的 nindabu 供品,恢复了他们中断的 sattukku 供品(供应)。"⑥

sattukku 供品的另一个重要来源是神庙的地产。上文提到,阿达德-尼拉里三世曾把"面包师城镇"赐予卡努尼、阿胡-拉穆尔、曼努-启-阿比

---

① M. G. Kozuh, The Sacrificial Economy: On the Management of Sacrificial Sheep and Goats at the Neo-Babylonian/Achaemenid Eanna Temple of Uruk (c. 625 – 520 BC), p. 129.

② M. E. Stevens, Tithes and Taxes: The Economic Role of the Jerusalem Temple in its Ancient Near Eastern Context, pp. 25 – 26.

③ SAA XII 19: 23 – r. 7.

④ SAA III 4: r. 24 – r. 26.

⑤ RINAP I 42: 10 – 12.

⑥ RINAP IV 105: vi 15 – vi 18.

三人，命其向阿淑尔和巴布提供 sattukku 供品。

三 主要供物

亚述人向神灵奉献的供物种类繁多，主要有 immeru dariu 供品、zību 供品、nindabû 供品 和 qutrīnu 供品四类。

（一） immeru dariu 供品

1. 词源及发展演变

immeru（语义符：udu）的意思是"绵羊"，dariu 的意思是"持久的、永远的"，immeru dariu 指定期向神灵奉献的绵羊。在多数情况下，该供品仅仅用 udu 或 udu. meš 和 udu. dariu 来表示。immeru dariu 供品来源于苏美尔语 mášdaria（定期奉献的山羊）。

mášdaria 供品是苏美尔人向神灵奉献的一种重要物品，主要是绵羊和山羊。例如，在苏美尔神话《吉尔伽美什与胡瓦瓦》中，吉尔伽美什曾向太阳神乌图奉献 mášdaria 供品："吉尔伽美什抓住了一只白色的山羊羔和一只棕色的山羊羔，他把它们抱在胸前作为（奉献太阳神的） mášdaria 供品。"① 又如，乌尔出土的一份交纳供物的清单写道："作为 mášdaria 供品的 2 只大尾绵羊、1 只公羊、1 只母羊、1 只□□□□（也）交付了□□□□1 只公羊、1 只母羊□□□□（也）交付了□□□"② 阿玛尔-辛时期，一份记录供物分配的文献写道："7 头牛和 3 只绵羊是国王奉献给女神伊南娜的 mášdaria 供品。"③

古巴比伦时期，各国国王也向神灵奉献 mášdaria 供品。例如，拉尔萨-王国的里木-辛在一首致南纳的赞美诗中写道："愿他成为众多国家中首位被召唤的君王！（因为）听从你的命令，他在天地间（的地位）不可动摇，愿他成为万民之主！愿众神中的母神倾听他的倾诉，愿他在诉说时你们不要急躁，（愿你们）恢复他的体力！愿他为人们带来快乐，成为他们每天食品的优秀供应者！愿他们带到这里的最好物品成为他们的 mášdaria 供

---

① "Gilgamesh and Huwawa"：13 -18, http：//etcsl. orinst. ox. ac. uk/cgi-bin/etcsl. cgi? text = t. 1. 8. 1. 5&charenc = j#, 2013 年 11 月 1 日。

② A. Alberti and F. Pomponio, *Pre-Sargonic and Sargonic Texts from Ur*, Edited in UET 2, Supplement, Rome：Biblical Institute Press, 1986, 46：ii 9 -iii 9.

③ Markus Hilget, *Drehem Administrative Documents from the Reign of Amar-Suena*, Chicago：The University of Chicago Press, 2003, 376：1 -4.

品！"① 古巴比伦神话《恩利尔在埃库尔》写道："恩利尔啊，如果你是充满善意地关注着他的牧首，如果你是国家中被召唤的人，万国臣民将交到他的手中，万国将匍匐在他的脚下，即使路途遥远的国家也归附他。那么，他会带来不计其数的供物，它们将像凉水一样到达仓库，他将在巨大的院子里奉献 *mašdaria* 供品。"②

在亚述，*immeru dariu* 供物最早出现在中亚述时期，此后，一直是亚述人奉献神灵的重要物品。

新巴比伦时期，绵羊仍然是国王奉献神灵一种重要供物，但是，*immeru dariu* 供品很少被单独提及，通常称为用作 *ginû/sattukku* 中的绵羊。例如，尼布加尼撒二世在一篇接收供物的文献中写道："尼布加尼撒（二世）23 年 4 月 11 日，我从 sá. dug 供品牧人舒马-乌粟尔手中接收了 21 只在 4 月 10 日、11 日和 12 日用作 sá. dug 供品的绵羊。"③ 尼布加尼撒二世时期，另一篇接收供物的文献写道："尼布加尼撒（二世）23 年 4 月 4 日，7 只用作 *ginû* 供品的绵羊和山羊，8 只留作□□□总共 15 只用作 4 日的 *ginû* 供品和 *guqqû* 供物的绵羊和山羊，5 只用作 5 日的 *ginû* 供品；它们总共是 20 只用作 *ginû* 供品的绵羊和山羊。它们要来自舒马-乌粟尔管理的绵羊和山羊，我已经从舒马-乌粟尔预留的（绵羊和山羊中）扣留了它们。"④

2. 供物的种类及来源

中亚述时期，*immeru dariu* 供品主要是绵羊。国王把奉献 *immeru dariu* 供品的任务分派给行省总督，而总督再把任务分配给其辖区的牧人。图库尔提-尼努尔塔一世曾在向沙拉特-尼普哈神奉献的绵羊的敕令中写道："阿狄亚的牧人交纳了 40 只公羊（udu. nit. meš），布齐城的牧人（交纳了）20 只公羊、比特-塔普提城（交）42 只公羊、卢古努城（交纳了）12 只公羊□□□□□总督们接收这些公羊，（然后）育肥它们作为向沙拉特-尼普

---

① "A Prayer to Nanna for Rim-Sin"：27 - 37，http：//etcsl. orinst. ox. ac. uk/cgi-bin/etcsl. cgi? text = t. 2. 6. 9. 7&charenc = j#，2013 年 11 月 1 日。

② "Enlil in the E-kur"：84 - 92，http：//etcsl. orinst. ox. ac. uk/cgi-bin/etcsl. cgi? text = c. 4. 05 * &charenc = j#，2013 年 11 月 1 日。

③ M. G. Kozuh, The Sacrificial Economy：On the Management of Sacrificial Sheep and Goats at the Neo-Babylonian/Achaemenid Eanna Temple of Uruk (c. 625 - 520 BC)，p. 193.

④ M. G. Kozuh, The Sacrificial Economy：On the Management of Sacrificial Sheep and Goats at the Neo-Babylonian/ Achaemenid Eanna Temple of Uruk (c. 625 - 520 BC)，p. 194.

哈神的 *immeru dariu* 供品。"①

新亚述时期，*immeru dariu* 供品依然由行省提供，总督则把奉献 *immeru dariu* 的任务分派给牧人团体，奉献的主要物品仍然是绵羊。例如，占卜师阿库拉努在致埃萨尔哈东的信中写道："关于向阿淑尔神奉献的 *immeru dariu* 供品和 *ginû* 供品，国王我的主人给我写信道：'哪位高官不愿意交纳（供品）？'昨天我不能详细说明，（因此）没有写信给国王。以下是没有交 *immeru dariu* 供品的高官们：巴尔哈尔兹、拉萨帕、基里兹、伊萨纳、提勒、库拉拉尼亚和阿尔帕达行省总督。他们都没有交来 *immeru dariu* 供品。"② 杜尔-沙鲁金城的司库伊纳-沙尔-贝尔-阿拉克在给萨尔贡二世的信中写道："我的一个城市的牧人团体已经定期提供了国王规定的向纳布神庙奉献的 *immeru dariu* 供品。"③ 埃萨尔哈东或阿淑尔巴尼拔时期，一封破损的书信写道："（供应）*immeru dariu* 供品的牧人对他们说：'我们没有将一只绵羊卖为银子□□□□事实上，我们提供了我们的（绵羊）作为贝尔的食物□□□□'"④

负责供应 *immeru dariu* 供品的牧人有专门的称呼，即 lú sipa.dari，意思是"供应 *immeru dariu* 供品的牧人"⑤。尼尼微出土的一份记录分享附属国交来的贡赋的文献写道："供应 *immeru dariu* 供品的牧人（分得）5 苏图面粉、5 苏图大麦和 2 碗（葡萄酒）。"⑥ 只有具有一定社会地位的人员才有资格跟国王分享贡赋，*immeru dariu* 供品的重要性由此可见一斑。

新亚述时期出现了专门负责管理 *immeru dariu* 供品的官员，即 *rab immeri darî*。埃萨尔哈东时期，一位巴比伦尼亚祭司在致国王的信中写道："从 10 月到 1 月，*rab immeri darî* 都来（奉献绵羊了）。"⑦

（二）*zību* 供品

zību 来源于动词 *zebû*（宰杀、祭祀），主要指奉献给神灵的牲畜。⑧ *zību* 对应的苏美尔语是 bur.sag.gá。在亚述文献中，*zību* 主要拼写方式有 *zi-i-bi*，

---

① SAA XII 68：r.16 - r.21.
② SAA X 96：5 - 25.
③ SAA I 129：7 - 10.
④ SAA XIII 173：5 - 9.
⑤ SAA XI 36：8.
⑥ SAA XI 36：5 - 8.
⑦ SAA X 96.
⑧ CAD Z, pp.104 - 105.

zi-bi，*zi-be* 等。

古代两河流域向神灵奉献 bur. sag. gá/*zību* 供品的传统始于苏美尔城邦时期。拉格什城邦国王乌鲁卡基纳时期，一篇献祭铭文写道："拉格什国王乌鲁卡基纳为恩利尔的勇士宁吉尔苏神建造了提拉什宫，他确定了北部边界，建造了女神巴巴的神庙，（并）为她建造了食品储藏室，即她储存 bur. sag 供品的处所。"① 不过，bur. sag 供品的构成尚不清楚。

古巴比伦时期，bur. sag. gá 供品可能包括啤酒和面包等物品。例如，汉穆拉比在其法典序言中称："我颁布敕令，永久地确定了使其王权发扬光大的恩基和达姆基纳神灵圣洁的 bur. sag. gá 供品。"② 又如，一首关于乌图的苏美尔赞美诗写道："在盛放 bur. sag. gá 供品的房中，巨大的碗立在天宇下，圣洁的手奉献了面包；在那所房子里，正直的人吟诵了赞美诗，最正直的人吟诵了赞美诗；神灵也吟诵了赞美诗，主人恩基创作了赞美诗；用作 bur. sag. gá 供品的啤酒要溢出（酒杯）了。"③

亚述向神灵奉献 *zību* 供品的习俗最早始于中亚述时期。在王室铭文中，亚述诸王往往被称为神灵 *zību* 供品的供应者。例如，沙尔马纳沙尔一世被称为"一位增加 *zību* 供品并将其奉献给所有神灵的国王"④，阿淑尔－莱沙－伊什被称为"天地间诸神喜欢他奉献的 *zību* 供品的国王"⑤，图库尔提－尼努尔塔一世则被称为"一位长久使诸神的 *zību* 供品丰富的国王"⑥，提格拉特皮拉沙尔一世则被称为"他的行为和 *zību* 供品使神灵欢喜的国王"⑦。

新亚述时期，国王仍然向神灵奉献 *zību* 供品。例如，阿达德－尼拉里三世被称为"诸位大神喜欢他的祈祷和 *zību* 供品的国王"⑧。又如，埃萨尔哈东在铭文中被称为"天地间诸神喜欢他的 *zību* 供品的人"⑨。再如，一位占卜师在致埃萨尔哈东的信中写道："愿天地间的诸神经常庇佑您的王权，愿

---

① RIME E1. 9. 9. 1：i 1 – ii 3.
② M. T. Roth, *Law Collections from Mesopotamia and Asia Minor*, "Law of Hammurabi" Prologue：iv 20 – iv 22.
③ "A Šir-namšub to Utu"：42 – 50，http：//etcsl. orinst. ox. ac. uk/cgi-bin/etcsl. cgi? text = t. 4. 32. e&charenc = j, 2013 年 11 月 1 日。
④ RIMA Ⅰ A. 0. 77. 1：3 – 5.
⑤ RIMA 1 A. 0. 86. 1：3.
⑥ RIMA Ⅰ A. 0. 78. 1：14.
⑦ RIMA Ⅱ A. 0. 87. 1：vii 52 – vii 53.
⑧ RIMA Ⅲ A. 0. 104. 6：7.
⑨ RINAP Ⅳ 48：51；98：r. 5 – r. 6.

他们喜欢你奉献的 *zību* 供品！"① 阿淑尔巴尼拔在歌颂马尔都克及其配偶扎尔帕尼图的赞美诗中写道："他非常慷慨地赠给高高神龛上的神灵 *zību* 供品□□□□"② 阿淑尔巴尼拔时期，一篇铭文写道："他阻止了我的献祭，使我中断了我的 *zību* 供品奉献。"③

牛羊等牲畜是亚述 *zību* 供品的主要物品。例如，萨尔贡二世在一篇铭文中称："我邀请阿淑尔城的诸神参加宴会，在他们面前献上了精选的公牛、肥羊……自愿捐献的动物作为 *zību* 供品和 *qutrīnu* 供品、葡萄酒。"④ 又如，辛-沙尔-伊什昆声称："我把头等的公牛、肥羊作为 *zību* 供品。"⑤

迄今为止，尚未发现任何文献提及 *zību* 供品的来源，因此，这种供品可能不是一种直接征收的供品，而可能指上文提到的 *niqû* 供品、*ginû* 供品或 *sattukku* 供品中的动物。动词 *zebû* 支配的对象是 *niqû* 供品。阿淑尔纳色尔帕二世和沙尔马纳沙尔三世都曾宣布："我宰杀了（*az-be*）献给我的神灵的 *niqû* 供品。"⑥ 新巴比伦时期，国王也向神灵奉献 *zību*/bur. sag. gá 供品。国王纳波尼都不仅让其女儿充当乌尔城月神辛的女祭司，而且赐予该城免赋役的特权，其铭文写道："为了使他的 bur. sag. gá 供品保持圣洁、不被污染，我豁免了（它的居民）*ilku* 义务，确定了其（居民的）自由；（我把）洁净的 bur. sag. gá 供品献给了辛和宁伽尔。"⑦

（三）*nindabû* 供品

nindabû，又拼作 *nindabbu*、*nigdabbu*、*nidabû*、*nidbû* 和 *nidpû*。在楔形文字书写体系中，*nindabû* 与 pad（*kusāpu*）是同一个楔形文字符号，而后者的意思为"面包或糕点"，*nindabû* 供品很可能指奉献神灵的面包或糕点，后来也泛指其他谷物做成的面食，引申为食物供品。⑧ *nindabû* 对应的苏美尔语是 níg. dab. ba 或 nidba。在亚述文献中，*nindabû* 主要拼写方式有

---

① SAA X 294：6.
② SAA Ⅲ 2：r. 7.
③ M. Streck, *Assurbanipal und die letzten assyrischen Könige bis zum Untergange Niniveh's*, Leipzig：Hinrichs Buchhandlung, 1916, 32：iii114.
④ H. Winckler, *Die Keilschrifttexte Sargons*, p. 77：172.
⑤ F. M. T. Böhl, *Mededeelingen uit de Leidsche Verzame ling van Spijkerschrift-Inscripties*, Vol. 3, Amsterdam：Noord-Hollandsche Uitgeversmaatschappij, 1936, p. 35：33.
⑥ CAD Z, p. 84.
⑦ A. Ragen, The Neo-Babylonian *Širku*：A Social History, p. 43.
⑧ CAD N/2, pp. 236–238.

pad. ᵈInnin，*ni-da-ba*，*nin-da-bu*，*nin-da-bi-e*，*ni-in-da-ba* 等。

  古代两河流域统治者向神灵奉献 nidba/*nindabû* 供品的历史非常悠久，最早可以追溯到阿卡德王国时期，主要供物是各类食品和饮料。例如，国王纳拉姆-辛时期，一篇铭文记录了向神灵奉献 ninda 供物的情况："2 卡面包、2 卡椰枣糖浆、1 卡 葡萄酒、1 卡 啤酒和 1 块羊肉（是）我每月奉献给我的主人恩利尔的 nidba 供物；1 舍克勒□□□□1 卡 优质油（是）我每月奉献给我的女主人宁利尔的神庙的 nidba 供品。"①

  乌尔第三王朝继承了阿卡德王国向神灵奉献 nidba 供品的传统，水产品也成为供物。例如，乌尔纳姆时期，一篇铭文写道："乌尔纳姆是乌尔国王、苏美尔与阿卡德国王、强有力的人，他为他的主人恩利尔神开挖了乌尔渠，他的渠为他生产 nidba 供品。"② 舒尔吉在一首赞美诗中写道："我是（乌尔第三王朝）国王舒尔吉，我侍奉神圣的安神，（带给他）nidba 供品……"③

  古巴比伦时期，各国秉承乌尔第三王朝向神灵奉献 nidba 供品的传统，但是，具体供物不详。例如，汉穆拉比在其法典的序言中称："我向埃宁努神庙提供了丰富的 nidba 供品。"④ 拉尔萨国王里木-辛的铭文写道："我是里木-辛，一位强大的国王，我给神圣的尼普尔奉献的 nidba 供品最多。"⑤ 拉尔萨国王瓦拉德-辛时期，一篇铭文写道："瓦拉德-辛是埃库尔的供品供应者、照料埃基什努伽尔的牧人、一位尊崇埃巴尔的国王，他一丝不苟地执行埃里都的'酶'和仪式，他向埃宁努奉献了丰富的 nidba 供品。"⑥

  亚述国王向神灵奉献 *nindabû* 供品的传统始于中亚述时期，具体供物不详。沙尔马纳沙尔一世在铭文中被称为"使仪式和 *nindabû* 供物圣洁的国王"⑦，阿淑尔-莱沙-伊什则被称"诸神 *nindabû* 供物的供应者"⑧。

  新亚述诸王沿袭了向诸神奉献 *nindabû* 供品的传统，奉献的主要是食

---

① RIME Ⅲ/2 E3.1.4.7.

② RIME Ⅲ/2 E3.1.1.39.

③ "A Praise Poem of Šulgi"（E）：191 - 194，http：//etcsl.orinst.ox.ac.uk/cgi-bin/etcsl.cgi?text = t.2.4.2.05&charenc = j#，2013 年 11 月 1 日。

④ M.T. Roth, *Laws Collections from Mesopotamia and Asia Minor*, "Laws of Hammurabi" Prologue：iii 44.

⑤ RIME Ⅳ E4.2.14.18：16 - 20.

⑥ RIME Ⅳ E4.2.13.16：6 - 15.

⑦ RIMA Ⅰ A.0.77.1：3 - 4.

⑧ RIMA Ⅰ A.0.86.1：4.

品。例如，在用黄金制作了伊什塔尔女神的神像之后，阿淑尔纳色尔帕二世还确定了她的 *nindabû* 供品。① 又如，沙尔马纳沙尔三世攻占巴比伦城以后，向埃萨吉尔的诸神奉献了 *nindabû* 供物。② 再如，沙尔马纳沙尔四世时期，贝尔-哈兰-贝尔-乌粟尔建筑了以其名字命名的新城，他也效仿国王确定了诸神包括 *nindabû* 供品在内的供物："我确定了诸神的（食物）配额、nidba 供物和 *qutrīnu* 供品。"③ 埃萨尔哈东在铭文中自称"向所有的神庙都奉献了 *nindabû* 供物"④。还有，阿淑尔巴尼拔时期，一首关于马尔都克及其配偶扎尔帕尼图的赞美诗写道："他献给诸位大神食物与 *nindabû* 供品。"⑤

迄今为止，尚未发现任何文献提及 *nindabû* 供物的征收方式，因此，这种供品可能也像 *zību* 供物一样不是一种直接征收的供品，而是来源于 *ginû* 供品或 *sattukku* 供品等中的谷物。

亚述灭亡后，新巴比伦诸王继续向神灵奉献 *nindabû* 供物。其中，尼布加尼撒二世在一篇铭文中写道："我确定了奉献给他的丰富 *sattukku* 供品，（使）圣洁的 *nindabû* 供物比以前数量更为庞大。"⑥ 甚至到希腊化时代，还有文献提到 *nindabû* 供品。⑦

（四）*qutrīnu* 供品

qutrīnu，又拼作 *qutrinnu* 和 *qutrīnu*，来源于动词 *qatāru*（冒烟、点火、焚香），既可以指香炉，也可以指香、香气等。⑧ *qutrīnu* 对应的苏美尔语是 na. ne/na。在亚述文献中，*qutrīnu* 的主要拼写方式有 *qut-ri-in-nu*，*qut-rin-nu*，*qut-re-nu*，*qut-ri-ni* 等。

qutrīnu 供品最早出现于古巴比伦时期，奉献的物品可能是一种香料。例如，拉尔萨国王伊丁-达甘时期，一首致伊南娜女神的赞美诗写道："所有的人都急促地奔向神圣的伊南娜，最好的东西都是为天堂的女主人而准备的。（无论）在纯洁的草原上，在优良的地方，在屋顶上，在房顶尖上，在

---

① RIMA Ⅰ A.0.101.38：27-28.
② RIMA Ⅲ A.0.102.5：v 6.
③ RIMA Ⅲ A.0.105.2：16.
④ RINAP Ⅳ 48：39.
⑤ SAA Ⅲ 2：r.11.
⑥ VAB 4 90 I 14, 转自 CAD N/2, p.237。
⑦ M. J. H. Linssen, *The Cults of Uruk and Babylon：The Temple Ritual Texts as Evidence for Hellenistic Practices*, p.164.
⑧ CAD Q, p.323.

住所的房顶尖上,(还是)在人类的圣殿里,我把具有雪松林香气的 na. ne 供品奉献给她。"①

新亚述时期,*qutrīnu* 供品成为一种流行的供品。例如,在卡尔胡的神庙装饰完毕后,阿淑尔纳色尔帕二世宣布:"我确定了他们的 *sirqu* 供品和 *qutrīnu* 供品。"② 又如,萨尔贡二世在一篇铭文中写道:"除了奉献纯洁的动物外,我向他们(诸神——笔者)献上圣洁的 *zību* 供品、丰富的 *qutrīnu* 供品……"③ 再如,阿淑尔神在回复阿淑尔巴尼拔关于埃兰战役的信中写道:"我提醒你□□□□把它展示给你□□□□抓住他们的□□□□带他们到埃兰,你多次接触我的神性□□□□□在我面前奉献了 *sirqu* 供品和 *qutrīnu* 供品。"④ 上文提到,贝尔-哈兰-贝尔-乌粟尔在建造了以其名字命名的城市后,模仿国王宣布确定了诸神的食品、*nindabu* 供品和 *qutrīnu* 供品。⑤

亚述的 *qutrīnu* 供品主要也是可燃的焚香。在修复诸神的神庙后,埃萨尔哈东称:"*qutrīnu* 供品的烟雾和甜味的树脂的香气像浓雾一样弥漫了整个天空。"⑥

迄今为止,尚未发现任何文献提及 *qutrīnu* 供品的直接来源,因此,这种供品可能也与 *zību* 供品和 *nindabû* 供品一样不是一种直接征收的供品,而是来源于 *niqû* 供品或 *ginû* 供品。

新巴比伦时期,国王也向神灵奉献 *qutrīnu* 供品。其中,在描写阿卡德城的伊什塔尔神庙的衰败情景时,纳波尼都的一篇铭文道:"*qutrīnu* 供品(的供应)中断了……"⑦

四 特殊供物

除了上述各类供物外,亚述人还向神灵奉献其他特殊的供品,主要有 *rēštu* 供品、*hamussu* 供品、*guqqû* 供品和 *sirqu*/ *širqu* 供品等。其中,亚述有关 *guqqû* 供品的文献非常少,古代两河流域其他地区涉及该供品的文献也

---

① "A šir-namursaga to Ninsiana for Iddin-Dagan": 148 – 153, http://etcsl. orinst. ox. ac. uk/cgi-bin/etcsl. cgi? text = t. 2. 5. 3. 1&charenc = j#, 2013 年 11 月 1 日。
② RIMA Ⅱ A. 0. 101. 30: 75.
③ H. Winckler, *Die Keilschrifttexte Sargon*, p. 77: 172.
④ SAA Ⅲ 45: 9 – 12.
⑤ RIMA Ⅲ A. 0. 105. 2: 15 – 16.
⑥ RINAP Ⅳ 57: vii 4 – vii 7.
⑦ Sidney Smith, "Miscellanea: (3) Nabonidus's Restoration of E-MAŠ-da-ri", *RA*, Vol. 22, No. 2 (1925), p. 57: 7.

不够多,大概是一种按月奉献的供品。① 与 guqqû 供品相似,sirqu/ širqu 供品大概是一种有香味的物品,由于文献稀少,该供品的情况并不十分清楚;② 直到新巴比伦时期,有关 sirqu/ širqu 的文献才逐渐丰富起来,不过,它却不再是一种供品,而是指一种依附人员向神庙提供的劳动。③ 因此,我们在这里只介绍文献相对丰富的 rēštu 供品和 hamussu 供品。

(一) rēštu 供品

1. 词源与发展演变

rēštu 的本义是"开始、开端和顶端"等,引申为"优质的油、精选或头茬的果实"等。④ 作为供奉神灵的供品,一般用其复数形 sag. meš, rēštu, rēšātu 等,一般直译为"头茬果实"(first-fruits)。出于对神灵的敬畏,人们往往把头茬水果献给神灵,⑤ 但是,rēštu 供品不限于此,而是泛指一切精选的物品。rēštu 来源于苏美尔语 ni. sag 或 sag。在亚述文献中,rēštu 主要拼写方式有 sag. meš、re-še-et、re-še-ti、re-še-e-ti、re-ša-a-ti、re-šá-a-ti 等。

乌尔第三王朝时期,苏美尔人就已向神灵奉献 sag 供品,供品种类繁多。例如,舒尔吉时期,一个雕塑上的铭文写道:"在节日里,如下的 sag 供品将带到宁马赫神庙的庭院里:5 罐浓缩啤酒、7 罐啤酒…皇家面粉、1 个亚麻盖子、1 顶宝座的盖子、雪松枝条和雪松顶各 7 米那、590 条劈开的鱼、1 皇家古尔盐、1 古尔苏打□□□□□□□□"⑥

古巴比伦时期,sag 供品仍然是奉献神灵的重要供品,各种食品和水果是 sag 供品的主要组成部分。例如,《苏美尔与乌尔的挽歌》写道:"辛对他的父亲恩利尔哭诉道:'生养我的父亲啊,你为什么不喜欢我的城市呢?你为什么不喜欢我的乌尔呢?装载 ni. sag 供品的船只不再为生养他的父亲运

---

① CAD G-H, pp. 135 – 136.
② CAD S, pp. 316 – 317.
③ A. Ragen, The Neo-Babylonian Širku: A Social History, pp. 589 – 595.
④ CAD R, p. 271.
⑤ J. N. 波斯特盖特认为,它指质量最好而非时间最早。参见 J. N. Postgate, Review of *Assyrishe Tempel*, *JSS*, Vol. 28 (1983), pp. 155 – 159。笔者以为,就水果而言,最早的一般等于最好的。
⑥ RIME Ⅲ/2 E3. 1. 2. 2031: 24 – 36.

来 ni. sag 供品了。"① 又如，拉尔萨国王努尔-阿达德时期，一篇铭文写道："努尔-阿达德是一位强大的国王、乌尔的供奉者和拉尔萨国王，他使 ni. sag 供品到达埃基什努伽尔。"② 再如，拉尔萨国王伊丁-达甘致伊南娜女神的赞美诗中写道："他们还为她奉献了 alum 绵羊、长毛绵羊和肥绵羊。他们为女主人洒扫除尘，他们（还）在歌声里赞美她。他们在泥板上详细地罗列了作为奉献给她的 ni. sag 供品的酥油、椰枣、奶酪和 7 种水果。"③

直到新亚述时期，rēštu 供品才频频出现在亚述文献中，它可能是亚述人在与巴比伦人接触过程中从被征服者那里学到的。

亚述灭亡后，巴勒斯坦地区居民也把奉献神灵的优质农作物和头胎牲畜称为"头茬果实"（first fruit）④；由于新亚述曾经占领地中海沿岸地区，这或许是古代两河流域人向神灵奉献 rēštu 供品传统的延续。

2. 供物种类

水果及其水果酒（karānu，语义符为 geštin. meš）是 rēštu 供品的重要组成部分。阿淑尔纳色尔帕二世曾宣称："我在上扎布河上开凿了一条水渠，称为'帕提-赫伽里'。我在它的旁边开辟了果园，（用它生产的水果和果酒）向我的主人阿淑尔及我的国家的（其他）神庙奉献了 rēštu 供品和水果酒。"⑤ 尼姆鲁德出土的一份管理文献写道："总共 2 伊麦如 2 苏图（葡萄酒）是 rēštu 供品□□□□□"⑥

亚述的 rēštu 供品还可以是牛、绵羊和椰枣。例如，辛纳赫里布在一篇铭文中写道："我把危险的敌人，即希里穆城的居民，付之以刃，一个都没有宽恕。我把他们的尸体钉在柱子上，放到他们城市的四周。我重组了那个地区，指定 1 头牛、10 只绵羊、10 伊麦如葡萄酒和 20 伊麦如椰枣作为（那个地区）奉献给我的主人亚述诸神的 rēštu 供品。"⑦

---

① "The Lament for Sumer and Urim"：340 – 344，http：//etcsl. orinst. ox. ac. uk/cgi-bin/etcsl. cgi？text = t. 2. 2. 3&charenc = j#，2013 年 11 月 1 日。

② RIME Ⅳ E4. 2. 8. 3：7 – 12.

③ "A šir-namursaga to Ninsiana for Iddin-Dagan"：148 – 153，http：//etcsl. orinst. ox. ac. uk/cgi-bin/etcsl. cgi？text = t. 2. 5. 3. 1&charenc = j#，2013 年 11 月 1 日。

④ Robert A. Oden Jr.，"Taxation in Biblical Israel"，*The Journal of Religious Ethnics*，Vol. 12，No. 2（1984），p. 169；Edward F. Maher，Food for the Gods：The Identification of Philistine Rites of Animal Sacrifice，PhD Dissertation of University of Illinois，2004，p. 91.

⑤ RIMA Ⅱ A. 0. 101. 26：53 – 55.

⑥ CTN Ⅲ 141：5.

⑦ RINAP Ⅲ 22：57 – 64.

亚述的 rēštu 供品还可以是鹅、鸭等家禽、各种面包和啤酒（šikāru，语义符为 kaš）。阿淑尔神庙的一份供品清单表明，国王命阿卡德城交纳的 rēštu 供品包括"1 头牛的肚、肝、肾和心，1 只鹅、1 只鸭、2 条大面包，2 条面包、4 卡风味面包、2 苏图啤酒和 5 卡椰枣"①。

此外，rēštu 供品也可以是银，并可以放贷生息。例如，一份借贷契约写道："1 月 20 日，纳努尼掌管的伊什塔尔女神的 rēštu 供品中的 30 米那 11$\frac{1}{2}$ 舍克勒银子（交给了）纳努尼、卡亚和伊什塔尔-纳伊德。它的利息是 1/4。"②

3. 供物来源

rēštu 供品主要由各个行省轮流供应。例如，阿淑尔神庙的一份 rēštu 供品清单写道："各位高官向阿淑尔神庙奉献的葡萄酒数量如下：哈伯鲁里（行省总督需供应）40 伊麦如，每天 1 金壶；卡尔胡（行省总督需供应）25 伊麦如；酒官（需供应）35 伊麦如；杜尔-沙鲁金（行省总督需供应）40 伊麦如，每天 2 壶；伊扎拉的酒官（需供应）10 伊麦如，每天 3 卡。全年（需供应）的 rēštu 供品 12 大壶，每月 1 壶。总共（需供应）140 伊麦如 8 苏图 12 大壶。这是全年（需供应的葡萄酒）。伊扎拉的酒官每月（需供应）的 rēštu 供品是 15 大壶。7 月的 rēštu 供品为 74 酒囊□□□□伊麦如，'图尔塔努'□□□□伊麦如□□'拉伯—沙克'□□□□葡萄酒，rēštu 供品和 ginû 供品：闰 6 月 20 日沙胡（šahu）杯的 7 卡，根据泥板□□□□1 伊麦如 6 卡。7 月 8 日用作圣水的 7 卡，9 月 20 日 8 卡，10 月 6 日 7 卡，11 月 20 日，当神灵在神庙大厅巡行时 3 卡，12 月 17 日 1 苏图和 18 日 1 苏图供应"卡拉图节"（qarrātu），1 月 7 日 7 卡，2 月 13 日 3 卡，6 月 16 日 7 卡，17 日 7 卡。总共 7 苏图 2 卡供应节日的葡萄酒。"③

上文提到，辛纳赫里布重组了希里穆地区，并把牛羊、水果酒和椰枣等确定为诸神 rēštu 供品，因此，该供品还可以来自被征服地区。此外，国王还可以拿战利品作为 rēštu 供品奉献神灵。在埃兰战役中，阿淑尔巴尼拔大获全胜，他宣布："根据阿淑尔、辛、沙马什、阿达德、贝尔、纳布、尼尼微的伊什塔尔、基德穆里、阿尔贝拉的伊什塔尔、尼努尔塔、涅尔伽尔

---

① SAA Ⅶ 212：r. 9 – r. 12.

② J. N. Postgate, "Review of *Assyrische Tempel*", *JSS*, Vol. 28 (1983), p. 161.

③ SAA Ⅻ 80.

和努斯库的命令，我带走了埃兰的人口和战利品，给我的神灵们献上了 *rēštu* 供品。"①

rēštu 供品有时与日常供品 *ginû* 及 *sattukku* 一起奉献神灵，这大概表明它也属于一种重要的供品。阿淑尔巴尼拔在一篇铭文中写道："我把向阿淑尔和亚述（其他）神灵提供 *ginû* 供品、*sattukku* 供品和 *rēštu* 供品（的义务）摊派到他们身上。"② 不过，*rēštu* 供品应当是各种产品中的精品。

（二）*hamussu* 供品

hamussu 源于数词 *hamuštu*（1/5），它大概指有关人员将 1/5 的收获物或商品奉献给神灵作为供品。

hamussu 供品大概是一种与 *rēšītu* 供品类似的供品，国王指定行省向阿淑尔神庙奉献，行省书吏具体负责供品的筹办。一个名为纳丁-阿淑尔的神庙管理人员因各省没有及时供应 *hamussu* 供品，而在致埃萨尔哈东或阿淑尔巴尼拔的书信中写道："现在没有人交来您的国家的 *rēšītu* 供品或巴尔哈尔兹的 *hamussu* 供品。我卖掉了您的商业代理人仓库中的奴隶，取走了 *hamussu* 供品去奉献（神灵）。国王应该这样询问巴尔哈尔兹总督的书吏：'你为什么不向阿淑尔神奉献 *hamussu* 供品呢？'况且，国王应该考虑到您的神灵 □□□□□□□□ □□如果国王不惩罚（其中的）一个书吏，（其他的）书吏不会害怕□□□□□如果这位总督没有带来献给您的神庙的 *hamussu* 供品，其他高官也将效仿他拒交您的神庙（的供品）。"③

迄今为止，由于 *hamussu* 供品仅仅被提及过一次，其具体情况不是很清楚。

综上所述，亚述的神灵崇拜随政权的演变而不断发生变化，国家的保护神阿淑尔始终居于在万神殿的主导地位。阿淑尔城邦时期，亚述人崇拜的神灵众多，阿淑尔神居于首位；中亚述时期，亚述迅速崛起，阿淑尔神取代苏美尔神王恩利尔成为新一代神王，被征服地区的神灵成为亚述诸神的仆役；新亚述时期，阿淑尔神占据了巴比伦尼亚的神王马尔都克的地位，被征服地区的神灵也臣服于阿淑尔神。

神灵在亚述的政治、经济和社会生活中扮演十分重要的角色。王权的

---

① ARAB Ⅱ 814.

② M. Streck, *Assurbanipal und die letzten assyrischen Könige bis zum Untergange Niniveh's*, 40: iv 106.

③ SAA ⅩⅢ 31.

合法性需要得到神灵的认可，王位继承人的选择需咨询神灵的意见。国王以执行神灵命令的形式维护国家的公平与正义，神灵还以见证者或监督者的身份维护法律的权威性。亚述发动的战争具有一定的"圣战"色彩，亚述人相信神灵会直接助其作战。亚述人千方百计地取悦神灵，奉献各种各样的供品是其重要手段。

亚述神灵具有拟人化的特征，他们的供品犹如人类的饮食。亚述种植业向来发达，大麦等谷物是亚述人的主食，谷物及其制品面包是亚述各类日常供品的主角。亚述地区草地广阔，畜牧业十分发达，牛羊等牲畜时常出现在富有阶层的餐桌上，它们也是神灵供品的重要组成部分。亚述地区的山地和丘陵占很大比例，亚述人因地制宜地发展林业，各类水果成为人们的副食，也出现在神灵供品中。啤酒和葡萄酒（水果酒）是亚述人重要的饮品，也是奉献神灵的重要供品。因此，透过神灵的供品可以考察亚述人的饮食状况。

与国家的税赋的征收一样，亚述供品的摊派也依赖于行政管理体系。国王是亚述行政体系的核心，负责分派供品奉献的种类和数量。行省是亚述国家的基本单位，也是奉献供品的基本单位，国王往往把奉献供品的任务分配到各个行省，总督将其征收的物品奉献神灵。

第七章 赋役的豁免

赋役的豁免，指依据法律规定或国王的诏令免除有关人员应纳的赋税和应服的劳役与兵役等国家义务，对赋役制度起补充和调节作用，因此，赋役的豁免制度也是赋役制度的重要组成部分。在亚述文献中，表示"豁免"的动词是 zakû，其名词为 zakûtu，"豁免证书"通常称为 ṭuppi zakûti。根据被豁免的对象，亚述的赋役豁免大致可以分为城市、地产和士兵三类。[①] 本章将分别介绍上述三类赋役豁免的历史渊源、具体内容及其目的等。

第一节 城市赋役的豁免

城市赋役的豁免指城市居民作为一个整体因神灵的庇佑而被豁免了赋役。早在公元前 3000 年代，苏美尔城邦就出现了豁免赋役的情况，巴比伦尼亚地区的诸王朝将其发扬光大，它们为亚述创制城市赋役豁免制度提供了借鉴。

一 古代两河流域的城市赋役豁免传统

古代两河流域的城市赋役豁免传统最早可以追溯到苏美尔时期，拉格什国王乌鲁卡基纳是其首创者。乌鲁卡基纳就任苏美尔城邦拉格什国王之后，进行了政治、经济、社会和军事改革，[②] 豁免赋役是其中一项重要的内容。相关的铭文写道："他让渔夫的监督不再征收（鱼）税，让仓库的监督不再征收除魔祭司的大麦税；他取消了（法官）支付银子代替交纳白色

[①] 根据不同的划分标准，亚述赋役的豁免可以划分不同的种类，J. N. 波斯特盖特将它们分为王室赋役的豁免、有条件的赋役豁免和非王室赋役的豁免三类。参见 J. N. Postgate, *Taxation and Conscription in the Assyrian Empire*, pp. 238-244.

[②] 李永采：《乌鲁卡基那改革述论》，《扬州师范学院学报》（社会科学版）1985 年第 1 期。

的绵羊和羔羊（的做法），（还）取消了神庙的管理者向王室交纳的贡品。"①乌鲁卡基纳豁免上述赋税意在赢得民众和祭司的支持。拉格什是苏美尔地区的重要城邦，在公元前24世纪取得了苏美尔地区的霸权，但是，连年的争霸战争加重了民众的负担，引起了城邦内部矛盾的激化，乌鲁卡基纳乘机篡夺了政权。乌鲁卡基纳企图通过革除前任国王卢伽尔安达的种种弊政、豁免前任的苛捐杂税的方式来缓和社会矛盾，巩固政治地位。

上文提到，阿卡德国王马尼什图舒曾豁免了献给太阳神沙马什的38个城镇居民的 ilku 义务，相关的铭文还记载了马尼什图舒豁免赋役的缘由："我是马尼什图舒、萨尔贡之子、强大的王、基什之王、阿努神的涂油者、恩利尔神的代理人、阿巴神的总督、无数砖的拓制者、新娘阿雅神殿的修建者，我为我的主人沙马什和我的女主人新娘阿雅建造了一座庙宇。当我的父亲萨尔贡遗留给我的所有（被征服的）国家都像敌人一样反叛我时，没有一个人肯支持我。我把我所有的军队分为两部分，（分别）击败并征服了安山和什里胡姆，把安山和什里胡姆国王与礼物带到了我的主人沙马什面前。我把一艘用苹果木和黄金造的船和2艘用苹果木和白银造的船（停泊）在西帕尔。我恢复了埃巴巴尔神庙的仪式和秩序，我在（原来的）sá-du$_{11}$ 供品上增加了 sá-du$_{11}$ 供品。我献给了西帕尔的主人沙马什价值为120布尔耕地和20布尔果园的银子。我命令从西帕尔城门到大海所有的沼泽的产品□□□□沙马什的膳食□□□□□□"② 由此可见，马尼什图舒之所以将上述城镇献给沙马什并豁免其居民的 ilku 义务，是因为他与诸神的密切关系，曾得到他们的帮助。他不但曾享受天神阿努姆涂油的荣耀，而且是众神之王恩利尔神的代理人、阿巴神的总督，还自称为太阳神沙马什的仆人。马尼什图舒即位之初，被征服地区纷纷反叛，阿卡德王国一度处于风雨飘摇之中。在古代两河流域的万神殿中，太阳神司职公平，是社会秩序的重要维护者。③ 在平叛过程中，马尼什图舒得到太阳神沙马什的支持，他奉献各种礼物、供品和城市并豁免其赋役来酬谢他的帮助。尽管马尼什图舒豁免了相关城镇居民的 ilku 义务，但是，他们的义务并没有真正取消，只不过服役的对象由国家变为神庙。有关城镇居民被免除了国家的

---

① RIME I E. 1. 9. 9. 1：viii 21 – ix 6.

② E. Sollberger, "The Cruciform Monument", *JEOL*, Vol. 20 – 23 (1967 – 1974), pp. 55 – 57: 1 – 86, 121 – 123.

③ G. Leick, *A Dictionary of Ancient Near Eastern Mythology*, p. 147.

义务，可以更好地服侍神灵，因此，马尼什图舒豁免相关城镇居民的 *ilku* 义务意在取悦神灵。

公元前 2000 年代前期，伊辛王国的多位国王曾豁免尼普尔城的赋役。伊什美 – 达甘在一篇记录修筑城墙的铭文中写道："伊什美 – 达甘是一位强悍的国王、伊辛国王和四方之王，在取消恩利尔钟爱的城市尼普尔城的税收、免除其居民的 kaskal 义务①时，他建造了伊辛城的宏伟城墙。"② 伊什美 – 达甘的另一篇铭文写道："为了天地之主恩利尔神□□□□□他（伊什美 – 达甘——笔者）豁免了尼普尔城居民的 kaskal 义务，取消了恩利尔、宁利尔和尼努尔塔神庙的（义务），废除了苏美尔与阿卡德民众的 1/10 税，使这个国家（的人们）心满意足。"③ 伊辛国王乌尔尼努尔塔的一个年名④为："他为恩利尔神而永远地确定了尼普尔城居民的自由，并豁免了他们负担的税赋之年。"⑤ 伊辛国王豁免赋役的内容更为丰富，他们不但取消了尼普尔城居民的税收，而且免除了尼普尔城居民的 kaskal 义务。

伊辛国王豁免尼普尔城居民的赋役同样是为获得神灵的认可。尼普尔城因苏美尔众神之王恩利尔的驻跸而成为苏美尔人的宗教中心。从早王朝时期起，两河流域就形成了"君权神授"的观念，王权来自神灵，尤其是众神之王。⑥ 伊辛王国原本是乌尔第三王朝的一个行省，该行省总督乘乌尔第三王朝衰落之际宣布独立，并逐步发展成为苏美尔地区的霸主，尼普尔城也在其控制之下。伊辛国王以乌尔第三王朝的继承人自居，模仿乌尔第三王朝的国王自称为"苏美尔与阿卡德之王"。⑦ 为了使自己的霸权得到认可，他必须获得众神之王恩利尔的支持，伊辛诸王豁免尼普尔城居民的赋役意在博得众神之王的好感。

从加喜特王朝起，两河流域的一些城市被国王授予 *kidinnu* 特权，赋役的豁免是其重要内容之一。阿卡德语单词 *kidinnu* 源于苏美尔语 ezen kaskal，

---

① 苏美尔语词语 kaskal 大致相当于阿卡德语 *harran*，有出征作战和劳役等多重意思，参见 CAD H, pp. 106 – 113。
② RIME Ⅳ E 4.1.4.5：1 – 12.
③ RIME Ⅳ E 4.1.4.6：ii 1 – ii 12.
④ 年名是乌尔第三王朝和古巴比伦时期两河流域的纪年方式，统治者在年末用当年的政治或宗教方面的业绩给下一年命名。参见吴宇虹《古代两河流域文明史年代学研究的历史与现状》，《历史研究》2002 年第 5 期。
⑤ http：//cdli. ucla. edu/tools/yearnames/HTML/T8K6. htm，2013 年 11 月 1 日。
⑥ Henri Frankfort, *Kingship and the Gods*：*A Study of Ancient Near Eastern Religion as Integration of Society and Nature*, London and Chicago：The University of Chicago Press，1949，pp. 216 – 218.
⑦ 刘文鹏主编：《古代西亚北非文明》，中国社会科学出版社 2009 年版，第 246—249 页。

该词最早出现在古巴比伦时期的苏萨文献中，主要指对私人商业交易以及诉讼合法性的保护。[1] 加喜特王朝时期，巴比伦尼亚的许多文献提到了 *kidinnu* 特权，不过，该词主要指有关城市被授予的优惠地位和特权。享受 *kidinnu* 特权的城市称为 *āl kidinni*，相关城市的居民称为 *ṣābē kidinni*。[2] 免赋役是国王赐予相关城市 *kidinnu* 特权的重要内容之一。例如，加喜特国王库里伽尔祖一世在一篇铭文中写道："为了喜欢他王朝的马尔都克神，他确定巴比伦城居民的 *kidinnu* 特权，免除了其居民的 *ilku* 义务。"[3]

加喜特王朝国王授予巴比伦城 *kidinnu* 特权、免除其居民的 *ilku* 义务，也是通过赢得巴比伦城的保护神马尔都克认可的方式来证明其统治的合法性。古巴比伦王国以后，马尔都克逐渐取代苏美尔的众神之王恩利尔成为新一代神王，[4] 成为巴比伦尼亚王权的来源。加喜特王朝是外来的加喜特人在巴比伦尼亚建立的政权，他们的语言与巴比伦尼亚的原住民没有任何联系。加喜特人大概在古巴比伦时期以前以和平的方式进入巴比伦尼亚，古巴比伦王国灭亡后他们逐渐成为巴比伦尼亚的主宰。[5] 加喜特王朝继承了巴比伦尼亚的文化传统，巴比伦城的保护神马尔都克也成为加喜特人的崇拜对象。加喜特国王库里伽尔祖一世等因为讨好马尔都克而赐予该城 *kidinnu* 特权、豁免其居民的赋役，其目的仍然是巩固政权。

二　亚述的城市赋役豁免

中亚述时期，亚述开始有城市享有 *kidinnu* 特权。[6] 在一篇记录奉献神灵食物的文献中，阿淑尔城也被称为。*āl kidinni*[7] 上文提到，亚述国王是国

---

[1] CAD K, p. 342.

[2] Hanoch Reviv, "*Kidinnu* Observations on Privileges of Mesopotamian Cities", *JESHO*, Vol. 31, No. 3 (1988), p. 286.

[3] A. Boissier, "Document Cassite", *RA*, Vol. 29, No. 2 (1932), p. 96：13 - 14.

[4] W. G. Lambert, "The Reign of Nebuchadnezzar I：A Turning Point in the History of Ancient Mesopotamian Religion", in W. S. McCullough, ed., *The Seed of Wisdom*：*Essays in Honor of T. J. Meek*, pp. 6 - 9.

[5] W. Sommerfeld, "The Kassites of Ancient Mesopotamia：Origins, Politics and Culture", in J. M. Sasson, ed., *Civilizations of the Ancient Near East*, Vol. II, pp. 917 - 930.

[6] 迄今为止，尚未发现古亚述国王豁免城市居民赋役的确切证据。根据格雷森的翻译，古亚述国王埃里舒姆一世也曾豁免赋税："当我开始这项工作时，我的城市都服从我的命令，我豁免了（它的居民的）银、金、铜、铅、大麦和羊毛（税）以及（应支付的）糠麸和秸秆（税）。"RIMA I A. 0. 33. 2：15 - 20. 但是，格雷森的翻译是不准确的，他译为"豁免"的动词 *andurāru* 确切意思是"免除债务"，因此，埃里舒姆一世免除的是债务而非税赋。

[7] G. van Driel, *The Cult of Aššur*, pp. 54ff.

家保护神阿淑尔神的代理人,其王权来自保护神;阿淑尔城是亚述国家保护神的驻跸地,亚述国王于是效仿巴比伦尼亚国王赐予阿淑尔城 kidinnu 特权。因此,阿淑尔城居民大概在中亚述时期也与巴比伦尼亚城市居民一样享受免赋役的特权,不过,他们的赋役豁免情况并未得到同期其他文献的证实。

新亚述时期,最早被亚述国王赐予 kidinnu 特权而享受免赋役优惠的城市是巴比伦城。公元前 851 年前后,巴比伦王国发生内乱,亚述国王沙尔马纳沙尔三世应邀前去平叛。攻占巴比伦城、波尔西帕城和库塔城之后,沙尔马纳沙尔三世宣布:"我在宴会上确定了(巴比伦城)民众的 kidinnu 特权。"① 提格拉特皮拉沙尔三世时期,亚述军队进攻巴比伦尼亚,但巴比伦城久攻不下,于是派两位官员去与巴比伦人谈判,他向巴比伦城居民承诺:"我将要去巴比伦城确认你们的 kidinnu 特权。"② 公元前 710 年,一位巴比伦官员在致萨尔贡二世的信中写道:"国王我的主人何时来确定巴比伦城的 kidinnu 特权?"③ 辛纳赫里布夷平巴比伦城后,该城的 kidinnu 特权该被褫夺,埃萨尔哈东重新确认了巴比伦城的 kidinnu 特权和免赋役的殊遇:"我重新确立了被奴役的巴比伦人的自由,(他们)根据阿努和恩利尔等神灵的命令被释放为 ṣāb kidinni。我召集了那些被卖为奴隶和流散到(其他)人群中的人,把他们视为(自由的)巴比伦人;我归还了他们被掠夺的财产,给衣不蔽体者衣服,把他们送到通往巴比伦城的道路□□□□□□□我恢复了(他们的)被褫夺和窃取的 kidinnu 特权,重写了他们的'豁免证书'。"④ 阿淑尔巴尼拔在一封信中写道:"巴比伦人处在我(授予的)kidinnu 特权的庇护之下。"⑤

亚述诸王授予巴比伦城居民 kidinnu 特权、豁免其赋役目的是笼络被征服的巴比伦尼亚人。上文提到,从公元前 2000 年代起,巴比伦尼亚城市就享受免赋役的待遇,沙尔马纳沙尔三世通过授予巴比伦城 kidinnu 特权的方式彰显了对巴比伦尼亚传统的尊重,进而赢得巴比伦人的拥戴。上文提到

---

① RIMA Ⅲ A.0.102.16:62.
② CTN Ⅴ ND 2632:17;SAA ⅩⅨ 98:17.
③ SAA ⅩⅧ 21:13-15.
④ RINAP Ⅳ 105:vii 12-vii 37.
⑤ L. Waterman, *Royal Correspondence of the Assyrian Empire*, Ann Arbor: University of Michigan Press, 1930, 926:1.

的巴比伦官员在致萨尔贡二世的信中还写道:"巴比伦城正在被摧毁,我的主人为什么还保持沉默呢?沙马什和马尔都克已任命你去管理亚述(的事务),愿国王来这里为马尔都克豁免巴比伦城(居民的赋役),你的名字将永远镌刻在埃萨吉尔和埃兹达!"① 赋役的豁免权掌握在国王手中,巴比伦人恳求萨尔贡二世豁免其赋役表明,他们已认可亚述的统治。同时,埃萨吉尔是巴比伦神王马尔都克的神庙,而埃兹达是其子纳布的神庙,巴比伦人承诺将萨尔贡二世的名字镌刻在这两座神庙中表明,他已获得巴比伦尼亚神灵的认可。

新亚述时期,尼普尔城可能也像巴比伦城一样被豁免了赋役。辛纳赫里布时期,尼普尔城曾经与巴比伦城一样被摧毁,看到埃萨尔哈东重修巴比伦城后,尼普尔城的占卜师贝尔-乌舍兹伯恳求国王重修尼普尔城,他在致埃萨尔哈东的信中写道:"尼普尔城是天地间诸位大神的朝房和神庙,它(的居民)不得被摊派 ilku 义务,也不需要交 maddatu 贡赋□□□□□他们只做国王分派的工作,不在那里□□□□□tupšikku 义务。"② 尼普尔城是苏美尔神王恩利尔的驻跸地,其居民专门侍奉神灵而不需要履行各种义务。尽管埃萨尔哈东修复尼普尔城的详情不得而知,但是,他修建该城却是事实;③ 这位国王很可能像对待巴比伦城一样,恢复了尼普尔城的 kidinnu 特权,免除了其居民赋役。

埃萨尔哈东豁免尼普尔城的赋役也源于古代两河流域国王取悦神灵的传统。在恳求国王修复尼普尔城的信中,贝尔-乌舍兹伯强调:"您是一位强大、能干和公正的国王,愿众王之王以对待巴比伦城的方式对待尼普尔城!那块著名的泥板写道:'如果一位国王不主持正义□□□□□□说:"如果一位国王、一个河道巡检官(šandabakku)、一位监督或一位行政官把 ilku 义务摊派到西帕尔、尼普尔和巴比伦城(的居民)身上,把 tupšikku 义务摊派到诸神的地产上,神灵将会发怒,不再进入他们的神龛。'"它(真地)会发生。国王我的主人一定要关注它,让他们带去这块泥板,并在国王面前诵读它。"④ 无论是为避免神灵的惩罚,还是为取悦神灵,亚述国王都有可能像对待巴比伦城居民一样免除尼普尔城居民的赋役。

---

① SAA XVIII 21: r. 11 – r. 16.
② SAA XVIII 124: 9 – 11.
③ RINAP IV 128: 3; 130: 3.
④ SAA XVIII 124: r. 2 – r. 7.

新亚述时期，亚述的宗教中心阿淑尔城也被赐予 kidinnu 特权，其居民也被豁免了赋役。萨尔贡二世在所谓的"阿淑尔宪章"中写道："（阿淑尔城是）我钟爱的古代王朝中（享有）kidinnu 特权的城市,（它是）他的主人阿淑尔神为（奠定）王权的根基而选择的崇高祭祀中心。它是无与伦比的，它的居民自古就不知道何为 ilku 义务和 tupšikku 义务。（然而，）沙尔马纳沙尔（五世）不尊奉四方之王的命令，把罪恶之手伸向了那个城市，把苦难加到他们身上。他令人悲伤地把 ilku 义务和 tupšikku 义务摊派到它的居民身上，把他们视为他的奴仆。怒不可遏的众神之王推翻了他的统治，擢升我萨尔贡（二世）为合法的国王，使我抓住了权杖、王位和王冠□□□□□□为了使我的王位的根基牢靠和使我的王朝稳固，我打算豁免那些市民，恢复了他们免赋役的特权，允许他们尽心竭力地在埃沙拉神庙中在他面前行走□□□□为了我的主人阿淑尔神，我豁免了从 šibšu 税、nusāhē 税、ilku 义务、tupšikku 义务、dikût māti 义务、传令官的召唤和 miksu 税至摊派到亚述所有神庙的税负。□□□□□我命人铸造了一个（重达）20 米那的银壶，把它放在了舒姆库图房间里；我在它上面刻上了我的敕令，（把它）安放在他的面前。"①

赐予阿淑尔城 kidinnu 特权、免其居民的赋役是萨尔贡二世证明其王位合法性的重要手段。长期以来，亚述并未形成成熟的王位继承制度，多次爆发争夺王位的斗争；② 萨尔贡二世凭借武力登上王位，因而想方设法地掩饰篡位的事实。萨尔贡（lugal. gin = šarru-kēn）的字面意思是"真正的王"，萨尔贡二世名字暴露了他篡权夺位的事实。③此外，萨尔贡二世还极力污蔑前任沙尔马纳沙尔五世把各种赋役摊派到阿淑尔城居民身上，因此触怒了亚述的众神之王阿淑尔神；神王擢升萨尔贡二世取代沙尔马纳沙尔五世，并赐给他"权杖、王位和王冠"，这样萨尔贡二世王位的合法性就得到了神

---

① H. W. F. Saggs, "Historical Texts and Fragments of Sargon of Assyria 1. The 'Aššur Charter'", *Iraq*, Vol 37, No. 1 (1975), pp. 15 – 17.

② A. K. Grayson, "The Struggle for Power in Assyria: Challenge to the Absolute Monarchy in the Ninth and Eighth Centuries B. C.", in K. Watanabe, ed., *Priests and Officials in the ancient Near East: Papers of the Second Colloquium on the Ancient Near East*, Heidelberg: Universitätsverlag C. Winter, 1999, pp. 257 – 258.

③ A. K. Grayson, "Assyria: Tiglath-pileser Ⅲ to Sargon Ⅱ", in John Boardman et al., eds., *CAH Volume Ⅲ Part 2: The Assyrian and Babylonian Empires and other States of the Near East from Eighth to the Sixth Centuries B. C.*, Cambridge: Cambridge University Press, 1991, pp. 87 – 88.

灵的认可。阿淑尔纳色尔帕二世迁都卡尔胡以后，阿淑尔城依然是全国的祭祀中心；为获得阿淑尔神对其王位合法性的认可，萨尔贡二世恢复了阿淑尔城的 kidinnu 特权，豁免了该城居民的各种赋役。

基于维护王权的需要，辛纳赫里布和埃萨尔哈东遵循其父祖的旧制，均承认阿淑尔城享受的 kidinnu 特权及其居民免赋役的殊遇。如前所述，阿淑尔行省总督不顾阿淑尔城的 kidinnu 特权庇护而征收 šibšu 税与 nusāhē 税，阿淑尔城的市长和长老曾向埃萨尔哈东进行控诉。于是，埃萨尔哈东重新确认了阿淑尔城居民免赋役的特权："古代圣城巴尔提尔①的居民和阿努及恩利尔眷顾的人一起被赐予 kidinnu 特权□□□□□我是国王埃萨尔哈东，我喜爱他们就像喜欢自己的灵魂，远比我的前任更加注意保护他们的 kidinnu 特权。我重新书写了'豁免证书'，使它比以前更加崇高、宏伟、壮观。我豁免了他们的 šibšu 税、nusāhē 税、使用港口的 miksu 税以及在我的国土上通行的 miksu 税，我在他们的城门口竖立了一根 kidinnu 特权柱。"②

萨尔贡二世不仅将 kidinnu 特权和免赋役的殊遇赐予阿淑尔城，而且将其惠及哈兰城。萨尔贡二世在其宫殿墙壁上的一篇铭文中写道："我（重新）确认了阿淑尔城和哈兰城的 kidinnu 特权，它已被忽视很久了。"③ 哈兰城自古便是亚述通往地中海沿岸商道上的重要城市，新亚述时期该城成为亚述控制西部地区的政治、军事和行政中心，并在尼尼微陷落后一度成为亚述的政治中心。此外，哈兰还是月神辛的驻跸地。④ 萨尔贡二世授予哈兰城 kidinnu 特权和免赋役的殊遇目的是笼络当地居民、巩固亚述在西部的统治。

沙尔马纳沙尔四世时期，"纳吉尔—埃卡里"贝尔-哈兰-贝尔-乌粟尔曾豁免其新建的城市的赋役："贝尔-哈兰-贝尔-乌粟尔（是）亚述国王沙尔马纳沙尔四世⑤的'纳吉尔—埃卡里'和诸位大神的崇拜者，这些强大的主人向我（发布建城的）指令。根据他们崇高的命令和他们的首肯，我在沙漠里的一块荒地上建造了一座城市，它从地基到房顶都竣工了。我

---

① 巴尔提尔原系众神之王恩利尔的儿子，后为阿淑尔神同化；新亚述时期本为阿淑尔城古老城区的巴尔提尔也可以指代全城。参见 Erich Ebeling, "Baltil", RLA I, p. 395。
② RINAP IV 57：ii 27 – iii 15.
③ ARAB II 54, 78.
④ J. N. Postgate, "Harrān", RLA IV, pp. 122 – 124.
⑤ 国王的名字最初为沙尔马纳沙尔四世，后改为提格拉特皮拉沙尔三世。参见 RIMA III, p. 241。

(在城里）建造了一座神庙，在庙里给诸神设立了神龛。我使它的根基像群山一样牢固，奠定了它牢不可破的地基。我使人们知道它的名字叫贝尔-哈兰-贝尔-乌粟尔，修筑了通向它的道路。我撰写了我的纪念碑铭文，把它们镌刻在神像上，把它立在圣地上。我确定了诸神的收入（来源）、*nindabû* 供品和 *qutrīnu* 供品，将来阿淑尔、沙马什、马尔都克和阿达德提名主管这个地区事务的人要修复这个城市和神庙的破损部分，不要停止这些神灵的收入和 *nindabû* 供品（的供应）！我豁免了这个城市（的赋役）……"①

沙尔马纳沙尔四世时期，"纳吉尔—埃卡里"贝尔-哈兰-贝尔-乌粟尔兴建以自己的名字命名的城市并豁免其赋役，与王权衰落和贵族势力膨胀有关。公元前9世纪末和公元前8世纪前期，亚述发生内乱，王位更迭频繁，国王大权旁落，贵族乘机扩张势力。② "纳吉尔—埃卡里"贝尔-哈兰-贝尔-乌粟尔于是模仿国王建造了以他的名字命名的城市，他还僭越国王的权力豁免了他的城市的赋役。贝尔-哈兰-贝尔-乌粟尔免除这个城市的赋役，转而提供给居住在城市的神灵，这充分暴露了他谋逆的野心。

亚述灭亡后，加喜特王朝以来赐予城市的 *kidinnu* 特权发生了显著变化。新巴比伦时期，城市的 *kidinnu* 特权很少出现在有关文献中，仅有纳波尼都赐予乌尔城 *kidinnu* 特权并豁免了该城的赋役。波斯阿黑门尼德王朝时期，*kidinnu* 特权则需要有关人员用提供劳役或缴纳税赋来换取。③

总而言之，亚述继承了苏美尔城邦以来时期起巴比伦尼亚地区的豁免宗教中心城市居民赋役的传统，不但豁免了本国的宗教中心阿淑尔城和哈兰城居民的赋役以换取神灵的认可，而且免除了巴比伦尼亚地区的宗教中心巴比伦城和尼普尔城居民的赋役以笼络被征服地区的居民。

第二节 地产赋役的豁免

地产赋役的豁免指土地及其依附人口被豁免了国家的赋役，古代两河

---

① RIMA Ⅲ A.0.105.2：9-22.

② A. K. Grayson, "The Struggle for Power in Assyria: Challenge to Absolute Monarchy in the Ninth and Eighth Centuries B. C.", in K. Watanabe, ed., *Priests and Officials in the Ancient Near East*, pp. 253-270.

③ Hanoch Reviv, "*Kidinnu* Observations on Privileges of Mesopotamian Cities", *JESHO*, Vol. 31, No. 3 (1988), p. 294.

流域地产赋役豁免起源于加喜特王朝，亚述的地产赋役豁免制度也源于该王朝。

一 巴比伦尼亚的地产赋役豁免

巴比伦尼亚的加喜特王朝是古代两河流域地产赋役豁免的首创者。上文提到，加喜特王朝是一个外来移民建立的政权，它将一些新制度与观念引入了巴比伦尼亚，除了授予宗教中心城市 kidinnu 特权外，国王还赐予臣僚证明其土地等财产所有权的文件。亚述学界一般将这类文件称为 kudurru，意思是"界碑石"或"界标"。① 然而，美国学者斯兰斯基仔细研究了巴比伦尼亚的百余篇 kudurru，提出它们应被称为 narû，是证明相关人员占有土地和财物的所有权证书。② 在一些 narû 中，国王不但赐予或确认臣僚的土地的所有权，而且免除了相关地产的赋役。

纳兹-马鲁塔什是目前已知最早豁免臣僚地产赋役的加喜特国王，他曾赐给埃巴巴尔神庙颂诗领班普兹鲁一些地产，并免除了相关地产的赋役。在详尽地介绍了有关地产的面积及边界等情况后，纳兹-马鲁塔什还在赐予的普兹鲁的 narû 中写道："当国王纳兹-马鲁塔什把（上述土地和财产）赐给他的仆人颂诗领班普兹鲁时，他（还）免除了他在水渠和旱地上（的劳动义务）和牛羊的 ṣibtu 税。"③ 普兹鲁地产赋役的豁免也与其侍奉的神灵有直接的关系。为了调和内部的矛盾、维护社会秩序，古代两河流域的国王自古便自诩为"公正之王"（šar mēšarim）④，而太阳神是司职公平或正义的神灵，他们的统治需要取得太阳神的认可。颂诗领班的任务是主持颂诗活动取悦神灵，埃巴巴尔神庙供奉的是太阳神沙马什，因此，普兹鲁的主要工作是侍奉太阳神。纳兹马鲁塔什免除地产的赋役，太阳神颂诗领班便可以专心侍奉太阳神，国王的行为可谓间接地取悦太阳神。

纳兹-马鲁塔什并非唯一豁免臣民地产赋役的加喜特国王，库杜尔-恩利尔和麦里-什帕克也曾豁免一些地产的赋役。麦里-什帕克先后免除了赐

---

① CAD K, pp. 495–496.

② Kathryn E. Slanski, *The Babylonian Entitlement Narûs (Kudurrus): A Study in Their Form and Function*, pp. 287–289.

③ D. Arnaud, "Deux kudurru de Larsa II: Étude épigraphie", *RA*, Vol. 66, No. 2 (1972), pp. 164–166: 1–28.

④ Moshe Weinfeld, *Social Justice in Ancient Israel and in the Ancient Near East*, p. 10 note 4; Kathryn E. Slanski, *The Babylonian Entitlement Narûs (Kudurrus): A Study in Their Form and Function*, pp. 259, 261.

予其子美罗达赫-巴拉丹一世以及其女儿珲奴巴特-娜娜娅的地产的赋役。①其中,麦里-什帕克也称赐予其女儿的文件为"豁免证书"。②珲奴巴特-娜娜娅很可能是娜娜女神的女祭司,③麦里-什帕克豁免女儿地产的赋役也可能与取悦神灵有关。库杜尔-恩利尔并没有赐予穆沙里姆-埃库尔任何土地,而是确认了先王卡达什曼-恩利尔二世赐予他的地产,并免除了其赋役。④相关文献多次提及埃巴巴尔神庙,⑤受益人穆沙里姆-埃库尔也可能是一位神职人员,其地产赋役的豁免大概与侍奉神灵有关。

巴比伦第四王朝继承了加喜特王朝豁免地产赋役的传统,神职人员仍然是地产赋役豁免的主要受益者。尼布加尼撒一世免除了祭司努斯库-伊伯尼土地的赋役,⑥其目的仍然是通过豁免神职人员地产赋役的方式取悦神灵。此外,马尔都克-纳蒂尼-阿赫还免除一个名为阿拉德舒的人的地产的赋役而未赐予他任何土地。⑦

巴比伦第四王朝时期,作战有功人员的地产也可享受免赋役的殊遇。尼布加尼撒一世曾豁免比特-卡尔兹亚伯库部族酋长里提-马尔都克所有的城镇的赋役,他在相关文件写道:"国王他的主人注意到比特-卡尔兹亚伯库部族的酋长里提-马尔都克在与敌军战斗中(的英勇表现)□□□□□□□□国王尼布加尼撒(一世)他的主人咨询了法官,赐予那些城镇不受纳姆里行省官员管辖的自由:国王的军官、纳姆里总督和其他军官都不得进入城镇,马匹的主

---

① Kathryn E. Slanski, *The Babylonian Entitlement Narûs (Kudurrus): A Study in Their Form and Function*, p. 84.

② Kathryn E. Slanski, *The Babylonian Entitlement Narûs (Kudurrus): A Study in Their Form and Function*, p. 48.

③ 尽管我们没有珲奴巴特-娜娜娅做娜娜女神祭司的直接证据,但是,在一块石碑的浮雕上,国王麦里-什帕克引导其女儿走到女神娜娜娅面前,这大概象征这国王把其女儿交给了女神做祭司。参见 Kathryn E. Slanski, *The Babylonian Entitlement Narûs (Kudurrus): A Study in Their Form and Function*, p. 47。古代两河流域的国王有送女儿做祭司的传统,阿卡德王国的国王萨尔贡曾送其女儿恩黑杜安娜(Enheduanna)做月神南纳的祭司。参见 G. Leick, *A Dictionary of Ancient Near Eastern Mythology*, p. 170。

④ D. Arnaud, "Deux kudurru de Larsa II: Étude épigraphie", *RA*, Vol. 66, No. 2 (1972), pp. 172 - 174; 56 - 58.

⑤ D. Arnaud, "Deux kudurru de Larsa II: Étude épigraphie", *RA*, Vol. 66, No. 2 (1972), pp. 172 - 174; 56, 59.

⑥ W. J. Hinke, *Selected Babylonian Kudurru Inscriptions*, p. 19.

⑦ BBSt XXV.

人不得进入（他的）城镇带走马驹，牛羊的 *sibtu* 税不得交给国王或纳姆里总督□□□□□"① 尼布加尼撒一世之所以豁免里提-马尔都克地产的赋役，是因为这位部族酋长作战勇敢。基于同样的原因，尼布加尼撒一世还免除赐予埃兰太阳神祭司地产的赋役，来酬谢他引导巴比伦军队攻入埃兰，并迎回来被掠的巴比伦城保护神马尔都克的功绩。② 因此，豁免地产的赋役成为国王奖赏功臣的手段之一。

加喜特王朝开创的通过豁免神职人员和功臣地产赋役来取悦神灵或酬谢有功人员的做法，对亚述的地产赋役豁免制度产生了重要影响。

二　亚述的地产赋役豁免

阿达德-尼拉里三世开亚述豁免地产赋役的先河，其后诸王纷纷效仿，并一直延续到亚述的灭亡。按照地产赋役豁免受益对象，亚述的地产赋役豁免大致可以分为神庙地产赋役的豁免和个人地产赋役的豁免两大类。③

1. 神庙地产赋役的豁免

上文提道，神灵在亚述扮演不可或缺的角色，国王在献给神庙土地时，往往豁免了相关地产的赋役。例如，公元前788年，阿达德-尼拉里三世曾将阿淑尔省、库尔比尔省等行省的大量耕地献给阿淑尔神庙，他在相关的敕令中写道："为了保全他的性命，亚述国王阿达德-尼拉里（三世）豁免了亚述国王阿达德-尼拉里（三世）的宦官兼阿淑尔神的管家沙马什-纳西尔原本属于他的宦官职位的城镇、耕地、建筑物、果园和人口的赋役，（然后）把它们献给了他的主人阿淑尔神。"④ 阿达德-尼拉里三世在将宦官沙马什-纳西尔的职分田献给阿淑尔神时，还免除了相关土地的赋役。

除了直接赐地给神灵外，亚述国王还间接地赐地给神庙，即指定一些耕地的耕种者向神庙奉献供品，相关的土地也被豁免了赋税。如前所述，阿达德-尼拉里三世曾将"面包师城镇"的一块土地豁免了赋税，指定其耕种者卡努尼、阿胡-拉穆尔和曼努-启-阿比向阿淑尔和巴布奉献 *sattukku* 供品。萨尔贡二世建造新都杜尔-沙鲁金时占用了上述土地，于是他拿尼尼

---

① BBST Ⅵ：46-55.
② BBST ⅩⅩⅣ：1-39.
③ J. N. 波斯特盖特将亚述的地产豁免分为赏赐给个人以奖励其忠诚服务、赏赐给个人以提供神灵的供品和赏赐给祭司或神庙官员三类。参见 J. N. Postgate, *Neo-Assyrian Royal Grants and Decrees*, p. 2.
④ SAA Ⅻ 1：3-4.

微城附近的耕地进行交换，他在敕令中明令豁免了相关耕地的赋税："那个城镇要被夷为平地，居住在那里的民众都要被迁走。我尊重我的主人阿淑尔神的意愿，他使我的王权稳固，使我的双膀有力；我以地易地，在尼尼微城附近'祭司城镇'（āl-ērib bēt ili）的水浇地中给阿淑尔神划出了95伊麦如耕地，赐给了阿胡-拉穆尔之子舒尔穆-沙里、伊帕尔什杜和乌布尔-伊萨尔、卡努尼之子里西苏、曼努-启-阿比的儿子们。我重新确认了阿达德-尼拉里（三世）指定作为阿淑尔神供品的10伊麦如磨碎的谷物□□□□□困难与灾荒□□他们都要履行（他们的义务），整年都不许拖欠（供品）。为了供应阿淑尔神磨碎的谷物，它在所有的时间都是免赋税的，那块耕地的 nusāhē 税不应征收，它的 šibšu 税也不应征收了。"①

尽管上述两类献给神灵的土地赋税豁免的内容稍有不同，但是，其目的却都是在取悦或酬谢神灵、争取代表神灵的祭司阶层的支持和拥护。阿达德-尼拉里三世在赐地诏书中明确提到了他奉献土地的目的是"为了保全他的性命"。上文还提到，萨尔贡二世通过武力登上了王位，他豁免阿淑尔城居民的赋役，以此来换取神灵承认其王位的合法性；他营建新都时占用了阿达德-尼拉里三世指定向阿淑尔神奉献供品的土地，他"以地易地"，并重新确认了它的免赋税的地位，因为阿淑尔神使他的"王权稳固"，使他的"双膀有力"。

2. 私人地产赋役的豁免

私人地产占亚述被豁免赋役地产的很大比例，不过，在不同时期被豁免赋役地产的来源和被豁免赋役的种类存在很大差别。从阿达德-尼拉里三世到萨尔贡二世时期，地产的豁免赋税通常与赏赐地产及其依附人口联系在一起，被豁免的赋役局限于种植业税，即 nusāhē 税与 šibšu 税。例如，阿达德-尼拉里三世在豁免赐予纳布-杜尔-贝利亚地产赋役的敕令中写道："阿达德-尼拉里（三世）是（全国土地）监督，他是沙马什-阿达德（五世）之子，他也是（全国土地）监督；他是沙尔马纳沙尔（三世）的孙子，他同样也是（全国土地）监督。一块□□□伊麦如的耕地□□□□□□□□□□□□□□□□□□□□□□□□□□□□处于卡尔胡总督贝尔-塔尔西-伊鲁马（的管辖之下），亚述国王阿达德-尼拉里（三世）豁免了（它们的赋税），赐给了他的宦官纳布-杜尔-贝利亚。这块耕地的

---

① SAA XII 19：27 – r. 5.

nusāhē 税不得征收了，（它的） šibšu 税也不要征收了□□□□□□□□□□"① 此外，阿达德－尼拉里三世还购买了拉萨帕行省的一块土地，并免除了其赋税，然后赐给了一个宦官。② 上述地产赋役豁免的内容在赐地敕令中有固定的表述格式："这块耕地的 nusāhē 税不得征收，（它的） šibšu 税也不得征集了。"③

阿淑尔巴尼拔时期，地产赋役豁免敕令一般不再罗列被豁免赋役的地产及其依附人口，④ 只是免除有关人员既有的地产及其依附人口的赋役。阿淑尔巴尼拔在豁免草料供应总管巴尔塔亚地产赋役的敕令中写道："在我的庇护下，他获得了耕地、果园和人口，建立了自己的地产；我豁免了（它们的赋役），写了（这道敕令），并盖上了我的印玺，赐给了敬畏我王权的草料供应总管巴尔塔亚。"⑤类似语句还出现在阿淑尔巴尼拔豁免宦官总管纳布－沙鲁－乌粟尔等人地产赋役的敕令中。⑥ 既然被豁免赋役的耕地、果园和人口是有关人员在"国王的庇护下"获得的，这意味着他们是通过合法的渠道得到的。阿米蒂省总督里普胡尔－贝尔也曾"在国王的庇护下"购买耕地，由于遭人诬陷侵占他人祖产，于是他致信国王澄清自己的清白："关于国王我的主人在信中提到的阿淑尔－莱曼尼的祖产，当国王的侍卫（对我）说：'（你要）放弃这些财产、水井和耕地！'我（当时就）震惊了。（关于）这些耕地（的来源），国王我的主人知道我□□□年前在国王的耕地里建造了一座城镇。在国王我的主人的庇护下，我从阿什帕居民手里购买了 400 伊麦如耕地，并添加到它里面。"⑦里普胡尔－贝尔在这里提到国王的庇护意在强调其获得耕地的合法性，也就是说其土地是买来的。新亚述时期，土地买卖频繁，国王的近臣和军官等通过购买的方式建立了规模庞大的地产。⑧ 由此推断，被阿淑尔巴尼拔豁免的地产也可能是有关人

---

① SAA XII 6.
② SAA XII 7.
③ SAA XII 6：r. 3 – r. 5；9：19 – 20；13：r. 1 – r. 2.
④ 阿淑尔巴尼拔的地产赋役豁免敕令不再罗列被豁免赋役的土地和人员，它们将出现在单独列表中，阿淑尔巴尼拔的宦官总管的地产和人口列表就是典型的例子。参见 SAA XII 27。
⑤ SAA XII 25：23 – 29.
⑥ SAA XII 26：23 – 29；29：23 – 29.
⑦ SAA V 15：7 – r. 4.
⑧ F. M. Fales, "A Survey of Neo-Assyrian Land Sales", T. Khalid, ed., *Land Tenure and Social Transformation in the Middle East*, p. 9；F. M. Fales, "Neo-Assyrian Prosopography, 1: The Archives of Remanni-Adad", *SAAB*, Vol. 1, No. 2 (1988), pp. 107 – 108.

员通过购买的方式建立的。

阿淑尔巴尼拔时期，豁免的赋役在豁免敕令中也有固定的表述格式："那些耕地、果园的 nusāhē 税不得征收，（它们的）šibšu 税不得征收，（它们的）牛羊的 sibtu 税也不得征收。那些耕地和果园里的人口不得被摊派 ilku 义务、tupšikku 义务和 dikût māti 义务；他们不需要缴纳使用港口和通行的 miksu 税，他们将不交□□□□□他的依附人口也像他一样免除了赋役□□□□□"① 可见，阿淑尔巴尼拔不但豁免了相关地产的农业税，而且免除了豢养在地产上的牛羊的税赋，附着于地产上各类人员的劳役、兵役和使用港口、渡口的税赋也被豁免了。

阿淑尔-埃特尔-伊拉尼时期，地产赋役豁免敕令再次罗列了相关地产。例如，在介绍相关的土地和人口后，阿淑尔-埃特尔-伊拉尼在豁免宦官总管辛-舒穆-莱什尔麾下的队官塔伯-沙尔-帕帕希地产的敕令中写道："亚述国王阿淑尔-埃特尔-伊拉尼豁免了这些耕地、果园、房屋和人口（的赋役），盖上了他不可更改的国王印玺，把他赐给了'拉-科普'之子、宦官总管辛-舒穆-莱什尔麾下的队官塔伯-沙尔-帕帕希。"② 类似的语句还出现在阿淑尔-埃特尔-伊拉尼豁免另一位宦官及其他人员地产赋役的敕令中。③ 可见，阿淑尔-埃特尔-伊拉尼可能恢复了赏赐臣僚土地的传统。

阿淑尔-埃特尔-伊拉尼时期，豁免的赋役在豁免地产赋役的敕令也有程式化的表述："这些耕地和果园的 nusāhē 税不得征收了，（它们的）šibšu 税也不得征收了。这些人员不得被摊派 ilku 义务、tupšikku 义务和 dikût māti 义务□□□□□□他们不需要缴纳在陆地和水上的港口、城门和通行的 miksu 税，他们也不需要缴纳（使用）渡船和关卡的 miksu 税，它们的牛、绵羊和山羊不得课 sibtu 税。"④ 与其父阿淑尔巴尼拔相比，阿淑尔-埃特尔-伊拉尼豁免的项目又增加了出入城门的税赋以及乘坐渡船与通过关卡的税费。到新亚述晚期，一些臣僚的地产几乎被豁免了所有的赋役，成为名副其实的私有财产。

无论早期的国王还是晚期的国王豁免有关人员地产的赋役都是国王笼

---

① SAA XII 25：30 – r. 5；26：30 – r. 5；29：30 – 32.
② SAA XII 35：r. 14 – r. 18.
③ SAA XII 36：r. 23 – r. 25；39：r. 1 – r. 3.
④ SAA XII 35：25 – 27；36：23 – 27；39：4 – 7.

络臣僚、巩固政权的一种方式。阿淑尔巴尼拔在豁免草料供应总管巴尔塔亚地产赋役的敕令中还写道:"我是阿淑尔巴尼拔,是一位伟大的王、强大的王、世界之王、亚述国王、四方之王和亚述合法的领导人;我(是一位)行为高尚、公正的王,我热爱真理,使我的人民满意,总是善待服侍我的官员,酬谢恭听命令的人。亚述国王阿淑尔巴尼拔的草料供应总管巴尔塔亚(是)一个值得善待和受恩惠的人,从(我)登极到行使王权,他献身于国王他的主人,他忠诚地在我面前服务,稳健地奔走。他在我的宫廷中名声极佳,维护了我的王权。我发自内心打算厚待他,赐给他一件礼物。"① 类似的语句还出现在阿淑尔巴尼拔豁免宦官总管纳布-沙鲁-乌粟尔及其他人员地产及其依附人口的敕令中。② 被国王豁免赋役地产的所有者是那些长期尽心尽力地服侍国王的人员,国王通过这种方式酬谢他们的忠诚服务。③

新巴比伦王国以后,两河流域的国王们仍然赏赐臣僚土地,但是,免除赋役的条款不再出现在相关的文件中。④ 不过,犹太人可能继承了古代两河流域国王豁免臣民土地上的赋役的传统。据《撒母耳记》记载,以色列人准备重赏杀死敌军勇士哥利亚的人,他将获得奖赏包括"他父亲的地产将被免除赋役"⑤。

概言之,亚述沿袭了加喜特王朝以来豁免臣僚地产赋役的传统,不但免除了神庙地产的赋役来笼络祭司阶层,而且豁免功臣地产的赋役以赢得相关人员对王权的拥护和支持。亚述国王逐渐增加被豁免赋役的种类,到新亚述末期被豁免赋役的地产几乎成为不负担任何国家义务的私人地产。

第三节 士兵赋役的豁免

士兵赋役的豁免指士兵因为入伍当兵而被免除了赋役,这种赋役豁免方式是新亚述时期特有的,它的出现与亚述帝国形成引起的统治方式变革

---

① SAA XII 25: 4–21.
② SAA XII 26: 4–21; 29: 4–21.
③ J. N. Postgate, *Taxation and Conscription in the Assyrian Empire*, p. 240.
④ Kathryn E. Slanski, *The Babylonian Entitlement Narûs (Kudurrus): A Study in Their Form and Function*, pp. 313–317.
⑤ 《撒母耳记》17: 25。

有关。

一　被豁免赋役的士兵

新亚述时期,亚述军队的构成发生了显著变化,[1] 军中出现了阿拉米族(Aramaean)士兵、"拉科苏"士兵和"扎库"(zakkû)士兵等三类特殊士兵,他们都因服兵役而被免除了赋役。

1. 阿拉米士兵

阿拉米人是西塞姆人的一支,公元前2000年代中期他们在叙利亚和两河流域北部过着游牧生活。从公元前14世纪起,阿拉米人与向外扩张的亚述发生冲突。公元前2000年代末、公元前1000年代初,乘亚述衰落之际,阿拉米人在底格里斯河西岸到地中海沿岸之间的广阔区域建立了众多国家。亚述复兴后,阿拉米人建立的国家成为其蚕食的对象,一些阿拉米部族则渗透到亚述地区。[2] 伊图人(Itu',最初也拼为Utu',Itu'āju)[3] 是阿拉米人的重要部族,新亚述时期居住在底格里斯河中游西岸。从图库尔提-尼努尔塔二世时期到提格拉特皮拉沙尔三世时期,亚述曾多次兴兵征剿阿拉米部落,但总是无法取得彻底胜利,值得注意的是,伊图人总是位列反亚述的阿拉米各部族之首。[4] 既然武力镇压无法征服他们,亚述代之以怀柔政策:亚述允许伊图人在境内保持一定的独立性,作为交换,伊图人要为亚述服兵役。[5]

从提格拉特皮拉沙尔三世时期到埃萨尔哈东时期,亚述军队中出现了大批伊图族士兵。例如,马扎穆阿总督阿达德-伊西亚在致萨尔贡二世的信中写道:"国王我的主人给我的命令是:'检阅马扎穆阿的军队,并写信报告我!'(以下是马扎穆阿的军队:)10辆战车,20辆大轮战车,(其中)10辆是马拉的,10辆是骡拉的,(总共)30辆战车;97匹供乘骑的马,11名战车驭手、12名'第三名乘员'、30名战车兵和53名马夫,合计106名战车兵;161骑兵、130名马夫、53名□□□□总共343名骑兵;8名仆

---

[1]　参见 H. W. F. Saggs, "Assyrian Warfare in the Sargonid Period", *Iraq*, Vol. 25, No. 2 (1963), pp. 145–154;国洪更:《亚述帝国的非亚述士兵》,《北大史学》第15卷(2010年),第264页。

[2]　G. Leick, *Historical Dictionary of Mesopotamia*, pp. 10–11.

[3]　亚述人一般用部族的名称而非具体名字来称呼其成员,他们对阿拉米各部族的称呼也是如此。

[4]　ARAB I 782, 788;ARAB II 99.

[5]　J. N. Postgate, "Itu', Utu', Itu' āju", *RlA* V, pp. 221–222.

役、12 名裁缝、20 名持杯者、12 名甜点师、7 名面包师、10 厨师，总共 69 名后勤人员；8 名书吏、23 名赶驴人、1 位情报官、80 名信使。总共 630 名亚述人、360 名古鲁人（Gurrean，也拼为 Qurreans）和 440 名伊图人。总共 1430 名士兵，包括先前带来的和国王的侍卫带来的士兵。"① 在马扎穆阿总督检阅的军队中，伊图士兵竟然超过 30%。

伊图族士兵是一种随时可以参战的常备军。上文提到，提格拉特皮拉沙尔三世或萨尔贡二世时期，西米拉总督或"国王的代表"库尔狄-阿淑尔-拉穆尔在致国王的信中提到，西顿人驱逐了他派驻的税吏，他立刻派遣伊图士兵去恢复秩序。库尔狄-阿淑尔-拉穆尔在致国王的另一封信中写道："亚马尼人（Yamani）② 来了，他们攻击□□□□哈里苏城□□□□□□□□ □□□□□我召集了手下的士兵和'扎库'士兵去追击他们。他们没有掠走任何东西，一看到我的士兵就上船逃走了，就消失在大海中□□□□□□□□□我收复了达纳布，把身边的伊图（族士兵）和将要赶来的伊图（族士兵）部署在那里。"③ 伊图族士兵屡屡在地方发生骚乱时及时出现，表明他们是随时可以出征的常备军。

伊图族士兵还是驻守军事要塞的重要力量。例如，一位名叫伊尔-亚达的总督在致萨尔贡二世的信中写道："他们赶到了帕提-伊利尔渠的开口处，在那里修筑了一座军事要塞。我的 10 个古鲁族士兵和我的 20 个伊图族士兵是与他们一起去的，他们（在完工后）就进驻了。"④ 一封书信的残篇写道："我任命一个伊图族士兵为要塞的□□□□□"⑤

---

① SAA V 215: 4-r.2. 译文参考 J. N. Postgate, "The Assyrian Army in Zamua", *Iraq*, Vol. 62 (2000), p. 90。

② "亚马尼人"即爱奥尼亚人。参见 Rboert Rollinger, "The Ancient Greeks and the Impact of the Ancient Near East: Textual Evidence and Historical Perspective (ca. 750–650)", in R. M. Whiting, ed., *Mythology and Mythologies: Methodological Approaches to Intercultural Influences: Proceedings of Second Annual Symposium of the Assyrian and Babylonian Intellectual Heritage Project Held in Paris October 4–7, 1999*, Helsinki: The Neo-Assyrian Text Corpus Project, 2001, pp. 233–264。

③ CTN V ND 2370: 3-r.7; SAA XIX 25: 3-r.7. 书信破损严重，罗伯特·罗林格等学者尝试恢复了书信的内容，此处译文参考了 Robert Rollinger, "The Ancient Greeks and the Impact of the Ancient Near East: Textual Evidence and Historical Perspective (ca. 750–650 BC)", in R. M. Whiting, ed., *Mythology and Mythologies: Methodological Approaches to Intercultural Influences: Proceedings of Second Annual Symposium of the Assyrian and Babylonian Intellectual Heritage Project held in Paris October 4–7, 1999*, p. 237。

④ SAA XV 166: r.3-r.9。

⑤ SAA XV 74: 7-8。

伊图族士兵很可能是一种职业军人。上文提到，阿米蒂行省总督里普胡尔-贝尔曾致信萨尔贡二世，请国王命令伊图酋长把伊图族士兵带出来，以便其在收获庄稼时进行警戒。① 阿米蒂总督在收获庄稼时征调伊图族士兵表明他们可能并不参与农业生产，而是一种以服兵役为生的职业军人。

伊图族士兵被免除了税赋。里普胡尔-贝尔在致萨尔贡二世的另一封信中写道："国王我的主人告诉我那个伊图族（士兵）是免税赋的，于是他的'弓田'（a. šà ^{giš}ban）不需要交 nusāhē 税和 šibšu 税了。"② 伊图族士兵的"弓田"表明他们可能是一种弓箭兵，③ 其税赋的豁免可能也与兵役有关。④ 伊图族士兵不可能无缘无故地常年服兵役，其"弓田"税赋的豁免很可能与其服役有关。

除了伊图族士兵外，阿拉米人的另一部族古鲁人也频繁地出现在亚述军中。上文提到，马扎穆阿总督率领的军队中与伊图士兵在一起的古鲁士兵多达360人，而在新建的要塞中与伊图士兵一起的古鲁族士兵达10人。古鲁士兵的数量仅次于伊图族士兵，是经常出现在亚述军中的阿拉米另一重要部族。⑤ 尼姆鲁德出土的一份破损的泥板文书提到了在亚述军中服役的阿拉米人其他部族，诸如鲁卡赫部族、哈拉特部族等。⑥ 迄今为止，尚未发现古鲁族士兵和其他阿拉米部族士兵被豁免赋役的证据，但是，由于他们经常与伊图族士兵一起执行军事任务，不能排除他们像伊图人一样被免除税赋的可能性。

2. "拉科苏"士兵

"拉科苏"士兵是新亚述时期另一类特殊的士兵，学术界对其看法分歧较大。科勒和翁格纳德在编译亚述帝国的法律文献时，把其中两篇文献提

---

① SAA V 3: r. 10 - r. 20.
② SAA V 16: 4 - 7.
③ 在亚述浮雕上，伊图士兵一般手握弓箭。参见 Davide Nadali, "The Representation of Foreign Soldiers and Their Employment in the Assyrian Army", in W. H. van Soldt, R. Kalvelagen and D. Katz, eds., *Ethnicity in Ancient Mesopotamia*, Leiden: Nederlands Instituut voor het Nabije Oosten, 2005, pp. 222 - 232。
④ 波斯特盖特曾称免赋役的伊图士兵为"雇佣兵"，参见 J. N. Postgate, *Taxation and Conscription in the Assyrian Empire*, p. 241。后来，他又提出，没有证据表明伊图士兵是通过服兵役来换取报酬的雇佣兵。参见 J. N. Postgate, "The Assyrian Army in Zamua", *Iraq*, Vol. 62 (2000), p. 101。
⑤ J. N. Postgate, "The Assyrian Army in Zamua", *Iraq*, Vol. 62 (2000), pp. 101 - 103.
⑥ Barbara Parker, "Administrative Tablets from the North-West Palace, Nimrud", *Iraq*, Vol. 23, No. 1 (1961), ND 2646: 1 - 2.

到的 raksu 译为"看门人,门房"①。布鲁诺·迈斯纳与沃尔夫拉姆·冯·佐登在《阿卡德语词典》中将 raksu 解释为一种由俘虏组成的士兵。② 波斯特盖特在整理尼穆鲁德出土的文献时,仅仅给出了提及的 raksu 一词的拉丁化形式,而未做翻译,③,他将此归结为学界对 raksu 的认识还不够充分。④ 西莫·帕尔波拉在编辑萨尔贡二世的王室书信和编辑亚述语词典时,将 raksu 译为"雇佣兵"或"新兵"⑤。特奥多雷·克瓦斯曼在编辑大英博物馆藏亚述帝国的部分法律文献时,将 raksu 译为"骑马者"⑥。在《芝加哥亚述语词典》中,raksu 被解释为一种被豁免了税收和其他公民义务的职业军人,特指隶属于宦官总管、能够全天候作战的骑兵或车兵;raksu 一词的意思可能是"用租约雇佣的(士兵)"⑦。不过,笔者认为,"拉科苏"士兵是宦官总管麾下由被征服地区的人员组成的常备军的精锐,他们也享受免赋役的殊遇。⑧

"拉科苏"士兵一般来源于俘虏或被征服地区居民。萨尔贡二世在致一名叫曼奴-启-阿达德的高官的信中写道:"'1119 名身强体壮的人交给了皇家的步兵,⑨ 委托给你统辖。(他们属于)一支总数为 5000 人的军队,包括那些死去的和那些还活着的。你为什么擅自使用他们,把一部分人变成了你军中的'拉科苏'士兵,把一部分人变成了你的车兵,而把另一部分变成了你的骑兵?"⑩ 这批人原来的总数是 5000 人,而被这位官员变成各种士兵的只有 1119 人,原因在于一部分人死去了。车兵和骑兵属于技术兵种,不是每个人都可以胜任的,曼奴-启-阿达德轻易地将这批人变成了军中的"拉科苏"士兵、车兵和骑兵,可见他们曾是一支战斗部队。因此被

---

① J. Kohler and A. Ungnad, *Assyrische Rechtsurkunden*, Leipzig: E. Pfeiffer, 1913, 195: 28; 195: 33.

② AHw, p. 948.

③ CTN II 18: 25; 51: 11.

④ J. N. Postgate, *Taxation and Conscription in the Assyrian Empire*, pp. 8, 16, 145, 229.

⑤ SAA I 85: 6; 11: 9; 205: 14; 235: 7; Simo Parpola, *Assyrian-English-Assyrian Dictionary*, p. 92.

⑥ Theodore Kwasman, *Neo-Assyrian Legal Documents in the Kouyunjik Collection of the British Museum*, Rome: Biblical Institute Press, 1988, 149: 8.

⑦ CAD R, pp. 109–110.

⑧ 参见国洪更《亚述帝国的"拉科苏"士兵》,《世界历史》2012 年第 1 期。

⑨ 西莫·帕尔波拉混淆了 zakkû 与 zūku,前者是我们下文将要谈的一类士兵,而后者是亚述的步兵兵种。

⑩ SAA I 11: 1–12.

曼奴-启-阿达德变成军中的"拉科苏"士兵的人很可能属于一批强迫迁移到亚述的战俘。

阿淑尔总督塔伯-西尔-埃沙拉在致萨尔贡二世的一封信中提到的一名"拉科苏"士兵也来自被征服地区:"哈尔迪-乌粟尔——那名送信到比拉提的'拉科苏'士兵——已经带着一封信回来了。"① 比拉提是亚述北部边境图什罕省的一个军事要塞,离乌拉尔图非常近。② 奇怪的是,哈尔迪-乌粟尔的名字中竟然有乌拉尔图的主神"哈尔迪"的名字③,其意思是"哈尔迪庇护我"④。两河流域的一些人名中往往含有所在的城市或国家崇拜的神灵,因此相关的神名成为判断有关人员的家乡或国家的重要依据。哈尔迪-乌粟尔的名字表明,这个"拉科苏"士兵是一个乌拉尔图人,因此,这名"拉科苏"士兵也可能是一名俘虏或强制移民。

拉萨帕省总督泽如-伊伯尼在致萨尔贡二世的信中提到的一名"拉科苏"士兵也来自被征服地区:"马尔都克-埃里巴的哥哥是一名皇家车兵,他本人是一名和我在一起的'拉科苏'士兵。"⑤ "拉科苏"士兵马尔都克-埃里巴的名字里有马尔都克神的名字,其意思是"马尔都克替换了"⑥。马尔都克是巴比伦城和巴比伦尼亚的保护神,⑦ 马尔都克-埃里巴可能是一个巴比伦人,这名"拉科苏"士兵可能来自巴比伦尼亚。

"拉科苏"士兵一般隶属于宦官总管。在一所房屋的交易中,充当证人的"拉科苏"士兵曼努-启-阿比的长官是宦官总管。⑧一名购买奴隶的

---

① SAA Ⅰ 85: 6 – r. 8.
② Simo Parpola and Michael Porter, *The Helsinki Atlas of the Near East in the Neo-Assyrian Period*, Helsinki: The Neo-Assyrian Text Corpus Project, 2001, p. 3.
③ Charles Burney, "The God Haldi and the Urartian State", in Matcheld J. Mellink, Edith Porada and Tahsin Özgüç, eds., *Aspects of Arts and Iconography: Anatolia and Neighours: Studies in Honour of Nimet Özgüç*, Ankara: Türk Tarih Kurumu Basimevi, 1993, pp. 107 – 110; Alina Ayvazian, "The God Haldi and Urartian Statehood", in Manfred Hutter und Sylvia Hutter – Braunsar, hrsg., *Offizielle Religion, locale Kulte und individuelle Religiosität: Akten des religionsgeschichtlichen Symposiums*, Münster: Ugarit Verlag, 2004, pp. 27 – 30.
④ 哈尔迪-乌粟尔的名字后半部分的语义符"pab",既可以转写为"$uṣur$",也可以转写为"$nāṣir$",二者的意思均为"庇护"。A. 富克斯把哈尔迪-乌粟尔的名字的后半部分转写为"$nāṣir$",参见 A. Fuchs, "Haldi –nāṣir", PNA Ⅱ/1, p. 442。
⑤ SAA Ⅰ 205: 11 – 14.
⑥ Heather D. Baker, "Marduk-eriba", PNA Ⅱ/2, p. 175.
⑦ 国洪更:《古代两河流域的创世神话与历史》,《世界历史》2006 年第 4 期。
⑧ SAA Ⅵ 210: 15.

"拉科苏"士兵曼努-启-阿拉雅也隶属于宦官总管。① 一封解送马匹的信提到"来自宦官总管的'拉科苏'士兵的3匹库什②马"③。尼尼微的一份破损的债务清单写道:"曼努-启-萨贝是宦官总管官署的'拉科苏士兵'。"④ 上文提到,亚述的中央常备军的主将也是宦官总管,因此,"拉科苏"士兵很可能是中央常备军的组成部分。

一般情况下,亚述人只是笼统地提"国王的分队",而"拉科苏"士兵却被从"国王的分队"中挑出来,这表明他们是一种特殊士兵,其特殊之处在于享有免税赋的特权。阿拉泊哈总督伊萨尔-杜里在回复国王萨尔贡二世的一封信中写道:"关于宦官总管的'拉科苏'士兵,国王我的主人写信说:'他们都是免赋役的;任何人都不得对他们提起诉讼,任何人都不许征收他们的 nusāhē 税□□□□□队官和"拉科苏"士兵□□□□□他的儿子□□□□□他们的□□□□□他们的儿子□□□□□也是免赋役的。'"⑤ 虽然这封书信破损比较严重,但是,"拉科苏"士兵 nusāhē 税的豁免是没有疑问的,国王的恩赐可能还惠及他们的家属。与伊图族士兵一样,"拉科苏"士兵及其家属赋税的豁免大概与其服役有关。

3. "扎库"士兵

"扎库"士兵是新亚述时期一类从未提过具体名字的特殊士兵,由于他的名称源于动词 zakû(免除赋役),因此 zakkû 通常译为"免赋役者"(exempt)。⑥ 学界一般认为"扎库"指一种低级的亚述官吏,主要在巴比伦尼亚充当警察。⑦

然而,一些王室书信表明,"扎库"士兵是驻守军事要塞的重要力量。例如,一位军事要塞的指挥官在一封信中写道:"'扎库'士兵到位以后,我们就安排了卫成要塞的人手。"⑧ 又如,拉希鲁省的一个要塞的指挥官纳布-舒穆-伊蒂纳在致萨尔贡二世的信中写道:"祝国王我的主人身体健康!

---

① SAA XIV 64:8.
② 在新亚述文献中,库什(Kush)大概指努比亚地区,即今苏丹。
③ SAA XIII 96:8-10.
④ SAA VII 35:1-2.
⑤ SAA XV 15:3-6.
⑥ CAD Z, p.27.
⑦ CAD Z, p.23.
⑧ CAD Z, p.22.

要塞、'扎库'士兵和国王的仆人们都非常好。"①

除了驻守亚述本土外,"扎库"士兵还驻守远离两河流域的地区。上文提到,西米拉总督或"国王的代表"库尔狄-阿淑尔-拉穆尔曾派遣"扎库"士兵与伊图族士兵一起驱逐骚扰哈里苏城的亚马尼人,可见,他们还驻守地中海沿岸。大马士革行省总督贝尔-杜里在致萨尔贡二世的一封信中写道:"以下是每月(需要)的面包和草料:沙马什-阿胡-伊丁纳(每月需要)5 伊麦如草料、123 伊麦如面包,总共 128 伊麦如;阿比-莱什尔(每月需要)75 伊麦如草料、15 伊麦如面包,总共 90 伊麦如;昆穆赫的 2000 名'扎库'士兵(每月需要)600 伊麦如(面包和草料)。"② 安纳托利亚地区的昆穆赫不但驻有"扎库"士兵,而且多达 2000 名。

"扎库"士兵在亚述的政治生活中扮演举足轻重的角色。辛纳赫里布的皇后、埃萨尔哈东的母亲扎库图曾经就其孙子阿淑尔巴尼拔的王位与王室宗亲及大小朝臣签订契约,该契约写道:"辛纳赫里布的皇后、埃萨尔哈东的母亲扎库图与他(阿淑尔巴尼拔——笔者)的同地位的兄弟沙马什-舒穆-乌金和沙马什-梅图-乌巴利特及他的其他兄弟、王室宗亲、权臣和总督、长胡子的官员和宦官、皇家扈从、'扎库'士兵以及所有能进入宫廷的人、地位高低的亚述人签订契约。"③ "扎库"士兵与王室宗亲、大小朝臣成为阿淑尔巴尼拔继位条约的执行者。一个名为基纳的亚述军官在致埃萨尔哈东的信中写道:"派给我的'扎库'士兵此刻正驻扎在阿尔贝拉。现在厨师长告诉我:他们向我传达的国王的命令是:'命令基纳在我(指国王——笔者)面前全线展开,(他)位于你之后。'"④ 这封书信表明"扎库"士兵应该是全副武装的士兵,靠近国王的战斗序列再次凸显了他们的重要性。

"扎库"士兵赋役的豁免很可能与其军事义务有关。要塞的驻军需要时刻警惕着敌人的进攻,因此驻守军事要塞的"扎库"士兵可能是一种常备军。上文提到,亚述的 *ilku* 义务与 *dikût māti* 义务均是有期限的,"扎库"士兵长年戍守要塞,他们可能不是履行国家的兵役义务,而可能像伊图族

---

① SAA XV 136: 1-5.
② SAA I 172: 22-28.
③ SAA II 8: 1-8.
④ SAA XVI 120: 6-r. 8.

士兵和"拉科苏"士兵一样因常年服兵役被国王豁免了国家的其他赋役。①

总之,阿拉米士兵、"拉科苏"士兵和"扎库"士兵或全天候地驻守军事要塞,或随时征战,他们都属于常备军;由于亚述的兵役义务是有时限的,上述三类士兵并非履行公民的兵役义务。虽然国王并未直接赐予被免除赋税的士兵财物,但是,赋税的免除增加了相关人员可支配的财物,相当于国王付给相关士兵一些报酬。上述三类士兵赋役的豁免导致亚述的征兵方式发生了变革,在义务兵役制外出现了一种全新的征兵方式,即募兵制。有关士兵是职业军人,他们应征入伍并非履行兵役义务,而是为增加可支配的财物。

二 统治方式的变革与募兵制的出现

亚述募兵制的出现不是偶然的,而是与帝国的形成引起的统治方式变革有关。新亚述时期,亚述从两河流域北部的区域性国家逐步发展成一个囊括两河流域全部及周边部分地区的帝国,其统治方式也发生了深刻的变化:一方面,亚述直接控制的区域迅速扩大,另一方面,亚述对附属国等间接统治地区的控制进一步加强。军队是亚述实施统治的重要工具,国家规模的扩大与统治方式的变化导致军队发生了深刻的变革,② 通过募兵制组建常备军是其重要表现之一。

在扩张的过程中,亚述采取以点带面的方式,先在要害之地建立军事要塞或有驻军的城镇来控制被征服地区,然后再逐步蚕食周围的地区。③ 至少从中亚述晚期起,亚述便开始在被征服地区修建城市作为控制相关地区的据点。沙尔马纳沙尔三世在一篇铭文中写道:"阿纳-阿淑尔-乌特拉斯巴特城,赫梯人称之为皮特路,位于幼发拉底河对岸的萨古拉河畔,穆特基努城位于幼发拉底河这岸。它们都是我之前的王公、我的祖先、提格拉

---

① 不过,J. N. 波斯特盖特持不同的意见,他认为,Zakkû 指由于履行行政管理职责而被豁免了 ilku 义务的官员。参见 J. N. Postgate, *Taxation and Conscription in the Assyrian the Empire*, p. 242。Zakkû 的军人职责似乎否定了他的观点。

② H. W. F. Saggs, "Assyrian Warfare in the Sargonid Period", *Iraq*, Vol. 25, No. 2 (1963), pp. 145 – 154.

③ B. J. Parker, "Garrisoning Empire: Aspects of the Construction and Maintenance of Forts on the Assyrian Frontier", *Iraq*, Vol. 59 (1997), p. 77.; M. Liverani, "The Ideology of the Assyrian Empire", in M. T. Larsen, ed., *Power and Propaganda: A Symposium on Ancient Empires*, pp. 297 – 319; M. Liverani, "The Growth of the Assyrian Empire in the Habur/Middle Euphrates Area: A Paradigm", *SAAB*, Vol. 2, No. 2 (1988), p. 86.

特皮拉沙尔一世建造的。亚述国王阿淑尔-拉比二世时期,阿拉米人国王用武力夺取了(这两个城市)。"① 由此可见,至少从提格拉特皮拉沙尔一世起,亚述就在幼发拉底河中游河畔建造了两座城市,并存在了数十年。阿拉米人用武力夺取两城表明,城中可能有亚述驻军。不过,当事国王的铭文并未提及上述城市,这大概表明它们可能在中亚述时期只是一些孤立的军事据点,并未产生较大的影响。

新亚述时期,亚述不但收复了沦陷的军事据点,而且更加频繁地改建和新建军事据点。例如,公元前900年,阿达德-尼拉里二世第二次进攻哈尼伽尔巴特,把萨拉库当作自己的城市,并把收获的大麦和秸秆储存在那里。② 又如,公元前894年,阿达德-尼拉里二世第五次远征哈尼伽尔巴特,他把杜尔-杜克里穆当作自己的城市。③ 再如,公元前882年,阿淑尔纳色尔帕二世远征纳伊利地区时修复了图什罕,把它当作自己的城市,并把从尼尔布地区收获的大麦和秸秆储存在该城,他还在该城接受了纳伊利地区诸国进献的贡赋。④ 图什罕城俨然成为亚述控制纳伊利地区的行政中心。公元前879年,阿淑尔纳色尔帕二世再次远征纳伊利地区时,图什罕城成为亚述进军的基地。⑤ 公元前878年,阿淑尔纳色尔帕二世还在幼发拉底河畔建造了卡尔-阿淑尔纳色尔帕和奈巴尔提-阿淑尔。⑥ 公元前856年,沙尔马纳沙尔三世远征幼发拉底河流域,他把提尔-巴尔西帕、阿里古、纳皮古和鲁古里图等城市变为自己的城市,并把提尔-巴尔西帕更名为卡尔-沙尔马纳沙尔、纳皮古更名为里塔-阿淑尔、阿里古更名为阿斯巴特-拉-库奴、鲁古里图更名为齐比特-阿淑尔。⑦ 公元前853年,沙尔马纳沙尔三世西征巴里赫河流域,攻占提尔-图拉希城后,他宣布该城为自己的城市。⑧ 公元前843年,沙尔马纳沙尔三世还越过库拉尔山进行了东征,在扎穆阿腹地建立一个要塞。⑨ 萨尔贡二世仅在其统治的第7年就在与乌拉尔图

---

① RIMA Ⅱ A. 0. 102. 2: ii 35B – ii 37.
② RIMA Ⅱ A. 0. 99. 2: 42 – 44.
③ RIMA Ⅱ A. 0. 99. 2: i 13.
④ RIMA Ⅱ A. 0. 101. 1: ii 2 – ii 15.
⑤ RIMA Ⅱ A. 0. 101. 1: ii 103 – ii 104.
⑥ RIMA Ⅱ A. 0. 101. 1: iii 49 – iii 50.
⑦ RIMA Ⅲ A. 0. 102. 2: ii 33 – ii 35.
⑧ RIMA Ⅲ A. 0. 102. 8: 13' – 14'.
⑨ RIMA Ⅲ A. 0. 102. 6: iii 58 – iv 1.

对峙的地区修建了 22 个堡垒。① 此外，亚述还在西北部的梅利德、东北部的曼纳和东南部的埃里皮等边境地区建立了要塞。②

亚述在被征服地区修建或新建的军事据点处于敌人的包围之中，它们需要大量士兵驻守。一位总督在分配装备给养时，分给两个堡垒的斗篷均为 200 套，可见每个堡垒的士兵可能为 200 名。③ 图布里亚什的几位部落酋长在致阿淑尔巴尼拔的信中写道："现在沙马乌努要塞几乎被抛弃了，那里除了 200 名临时拼凑的士兵外再无他人。"④ 据此推算，仅萨尔贡二世仅在其统治的第 7 年在与乌拉尔图对峙的边境地区驻守的士兵就有 4400 名之多。亚述帝国疆域广阔，驻守全国各堡垒的士兵可能数以万计。由于军事据点时刻面临着敌人的威胁，据点的士兵需要长年枕戈待旦，因此，驻守据点需要大量常备军。

随着亚述对被征服地区控制的加强，一些军事据点发展成为新的行省，组建行省也需要大量士兵。哈马总督阿达德-哈梯在组建行省的过程中曾致信萨尔贡二世："愿国王我的主人给我一些亚述（士兵）和伊图族（士兵），这样我才可以守住□□□□苏帕特既没有亚述的'村庄巡检官'，又没有城门卫兵。"⑤ 征服昆穆赫以后，萨尔贡二世强制迁移了其居民，然后在该地区设立了行省。他从安置到该地区的比特-亚肯的居民中挑选了 150 名战车兵、1500 名骑兵和 1 万名盾牌兵和长矛兵，交给该省总督统帅。⑥

新亚述时期，亚述对附属国控制的加强也需要大量常备军士兵。上文提到，为了控制附属国，亚述还向它们派驻"国王的代表"和军队。阿拉伯女王萨姆西归顺亚述以后，提格拉特皮拉沙尔三世给她委派了一个"国王的代表"，派驻的士兵多达 1 万名。⑦ 萨尔贡二世时期，驻北部的附属国库麦"国王的代表"阿淑尔-莱苏阿也率领军队。他曾在致萨尔贡二世的信中写道："国王我的主人应该命令杜尔-沙马什和巴尔扎尼什塔的伊图士

---

① ARAB Ⅱ 12.
② SAA Ⅳ 1, 30, 77.
③ SAA Ⅰ 193.
④ SAA ⅩⅧ 152：5－7.
⑤ SAA Ⅰ 176：29－33.
⑥ ARAB Ⅱ 64.
⑦ Hayim Tadmor, *The Inscriptions of Tiglath-pileser* Ⅲ, *King of Assyria*, Summay Inscription 4：25－27.

兵来替换这些军队。"① 萨尔贡二世曾命令阿淑尔-莱苏阿派间谍到乌拉尔图进行侦查："派遣你的间谍到图鲁什帕郊区获取详细的报告！"②

随着版图增大与统治方式的变化导致常备军士兵需求量大增，然而，亚述服役的人数却在减少。在频繁的战争过程中，亚述从被征服地区掠夺了巨额的财富，战利品被以国王为首的贵族瓜分，附属国缴纳的各种贡赋也被他们分享。由于要负担沉重的劳役和兵役、种类繁多的赋税，加上各种人为与自然灾害的侵袭和高利贷的盘剥，一大批自由民破产了，他们被迫出卖或抵押土地、妻子儿女和自身。③ 在战争中致富的贵族乘机购买土地和人口，建立了规模巨大的大地产。④ 上文提到，国王往往以豁免有关人员地产赋役的方式来奖赏效忠国王的臣僚，大地产主及其依附人口不再服兵役。因此，亚述社会的两极分化导致服兵役人数剧减。

上文提到，随着亚述帝国的形成，亚述军队在古代西亚北非一度所向无敌，其民族政策发生了显著的变化：亚述人凌驾于其他民族之上，一般不再将被征服地区居民和俘虏视为亚述人。大量被征服地区的人口和俘虏被掠到亚述当作王公贵族和神庙的奴隶，服兵役的人数并没有随人口的增加而成比例增加。

与此同时，战场的伤亡直接减少了服役的人数。亚述王室铭文生动地描述了亚述历次战争的经过，并不厌其烦地历数杀死和俘虏敌人的数量；⑤ 但是，它们从来没有提及过亚述军队的失利，几乎没有涉及亚述士兵伤亡的情况。不过，一些书信偶尔提到了相关的情况。上文提到，萨尔贡二世曾提及一支 5000 人的军队，其中包括已经阵亡者和幸存者。一封破损的信明确提到了伤亡者的数目："关于阵亡者的补充，国王给权贵们发布过的命令是：'（你们要）提供补充！'（然而，）没人给我们补充。那些没有与我

---

① SAA V 97: r. 5 – r. 8.

② SAA V 85: 3 – 4.

③ J. N. Postgate, "The Ownership and Exploitation of Land in Assyria in the First Millennium B. C.," in M. Lebeau et P. Talon, eds., *Reflets des deux fleuves: Volume de mélanges offerts à André Finet*, p. 150.

④ G. van Driel, "Land and People in Assyria", *BiOr*, Vol. 27 (1970), pp. 169 – 175; F. M. Fales, "A Survey of Neo-Assyrian Land Sales," in T. Khalid, ed., *Land Tenure and Social Transformation in the Middle East*, p. 9.

⑤ SAAS II, pp. 188 – 189.

们一起去参战的阵亡者和伤残者战士的人数是 1200 人。"① 尽管上述书信提到了伤亡者的数目，但是它并没有指出部队的总数，我们无从知道伤亡者所占的比例。不管怎样，士兵在频繁的战争中伤亡却是无可争辩的事实。

总起来说，国家规模的扩大与统治方式的变化导致长时间执行军事任务的常备军的需求量大增，然而，社会的分化、民族政策的变化和战场伤亡等原因，通过义务兵役制征召的士兵不敷需要，国王不得不实行募兵制来增加士兵的数量。

亚述的募兵制可能对波斯阿黑门尼德王朝的雇佣兵制产生了影响。据色诺芬的《长征记》记载，小居鲁士聚集军队围攻米利都，其部队包括流放者和蛮族；② 小居鲁士死后，色诺芬称赞他厚待追随他的人，③ 他的士兵自然也在奖赏之列。尤其值得注意的是，阿黑门尼德王朝有许多种军事份地，其中一种也称为"弓田"（$b\bar{\imath}t\ qašti$）④，这种土地或许也像亚述伊图族士兵的"弓田"一样是国王赐予弓箭手的土地。

总之，新亚述时期，阿拉米士兵、"拉科苏"士兵和"扎库"士兵等三类士兵都属于常备军，他们为增加可支配的财物而服役，国王免除其赋役导致募兵制的出现。帝国的形成以后，亚述统治区域的扩大及对附属国控制的加强需要更多的常备军，但是，社会的分化、民族政策的变化和战场伤亡等因素导致服役的人数在减少，国王不得不通过募兵制来扩充军队因此，士兵赋役的豁免制度的出现与亚述帝国形成引起的统治方式的变革有关。

通过对亚述城市、地产和士兵三类赋役豁免制度考察，我们对赋役豁免的本质及其反映的国家权力运作模式等相关问题有了一定的认知。

首先，豁免赋役是亚述统治者利用经济手段维护政权的一种策略。从公元前 10 世纪晚期到公元前 7 世纪末，尽管亚述也曾遭遇暂时和局部的挫折，但是，它从未出现过严重的历史倒退，其版图持续扩大，对被征服地区的控制进一步加强。亚述 300 余年的繁荣与稳定固然是由多种因素造成的，各方势力对王权的认可与支持是一种不可忽视的因素。虽然国王并未

---

① SAA I 143: r.1 – r.6.
② 〔古希腊〕色诺芬：《长征记》，崔金戎译，商务印书馆 1985 年版，I. I. 5.
③ 同上书，I. IX. 14.
④ M. W. Stolper, *Entrepreneurs and Empire: The Murašû Archive, the Murašû Firm and Persian Rule in Babylonia*, p. 25.

直接赐予被豁免人员任何财物和人力，但是，他们却因国王的恩赐而减轻了经济负担，实际上增加了可支配的资源，拥护和支持王权实际上在维护自身利益。具体而言，亚述国王赐予本国祭祀中心城市免赋役的特权，维护了相关人员的既得利益，作为回报，他们将千方百计地证明王权的合法性。亚述国王通过确认被征服地区宗教中心城市居民免赋役的权利，恢复了他们业已丧失的利益，消弭了他们的反亚述情绪，稳定了被征服地区的统治。通过豁免地产的赋役，亚述国王不仅酬谢了臣僚的功勋，而且承认了其兼并土地的成果，他们将效忠国王以谋取更大的利益。亚述国王豁免相关士兵的赋税，创造了一种新的征兵方式，即募兵制。常备军的规模扩大，有利于有效地控制被征服地区。无论是从维护既得利益出发，还是立足于谋取更大的利益，亚述的各方势力都有理由拥护王权，维持政权的稳定。

其次，赋役的豁免体现了亚述统治集团内部的博弈。随着亚述版图的逐渐扩大，其中央集权制的政治结构日臻完善，国王垄断了从中央到地方的一切权力;[①] 在这个过程中，王权时常面临严峻的挑战,[②] 需要借助各方势力来稳定政局。赋役的豁免是一种赏赐，豁免权始终掌握在国王手中，无论是包括城市居民赋役的豁免在内的 kidinnu 特权，还是"豁免证书"及"赐地诏书"，都是国王赐予臣民的,[③] 相关文件还需要盖上国王的印玺。[④] 赋役的豁免并非普惠全民的制度，而是少数人员享有的特权，豁免赋役有时就成了国王与各方势力博弈的一枚重要棋子。以祭司阶层为代表的世袭贵族属于亚述的传统势力，国王需要借助他们确保王位的合法性不容置疑，是为国王免除其赋役的目的所在。随着对外军事扩张兴起的军事贵族是亚述的新兴力量，是国王制衡保守势力和进行对外征服的主要力量，国王豁免其地产的赋役来酬谢他们建立的功勋。亚述早期被豁免的赋役一般仅限于 šibšu 税和 nusāhē 税，而晚期被豁免赋役的类别已扩展到目前已知的所有

---

① SAAS XI, p. 3.

② Simo Parpola, "Neo-Assyrian Concepts of Kingship and Their Heritage in Mediterranean Antiquity", in G. B. Lanfranchi and R. Rollinger, eds., *Concepts of Kingship in Antiquity*, p. 35.

③ 伊萨纳副总督沙鲁-埃穆拉尼在致国王的信中更明确地指出："只有出现在提格拉特皮拉沙尔三世的敕令中的人才是免税的。" CTN V ND 2648: 10 – 11.

④ 阿尔贝拉的伊什塔尔神庙的管家阿普拉亚在致国王的信中写道："当盖有国王我的主人印玺的命令来到伊什塔尔的仆人面前时，（它的）内容是：'让他们被豁免（赋役)!'" SAA XIII, 143: 8 – 13.

赋役，这大概不是由于国王变得更为慷慨，而可能是王权衰弱的一种表现，是国王与臣僚角力失利的结果。也就是说，即使是专制王权，权力的行使也不是绝对的，需要考虑到不同势力之间的平衡，豁免赋役有时可以成为国王平衡各方力量的一个砝码。

再次，赋役豁免制度的形成与发展反映了亚述统治方式的创新性。古代两河流域文明的曙光最初照耀在最南端的苏美尔地区，后来才普照巴比伦尼亚地区，亚述地区是两河流域开化最晚的地方。然而，亚述后来者居上，不仅统一了整个两河流域，而且征服了周边的广阔区域。亚述的崛起固然是多方面因素造成的，统治者善于借鉴先进统治方法并勇于创新是其获得成功秘诀之一。征服巴比伦尼亚以后，亚述统治者继承了被征服地区利用豁免赋役维护政权的策略，但是，他们并非机械地照搬苏美尔—巴比伦尼亚的制度，而根据实际情况进行了一定程度的革新。苏美尔—巴比伦尼亚被豁免赋役的城市仅限于本国的祭祀中心，而亚述统治者不仅免除了本国的宗教中心城市的赋役，而且将豁免赋役的对象扩大到被征服地区宗教中心城市；亚述统治者沿袭了巴比伦尼亚统治者通过豁免地产赋役奖赏祭司和臣僚的做法，但是，他们还通过赐予地产豁免诏书的方式承认了臣僚兼并土地的事实；苏美尔—巴比伦尼亚根本不存在免除士兵赋税的现象，这种赋税豁免制度则完全是亚述统治者根据士兵需求增加而履行兵役义务人数锐减的现实而进行的一种积极探索。因此，亚述的统治阶级不仅热衷于开疆辟土，而且深谙治国理政之道，其国家称雄西亚北非地区并非偶然。

最后，亚述的赋役豁免制度犹如一把"双刃剑"，一方面，它有助于维持亚述政局的稳定，另一方面，却又削弱了其统治的基础。通过豁免城市、地产和士兵的赋役，亚述统治者维护了统治集团内部各方势力的利益，赢得了他们的拥护和支持，保持了政局的稳定，为亚述的快速崛起创造了有利条件。但是，有关人员赋役的豁免直接减少了所在地政府可征用的资源，有时会导致相关官员出现人力和物力不敷需要的局面。例如，由于萨尔贡二世免除阿淑尔城居民的赋役，阿淑尔总督不得不靠征调宫廷仆从和奴隶等人员填补由此造成的埃卡拉图宫短缺的劳动力。[①] 由于国王豁免了伊图族

---

① SAA Ⅰ 99: r. 2 – r. 9.

士兵"弓田"的 šibšu 税与 nusāhē 税,阿米蒂总督不得不使用陈年的秸秆。①新亚述早期,赋役豁免种类不多、频次较低,赋役豁免引起的财政危机多是暂时的和局部的;然而,随着国王穷兵黩武和大兴土木,亚述的财政已入不敷出,赋役豁免种类的增多与频率的增加会导致亚述捉襟见肘的财政雪上加霜。亚述的贵族官僚在战争中积累了大量财富,部分人员因被国王豁免赋役而减轻了负担,乘机购买土地和人口建立了规模庞大的地产;与之相反,普通的平民无缘享受免赋役的特权,却需要承受转嫁来的负担,他们的处境将因此而更为窘迫,最终被迫出卖或抵押土地、妻子儿女和自身。亚述晚期,赋役豁免制度的滥用使亚述的财政状况进一步恶化,加剧了社会的两极分化,进而导致政局不稳。

---

① 阿米蒂总督在给萨尔贡二世的信中写道:"我已在工作时使用陈旧的秸秆,但现在已用完了。" SAA V16: r. 2 – r. 4.

第八章 财政危机与新增税负

新亚述时期，亚述进入极盛阶段，它征服和占领的区域达到了前所未有的规模，可以支配和利用的资源不可胜数；然而，亚述在财物和人力资源等方面却出现了入不敷出的局面，因此不得不开征新税 bitqu 来弥补亏空。本章将在分析新亚述财政状况的基础上，介绍 bitqu 税的课征情况。

一　财政危机

随着军事扩张范围的扩大和行省制度的推广，亚述从行省和被征服地区征收和掠夺的财物和人口空前增加，① 王室铭文一再宣扬国家的富庶；然而，新亚述的财政却陷入了的捉襟见肘的窘境，主要表现为财物亏空和人手短缺。

1. 财物亏空

新亚述时期，各种各样的债务不时困扰着亚述的君臣。在尼尼微城出土的各种行政管理档案中，十余份被认定为债务清单的文献十分引人注目。② 由于文献破损严重，账单的详情不可能全部知道，但是，部分可以辨识的清单表明，拖欠的财物包括银子、谷物、绵羊、葡萄酒、人口等，债权人是宫廷或国王，而债务人是总督、市长和地方政府的其他官吏，涉及西伊梅城、尼尼微城、豪里纳城、哈伯鲁里城、拉希鲁行省和附属国推罗等。③ 除负债清单外，亚述的王室通信也不时提及债务。例如，一位书吏曾因巴尔哈尔兹总督拖欠债务不还而致信王太子，恳求王太子派遣使节助其催讨拖欠的债务。④ 又如，在米尔乞亚劳动的附属国统治者因债主催债而无

---

① SAAS Ⅲ, pp. 181 – 192.
② SAA Ⅶ 27 – 40.
③ SAA Ⅶ, pp. xx – xxi.
④ SAA ⅩⅥ 29.

法完成国王的任务,因此恳求国王命令债主允许他们在完工后再偿还债务。① 一个商人的儿子也专门致信国王,催讨国王在建筑杜尔-沙鲁金时从其父借贷的 570 米那银子。② 由此可见,亚述的各级政府都曾出现财物亏空。

各种工程建设可能是造成亚述各级政府出现财物亏空重要原因之一。上文提到,国王欠商人的 570 米那银子是萨尔贡二世在建筑新都杜尔-沙鲁金时向商人借贷的,他曾承诺在工程完工后偿还债务,但是,商人的儿子催讨债务表明国王显然没有如约支付拖欠的借款。③ 同样,在萨尔贡二世时期,"纳吉尔-埃卡里" 伽布-阿纳-阿淑尔曾因没有足够的秸秆来养活驮兽而致信国王,他在信中提到其麦秸不足的原因是他的秸秆都预留给杜尔-沙鲁金的建设工程。④ 尼尼微城的一份债务清单提到的日期是公元前 715 年或公元前 713 年,负债的原因可以归咎为萨尔贡二世时期杜尔-沙鲁金城的建设。⑤ 很显然,萨尔贡二世建设杜尔-沙鲁金是导致国王和许多官员出现财物亏空的直接原因。除了建造杜尔-沙鲁金外,亚述人还修建了大量军事要塞和神庙,修建了卡尔胡、巴比伦和尼尼微等规模巨大的城市,这些工程建设势必加剧亚述的财物亏空状况。

大规模地移民也是导致亚述产生财物亏空的重要原因之一。上文提到,亚述曾经强迫被征服地区居民迁移到他乡,沿途的官员要负责供应移民的食宿。一份转让土地的文件表明,一个名为阿希-亚巴巴的人以阿拉泊哈行省副总督阿希哈尔的名义转让了 3 个菜园及其附属物,而转让田产的目的是换取数百米那铜,来向"苏卡鲁"用船送来的俘虏提供给养。⑥ 向俘虏提供给养是有关官员转让田产的直接原因。在古代西亚北非地区,民众往往在经济陷入困境时转让自己的土地,⑦ 因此,亚述行省官员出卖田产很可能跟普通民众一样因为手头拮据。新亚述时期,数以百万计的被征服地区

---

① SAA Ⅰ 147.
② SAA Ⅰ 159.
③ SAA Ⅰ 159.
④ SAA Ⅴ 119.
⑤ SAA Ⅶ 34.
⑥ SAA Ⅵ 123.
⑦ J. N. Postgate, "The Ownership and Exploitation of Land in Assyria in the First Millennium BC", in M. Lebeau et P. Talon, eds., *Reflets des deux fleuves: Volume de mélanges offerts à André Finet*, pp. 141 – 152.

居民在亚述帝国境内流动,他们给所经之地政府造成了沉重负担。

除了数量庞大的开支外,国王豁免有关地产和人员及其依附者的赋役直接减少了有关政府的收入。上文提到,国王曾命令阿米蒂总督豁免伊图族士兵"弓田"的赋役,该总督向国王诉苦说他已用光了他的秸秆,现在不得不使用陈年的秸秆,可见伊图族士兵赋役的豁免是导致阿米蒂总督秸秆短缺的直接原因。上文提到,伊图族士兵赋役的豁免不是个案,神庙和官员的地产及其依附者以及其他职业军人与家属也享受免赋役的特权,因此,国王豁免有关地产和人员的赋役也加剧了有关官员的财务亏空。

2. 劳动力短缺局面

尽管亚述在战争中掠夺了大量人口,但是,劳动力短缺的现象却频频出现,有关官员因此怨声载道。上文提到,履行兵役和劳役义务原本是行省和附属国居民的一项基本义务,然而,一些行省总督和附属国国王却时常因人手短缺而抱怨国王分配的工作和任务是一项沉重的负担。例如,在米尔乞亚劳动的附属国统治者在致国王的信中提到,他们在有关官员的监督下进行劳动,但是,国王的工作是他们不堪承受的负担。[①] 一封破损的书信提到,国王的工作是一项负担,因此,相关官员无法完成国王的其他工作。[②] 劳动力短缺可能是有关官员和附属国国王产生怨言的主要原因。

由于无法征集到足够的建筑工匠,萨尔贡二世在建筑杜尔-沙鲁金时不得不放宽标准,命令沙比莱舒总督阿淑尔-杜尔-帕尼亚征调一些不懂任何技术的未成年孩子去建筑城墙。[③] 阿淑尔行省总督为弥补 *ilku* 义务亏空而征集的人员不但有"扎库"士兵,而且有奴隶的孩子和宫廷仆妇的孩子。[④]

由于人手不足,国王不得不想方设法地节约劳动力。亚述国王喜欢用规模巨大的建筑来彰显国家的强盛和震慑被征服地区臣民,重要的建筑物门口一般安放一对由整块的大石头雕刻成的守卫怪兽 (*lamassu*)。[⑤] 然而,尼尼微城阿淑尔巴尼拔皇家仓库前的守卫怪兽却一反常态,是用小块石头雕成的;搬运小块石头可以节约大量人力,因此,阿淑尔巴尼拔的皇家仓

---

① SAA I 147.
② SAA XV 235.
③ SAA V 56.
④ SAA I 99.
⑤ J. M. Russell, *Sennacherib's Palace without Rival at Nineveh*, Chicago: The University of Chicago Press, 1991, pp. 115 – 116.

库前的守卫怪兽形制变小也暗示着亚述劳动力的不足。①

频繁的战争和大规模的工程建设耗费了大量劳动力,官吏们不时因为无法完成国王分派的任务而产生怨言。例如,尼普尔总督伊利尔-巴尼等官员曾向国王抱怨,国王分派的防区是 5 段(*marditu*),而他的骑兵和弓箭兵只够防守 1 段,他们多次向国王求援而未果,只能求神灵保佑防守不出问题。② 一位官员请求另一位官员派给他 2000 名士兵,然而,该官员却说:"我这里的人尚不足以防守要塞,哪里还有人派给你?"③ 阿淑尔省总督塔伯-西尔-埃沙拉曾向国王抱怨,由于他手下的伊图族士兵需要去防守锡努,他的人手不足了,国王的工作变成了一项(沉重的)负担,因此无法与其他高官一起去砍伐木材。④ 新亚述时期,由于建筑规模的巨大、战争的频繁和战线的拉长等因素,需要征调大量的人员服役,亚述出现劳动力短缺就不难理解了。

国王豁免有关人员、机构的地产及其依附者的兵役和劳役,减少了相关地区长官可支配的劳动力。例如,阿淑尔总督塔伯-西尔-埃沙拉在致萨尔贡二世的信中提到,在国王的父亲在位时他不需要弥补埃卡拉图宫的 *ilku* 义务,然而,由于国王豁免了阿淑尔城居民的 *ilku* 义务,他不得不设法弥补 *ilku* 的亏空。⑤ 由于国王不但豁免了亚述和巴比伦尼亚许多城市居民的赋役,而且免除了神庙、军官及其依附者以及职业军人的赋役,因此,豁免赋役也会加剧亚述劳动力捉襟见肘的局面。

一些民众不能负担兵役和劳役而选择了逃亡,减少了相关地区服役的人数,进一步加剧人手短缺的局面。例如,沙狄坎努总督萨姆努哈-贝鲁-乌粟尔抱怨到,国王的工作是一项沉重的负担,因为他麾下的人不愿负担国王的征调而逃跑。⑥ 上文提到,一位亚述官员曾向国王报告卡尔赫米什居民因为畏惧国王征召的 *ilku* 义务而逃到了敌国阿尔帕德。⑦ 沙比莱舒行省总督阿淑尔-杜尔-帕尼亚在致国王的信中也提到,舒布利亚的居民连续三年

---

① S. Brown, "The Collapse of the Assyrian Empire", *BCSMS*, Vol. 34 (1999), pp. 69 – 75.
② SAA XIII 197.
③ SAA XV 142: 5 – r. 4.
④ SAA I 93.
⑤ SAA I 99.
⑥ SAA I 224.
⑦ SAA I 183.

逃避 ilku 义务。① 由于逃亡现象非常普遍，原本照管驴子的人演变成专门追捕逃亡者的"搜索官"（ᴸᵘ ša-bēt-kūdini）。② 哈勒资亚特巴尔省总督阿淑尔-贝鲁-达印向国王报告追捕逃亡者的情况："我提到的搜索官已经在附近找出了许多人，并交给了我。所有的哈勒资亚特巴尔人都逃跑了，他们分散到（附近的）各个国家，（因此，）该搜索官绝望地说：'把他们都找来是不可能的！'"③

按照惯例，债务人清偿了债务，债权人就要销毁相关的债务记录，保存在王宫的债务记录表明许多债务人还没有按期偿债。亚述的财政危机可能不是暂时的周转问题，而是财务出现了严重问题。

二　新增税目

1. bitqu 的词源与词义

bitqu 来源于动词 batāqu（"割去、凿穿、分割、粗凿、指责"），④ 本义为"渠道的闸口、流水的改道、凿穿和指控"等⑤；新亚述时期，该词指在人力和物资短缺时征发的一种的赋税。⑥ 与此同时，bitqu 还可以用作形容词，有"穷困、贫乏、亏空、破损、破败"等多种意思。⑦ bitqu 一般拼写为 be-qu、be-qi、be-qí、be-qa、be-qu、bat-qu、bat-qi、bat-qí、ba-ti-iq，因此，也可以转写为 batqu。波斯特盖特认为，在指代其本义时转写为 batqu，支配它的动词 sabātu；在指代引申义时则拼写为 bitqu，支配它的动词是 kasāru。⑧

亚述征收的 bitqu 一般用来弥补财物亏空和人力短缺。例如，一个名为纳布-巴里坦尼的人在一封信中写道："（把征收）'会见宫'（é. gal mašarti）的 bitqu（的任务）委派给他，让他完成他的工作，（这样）我就可以利用从他（那里获得的财物）来偿还你（们）的债务了。"⑨ 纳布-巴里坦尼利用征收的 bitqu 偿还债务表明，征收 bitqu 已成为偿还债务的一种手段。

---

① SAA Ⅴ 52.
② CAD K, p. 492.
③ SAA Ⅴ 79：4 – 14.
④ CAD B, pp. 161 – 165.
⑤ CAD B, p. 277.
⑥ J. N. Postgate, *Taxation and Conscription in the Assyrian Empire*, pp. 52 – 54.
⑦ CAD B, p. 166.
⑧ J. N. Postgate, *Taxation and Conscription in the Assyrian Empire*, pp. 54 – 55.
⑨ CTN Ⅲ 1：7 – 10.

2. 发展演变

公元前 9 世纪后期，*bitqu* 可能就具有了为弥补财政亏空而征发的赋役的意思。泰尔·比拉出土的两份物品清单提到了 *bitqu*，它们可能是记录征收 *bitqu* 的清单。[1] 这两份清单提到了两个名年官，其中一个是沙鲁-哈图-伊佩尔，[2] 另一个是尼努尔塔-穆金-尼什。[3] 尼努尔塔-穆金-尼什在公元前 844 年出任名年官，而沙鲁-哈图-伊佩尔在公元前 831 年和公元前 815 年两次出任名年官。因此，早在沙尔马纳沙尔三世时期 *bitqu* 就可能成为一种国家征发的赋税。

萨尔贡二世之前，亚述在财物和人手出现亏空时征收 *bitqu* 很可能属于一种权宜之计。如前所述，在有关军官麾下的士兵出现伤亡时，国王才命令一些总督去征召 *bitqu* 弥补损失。在萨尔贡二世之前，阿淑尔总督塔伯-西尔-埃沙拉并不需要征收 *bitqu*，只是由于国王豁免了阿淑尔城居民的赋役，他不得已才征收 *bitqu* 去弥补埃卡拉图宫的人手短缺。

新亚述晚期，*bitqu* 可能已成为一种正常征收的赋役。阿淑尔巴尼拔的几份豁免臣僚赋役的敕令都提到了 *bitqu*，其中阿淑尔巴尼拔在豁免其粮草供应官地产赋役的敕令中写道："这些耕地和果园的人员不需要交纳□□□□□的 *bitqu*。"[4] 国王在豁免赋役的敕令中将 *bitqu* 与其他赋役相提并论，可见，*bitqu* 已不再是一种权宜之计，而是与其他正式的赋役一样成为一种正式的税赋。

新巴比伦王国和波斯阿黑门尼德王朝时期，*bitqu* 可能仍然是一种国家赋税。尼布加尼撒二世、纳波尼都和大流士在位期间的文献提到了几个人的身份为 *rab batqi*，[5] 它与亚述负责征调 *bitqu* 的官员 *rab bitqi* 称呼非常相似，因此，我们怀疑 *rab batqi* 可能也负责征调 *bitqu*。[6] 不过，我们并没有新巴比伦和波斯阿黑门尼德王朝时期征调 *bitqu* 的直接材料。

3. 内容

bitqu 是一项综合性赋役，既可以指人员的征调，又可以指马匹的征集，

---

[1] J. N. Postgate, *Taxation and Conscription in the Assyrian Empire*, p. 41.
[2] J. J. Finkelstein, "Cuneiform Texts from Tel Billa", *JCS* Vol. 7, No. 4 (1953), Bi 72: 1-2.
[3] J. J. Finkelstein, "Cuneiform Texts from Tel Billa", *JCS* Vol. 7, No. 4 (1953), Bi 74: 1.
[4] SAA XII 25: r. 4.
[5] A. C. V. M. Bongenaar, *The Neo-Babylonian Ebabbar Temple at Sippar: Its Administration and Prosopography*, p. 135.
[6] 不过，AHw 就 *rab batqa* 解释为"修复检察官"。参见 AHw 115b。

也可以指衣物、金银等物资的征收。

在许多情况下，亚述征调的 bitqu 是服兵役和劳役的人员。例如，泰尔·比拉有关 bitqu 的文件中列举了来自许多村镇的人员。[1] 又如，国王曾命令一位高官提供 bitqu 来弥补一位军官由于士兵伤亡造成的军队的 bitqu，国王提到的 bitqu 是军队的士兵。再如，由于国王豁免阿淑尔城居民的赋役而引起的埃卡拉特宫人手短缺，阿淑尔总督塔伯-西尔-埃沙拉征召的 bitqu 是"扎库"士兵、奴隶之子和宫廷仆妇之子。[2] 由于人手短缺的问题一直困扰着亚述国王和相关官吏，服役的人员应该是亚述 bitqu 的重要内容。

亚述征集的 bitqu 还可以是马匹等牲畜。例如，帕尔苏阿总督纳布-莱曼尼的官员在致埃萨尔哈东的信中写道："我遇到了一个来自帕尔苏阿的信使，（他说）：'扎里帕人已经来了，他们带着100匹马来了。他们中的4个人已经逃到了沙漠里，来到了尼库尔，他们在那里说："我们从我们国家带来了马匹，但是，曼纳人把它们扣在他们国家了。"'我现在写信给国王我的主人，请派一个侍卫来听扎里帕人怎么说。他们也许会把马匹带来，（这样）我就可以提供国王的 bitqu 了。"[3] 又如，一封关于征集马匹的书信写道："5匹马（是）阿淑尔神骑兵队的 bitqu。"[4]再如，泰尔·比拉有关 bitqu 的文件中还列举了来自许多村镇的马和驴。[5]

建筑材料也是亚述 bitqu 的重要内容。阿淑尔总督塔伯-西尔-埃沙拉在致萨尔贡二世的信中写道："关于国王我的主人在给我的信中提到的为'内城'的铁火炉储备的木材，我咨询过市长、石匠和长老们，（他们说）：'工程主管将负责拆迁和制砖工作，宫廷仆妇之子将负责提供所需的材料，并涂抹房顶的灰泥，"内城"的石匠将提供 bitqu'。"[6]

亚述的 bitqu 还可以是军用物资。例如，总督沙鲁-埃穆兰尼在致萨尔贡二世的信中写道："国王我的主人在给我的信中问：'你为什么提早出发而没有等候阿拉泊哈总督？'阿拉泊哈总督因为（选择的行军）路线（不好）而进军非常慢。他从扎班出发，用了三天时间才到达那里，而我走这

---

[1] J. J. Finkelstein, "Cuneiform Texts from Tel Billa", JCS Vol. 7, No. 4 (1953), Bi 72.

[2] SAA I 99: r. 2 – r. 16.

[3] SAA XV 53.

[4] SAA XIII 104: 11.

[5] J. J. Finkelstein, "Cuneiform Texts from Tel Billa", JCS, Vol. 7, No. 4 (1953), Bi 72.

[6] SAA I 77.

条路可以到帕尔苏阿往返两次。由于这个原因，我第一个出现在要塞。去年□□□□□难道我不能离开要塞的马匹和'扎库'士兵，带着马匹和'扎库'士兵去马扎穆阿收获庄稼吗？我正在等候国王我的主人的信使，国王我的主人的命令是什么？既然国王我的主人说过'贝尔-伊狄纳之子应该跟你走'，（那就）让他跟部队一起走，让纳布-哈马图阿留在这里做国王的工作，征集国王我的主人要塞需要的 bitqu。"①

bitqu 还可能是衣服。一位名为瓦拉德-古拉的祭司在致埃萨尔哈东的信中写道："他首先挑了 22 日和今天送来的 gulēnu 上衣、长袍和 maklulu 衣服，每种衣服均为一件；他既没有告诉驱魔师主管，也没有告诉它们的拥有者阿达德-舒穆-乌粟尔。但是，我最终落得两手空空，我们该用何种方式征集 bitqu 的衣服呢？"②

亚述的 bitqu 还可能是银子。一份记录宦官从各省收取银子的备忘录写道："石灰岩的供应者基西尔-阿淑尔已在服侍库什宦官舒尔穆-沙里，舒尔穆-沙里派一个皇家卫兵我这里，他用武力收取了我 20 米那银子。以上是拉萨帕副总督的全部（报告）。库什宦官舒尔穆-沙里把 3 米那银子交给了 rab bitqi。"③ 库什宦官舒尔穆-沙里从拉萨帕征收钱财，其中部分银子交给了 rab bitqi，因此，相关的银子很可能是 bitqu。

4. 课征的对象

bitqu 征收的对象非常广泛，既包括行省居民，又包括奴隶、宫廷依附者和"扎库"士兵等没有义务服役的人员。

行省的居民是 bitqu 的主要负担者。上文提到，泰尔·比拉发现的 bitqu 清单表明，征收 bitqu 的任务与亚述的其他赋役一样被分配到一些行省的村镇，村镇的居民很可能是该义务的承担者。又如，帕尔苏省总督说道："让他们把马带来，我将负责提供国王的 bitqu。"可见，这位总督企图用辖区饲养的马匹来填补国王马匹的亏空。

奴隶、宫廷依附者和"扎库"士兵等原本没有服役义务的人员也是 bitqu 的征调对象。国王在豁免有关官员地产的赋役的敕令中规定，依附于有关耕地和果园的人员都被免除了 bitqu。为弥补国王豁免阿淑尔城居民赋

---

① SAA Ⅴ 199.
② SAA Ⅹ 289：r. 3. - r. 12.
③ SAA Ⅶ 47：ii 1 - ii 13.

役而造成的人手短缺，阿淑尔行省总督曾经在写字板上列举了其征调的人员为"扎库"士兵、奴隶之子和宫廷仆妇之子。

亚述的俘虏和被征服地区居民也是 bitqu 征调的对象。上文提到，"拉科苏"士兵大多来源于俘虏和被征服地区居民，而拉萨帕省总督泽如-伊伯尼在致国王的信中提到"拉伯—穆吉"的副官征调原本充当"拉科苏"士兵的马尔都克-埃里巴履行 bitqu 义务，① 这大概表明俘虏和被征服地区居民也在 bitqu 征调之列。新亚述时期，俘虏和被征服地区居民在亚述人口中占很大比例，当国王、总督和其他官员在兵力和劳动力不足时征调是不难理解的。

5. 征收方式

亚述宫廷中负责 bitqu 税征收的官员是 rab bitqi，他还有副手和书吏。据一份分配附属国交来的贡赋清单记载，rab bitqi 及其副手和书吏曾与"巴森努"、宫廷监督和卫戍宫廷的军官等高级官吏及其属员一同分享国王赏赐的附属国交来的贡赋。② 另据尼尼微的一份亚述官吏名录记载，rab bitqi 与"图尔塔努"、"纳吉尔—埃卡里"、宦官总管、"马森努"、尼尼微总督、阿尔贝拉总督、拉萨帕总督、巴尔哈尔兹总督和欣达努总督等朝廷重臣与地方大员合称为王太子所属的 49 位高官。③ 在萨尔贡二世离开都城时，辛纳赫里布曾代替其父监国，这里提到的王太子可能是辛纳赫里布，因此，萨尔贡二世时期就出现了 rab bitqi。不过，由于 rab bitqi 从未被任命为名年官，他的地位应该低于朝廷重臣和行省总督。

与其他赋役一样，bitqu 赋役一般由行省总督与各级官员一起征收。上文提到，国王曾命令有关高官提供 bitqu 去弥补由于士兵伤亡造成的兵力不足，④ 可见行省总督负责征调国王征收的 bitqu。上文提到，拉萨帕总督泽如-伊伯尼提到高级军官"拉伯—穆吉"的副官曾征召一个"拉科苏"士兵服 bitqu 役，可见，"拉伯—穆吉"及其副官也参与 bitqu 的征调。泰尔·比拉有关 bitqu 的列表提到了许多村镇，⑤ 因此，"村庄巡检官"和村镇长应该是 bitqu 赋役征调的具体实施者。亚述的 bitqu 征收的标准尚不清楚。不

---

① SAA Ⅰ 205.
② SAA Ⅺ 36：ii 22 – ii 27.
③ SAA Ⅶ 4.
④ SAA Ⅰ 143.
⑤ J. J. Finkelstein, "Cuneiform Texts from Tel Billa", *JCS*, Vol. 7, No. 4 (1953), Bi 72：1 – 2.

过，在泰尔·比拉发现的 *bitqu* 征收清单中，*bitqu* 与名年官联系在一起，这既可能表示有关的 *bitqu* 是以年为单位放在一起征收的，也可能是表示相关的 *bitqu* 是弥补该年亏空的。

综上所述，新亚述时期，通过掠夺战利品、勒索贡赋、征收赋税和征发徭役，亚述掠夺了大量财物和人口；但是，由于亚述国王穷兵黩武、大兴土木以及各级官吏中饱私囊，国家的各项财务出现了入不敷出的局面。为了摆脱困境，亚述不得不在各种正常的赋役外额外征收财物和人手，因此，*bitqu* 税是国家在正常赋役外对民众的额外剥削。

结　语

通过以上各章对亚述赋税制度的梳理和研究，我们对这一重要问题的内容有了一个较为全面的认知，发现亚述的各种赋役制度在起源、发展演变、征发对象、征收方式等诸方面具有一些突出的特点。

第一，随着国家的发展演变，亚述基本形成了一套与其政治、经济和社会发展相适应的赋役体系。行省民众负担农业税，附属国进献各种贡赋，从事对外贸易的商人交纳关税；行省和附属国居民履行徭役义务，还负责向神灵奉献供品；并开征 bitqu 来弥补财政亏空。国家各项支出均有明确的来源，各类民众分别负担不同的赋役，亚述的赋役制度是其国家机器正常运转的重要保障。然而，亚述末期，由于国王穷兵黩武、大兴土木，各项赋役成为民众不能承受的负担，大规模的赋役豁免直接减少了政府可支配的物力与人力，赋役制度的破坏是导致亚述盛极而衰的重要原因之一。

第二，亚述征收赋役的依据是财产而非人身，有利于保证国家收入的稳定。亚述税赋的征收依据土地或财产的多寡，徭役的摊派多依据土地保有的数量，根本没有严格意义上的人头税，因此，亚述征收赋役的依据是财产。亚述的土地名义上归国王所有，但是，大量土地被私人占有，自由买卖的土地政策使土地兼并司空见惯，以财产为依据的赋役征收标准，可以确保国家在社会分化的情况下仍然获得较为稳定的收入。

第三，亚述没有成文的赋役法，大多数赋税的税率或服役的期限并不完全统一。尽管亚述的法制传统非常悠久，并且流传下来大量法律文献，但是，阿淑尔城邦只留下的三篇简略且破损严重的法律文本，中亚述时期流传下来的《中亚述法典》残缺不全，新亚述时期则没有留下成文法。不过，无论是阿淑尔城邦残存的法典性质的法律文献还是《中亚述法典》均没有涉及赋役的摊派情况，因此，赋役的征收很可能要依据各地的习惯或国王的诏令，全国的税率可能并不统一，这都是亚述国家不成熟的体现。

第四，亚述赋役的征发多依赖于各级行政机构。虽然朝廷高官"马森努"曾在建造杜尔-沙鲁金的过程中协调过行省总督的工作，并负责接收折算成财物的 ilku 义务，但是，没有明确的证据表明该官员是统管全国赋役征收的"大司库"。除了关税和养殖业税方面有专职的税吏外，行省多种赋役的征发都是依赖从总督、副总督、"村庄巡检官"到村长等各级行政官吏。

第五，亚述不同的管理方式造成了原始落后的赋役征收方式与先进成熟的征收方式并存的局面。行省是亚述直接管理的区域，附属国属于间接管辖的地区，行省居民须缴纳赋税，而附属国君主则需要缴纳贡赋。亚述向行省征收的赋税是各类农产品等实物，一些税赋还可以折算成金银、缴纳财物代役属于比较先进的赋役征收方式；亚述向附属国强征以贵金属和各地土特产为主的贡赋，属于比较原始的剥削方式。

第六，亚述的赋役种类繁多，不过，赋税相对较轻，而徭役相对较重。亚述的赋役可分为赋税、徭役和神灵的供品三大类。亚述的赋税又分为农业税、附属国的贡赋和关税，农业税又可分为种植业税和养殖业税，附属国的贡赋又分为正式贡赋和附带贡赋。亚述的徭役分为兵役和劳役，兵役又分为兵民合一的民军制和以土地保有为基础的征兵制，劳役又分为一般性的劳役、牧人与手工业者的特殊劳役和邮驿服务。神灵的供品分为日常供品和特殊供品，它们又可细分多种类别。尽管亚述的税赋名目繁多，但是，从未发现普通民众抗税不交的行为，赋税负担应该比较轻。虽然亚述征发徭役的时间尚不完全清楚，但是，相关臣僚纷纷抱怨国王的劳役是一项沉重的负担，民众则频频逃役，可见，亚述的徭役负担比较沉重。

第七，亚述的赋役制度是古代两河流域赋役制度发展的重要阶段，扮演着承上启下的角色。苏美尔—巴比伦尼亚地区的居民较早迈入国家的门槛，并创造了较为成熟的赋役制度，亚述赋役制度在形成和发展的过程中深受南部地区的影响。不过，亚述并非机械地照搬苏美尔—巴比伦尼亚的赋役制度，而是根据自身的实际情况进行了一定的变革。例如，亚述大规模的工程建设和大量饲养马匹导致农作物的秸秆需，[①] 亚述利用传统的

[①] 一些农作物的秸秆不仅是马、牛等牲畜的草料，而且是添加到泥砖里的黏结材料。参见 Simo Parpola, "The Construction of Dur-Šarrukin in the Assyrian Correspondence", Annie Caubet, ed., *Khorsabad, le palais de Sargon* Ⅱ, *roi d'Assyrie*, p. 57。

šibšu 税专门征收作物的秸秆，而创造 nasāhē 税征收大麦等产品。如前所述，ilku 义务原本是一种与土地保有为基础的国家义务，但是，一些人因故丧失了份地，国家无法将其征召服役，亚述于是将 ilku 义务征调的对象扩展到无地人员。新巴比伦王国和波斯阿黑门尼德王朝继亚述而兴起，也继承了亚述的大部分赋役制度。

进一步分析亚述赋税制度，我们发现它们还具有一些普遍性的内容。概言之，其普遍性的内容表现在以下几个方面：

一、从亚述赋役制度的起源来看，它是一个由历史发展而逐渐形成的产物。亚述赋税制度发展演变的历程表明，它是从不成文的、散漫的、随意的、种类繁多的赋役逐渐走向习惯性的、成文的、制度性的经济制度发展的过程。在亚述发展的不同历史阶段，有不同的赋役制度。例如，阿淑尔城邦时期，税收种类少、内容单一；中亚述，税收变多且复杂；及至新亚述时期，有更多的种类和征收方式，并形成了较为系统的赋役制度。

二、从赋役的摊派对象来看，亚述的赋役负担极为不均，具有明显的阶级性。从理论上讲，亚述所有的财物和人口均需要纳税或服役，但是，实际上，一些权贵和特殊的社会阶层却可以享受免赋役的殊遇：最初是祭司阶层和一些宗教中心城市的居民，后是军事贵族，再加上各类职业军人，均可能被豁免赋役。然而，国家的需要并没有因为有关人员和机构豁免赋役而减少，它们往往被转嫁到普通民众身上，赋役的豁免凸显了统治阶级通过课征赋役剥削被统治阶级的本质。

三、从赋税的作用来看，亚述征收赋役具有双重目的。一方面，统治阶级利用摊派的各种赋税、劳役和兵役，征服了大片土地，掠夺了大量战利品，修建了大量的宫殿、神庙，满足统治阶级的需求；另一方面，征收的财物可以养活移民和其他非生产性人员，征召的士兵可以维护国家的安全，征调的劳动力可以修建水渠和道路等公共工程，有利于社会的稳定和经济的发展。

四、从征发赋役的性质来看，亚述的赋役制度具有明显的军事色彩。从中亚述时期开始，亚述走上了对外扩张的道路，军事征伐成为亚述历史发展的主旋律，赋役的征发多与军事活动密切相关。大批人员被征召入伍直接参与军事活动，大量的人口被征调参与军事要塞等与军事有关的工程建设，亚述征收的大量农业税用于供给士兵，被征服地区需要进献亚述贡赋。

显然，亚述的各种赋役制度一方面表现出其内容的广泛性，另一方面其又在起源、发展演变、征发对象、征收方式等诸多方面存在明显的自身民族和国家特征。由于这两种因素的有机结合，使得亚述的赋税制度显示了其发展的有机性、内容的全面性和民族的独特性。当然，如果继续追踪亚述赋税制度的内在发展的历史逻辑的话，亚述赋税制度的丰富内容和诸多特征可以从以下各点中得到较为全面的说明和深刻的理解：

其一，亚述的赋制度是其生产力和生产关系相互作用的结果，是亚述不同生产方式的真实反映。亚述幅员辽阔，各地区的自然条件差异很大，生产方式也不尽相同，因此产生了不同的赋役类型和征收方式。例如，种植业发达地区主要征收 šibšu 税与 nusāhē 税，以畜牧业为主的地区征收牛羊等 sibtu 税，商业发达的地区则向商人征收关税。亚述不同的生产力水平决定了不同的生产方式，在此基础上产生的赋役制度在一定程度上适应并促进了亚述不同生产力的进一步发展。

其二，亚述的赋税制度反映了其经济基础与上层建筑之间密切的互动关系。亚述的一个重要的内在发展逻辑就在于其是由城邦一步一步向帝国发展的历史进程。亚述从早期的城市国家逐步走向机构健全、统治制度较为严密的军事帝国，这一切都与赋税制度密不可分。之所以这样讲，是因为亚述的赋税制度始终为亚述帝国的上层建筑服务，一直与亚述统治者对内的镇压与不断的对外征服相关联，发展的核心就是对外征服战争。而赋役的征收与亚述的不断征战需求有着密不可分的关系，可以这样讲，亚述国家的征战为其完整而复杂的赋税制的建立和完善提供了源源不断的动力。

其三，亚述的赋税制度与古代两河流域历史发展有着密切的关系，其发展演变的历史也在很大程度上是古代西亚历史发展的缩影。如在前面多章中所揭示的，一方面，亚述在发展演变的过程中深受两河流域其他地区的影响，它的许多赋役制度在形成和发展过程中吸收并参考了当时两河流域其他国家的赋税制度；另一方面，亚述是古代两河流域历史舞台上的主角之一，其赋税制度的形成和发展也推动了古代两河流域赋役制度的发展演变。因此，亚述的赋税制度在很大程度上可以说是两河流域文明发展的缩影，而不仅仅属于亚述国家。

综上所述，亚述的赋税制度是一个内容广泛的统一体，高度凝聚了亚述和两河流域的政治、经济和文化发展的硕果，因而是亚述和两河流域文明的一个重要的反映，深入研究这一问题无疑对于研究其政治史、经济史和文明史都具有极其重要的意义。但需要说明的是,亚述赋税制度的研究是一个需要长期的探讨才有可能获得较为深入成果的课题,因此,笔者对这一研究领域的研究成果有着清醒的认识:一方面,由于材料的局限等原因,我们对亚述赋役制度的研究尚有许多空白之处;另一方面,迄今为止,由于亚述的楔形文字文献没有经过时人的整理研究以及后人的注疏,亚述赋役制度涉及的一些术语晦涩难懂。因此,亚述赋役制度研究尚存在许多不尽如人意之处。不过,我们坚信,随着既有材料的重新解读和新资料的发掘整理,学界会不断取得新的研究成果,这样一来,亚述赋税制度研究的一些薄弱之处也将逐渐获得改善,亚述的赋税制度和亚述学的研究将获得不断深入的进展,最终一些谜团则完全有可能陆续被解开。对此,我们满怀期待,也将不断努力。

附　　录

附表1　　　　　　　　亚述王表

国王名字		谱系	在位时间
亚述语	汉语		
Tudiya	图迪亚		
Adamu	阿达姆		
Yangi	延吉		
Suhlāmu	苏赫拉姆		
Harharu	哈尔哈鲁		
Mandaru	曼达鲁		
Imṣu	伊姆苏		
Harṣu	哈尔苏		
Didānu	迪达努		
Hanû	哈努		
Zuabu	祖阿布		
Nuabu	努阿布		
Abazu	阿巴祖		
Bēlū	贝鲁		
Azarah	阿扎拉赫		
Ušpia	乌什皮亚		
Apiašal	阿皮亚沙尔		
总共17位住帐篷的国王			
Apiašal	阿皮亚沙尔	乌什皮亚之子	
Halê	哈勒	阿匹亚沙尔之子	
Samāni	萨马尼	哈勒之子	
Hayāni	哈亚尼	萨马尼之子	
Ilu-Mer	伊鲁-梅尔	哈亚尼之子	

续表

国王名字		谱系	在位时间
亚述语	汉语		
Yakmesi	雅克梅西	伊鲁-梅尔之子	
Yakmeni	雅克梅尼之子	雅克梅西之子	
Yazkur-El	雅兹库尔-埃尔	雅克梅尼之子	
Ilā-kabkabû	伊拉-卡伯卡布	雅兹库尔-埃尔之子	
Aminu	阿米努	伊拉-卡伯卡布之子	
总共10位祖先国王			
Sulili	苏利利	阿米努之子	
Kikkiya	基基亚		
Akiya	阿基亚		
Puzur-Aššur（I）	普祖尔-阿淑尔（一世）		
Šalim-ahum	沙里姆-阿胡姆		
Ilu-šūma	伊鲁-舒马		
总共6位名字写在砖上、名年官不详的国王			
Ērišum（I）	埃利舒姆（一世）	伊鲁-舒马之子	40年
Ikūnum	伊库努姆	埃利舒姆之（一世）子	
Sargon（I）	萨尔贡（一世）	伊库努姆之子	
Puzur-Aššur（II）	普祖尔-阿淑尔（二世）	萨尔贡（一世）之子	
Narām-Sîn	纳拉姆-辛	普祖尔-阿淑尔（二世）之子	
Ērišum（II）	埃利舒姆（二世）	纳拉姆-辛之子	
Šamašī-Adad（I）	沙马什-阿达德（一世）	伊拉-卡伯卡布之子	33年

纳拉姆-辛时期，沙马什-阿达德（一世）去了卡尔杜尼亚什。伊伯尼-阿杜任名年官之年，沙马什-阿达德（一世）从卡尔杜尼亚什返回，占据了埃卡拉图。他在埃卡拉图住了3年。阿塔马尔-伊什塔尔任名年官之年，沙马什-阿达德（一世）出埃卡拉图，把纳拉姆-辛之子埃利舒姆赶下了王位。他登上王位，统治了33年。

| Išme-Dagan（I） | 伊什美-达甘（一世） | 沙马什-阿达德（一世）之子 | 40年 |
| Aššur-dugul | 阿淑尔-杜古尔 | 无名氏之子、无权继承王位的人 | 6年 |

无名氏之子阿淑尔-杜古尔短暂统治初期，无名氏之子阿淑尔-阿普拉-伊迪、纳西尔-辛、辛-纳米尔、伊普齐-伊什塔尔、阿达德-萨鲁鲁和阿达西6位（篡位者）统治。

续表

国王名字		谱系	在位时间
亚述语	汉语		
Bēl-bāni	贝尔-巴尼	阿达西之子	10 年
Libāya	利巴亚	贝尔-巴尼之子	17 年
Šarma-Adad（I）	沙尔马-阿达德（一世）	利巴亚之子	12 年
Iptar-Sîn	伊普塔尔-辛	沙尔马-阿达德（一世）之子	12 年
Bazāya	巴扎亚	贝尔-巴尼之子	28 年
Lullāya	鲁拉亚	无名氏之子	6 年
Šū-Ninua	舒-尼努阿	巴扎亚之子	14 年
Šarma-Adad（II）	沙尔马-阿达德（二世）	舒-尼努阿之子	3 年
Ērišum（III）	埃利舒姆（三世）	舒-尼努阿之子	13 年
Šamšī-Adad（II）	沙马什-阿达德（二世）	埃利舒姆（三世）之子	6 年
Išme-Dagan（II）	伊什美-达甘（二世）	沙马什-阿达德（二世）之子	16 年
Šamšī-Adad（III）	沙马什-阿达德（三世）	伊什美-达甘（二世）之子、舒-尼努阿之子沙尔马-阿达德（二世）之弟	16 年
Aššur-nērārī（I）	阿淑尔-尼拉里（一世）	伊什美-达甘（二世）之子	26 年
Puzur-Aššur（III）	普祖尔-阿淑尔（三世）	阿淑尔-尼拉里（一世）之子	14 年
Enlil-naṣir（I）	恩利尔-纳西尔（一世）	普祖尔-阿淑尔（三世）之子	13 年
Nūr-ili	努尔-伊利	恩利尔-纳西尔（一世）之子	12 年
Aššur-šadûni	阿淑尔-沙杜尼	努尔-伊利之子	1 月
Aššur-rabî（I）	阿淑尔-拉比（一世）	恩利尔-纳西尔（一世）之子	把阿淑尔-沙杜尼赶下王位，夺取王位。
Aššur-nādin-ahhē（I）	阿淑尔-纳丁-阿赫（一世）	阿淑尔-拉比（一世）之子	
Enlil-naṣir（II）	恩利尔-纳西尔（二世）	阿淑尔-拉比（一世）之子	把他的哥哥赶下王位，统治了 6 年。

续表

国王名字		谱系	在位时间
亚述语	汉语		
Aššur-nērārī（Ⅱ）	阿淑尔-尼拉里（二世）	恩利尔-纳西尔（二世）之子	7年
Aššur-bēl-nišēšu	阿淑尔-贝尔-尼舍舒	阿淑尔-尼拉里（二世）之子	9年
Aššur-rēm-nišēšu	阿淑尔-莱姆-尼舍舒	阿淑尔-贝尔-尼舍舒之子	8年
Aššur-nādin-ahhē（Ⅱ）	阿淑尔-纳丁-阿赫（二世）	阿淑尔-莱姆-尼舍舒之子	10年
Ēriba-Adad（Ⅰ）	埃里巴-阿达德（一世）	阿淑尔-莱姆-尼舍舒之子	27年
Aššur-uballiṭ（Ⅰ）	阿淑尔-乌巴利特（一世）	埃里巴-阿达德（一世）之子	36年
Enlil-nērārī	恩利尔-尼拉里	阿淑尔-乌巴利特（一世）之子	10年
Arik-dēn-ili	阿利克-登-伊利	恩利尔-尼拉里之子	12年
Adad-nērārī（Ⅰ）	阿达德-尼拉里（一世）	阿利克-登-伊利之弟	32年
Šalmaneser（Ⅰ）	沙尔马纳沙尔（一世）	阿达德-尼拉里（一世）之子	30年
Tukultī-Ninurta（Ⅰ）	图库尔提-尼努尔塔（一世）	沙尔马纳沙尔（一世）之子	37年

图库尔提-尼努尔塔（一世）有生之年，其子阿淑尔-纳丁-阿普利（Aššur-nādin-apli）夺取了王位，他统治了3年。

Aššur-nērārī（Ⅲ）	阿淑尔-尼拉里（三世）	阿淑尔-纳丁-阿普利之子	6年
Enlil-kudurrī-uṣur	恩利尔-库杜利-乌粟尔	图库尔提-尼努尔塔（一世）之子	5年
Ninurta-Apil-Ekur	尼努尔塔-阿皮尔-埃库尔	伊利-哈达之子、埃里巴-阿达德（一世）的后代	他去了卡尔杜尼亚什。从卡尔杜尼亚什返回后，夺取了政权，统治了3年。

续表

国王名字		谱系	在位时间
亚述语	汉语		
Aššur-dān（I）	阿淑尔-丹（一世）	尼努尔塔-阿皮尔-埃库尔之子	46 年
Ninurta-Tukultī-Aššur	尼努尔塔-图库尔提-阿淑尔	阿淑尔-丹（一世）之子	他统治时间很短。其弟穆塔基尔-努斯卡（Mutakkil-Nuska）与他战斗，把他放逐到卡尔杜尼亚什。穆塔基尔-努斯卡夺取王位不久就去世了。
Aššur-rēša-iši（I）	阿淑尔-莱沙-伊什（一世）	穆塔基尔-努斯卡	18 年
Tiglath-pileser（I）	提格拉特皮拉沙尔（一世）	阿淑尔-莱沙-伊什（一世）之子	39 年
Ašarēd-apil-Ekur	阿沙德-阿皮尔-埃库尔	提格拉特皮拉沙尔（一世）之子	2 年
Aššur-bēl-kala	阿淑尔-贝尔-卡拉	提格拉特皮拉沙尔（一世）之子	18 年
Ērība-Adad（II）	埃里巴-阿达德（二世）	阿淑尔-贝尔-卡拉之子	2 年
Šamšī-Adad（IV）	沙马什-阿达德（四世）	提格拉特皮拉沙尔（一世）之子	他出卡尔杜尼亚什，把阿淑尔-贝尔-卡拉之子埃里巴-阿达德赶下了王位。他夺取了王位，统治了4年。
Aššurnaṣirpal（I）	阿淑尔纳色尔帕（一世）	沙马什-阿达德（四世）之子	19 年
Šalmaneser（II）	沙尔马纳沙尔（二世）	阿淑尔纳色尔帕（一世）之子	□□+2 年
Aššur-nērārī（IV）	阿淑尔-尼拉里（四世）	沙尔马纳沙尔（二世）之子	6 年
Aššur-rabî（II）	阿淑尔-拉比（二世）	阿淑尔纳色尔帕（一世）之子	41 年

续表

国王名字		谱系	在位时间
亚述语	汉语		
Aššur-rēša-iši（Ⅱ）	阿淑尔-莱沙-伊什（二世）	阿淑尔-拉比（二世）之子	5年
Tiglath-pileser（Ⅱ）	提格拉特皮拉沙尔（二世）	阿淑尔-莱沙-伊什（二世）之子	32年
Aššur-dān（Ⅱ）	阿淑尔-丹（二世）	提格拉特皮拉沙尔（二世）之子	23年
Adad-nērārī（Ⅱ）	阿达德-尼拉里（二世）	阿淑尔-丹（二世）之子	21年
Tukultī-Ninurta（Ⅱ）	图库尔提-尼努尔塔（二世）	阿达德-尼拉里（二世）之子	7年
Aššurnaṣirpal（Ⅱ）	阿淑尔纳色尔帕（二世）	图库尔提-尼努尔塔（二世）之子	25年
Šalmaneser（Ⅲ）	沙尔马纳沙尔（三世）	阿淑尔纳色尔帕（二世）之子	35年
Šamašī-Adad（Ⅴ）	沙马什-阿达德（五世）	沙尔马纳沙尔（三世）之子	13年
Adad-nērārī（Ⅲ）	阿达德-尼拉里（三世）	沙马什-阿达德（五世）之子	28年
Šalmaneser（Ⅳ）	沙尔马纳沙尔（四世）	阿达德-尼拉里（三世）之子	10年
Aššur-dān（Ⅲ）	阿淑尔-丹（三世）	沙尔马纳沙尔（四世）之弟	18年
Aššur-nērārī（Ⅴ）	阿淑尔-尼拉里（五世）	阿达德-尼拉里（三世）之子	10年
Tiglath-pileser（Ⅲ）	提格拉特皮拉沙尔（三世）	阿淑尔-尼拉里（四世）之子	18年
Šalmaneser（Ⅴ）	沙尔马纳沙尔（五世）	提格拉特皮拉沙尔（三世）之子	5年

跋：（版本B）阿淑尔版本，（出自）阿尔贝拉神庙书吏坎达拉努（Kandalānu）之手，（写于）阿淑尔总督阿达德-贝拉-卡因（Adad-bēla-ka'in）任名年官之年6月20日，他第二次荣任名年官期间。

跋：（版本C）书写时核对原本。阿淑尔的驱魔师贝尔-舒马-伊丁（Bēl-šuma-iddin）的泥板。（如果）谁偷走它，愿沙马什带走他。

附表 2　　　　　　　　　　新亚述名年官表

公历时间（公元前）	名字 亚述语	名字 汉语	官职	事件
910	Adad-nērārī（Ⅱ）	阿达德-尼拉里（二世）	国王	
909	Še'i-Aššur	舍伊-阿淑尔	基里兹总督	
908	Aššur-da''inanni	阿淑尔-达伊南尼		
907	Aššur-dēnī-amur	阿淑尔-岱尼-阿穆尔		
906	Barmu	巴尔穆		
905	Abi-□□□	阿比-□□□		
904	Aššur-taklāk	阿淑尔-塔克拉克		
903	Qurdi-ilima	库尔狄-伊利马		
902	□□□-inanni	□□□-伊南尼		
901	Dūr-māti-Aššur	杜尔-马提-阿淑尔		
900	Illeqāyu	伊勒卡玉		
899	Ninuāyu	尼努阿玉		
898	Likberu	利克贝鲁		
897	Adad-ahu-iddin	阿达德-阿胡-伊丁	总督？	
896	Adad-dān	阿达德-丹		
895	Ina-iliya-allak	伊纳-伊利亚-阿拉克		
894	Šamaš-abūa	沙马什-阿布阿		
893	Šamaš-bēlu-uṣur	沙马什-贝鲁-乌粟尔		
892	Nergal-zar-□□me	涅尔伽尔-扎尔□□梅		
891	Tāb-eṭēr-Aššur	塔伯-埃特尔-阿淑尔		
890	Aššur-lā-kēnu-ubāša	阿淑尔-拉-科努-乌巴沙		
889	Tukultī-Ninurta（Ⅱ）	图库尔提-尼努尔塔（二世）	国王	
888	Taklāk-ana-bēlīya	塔克拉克-阿纳-贝利亚		
887	Abu-ilāyu	阿布-伊拉玉		
886	Ilu-milkī	伊鲁-米勒基		

续表

公历时间（公元前）	名字 亚述语	名字 汉语	官职	事件
885	Na'id-ilu	纳伊德－伊鲁		
884	Yarî	雅里		
883	Aššur-šēzibanni	阿淑尔－舍兹班尼		
882	Aššurnāṣirpal（Ⅱ）	阿淑尔纳色尔帕（二世）	国王	
881	Aššur-iddin	阿淑尔－伊丁		
880	Miqti-adur	米克提－阿杜尔		
879	Ša-ilima-damqa	沙－伊利马－达姆卡		
878	Dagan-bēlu-nāṣir	达甘－贝鲁－纳西尔		
877	Ninurta-pīua-uṣur	尼努尔塔－皮乌阿－乌粟尔		
876	Ninurta-bēlu-uṣur	尼努尔塔－贝鲁－乌粟尔		
875	Iššiak-Aššur-lilbur	伊什亚克－阿淑尔－利勒布尔		
874	Šamaš-upahhir	沙马什－乌帕希尔		
873	Nergal-āpil-kūmūa	涅尔伽尔－阿皮尔－库穆阿	卡尔胡总督、宫廷总管	
872	Qurdi-Aššur	库尔狄－阿淑尔		
871	Aššur-lē'i	阿淑尔－勒伊		
870	Aššur-natkil	阿淑尔－纳特基尔		
869	Bēl-mudammiq	贝尔－穆达米克		
868	Dayān-Ninurta	达延－尼努尔塔		
867	Ištar-emūqāya	伊什塔尔－埃穆卡亚	图什罕总督	
866	Šamaš-nūrī	沙马什－努里		
865	Mannu-dān-ana-ili	曼努－丹－阿纳－伊利		
864	Šamaš-bēlu-uṣur	沙马什－贝鲁－乌粟尔		
863	Ninurta-ilāya	尼努尔塔－伊拉亚		
862	Ninurta-ēṭiranni	尼努尔塔－埃提拉尼		
861	Aššur／Nergal-ilāya	阿淑尔／涅尔伽尔－伊拉亚		
860	Nergal-nīrka-da"in	涅尔伽尔－尼尔卡－达因		

续表

公历时间（公元前）	名字 亚述语	名字 汉语	官职	事件
859	Tāb-bēlu	塔伯-贝鲁		
858	Šarru-balti-nišī	沙鲁-巴尔提-尼什		
857	Šalmaneser（Ⅲ）	沙尔马纳沙尔（三世）	国王	
856	Aššur-bēlu-ka"in	阿淑尔-贝鲁-卡因	"图尔塔努"	
855	Aššur-būnāya-uṣur	阿淑尔-布纳亚-乌粟尔	"拉伯—沙克"	
854	Abī-ina-ekalli-lilbur	阿比-伊纳-埃卡利-利尔布尔	"纳吉尔—埃卡里"	
853	Dayān-Aššur	达延-阿淑尔	"图尔塔努"	
852	Šamaš-abūa	沙马什-阿布阿	纳西比纳总督	
851	Šamaš-bēlu-uṣur	沙马什-贝鲁-乌粟尔	卡尔胡总督	
850	Bēl-būnāya	贝尔-布纳亚	"纳吉尔—埃卡里"	
849	Haldi-lipūšu	哈尔迪-里普舒	纳伊利总督	
848	Nergal-ālik-pāni	涅尔伽尔-阿利克-帕尼		
847	Bur-Rammān	布尔-拉曼		
846	Ninurta-mukīn-nišī	尼努尔塔-穆金-尼什		
845	Ninurta-nādin-šumi	尼努尔塔-纳丁-舒米		
844	Aššur-būnāya	阿淑尔-布纳亚		
843	Tāb-Ninurta	塔伯-尼努尔塔		
842	Taklāk-ana-šarri	塔克拉克-阿纳-沙里	涅梅德-伊什塔尔总督	
841	Adad-rēmanni	阿达德-莱曼尼		
840	Šamaš/Bēl-abūa	沙马什/贝尔-阿布阿		去雪松山
839	Šulmu-bēli-lāmur	舒尔穆-贝利-拉穆尔	阿尔祖希纳总督	去魁
838	Ninurta-kibsī-uṣur	尼努尔塔-基伯希-乌粟尔	拉萨帕总督	去马拉希
837	Ninurta-ilāya	尼努尔塔-伊拉亚	阿希祖希纳总督	去达纳比
836	Qurdi-Aššur	库尔狄-阿淑尔	拉克马特总督	去塔巴尔
835	Šēp-šarri	舍普-沙里	哈伯鲁里总督	去梅利德
834	Nergal-mudammiq	涅尔伽尔-穆达米克	尼尼微总督	去纳姆里
833	Yahalu	亚哈鲁	"马森努"	去魁
832	Ulūlāyu	乌鲁拉玉	基里兹总督	去魁

续表

公历时间（公元前）	名字 亚述语	名字 汉语	官职	事件
831	Šarru-hattu-ipēl	沙鲁-哈图-伊佩尔		去魁，大神从德尔出来
830	Nergal-ilāya	涅尔伽尔-伊拉亚	伊萨纳总督	去乌拉尔图
829	Hubāyu	胡巴玉	□□□-希总督	去温齐
828	Ilu-mukīn-ahi	伊鲁-穆金-阿希	□□□-哈总督	去乌鲁巴
827	Šalmaneser（Ⅲ）	沙尔马纳沙（三世）	国王	去曼纳
826	Dayān-Aššur	达延-阿淑尔		叛乱
825	Aššur-būnāya-uṣur	阿淑尔-布纳亚-乌粟尔	□□□□	叛乱
824	Yahalu	亚哈鲁	□□□□-	叛乱
823	Bēl-būnāya	贝尔-布纳亚	□□□□-	叛乱
822	Šamaš-Adad（Ⅴ）	沙马什-阿达德（五世）	国王	叛乱
821	Yahalu	亚哈鲁		叛乱
820	Bēl-dān	贝尔-丹	"纳吉尔—埃卡里"	叛乱
819	Ninurta-ubla	尼努尔塔-乌伯拉		去曼纳
818	Šamaš-ilāya	沙马什-伊拉亚		□□□-舒梅
817	Nergal-ilāya	涅尔伽尔-伊拉亚	□□□总督	去提勒
816	Aššur-būnāya-uṣur	阿淑尔-布纳亚-乌粟尔	"拉伯—沙克"	去提勒
815	Šarru-hattu-ipēl	沙鲁-哈图-伊佩尔	纳西比纳总督	去扎拉特
814	Bēl-lū-balaṭ	贝尔-鲁-巴拉特	"图尔塔努"	去德尔，大神去德尔
813	Mušekniš	穆舍克尼什	哈伯鲁里总督	去阿赫萨纳
812	Ninurta-ašrēd	尼努尔塔-阿什莱德	拉克马特总督	去卡尔杜
811	Šamaš-kūmūa	沙马什-库穆阿	阿拉泊哈总督	去巴比伦
810	Bēl-qātē-ṣabat	贝尔-卡特-萨巴特	马扎穆阿总督	在国内
809	Adad-nērārī（Ⅲ）	阿达德-尼拉里（三世）	国王	去米底
808	Nergal-Ilāya	涅尔伽尔-伊拉亚	"图尔塔努"	古扎纳
807	Bēl-dān	贝尔-丹	"纳吉尔—埃卡里"	去曼纳
806	Sil-bēli	西尔-贝利	"拉伯—沙克"	去曼纳
805	Aššur-taklāk	阿淑尔-塔克拉克	"马森努"	去阿尔帕德
804	Ilu-Issīya	伊鲁-伊西亚	总督？	哈扎祖

续表

公历时间（公元前）	名字 亚述语	名字 汉语	官职	事件
803	Nergal-ēreš	涅尔伽尔-埃莱什	拉萨帕总督	去巴鲁
802	Aššur-balti-ekurri	阿淑尔-巴尔提-埃库里	阿拉泊哈总督	去大海，灾害
801	Ninurta-ilāya	尼努尔塔-伊拉亚	阿希-祖希纳总督	去胡布什齐亚
800	Šēp-Ištar	舍普-伊什塔尔	纳西比纳总督	去曼纳
799	Marduk-išmanni	马尔杜克-伊曼尼	阿米蒂总督	去曼纳
798	Mutakkil-Marduk	穆塔基尔-马尔都克	宦官总管	去鲁什亚
797	Bēl-tarṣi-iluma	贝尔-塔尔西-伊鲁马	卡尔胡总督	去纳姆里
796	Aššur-bēlu-uṣur	阿淑尔-贝鲁-乌粟尔	哈伯鲁里总督	去曼苏阿特
795	Marduk-šadûni	马尔都克-沙杜尼	拉克马特总督	去德尔
794	Mukīn-abūa	穆金-阿布阿	图什罕总督	去德尔
793	Mannu-kī-Aššur	曼努-基-阿淑尔	古扎纳总督	去米底
792	Mušallim-Ninurta	穆沙里姆-尼努尔塔	提勒总督	去米底
791	Bēl-iqīšanni	贝尔-伊齐山尼	什伯希尔什总督	去胡布什齐亚
790	Šēp-Šamaš	舍普-沙马什	伊萨纳总督	去伊图
789	Ninurta-mukīn-ahi	尼努尔塔-穆金-阿希	尼尼微总督	去米底
788	Adad-mušammer	阿达德-穆沙梅尔	基里兹总督	去米底，尼尼微的纳布神庙奠基
787	Sil-Ištar	西尔-伊什塔尔	阿尔贝拉总督	去米底，纳布进入新庙
786	Nabû-šarru-uṣur	纳布-沙鲁-乌粟尔	塔尔穆萨总督	去基斯基
785	Adad-ubalit	阿达德-乌巴利特	塔姆努纳总督	去胡布什齐亚，大神去德尔
784	Marduk-šarru-uṣur	马尔都克-沙鲁-乌粟尔	阿尔贝拉总督	去胡布什齐亚
783	Ninurta-nāṣir	尼努尔塔-纳西尔	扎穆阿总督	去伊图
782	Iluma-lē'i	伊鲁马-勒伊	纳西比纳总督	去伊图

28年，阿达德-尼拉里（三世），亚述国王

781	Šalmaneser（Ⅳ）	沙尔马纳沙尔（四世）	国王	去乌拉尔图
780	Šamašī-ilu	沙马什-伊鲁	"图尔塔努"	去乌拉尔图
779	Marduk-rēmanni	马尔都克-莱曼尼	"拉伯—沙克"	去乌拉尔图
778	Bēl-lēšer	贝尔-勒舍尔	"纳吉尔—埃卡里"	去乌拉尔图

续表

公历时间（公元前）	名字 亚述语	名字 汉语	官职	事件
777	Nabû-išdēya-ka''in	纳布-伊什德-卡因	"马森努"	去伊图
776	Pān-Aššur-lāmur	潘-阿淑尔-拉穆尔	行省总督	去乌拉尔图
775	Nergal-ēreš	涅尔伽尔-埃莱什	拉萨帕总督	去雪松山
774	Ištar-dūrī	伊什塔尔-杜里	纳西比纳总督	去纳姆里
773	Mannu-kī-Adad	曼努-基-阿达德	拉克马特总督	去大马士革
772	Aššur-bēlu-uṣur	阿淑尔-贝鲁-乌粟尔	卡尔胡总督	去哈塔里卡
□□□年，沙尔马纳沙尔（四世），亚述国王				
771	Aššur-dān（Ⅲ）	阿淑尔-丹（三世）	亚述国王	去伽纳纳提
770	Šamašī-ilu	沙马什-伊鲁	"图尔塔努"	去马拉德
769	Bēl-ilāya	贝尔-伊拉亚	阿拉泊哈总督	去伊图
768	Aplāya	阿普拉亚	扎穆阿总督	在国内
767	Qurdi-Aššur	库尔狄-阿淑尔	阿希祖希纳总督	去伽纳纳提
766	Mušallim-Ninurta	穆沙里姆-尼努尔塔	提勒总督	去米底
765	Ninurta-mukīn-niši	尼努尔塔-穆金-尼什	哈伯鲁里总督	去哈塔里卡，灾害
764	Sidqi-ilu	西德齐-伊鲁	图什罕总督	在国内
763	Bur-Saggilê	布尔-萨吉勒	古扎纳总督	城堡发生叛乱，3月出现日食
762	Tāb-bēlu	塔伯-贝鲁	阿米蒂（总督）	要塞发生叛乱
761	Nabû-mukīn-ahi	纳布-穆金-阿希	尼尼微（总督）	阿拉泊哈发生叛乱
760	Lā-qīpu	拉-齐普	基里兹（总督）	阿拉泊哈发生叛乱
759	Pān-Aššur-lāmur	潘-阿淑尔-拉穆尔	阿尔贝拉（总督）	古扎纳发生叛乱，灾害
758	Ana-bēli-taklāk	阿纳-贝利-他克拉克	伊萨纳（总督）	去古扎纳，国内和平
757	Ninurta-iddin	尼努尔塔-伊丁	库尔比尔（总督）	在国内
756	Bēl-šadûa	贝尔-沙杜阿	塔姆努纳（总督）	在国内
755	Iqīsu	伊齐苏	什伯希尼什（总督）	去哈塔里卡
754	Ninurta-šēzibanni	尼努尔塔-舍兹巴尼	塔尔穆萨（总督）	去阿尔帕德，自阿淑尔返回
753	Aššur-nērārī（Ⅴ）	阿淑尔-尼拉里（五世）	国王	在国内
752	Šamašī-ilu	沙马什-伊鲁	"图尔塔努"	在国内

续表

公历时间（公元前）	名字 亚述语	名字 汉语	官职	事件
751	Marduk-šallimanni	马尔杜克-沙利曼尼	"纳吉尔—埃卡里"	在国内
750	Bēl-dān	贝尔-丹	"拉伯—沙克"	在国内
749	Šamaš-kēnu-dugul	沙马什-科努-杜古尔	"马森努"	去纳姆里
748	Adad-bēlu-ka"in	阿达德-贝鲁-卡因	国内总督？	去纳姆里
747	Sîn-šallimanni	辛-沙利曼尼	拉萨帕（总督）	在国内
746	Nergal-nāṣir	涅尔伽尔-纳西尔	纳西比纳（总督）	卡尔胡发生叛乱
745	Nabû-bēlu-uṣur	纳布-贝鲁-乌粟尔	阿拉泊哈（总督）	2月13日，提格拉特皮拉沙尔（三世）夺取了王位；7月，他去了两河流域？
744	Bēl-dān	贝尔-丹	卡尔胡（总督）	去纳姆里

10年，阿淑尔-尼拉里（五世），亚述国王

743	Tiglath-pileser（Ⅲ）	提格拉特皮拉沙尔（三世）	国王	在阿尔帕德，击败乌拉尔图
742	Nabû-da"inanni	纳布-达伊南尼	"图尔塔努"	去阿尔帕德
741	Bēl-Harrān-bēl-uṣur	贝尔-哈兰-贝尔-乌粟尔	"纳吉尔-埃卡里"	去阿尔帕德，占领3年
740	Nabû-ēṭiranni	纳布-埃提兰尼	"拉伯—沙克"	去阿尔帕德
739	Sîn-taklāk	辛-塔克拉克	"马森努"	去乌鲁巴，攻占要塞
738	Adad-bēlu-ka"in	阿达德-贝鲁-卡因	国内总督	占领库拉尼亚
737	Bēl-ēmuranni	贝尔-埃穆兰尼	拉萨帕（总督）	去米底
736	Ninurta-ilāya	尼努尔塔-伊拉亚	纳西比纳（总督）	去纳尔山脚
735	Aššur-šallimanni	阿淑尔-沙利曼尼	阿拉泊哈（总督）	去乌拉尔图
734	Bēl-dān	贝尔-丹	卡尔胡（总督）	去非力士
733	Aššur-da"inanni	阿淑尔-达伊南尼	马扎穆阿（总督）	去大马士革
732	Nabû-bēlu-uṣur	纳布-贝鲁-乌粟尔	西梅（总督）	去大马士革
731	Nergal-uballiṭ	涅尔伽尔-乌巴利特	阿希-祖希纳（总督）	去沙皮亚
730	Bēl-lū-dāri	贝尔-鲁-达里	提勒（总督）	在国内

续表

公历时间（公元前）	名字 亚述语	名字 汉语	官职	事件
729	Liphur-ilu	里普胡尔-伊鲁	哈伯鲁里（总督）	国王抓住贝尔的手
728	Dūr-Aššur	杜尔-阿淑尔	图什罕（总督）	去希-□□□，国王抓住了贝尔的手
727	Bēl-Harrān-bēl-uṣur	贝尔-哈兰-贝尔-乌粟尔	古扎纳（总督）	去□□□，沙尔马纳沙尔（五世）堡上王位
726	Marduk-bēlu-uṣur	马尔都克-贝鲁-乌粟尔	阿米蒂（总督）	在□□□
725	Mahdê	马赫德	尼尼微（总督）	去□□□
724	Aššur-išmanni	阿淑尔-伊什曼尼	基里兹（总督）	去□□□
723	Šalmaneser（V）	沙尔马纳沙尔（五世）	国王	去□□□
722	Ninurta-ilāya	尼努尔塔-伊拉亚		
721	Nabû-tārṣi	纳布-塔尔西		
720	Aššur-nĭrka-da"in	阿淑尔-尼尔卡-达因		
719	Šarru-kēn（Ⅱ）	萨尔贡（二世）	国王	进入□□□
718	Zēru-ibni	泽如-伊伯尼	拉萨帕（总督）	去塔巴尔
717	Tāb-šār-Aššur	塔伯-沙尔-阿淑尔	"马森努"	杜尔-沙鲁金奠基
716	Tāb-ṣil-Ešarra	塔伯-西尔-埃沙拉	要塞总督	去曼纳
715	Taklāk-ana-bēli	塔克拉克-阿纳-贝利	纳西比纳总督	任命□□总督
714	Ištar-dūrī	伊什塔尔-杜里	阿拉泊哈总督	去乌拉尔图、穆萨西尔、哈尔迪亚
713	Aššur-bāni	阿淑尔-巴尼	卡尔胡总督	埃利帕的贵族，□□进入他的新房，去穆萨西尔
712	Šarru-ēmuranni	沙鲁-埃穆兰尼	扎穆阿总督	在国内
711	Ninurta-ālik-pāni	尼努尔塔-阿利克-帕尼	西梅总督	去马尔阿什
710	Šamaš-bēlu-uṣur	沙马什-贝鲁-乌粟尔	阿尔祖希纳总督	去比特-泽里，国王住在基什
709	Mannu-kī-Aššur-lē'i	曼努-基-阿淑尔-勒伊	提勒总督	萨尔贡（二世）抓住贝尔的手
708	Šamaš-upahhir	沙马什-乌帕希尔	哈伯鲁里总督	占领昆穆赫，任命总督

续表

公历时间（公元前）	名字 亚述语	名字 汉语	官职	事件
707	Ša-Aššur-dubbu	沙-阿淑尔-杜布	图什罕总督	国王自巴比伦返回，摧毁杜尔-雅金，掠走杜尔-雅金的大"苏卡鲁"、贵族和战利品。7月22日，杜尔-沙鲁金的神灵进入它们的神庙
706	Mutakkil-Aššur	穆塔基尔-阿淑尔	古扎纳总督	国王在国内，卡拉拉的贵族□□，2月6日，杜尔-沙鲁金竣工
705	Našur-bēl	纳舒尔-贝尔	阿米蒂总督	国王反击库鲁穆人库尔狄，国王被杀，亚述国王的营地□□□ 5月12日，辛纳赫里布成为国王。
704	Nabû-dēnī-ēpuš	纳布-德尼-埃普什	尼尼微总督	□□□拉拉克、萨拉巴努，建造基里兹宫殿
703	Nuhšāya	努赫沙亚	基里兹总督	
702	Nabû-lē'i	纳布-勒伊	阿尔贝拉总督	
701	Hanānu	哈纳努	提尔-巴尔西普	自哈尔兹-□□□
700	Metūnu	梅图努	伊萨纳总督	
699	Bēl-šarrāni	贝尔-沙兰尼	库尔比尔总督	
698	Šulmu-šarri	舒尔穆-沙里	哈勒资亚特巴尔总督	
697	Nabû-dūru-uṣur	纳布-杜鲁-乌粟尔	塔姆努纳总督	
696	Šulmu-bēli	舒尔穆-贝利	塔姆穆萨总督	
695	Aššur-bēlu-uṣur	阿淑尔-贝鲁-乌粟尔	沙胡帕/卡特穆胡总督	
694	Ilu-Issīya	伊鲁-伊西亚	大马士革总督	

续表

公历时间（公元前）	名字 亚述语	名字 汉语	官职	事件
693	Iddin-ahhē	伊丁-阿赫	杜尔-沙鲁金（总督）	
692	Zazāya	扎扎亚	阿尔帕德总督	
691	Bēl-ēmuranni	贝尔-埃穆兰尼	卡尔赫米什总督	
690	Nabû-kēnu-uṣur	纳布-科努-乌粟尔	撒玛利亚总督	
689	Gihilu	吉希鲁	哈塔里卡总督	
688	Iddin-ahhē	伊丁-阿赫	西米拉总督	
687	Sîn-ahhē-erība	辛纳赫里布	国王	
686	Bēl-ēmuranni	贝尔-埃穆兰尼	右"图尔塔努"	
685	Aššur-da"inanni	阿淑尔-达伊南尼	魁总督	
684	Manzernê	曼泽尔涅	库拉尼亚总督	
683	Mannu-kī-Adad	曼努-基-阿达德	苏帕特总督	
682	Nabû-šarru-uṣur	纳布-沙鲁-乌粟尔	马尔阿什总督	
681	Nabû-ahē-ēreš	纳布-阿和-埃莱什	萨姆阿尔总督	
680	Danānu	达纳努	曼苏阿特总督	
679	Issi-Adad-anēnu	伊西-阿达德-阿涅努	梅吉杜总督	
678	Nergal-šarru-uṣur	涅尔伽尔-沙鲁-乌粟尔	"拉伯—沙克"	
677	Abī-rāmu	阿比-莱穆	大"苏卡鲁"	
676	Bamba	班巴	副"苏卡鲁"	
675	Nabû-ahhē-iddin	纳布-阿赫-伊丁	"马森努"	
674	Šarru-nūri	沙鲁-努里	巴尔哈尔兹总督	
673	Atar-ilu	阿塔尔-伊鲁	拉希鲁总督	
672	Nabû-bēlu-uṣur	纳布-贝鲁-乌粟尔	杜尔-沙鲁金总督	
671	Kanūnāyu	卡努纳玉	大"萨尔提努"	
670	Šulmu-bēli-lašme	舒尔穆-贝利-拉什梅	德尔总督	
669	Šamaš-kāšid-ayābi	沙马什-卡什德-阿亚比	阿斯迪-□□□□总督	
668	Marlarim	马尔拉里姆	昆穆赫的"图尔塔努"	
667	Gabbaru	伽巴鲁	杜尔-辛纳赫里布（总督）	
666	Kanūnāyu	卡努纳玉	新宫殿总督	

续表

公历时间（公元前）	名字 亚述语	名字 汉语	官职	事件
665	Mannu-kī-šarri	曼努-基-沙里	"纳吉尔—埃卡里"	
664	Šarru-lū-dāri	沙鲁-鲁-达里	杜尔-沙鲁金总督	
663	Bēl-na'id	贝尔-纳伊德	"图尔塔努"	
662	Tāb-šār-Sîn	塔伯-沙尔-辛	拉萨帕总督	
661	Arba'ilāyu	阿尔贝拉玉	大"马森努"	
660	Girṣapūnu	吉尔萨普努		
659	Silim-Aššur	西利姆-阿淑尔	副"苏卡鲁"	
658	Ša-Nabû-šû	沙-纳布-舒	宦官总管	
657	Lā-bāši	拉-巴什	"港口监督"	
656	Milki-rāmu	米尔基-莱穆		
655	Amyānu	阿姆亚努	魁总督	
654	Aššur-nāṣir	阿淑尔-纳西尔		
653	Aššur-ilāya	阿淑尔-伊拉亚	大"苏卡鲁"	
652	Aššur-dūru-uṣur	阿淑尔-杜鲁-乌粟尔	巴尔哈尔兹总督	
651	Sagabbu	萨伽布	哈兰总督	
650	Bēl-Harrān-šadûa	贝尔-哈兰-沙杜阿	推罗总督	
649	Ahu-ilāya	阿胡-伊拉亚	卡尔赫米什总督	

附表3　　　　新亚述时期月名

语义符	名称 亚述语	名称 汉语	犹太人的称呼	天数	对应公历
Iti. barag	Nīsān	尼散	Nisan	30	3—4月
Iti. gud	Ayāru	以珥	Iyyar	29	4—5月
Iti. sig$_4$	Simānu	西弯	Sivan	30	5—6月
Iti. šu	Tamūzu	塔穆兹	Tammuz	29	6—7月
Iti. ne	Abu	阿布	Abu	30	7—8月
Iti. kin	Elūlu	以禄	Elul	29	8—9月
Iti. dul	Tašrītu	提斯利	Tishri	30	9—10月

续表

名称				天数	对应公历
语义符	亚述语	汉语	犹太人的称呼		
Iti. apin	Arahsamnu	马西班	Marchesvan	29	10—11 月
Iti. gan	Kislīmu	基斯流	Kislev	30	11—12 月
Iti. ab	Tebētu	提别	Tebet	29	12—1 月
Iti. zíz	Šabātu	细罢特	Shebat	30	1—2 月
Iti. še	Addāru	亚达	Adar	30	2—3 月
Iti. diri. še	Addāru/Ⅱ	闰亚达	Adar/Ⅱ	29	

附表 4　　　　　常用度量衡

重量单位

名称				进制	现代重量
苏美尔语	阿卡德语	英语	汉语		
še	uṭṭatum	grain	乌塔图		约 0.046 克
gín	šiqlum	shekel	舍克勒	180 še	约 8.3 克
ma. na	manûm	mina	米那	60 gín	约 500 克
gú/gun	biltum	talent	塔兰特	60 ma. na	约 30 公斤

长度单位

名称				进制	现代重量
苏美尔语	阿卡德语	英语	汉语		
šu. si	ubānum	finger	指		约 1.66 厘米
kùš	ammatum	cubit	库比特/肘	20 šu. si	约 33 厘米
gi	qanûm	reed	里德/竿	6 kùš	约 3 米
ninda	nindānum			12 kùš	约 6 米
gar. du	akalum	cord	考得	2 gi	约 6 米
éš	ašlum			10 gar (. du)	约 60 米
uš				6 éš	约 360 米
danna	bērum			30 uš	约 11 千米

续表

面积单位

名称				进制	现代重量
苏美尔语	阿卡德语	英语	汉语		
sar	mus/šarûm	garden			约 36 平方米
iku	ikûm	field		100 sar	约 3600 平方米
bùr ^{iku}	būrum			18 iku	约 64800 平方米
bùr'u ^{iku}				10 bùr ^{iku}	约 648000 平方米
šár ^{iku}				6 bùr'u ^{iku}	约 3.8 平方千米
šár'u^{iku}				10 šár	约 38 平方千米

容积单位

名称				进制	现代重量
苏美尔语	阿卡德语	英语	汉语		
sìla	qûm	quart	卡		约 1 升
bán	sūtum	seah	般	10 sìla	约 10 升
nigida/bariga	pānum/parsiktum			6 bán	约 60 升
gur	kurrum	Kor	古尔	5 nigida	约 300 升

附表 5　　　　缩写词

ABC	A. K. Grayson, *Assyrian and Babylonian Chronicles*, Locust Valley: J. J. Augustin Publisher, 1975.
ABL	R. F. Harper, *Assyrian and Babylonion Letters Belonging to the Kouyunjik Collections of the British Museum*, London and Chicago: The University of Chicago Press, 1892—1914
AfO	*Archiv für Orientforschung*
AHW	Bruno Meissner and Wolfram von Soden, *Akkadisches Handwörterbuch*, Wiesbaden: Otto Harrassowitz, 1972
AJA	*American Journal of Archaeology*
AJSL	*American Journal of Semitic Languages and Literatures*
AnOR	*Analecta Orientalia*
AnSt	*Anatolian Studies*
AoF	*Altorientalische Forschungen*
AOS	*American Oriental Society*

续表

ARAB	D. D. Luckenbill, *Ancient Records of Assyria and Babylonia*, I-Ⅱ, Chicago: The University of Chicago Press, 1926-1927
ARM	Archives Royales de Mari
ArOr	*Archiv Orientàlí*
BASOR	*Bulletin of the American Society of Oriental Research*
BBST	L. W. King, *Babylonian Boundary-Stones and Memorial-Tablets in the British Museum*, London: Trustees of the British Museum, 1912
BCSMS	*Bulletin of the Canadian Society for Mesopotamian Studies*
BiOr	*Bibliotheca Orientalis*
BSA	Bulletin on Sumerian Agriculture
BSOAS	*Bulletin of the School of Oriental and African Studies*
BT	Tablets from Balawat, Published by B. Parker, *Iraq* Vol. 25, No. 1 (1963), 86ff
CA	*Current Archaeology*
CAD	The Assyrian Dictionary of the University of Chicago
CAH	The Cambridge Ancient History
CKLR	*Chicago Kent Law Review*
CTN	Cuneiform Texts from Nimrud
HUCA	*Hebrew Union College Annual*
I	K. Hecker, G. Kryszat, L. Matouš, *Kappadokische Keilschrifttafeln aus den Sammlungen der Karlsuniversität*, Prague, 1998
JAAS	*Journal of Assyrian Academic Studies*
JAOS	*Journal of the American Oriental Society*
JCS	*Journal of Cuneiform Studies*
JEOL	*Jaarbericht van het Vooraziatisch-Egyptisch Genootschap "Ex Oriente Lux"*
JFA	*Journal of Field Archaeology*
JNES	*Journal of Near Eastern Studies*
JNSL	*Journal of Northwest Semitic Languages*
JSS	*Journal of Semitic Studies*
JESHO	*Journal of Economic and Historical Studies of the Orient*
KAJ	Keilschrifttexte aus Assur juristichen Inhalt
KAR	Keilschrifttexte aus Assur religiösen Inhalts
KAV	Keilschrifttexte aus Assur verschiedenen Inhalts

续表

Kt	K. Hecker, *Grammatik der Kültepe-Texte*, Rome：Pontifical Biblical Institute, 1968	
MARV	Mittelassyrische Rechtsurkunden und Verwaltungstexte	
ND	Objects Excavated in the British Excavations at Nimrud, Iraq	
NL	H. W. Saggs, "The Nimrud Letters", *Iraq* 17（1955）, pp. 21ff., etc.	
OIP	The University of Chicago Oriental Institute Publications	
Or	*Orientlia（Nova Series）*	
PNA	The Prosopography of the Neo-Assyrian Empire	
RA	*Revue d'assyriologie et d'archéologie orientale*	
RIMA	The Royal Inscriptions of Mesopotamia Assyrian Periods	
RIMB	The Royal Inscriptions of Mesopotamia Babylonian Periods	
RIME	The Royal Inscriptions of Mesopotamia Early Periods	
RINAP	The Royal Inscriptions of the Neo-Assyrian Period	
RlA	Reallexikon der Assyriologie und vorderasiatischen Archäologie	
SAA	State Archives of Assyria	
SAAB	*State Archives of Assyria Bulletin*	
SAAS	State Archives of Assyria Studies	
SIMA	*Studies in Mediterranean Archaeology*	
UET	Ur Excavations Texts	
VAT	Tablets in the collections of the Staatliche Museum, Berlin	
WA	*World Archaeology*	
ZA	*Zeitschrift für Assyriologie und vorderasiatischen Archäologie*	
ZAR	*Zeitschrift für altorientalische und biblische Rechtsgeschichte*	

附表6　　　　　　　　　　　古代两河流域历史框架

巴比伦尼亚			亚述地区	
时期	朝代	时间	时期	时间
古苏美尔时期	早王朝/苏美尔城邦	约公元前3100年—前2350年		
	阿卡德王国	约公元前2334年—前2154年		
新苏美尔时期	乌尔第三王朝	约公元前2112年—前2004年		

续表

巴比伦尼亚			亚述地区	
时期	朝代	时间	时期	时间
古巴比伦时期	拉尔萨王朝	约公元前 2025 年—前 1763 年		
	伊辛王朝	约公元前 2017 年—前 1794 年	阿淑尔城邦	约公元前 2000 年—前 1809 年
	巴比伦第一王朝/古巴比伦王国	约公元前 1894 年—前 1595 年	上美索不达米亚王国	约公元前 1809 年—前 1741 年
	巴比伦第二王朝/海国王朝	约公元前 1732 年—前 1460 年	米坦尼王国	约公元前 1500 年—前 1335 年
中巴比伦时期	巴比伦第三王朝/加喜特王朝	约公元前 1570 年—前 1157 年		
	巴比伦第四王朝/伊辛第二王朝	约公元前 1156 年—公元前 1025 年	中亚述	约公元前 1400 年—前 1050 年
	巴比伦第五王朝	约公元前 1024 年—前 1004 年		
	巴比伦第六王朝	约公元前 1003—前 984 年		
	巴比伦第七王朝	约公元前 983 年—前 978 年		
	巴比伦第八王朝	约公元前 977 年—前 941 年		
	巴比伦第九王朝	约公元前 977 年—前 732 年	新亚述	约公元前 934 年—前 612 年
	亚述统治时期	约公元前 731 年—前 627 年		
新巴比伦时期	巴比伦第十王朝	约公元前 626 年—前 539 年		
后巴比伦时期	阿黑门尼德王朝	约公元前 538 年—前 331 年		
	塞琉古王朝	约公元前 312 年—前 64 年		

参考文献

外文文本文献

Alberti, A. and Pomponio, F. , *Pre-Sargonic and Sargonic Texts from Ur*, Edited in *UET* 2, *Supplement*, Rome: Biblical Institute Press, 1986.

Beckman, Gary, *Hittite Diplomatic Texts*, Atlanta: Scholars Press, 1996.

Boissier, A. ,"Document Cassite", *RA*, Vol. 29, No. 3 (1932), pp. 93 – 104.

Bryce, T. , *Letters of the Great Kings of the Ancient Near East: The Royal Correspondence of the Late Bronze Age*, London: Routledge, 2003.

Cancik-Kirschbaum, E. , *Die mittelassyrischen Briefe aus Tall Šēh Hamad*, Berlin: Dietrich Reimerverlag, 1996.

Çayir, Murat, "Six Documents Concerning Decisions by the City Assembly and *kārum* Kaneš", in C. Michel, ed. , *Old Assyrian Studies in Memory of Paul Garelli*, Leiden: Nederlands Instituut voor het Nabije Oosten, 2008, pp. 117 – 124.

Clay, A. T. , *Miscellaneous Inscriptions in the Yale Babylonian Collection*, New Haven: Yale University Press, 1915.

Cole, Steven, *Nippur: The Early Neo-Babylonian Governor's Archive from Nippur*, Chicago: The University of Chicago Press, 1996, OIP 114.

Cole, Steven W. and Machinist, Peter, *Letters from Priests to the Kings Esarhaddon and Assurbanipal*, Helsinki: Helsinki University Press, 1998, SAA XIII.

Dalley, S. , *Babylonian Tablets from the First Sealand Dynasty in the Schøyen Collection*, Bethesda of Maryland: CDL Press, 2009.

Dalley, S. and Postgate, J. N. , *The Tablets from Fort Shalmaneser*, London: British School of Archaeology in Iraq, 1984, CTN III.

Dietrich, Manfried, *The Babylonian Correspondence of Sargon and Sennacherib*, Helsinki: Helsinki University Press, 2003, SAA XVII.

Donbaz, Voysel, "An Old Assyrian Treaty from Kültepe", *JCS*, Vol. 57 (2005), pp. 63 - 68.

"The Archives of Eddin-Aššur Son of Ahiaya", in C. Michel, ed. , *Old Assyrian Studies in Memory of Paul Garelli*, Leiden: Nederlands Instituut voor het Nabije Oosten, 2008, pp. 47 - 62.

Dossin, George, *Archives royales de Mari*, IV: *Correspondance de Šamši-Addu*, Paris: Imprimerie Nationale, 1951, ARM IV.

Ebeling, E. , *Keilschrifttexte aus Assur juristichen Inhalts*, Leipzig: Hinrichs Buchhandlung, 1927, KAJ.

Edzard, Dietz Otto, *The Royal Inscriptions of Mesopotamia*, *Early Periods*, Volume 3/1: *Gudea and His Dynasty*, Toronto, Buffalo and London: University of Toronto Press, 1997, RIME III/1.

Ellis, deJ M. , "Old Babylonian Economic Texts and Letters from Tell Harmal", *JCS*, Vol. 24, No. 3 (1972), pp. 43 - 69.

Fales, F. M. and Postgate, J. N. , *Imperial Administrative Records*, *Part I*: *Palace and Temple Administration*, Helsinki: Helsinki University Press, 1992, SAA VII.

Imperial Administrative Records, *Part II*: *Provincial and Military Administration*, Helsinki: Helsinki University Press, 1995, SAA XI.

Figulla, H. H. , "Accounts concerning Allocation of Provisions for Offerings in the Ningal-Temple at Ur", *Iraq*, Vol. 15, No. 1 (1953), pp. 88 - 122.

Finkelstein, J. J. , "Cuneiform Texts from Tell Billa", *JCS*, Vol. 7, No. 4 (1953), pp. 111 - 176.

Frame, Grant, *The Royal Inscriptions of Mesopotamia*, *Babylonian Periods*, Volume 2: *Rulers of Babylonia*: *From the Second Dynasty of Isin to the End of Assyrian Domination*, Toronto, Buffalo and London: University of Toronto Press, 1995, RIMB II.

Frayne, Douglas R. , *The Royal Inscriptions of Mesopotamia*, *Early Periods*,

Volume 4: *Old Babylonian Period* (2003 – 1595BC), Toronto, Buffalo and London: University of Toronto Press, 1990, RIME Ⅳ.

The Royal Inscriptions of Mesopotamia, Early Periods, Volume 2: Sargonic and Gutian Periods (2334 – 2113 BC), Toronto, Buffalo and London: University of Toronto Press, 1993, RIME Ⅱ.

The Royal Inscriptions of Mesopotamia, Early Periods, Volume 3/2: Ur Ⅲ Period (2112 – 2004 BC), Toronto, Buffalo and London: University of Toronto Press, 1997, RIME Ⅲ/2.

Fuchs, A., *The Royal Inscriptions of Mesopotamia, Early Periods, Volume 1: Presargonic Period* (2700 – 2350 BC), Toronto, Buffalo and London: University of Toronto Press, 1998, RIME Ⅰ.

Die Inschriften Sargon Ⅱ aus Khorsabad, Göttingen: Cuvillier Verlag, 1994.

Fuchs, Andreas and Parpola, Simo, *The Correspondence of Sargon Ⅱ, Part Ⅲ: Letters from Babylonia and the Eastern Provinces*, Helsinki: Helsinki University Press, 2001, SAA ⅩⅤ.

Gadd, C. J., "Inscribed Prism of Sargon Ⅱ from Nimrud", *Iraq*, Vol. 16, No. 2 (1964), pp. 173 – 201.

Garelli, P., "Tablettes Cappadociennes de Collections Diverses (suite): 3 Tablettes Consrvées au Musée d'Art et d'Histoire de Genève", *RA*, Vol. 59, No. 4 (1965), pp. 149 – 176.

Gelb, I. J., *Sargonic Texts from the Diyala Region*, Chicago: The University of Chicago Press, 1952.

Sargonic Texts in the Louvre Museum, Chicago: The University of Chicago Press, 1970.

Glassner, Jean-Jacques, *Mesopotamian Chronicles*, Leiden and Boston: Brill, 2005.

Grayson, A. K., *Assyrian and Babylonian Chronicles*, Locust Valley: J. J. Augustin Publisher, 1975, ABC.

The Royal Inscriptions of Mesopotamia, Assyrian Periods, Volume 1: Assyrian Rulers of the Third and Second Millennia BC (*To* 1115BC), Toronto, Buffalo and London: University of Toronto Press, 1987, RIMA Ⅰ.

The Royal Inscriptions of Mesopotamia, Assyrian Periods, Volume 2: Assyrian

Rulers of the Early First Millennium BC, Part I (1114 – 859 BC), Toronto, Buffalo and London: University of Toronto Press, 1991, RIMA Ⅱ.
The Royal Inscriptions of Mesopotamia, Assyrian Periods, Volume 3: Assyrian Rulers of the Early First Millennium BC, Part Ⅱ (858 – 745BC), Toronto, Buffalo and London: University of Toronto Press, 1996, 1996, RIMA Ⅲ.
Grayson, A. Kirk and Novotny, Jamie, *The Royal Inscriptions of the Neo-Assyrian Period Volume 3/1: The Royal Inscriptions of Sennacherib* (704 – 681 BC), *King of Assyria*, Winona Lake, Indiana: Eisenbrauns, 2012, RINAP Ⅲ/1.
Günbatti, C., "Two Treaty Tablets Found at Kültepe", J. C. Derksen, ed., *Assyria and Beyond: Studies Presented to Mogens Trolle Larsen*, Leiden: Nederlands Instituut voor het Nabijie Oosten, 2004.
Hilget, Markus, *Drehem Administrative Documents from the Reign of Šulgi*, Chicago: The University of Chicago Press, 1998.
Drehem Administrative Documents from the Reign of Amar-Suena, Chicago: The University of Chicago Press, 2003.
Hinke, W. M. J., *Selected Babylonian Kudurru Inscriptions*, Leiden: Brill, 1911.
Hunger, Hermann, *Astrological Reports to Assyrian Kings*, Helsinki: Helsinki University Press, 1992, SAA Ⅷ.
Ismail, B. K., "Two Neo-Assyrian Tablets," *SAAB*, Vol. 3 No 2 (1989), pp. 61 – 64.
Kataja, L. and Whiting, R., *Grants, Decrees and Gifts of the Neo-Assyrian Period*, Helsinki: Helsinki University Press, 1995, SAA Ⅻ.
King, L. W., *Babylonian Boundary-Stones and Memorial-Tablets in the British Museum*, London: Trustees of the British Museum, 1912.
"The Cruciform Monument of Manishtush", *RA*, Vol. 9, No. 3 (1912), pp. 91 – 105.
Kohler, J. and Ungnad A., *Assyrische Rechtsurkunden*, Leipzig: E. Pfeiffer, 1913.
Kwasman, T., *Neo-Assyrian Legal Documents in the Kouyinjik Collection of the British Museum*, Roma: Biblical Institute Press, 1988.
Kwasman, T. and Parpola, Simo, *Legal Transactions of the Royal Court of Nineveh, Part I: Tiglath-pileser Ⅲ through Esarhaddon*, Helsinki: Helsinki

University Press, 1991, SAA Ⅵ.

Lambert, W. G. and Millard, A. R. , *Atra-hasis: The Babylonian Story of the Flood*, Oxford: Clarendon Press, 1969.

Lanfranchi, Giovanni B. and Parpola, Simo, *The Correspondence of Sargon Ⅱ, Part Ⅱ: Letters from the Northern and Northeastern Provinces*, Helsinki: Helsinki University Press, 1990, SAA Ⅴ.

Langdon, S. , "Ten Tablets from the Archives of Adad", *RA*, Vol. 19, No. 2 (1922), pp. 187 – 194.

Larsen, M. T. , *The Aššur-nādā Archives*, Leiden: Nederlands Instituut voor het Nabije Oosten, 2002.

Leemans, W. F. , *Foreign Trade in the Old Babylonian Period: As Revealed by Texts from Southern Mesopotamia*, Leiden: Brill, 1960.

"Old Babylonian Letters and Economic History: A Review Article with a Digression on Foreign Trade", *JESHO*, Vol. 11, No. 1 (1968), pp. 171 – 226.

Leichty, Erle, *The Royal Inscriptions of the Neo-Assyrian Period, Volume 4: The Royal Inscriptions of Esarhaddon (680 – 669 BC), King of Assyria*, Winona Lake, Indiana: Eisenbrauns, 2011, RINAP Ⅳ.

Livingstone, A. , *Court Poetry and Literary Miscellanea*, Helsinki: Helsinki University Press, 1989, SAA Ⅲ.

Luckenbill, D. D. , *The Annals of Sennacherib*, Chicago: The University of Chicago Press, 1924, OIP Ⅱ.

Luukko, Mikko, *The Correspondence of Tiglath-pilerser Ⅲ and Sargon Ⅱ from Calah/Nimrud*, Helsinki: The Neo-Assyrian Text Corpus Project, 2012, SAA ⅩⅨ.

Luukko, Mikko and Buylaere, Greta Van, *The Political Correspondence of Esarhaddon*, Helsinki: Helsinki University Press, 2002, SAA ⅩⅥ.

Mattila, Raija, *Legal Transactions of the Royal Court of Nineveh, Part Ⅱ: Assurbanipal through Sin-šarru-iškun*, Helsinki: Helsinki University Press, 2002, SAA ⅩⅣ.

Moran, William L. , *The Amarna Letters*, Baltimore and London: The Johns Hopkins University Press, 1992.

Parker, B. , "Administrative Tablets from North-West Palace, Nimrud", *Iraq*,

Vol. 23, No. 1 (1961), pp. 15 – 67.

"Economic Tablets from the Temple of Mamu at Balawat", *Iraq*, Vol. 25, No. 1 (1963), pp. 86 – 103.

Parpola, S., *Letters from Assyrian Scholars to the Kings Esarhaddon and Assurbanipal*, Vol. I, Neukirchen-Vluyn: Neukirchener Verlag, 1970.

The Correspondence of Sargon II, *Part I: Letters from Assyria and the West*, Helsinki: Helsinki University Press, 1987, SAA I.

Letters from Assyrian and Babylonian Scholars, Helsinki: Helsinki University Press, 1993, SAA X.

Assyrian Prophecy, Helsinki: Helsinki University Press, 1997, SAA IX.

"Cuneiform texts from Ziyaret Tepe (Tušḫan), 2002 – 2003", *SAAB*, Vol. 17 (2008), pp. 1 – 146.

Parpola, Simo and Watanabe, Kazuko, *Neo-Assyrian Treaties and Loyalty Oaths*, Helsinki: Helsinki University Press, 1988, SAA II.

Postgate, J. N., *The Governor's Palace Archive*, London: British School of Archaeology in Iraq, 1973, CTN II.

"Assyrian Texts and Fragments", *Iraq*, Vol. 35, No. 1 (1973), pp. 13 – 36.

The Archive of Urad-Šerūa and His Family: A Middle Assyrian Household in Government Service, Roma: R. Denicola, 1988.

Reynods, Frances, *The Babylonian Correspondence of Esarhaddon and Letters to Assurbanipal and Sin-šarru-iškun from Northern and Central Babylonia*, Helsinki: Helsinki University Press, 2003, SAA XVIII.

Roth, M. T., *Laws Collections from Mesopotamia and Asia Minor*, Atlanta: Scholar Press, 1997.

Saggs, H. W. F., "The Tell al-Rimah Tablets, 1965", *Iraq*, Vol. 30, No. 2 (1968), pp. 154 – 174.

"Historical Texts and Fragments of Sargon of Assyria 1. The 'Aššur Charter'", *Iraq*, Vol. 37, No. 1 (1975), pp. 11 – 20.

The Nimrud Letters, 1952, London: British School of Archaeology in Iraq, 2001, CTN V.

Schroeder, O., *Keilschrifttexte aus Assur verschiedenen Inhalts*, Leipzig: Hinrichs Buchhandlung, 1920, KAV.

Sigrist, Marcel, *Neo-Sumerian Texts from the Royal Ontario Museum: The Administration at Drehem*, Bethesda of Maryland: CDL Press, 1995.

Smith, Sidney, "Miscellanea: (3) Nabonidus's Restoration of E-MAŠ-da-ri", *RA*, Vol. 22, No. 2 (1925), pp. 57 – 70.

van Soldt, W. H. , *Letters in the British Museum*, Leiden: E. J. Brill, 1990.

Starr, Ivan, *Queries to the Sungod: Divination and Politics in Sargonid Assyria*, Helsinki: Helsinki University Press, 1990, SAA Ⅳ.

Stol, M. , "A Cultivation Contract", *BSA*, Vol. V (1990), pp. 197 – 199.

Streck, M, *Assurbanipal und die letzten assyrischen Könige bis zum Untergange Niniveh's*, Leipzig: Hinrichs Buchhandlung, 1916.

Tadmor, Hayim, *The Inscriptions of Tiglath-pileser Ⅲ, King of Assyria*, Jerusalem: The Israel Academy of Sciences and Humanities, 1994.

Tadmor, Hayim and Yamada, Shigeo, *The Royal Inscriptions of the Neo-Assyrian Period, Volume 1: The Royal Inscriptions of Tiglath-pileser Ⅲ (744 – 727BC) and Shalmaneser V (726 – 722 BC), Kings of Assyria*, Winona Lake, Indiana: Eisenbrauns, 2011, RINAP Ⅰ.

Waterman, L. , *Royal Correspondence of the Assyrian Empire*, Ann Arbor: University of Michigan Press, 1930.

Westenholz, Aage, *Old Sumerian and Old Akkadian Texts in Philadelphia: Part Ⅱ: The Akkadian Texts, the Enlilemaba Texts, and the Onion Archive*, Copenhagen: Museum Tusculanum Press, 1987.

Wiesberg, D. B. *Neo-Babylonian Texts in the Oriental Institute Collection*, Chicago: The University of Chicago Press, 2003.

Winckler, H. , *Die Keilschrifttexte Sargon*, Leipzig: E. Pfeiffer, 1889.

Wiseman, D. J. , "The Nimrud Tablets, 1949", *Iraq*, Vol. 12, No. 2, (1950), pp. 184 – 200.

"The Nimrud Tablets, 1951", *Iraq*, 1952, Vol. 14, No. 1. (1952), pp. 61 – 71.

"The Nimrud Tablets, 1953", *Iraq*, Vol. 15, No. 2 (1953), pp. 135 – 160.

"A Fragmentary Inscription of Tiglath-pileser Ⅲ from Nimrud", *Iraq*, Vol. 18, No. 2 (1956), pp. 117 – 129.

"The Tell al-Rimah Tablets, 1966", *Iraq*, Vol. 30, No. 2 (1968), pp. 154 – 174, 175 – 205.

Wiseman, D. J. and Wilson, J. K. , "The Nimrud Tablets, 1950", *Iraq*, Vol. 13, No. 2 (1951), pp. 102 – 124.

外文参考书目

Abraham, Kathleen, *Business and Politics under the Persian Empire. The Financial Dealings of Marduk-nā ṣir-apli of the House of Egibi* (521 – 487 B. C. E.), Bethesda, Maryland: CDL Press, 2004.

Adams, Robert McC. , "Anthropologic Perspective on Ancient Trade", *CA*, Vol. 33, No. 1 (1992), pp. 141 – 160.

Altaweel, M. , *The Land of Ashur: A Study of Landscape and Settlement in the Assyrian Heartland*, PhD Dissertation of the University of Chicago, 2004.

Annus, Amar, *The God Ninurta in the Mythology and Royal Ideology of Ancient Mesopotamia*, Helsinki: The Neo-Assyrian Text Corpus Project, 2002, SAAS XIV.

Arnaud, D. , "Deux kudurru de Larsa II : étude épigraphie", *RA*, Vol. 66, No. 2 (1972), pp. 163 – 176.

Artzi, P. , "The Middle Assyrian Kingdom as Precursor to the Assyrian Empire", in H. Waetzoldt und H. Hauptmann, hrsg. , *Assyrien im Wandel der Zeiten*, Heidelberg: Heidelberger Orientverlag, 1997, pp. 3 – 6.

Astour, M. C. , "Overland Trade Routes in Ancient Western Asia", in J. M. Sasson, *Civilizations of the Ancient Near East*, New York: Charles Scribner's Sons, 1995, pp. 1401 – 1420.

Ayvazian, Alina, "The God Haldi and Urartian Statehood", in Manfred Hutter und Sylvia Hutter-Braunsar, hrsg. , *Offizielle Religion, locale Kulte und individuelle Religiosität: Akten des religionsgeschichtlichen Symposiums*, Münster: Ugarit Verlag, 2004, pp. 27 – 30.

Baker, Heather D. , ed. , *The Prosopography of the Neo-Assyrian Empire*, Vol. II Part I: H-K, Helsinki: The Neo-Assyrian Text Corpus Project, 2000, PNA II/1.

The Prosopography of the Neo-Assyrian Empire, Vol. II Part II : L-N, Helsinki: The Neo-Assyrian Text Corpus Project, 2001, PNA II/2.

Bär, J. , *Der assyrische Tribut und seine Darstellung*: *Eine Untersuchung zur imperialen Ideologie im neuassyrischen Reich*, Kavelaer: Butzon und Bercker, 1996.

Barbanes, Eleanor, Heartland and Province: Urban and Rural Settlement in the Neo-Assyrian Empire, PhD Dissertation of California, Berkeley, 1999.

Barré, M. , "A Note on the Sin-šumu-lišir Treaty", *JCS*, Vol. 40, No. 1 (1988), pp. 81 - 83.

Bedford, P. R. , "The Neo-Assyrian Empire", in I. Morris and W. Scheidel, eds. , *The Dynamics of Ancient Empires*: *State Power from Assyria to Byzantium*, Oxford: Oxford University Press, 2009, pp. 30 - 65.

Bidmead, J. , *The Akītu Festival*: *Religious Continuity and Royal Legitimation in Mesopotamia*, New York: Gorgias Press, 2002.

Black, Jeremy, George, Andrew and Postgate, J. N. , *A Concise Dictionary of Akkadian*, Wiesbaden: Harrassowitz, 2000.

Boardman, John et al. , eds. , *The Assyrian and Babylonian Empires and other States of the Near East from Eighth to the Sixth Centuries B. C.* , Cambridge: Cambridge University Press, 1991, CAH III/2.

Bongenaar, A. C. V. M. , *The Neo-Babylonian Ebabbar Temple at Sippar*: *Its Administration and Prosopography*, Leiden: Nederlands Historisch-Archaeologish Instituut te Istanbul, 1997.

Borger, R. , "Zur Datierurg des assyruschen königs Sin-šumu-lišir", *Or*, Vol. 38, No. 1 (1969), pp. 237 - 239.

"Zur Königsliste aus Uruk", *AfO*, Vol. 25 (1974 - 1977), pp. 165 - 166.

Brinkman, J. A. , "Foreign Relations of Babylonia from 1600 to 625 BC: The Documentary Evidence", *AJA*, Vol. 76, No. 3 (1972), pp. 271 - 281.

"Notes on Aramaeans and Chaldeans in Southern Babylonia in the Early Seventh Century B. C. ", *Or*, Vol. 46, No. 1 (1977), pp. 304 - 325.

Prelude to Empire: *Babylonian Society and Politics*, 747 - 626 B. C. , Philadelphia: Occasional Publications of the Babylonian Fund, 1984.

Brinkman, J. A. , and Kennedy, D. A. , "Documentary Evidence for the Economic Base of Early Neo-Babylonian Soceity: A Survey of Dated Babylonian Economic Texts, 721 - 626 B. C. ", *JCS*, Vol. 35, No. 1/2 (1983),

pp. 1 – 90.
Brown, S. , "The Collapse of the Neo-Assyrian Empire", *BCSMC*, Vol. 34 (1999), pp. 69 – 75.
Burney, Charles, "The God Haldi and the Urartian State", in Matcheld J. Mellink, Edith Porada and Tahsin Özgüç, eds. , *Aspects of Arts and Iconography: Anatolia and Neighours: Studies in Honor of Nümet Özgüç*, Ankara: Türk Tarih Kurumu Basimevi, 1993, pp. 107 – 110.
Charles, P. A. , "Traditional Crop Husbandry in Southern Iraq 1900 – 1960 A. D. ", *BSA*, Vol. V (1990), pp. 47 – 64.
Charvát, Petr, *Mesopotamia before History*, London and New York: Routledge, 2002.
Cogan, M, . Imperialism and Religion: Assyria, Judah and Israel in the Eighth and Seventh Centuries B. C. , PhD Dissertation of the University of Pennsylvania, 1971.
Cohen, Mark E. , *The Cultic Calendars of the Ancient Near East*, Bethesda of Maryland: CDL Press, 1993.
Cole, S. W. , *Nippur in Late Assyrian Times c.* 755 – 612 *B. C.* , Helsinki: The Neo-Assyrian Text Corpus Project, 1996, SAAS IV.
"The Destruction of Orchards in Assyrian Warfare", in S. Parpola and R. M. Whiting, eds. , *Assyria* 1995: *Proceedings of the* 10th *Anniversary Symposium of the Neo-Assyrian Text Corpus Project*, *Helsinki, September* 7 – 11, 1995, Helsinki: The Neo-Assyrian Text Corpus Project, 1997, pp. 29 – 40.
Dalley, S. , "Foreign Chariotry and Cavalry in the Armies of Tiglath-pileser III and Sargon II", *Iraq*, Vol. 47 (1985), pp. 31 – 48.
Dandamaev, M. , "The Neo-Babylonian *rab ṣibti*", in J. Marzahn und H. Neumann, hrsg. , *Assyriologica et Semitica: Festschrift für Joachim Oelsner anläßlich seines* 65. *Geburtstages am* 18 *Februar* 1997, Münster: Ugarit Verlag, 2000, pp. 29 – 31.
"Customs Dues in First-millennium Babylonia", in R. Dittmann et. al. , hrsg. , *Variatio Delectat: Iran und der Westen Gedenkschrift für Peter Calmeyer*, Münster: Ugarit Verlag, 2000, pp. 215 – 222.
Deller, K. , "Review of H. Freydank, Mittelassyrische Rechtsurkunden und

Verwaltungstexte Ⅱ", *AfO*, Vol. 34 (1987), pp. 58 – 66.

"Tamkāru-kredite in neuassyrischer Zeit, *JESHO*, Vol. 30, No. 1 (1987), pp. 1 – 29.

"Assyrian Eunuchs and Their Predecessors", in K. Watanabe, ed., *Priests and Officials in the Ancient Near East*, Heldelberg: Universitätsverlag C. Winter, 1999, pp. 303 – 312.

Dercksen, J. G., *Old Assyrian Institutions*, Leiden: Nederlands Instituut voor het Nabije Oosten, 2004.

Diakonoff, I. M., "Agrarian Conditions in Middle Assyria", in I. M. Diakonoff, ed., *Ancient Mesopotamia: Socio-Economic History: A Collection of Studies by Soviet Scholars*, Moscow: "Nauka" Publishing House, 1969, pp. 204 – 234.

van Driel, G., *The Cult of Aššur*, Assen: van Gorcum, 1969.

"Land and People in Assyria", *BiOr*, Vol. 27 (1970), pp. 168 – 175.

"Cattle in the Neo-Babylonian Period", *BSA*, Vol. Ⅷ (1995), pp. 215 – 240.

Elusive Silver: In Search of a Role of a Market in an Agrarian Environment: Aspects of Mesopotamia's Society, Leiden: Nederlands Instituut voor het Nabije Oosten, 2002.

Driver, G. R., and Miles, J. C., *The Assyrian Laws*, Aalen: Scientiaverlag, 1975.

Dubovsky, Peter, "King's Direct Control: Neo-Assyrian Qēpu Officials", in Gernot Wilhem, ed., *Organization, Reprensation and Symbols of Power in the Ancient Near East: Proceedings of the 54th Recontre Assyriologique Internationale at Würzburg 20 – 25 July 2008*, Winona Lake, Indiana: Eisenbrauns, 2012, pp. 449 – 460.

Ebeling, Erich und Meissner, Bruno hrsg., *Reallexikon der Assyriologie und vorderasiatischen Archäologie*, Erster Band, Berlin and Leipzig: Walter de Gruyter & Co., 1928, RlA Ⅰ.

Reallexikon der Assyriologie und vorderasiatischen Archäologie, Vieter Band: Ha-Hystaspes, Berlin and Leipzig: Walter de Gruyter & Co., 1972 – 1975, RlA Ⅳ.

Reallexikon der Assyriologie und vorderasiatischen Archäologie, Sechster Band: Klagesang-Libanon, Berlin and Leipzig: Walter de Gruyter & Co, 1980, RlA VI.

Eidem, J., "An Old Assyrian Treaty From Tell Leilan", in D. Charpin and F. Joannès, eds., *Marchlands, diplomates et Empereus: Études sur la civilization mésopotamienne offerts à Paul Garelli*, Paris: Éditions Recherche sur les Civilisations, 1991, pp. 185 – 208.

Elat, M., "The Economic Relations of Neo-Assyrian Empire with Egypt", *JAOS*, Vol. 98, No. 1 (1978), pp. 20 – 34.

"The Impact of Tribute and Booty on Countries and People within the Assyrian Empire", *AfO*, Beiheft Vol. 19 (1982), pp. 244 – 251.

"Phoenician Overland Trade within the Mesopotamian Empires", in M. Cogan and I. Epha'l, eds., *Ah, Assyria…Studies in Assyrian History and Ancient Near Eastern Historiography Presented to Hayim Tadmor*, Jerusalem: The Magnes Press, 1991, pp. 17 – 35.

Ellis, deJ M., "Taxation in Ancient Mesopotamia: The History of the Term *Miksu*", *JCS*, Vol. 26, No. 4 (1974), pp. 211 – 250.

Agriculture and the State in Ancient Mesopotamia: An Introduction to the Problems of Land Tenure, Philadelphia: Occasional Publication of the Babylonian Fund No. 1, 1976.

"Correlation of Archaeological and Written Evidence for the Study of Mesopotamian Institution and Chronology", *AJA*, Vol. 87, No. 4 (1983), pp. 497 – 507.

Eph'al, I. "Warfare and Military Control in the Ancient Near Eastern Empire: A Research Outline", in H. Tadmor and M. Weinfeld, eds., *History and Historiography and Interpretation: Studies in Biblical and Cuneiform Literatures*, Jerusalem: The Magnes Press, 1983, pp. 88 – 106.

Faist, B. I., *Der Fernhandel des assyrischen Reiches zwischen dem 14 und 11 Jh. V. Chr*, Münster: Ugarit Verlag, 2001.

"Kingship and Political Institutional Development in the Middle Assyrian Period", in G. B. Lanfranchi and R. Rollinger, eds., *Concepts of Kingship in Antiquity*, Padova: SARGON, 2010, pp. 11 – 24.

Fales, F. M., "A Survey of Neo-Assyrian Land Sales", in T. Khalid, ed., *Land Tenure and Social Transformation in the Middle East*, Beirut: American University of Beirut, 1984, pp. 1 – 13.

Censimenti e catasti di epoca neo-Assyria, Rome: Studi Economici tecnologici ns.

2, 1973.

"Neo-Assyrian Prosopography, 1: The Archives of Remanni-Adad", *SAAB*, Vol. 1, No. 2 (1987), pp. 93 – 114.

"Grain Reserves, Daily Rations, and the Size of the Assyrian Army: A Quantitative Study", *SAAB*, Vol. 4, No. 1 (1990), pp. 23 – 34.

"People and Professions in Neo-Assyria Assur", in H. Waetzoldt und H. Hauptmann, hrsg. , *Assyrien im Wandel der Zeiten*, Heidelberg: Heidelberger Orientverlag, 1997, pp. 33 – 40.

"Prices in Neo-Assyrian Sources", *SAAB*, Vol. 10, No. 1 (1996), pp. 11 – 53.

L' impero Assiro: Storia e Amministrazione (IX-VII *secolo a. c.*), Roma and Bari: Laterza, 2001.

Falkner, M. , "Die Eponymen der spätassyrischen Zeit", *AfO*, Vol. 17 (1954 – 1956), pp. 100 – 120.

Farazmand, Ali, "Administration of Persian Achaemenid World-State Empire: Implications for Modern Public Administration", *International Journal of Public Administration*, Vol. 21, No. 1 (1998), pp. 25 – 86.

Fine, A. H. , "Studies in Middle Assyrian Chronology and Religion", *HUCA*, Vol. 24 (1954), pp. 107 – 168, 187 – 273.

Forrer, E. , *Die Provinzeiteilung des assyrischen Reiches*, Leipzig: Hinrich Buchhandlung, 1920.

Foster, B. R. , *From Distant Days: Myths, Tales, and Poetry of Ancient Mesopotamia*, Bethesda: CDL press, 1995.

Frahm, E. E. , The Bronze-Age Obsidian Industry at Tell Mozan (Ancient Urkesh), Syria: Redeveloping Electron Microprobe Analysis for 21st Sources Research and the Implications for Obsidian Use and Exchange in Northern Mesopotamia after Neolithic, PhD Dissertation of the University of Minnesota, 2010.

Frame, Grant, "My Neighbour's God: Aššur in Babylonia and Marduk in Assyria", *BCSMS*, Vol. 34 (1999), pp. 5 – 22.

Frankfort, Henri, *Kingship and the Gods: A Study of Ancient Near Eastern Religion as Integration of Society and Nature*, Chicago and London: The University of Chicago Press, 1949.

Friedmann, Alexander Henry, Economic Geography and Administration at Nuzi, PhD Dissertation of Hebrew Union College, 1982.

Galil, G., "Appropriation of Land by Officials in the Neo-Assyrian Period", G. Frame, ed., *From the Upper Sea to the Lower Sea: Studies on the History of Assyria and Babylonia in Honour of A. Kirk Grayson*, Leiden: Nederlands Historisch-Arcaeologisch Instituut te Istanbul, 2004, pp. 95 – 118.

The Low Stratum Families in the Neo-Assyrian Period, Leiden and Boston: Brill, 2007.

Galter, Hannes D., "Looking down the Tigris: The Interrelations between Assyria and Babylonia", in G. Leick, ed., *The Babylonian World*, London and New York: Routledge, 2007, pp. 527 – 540.

Gaspa, Salvatore, "The Tax for the Regular Offerings in the Middle Assyrian State: An Overview on Quantification, Transportation, and Processing of the Agricultural Products in the Light of the Middle Assyrian Texts from Assur", *ArOr*, Vol. 79, No. 3 (2011), pp. 233 – 259.

"The *rab gināe*'s Administrative Unit at Work: A Quantitative Study on the Provision of Foodstuffs in the Middle Assyrian Period in the Evidence of the Tabular Lists", *UF*, Vol. 43 (2011), pp. 162 – 222.

"Meat Offerings and Their Preparation in the State Cult of the Assyrian Empire", *BSOAS*, Vol. 75, No. 2 (2012), pp. 249 – 273.

Gelb, I. J., "Ancient Mesopotamian Ration System", *JNES*, Vol. 24, No. 3 (1965), pp. 230 – 243.

Gelb, I. J., "A New Clay-Nail of Hammurabi", *JNES*, Vol. 7, No. 4 (1948), pp. 267 – 271.

Glossary of Old Akkadian, Chicago: The University of Chicago Press, 1957.

Gentili, Paolo, "Preliminary Remarks on the Palatine Distribution System in the Neo-Assyrian Empire", *SAAB*, Vol. 14 (2002 – 2005), pp. 89 – 111.

Goetze, Albrecht, "Review of Hurrians and Subarians by Ignace J. Gelb", *JNES*, Vol. 5, No. 2 (1946), pp. 165 – 168.

"Fifty Old-Babylonian Letters from Harmal", *Sumer*, Vol. 14 (1958), pp. 3 – 78.

Grayson, A. K., "The Empire of Sargon of Akkad", *AfO*, Vol. 25 (1974 –

1977), pp. 56 – 64.

"Histories and Historians of the Ancient Near East: Assyria and Babylonia", *Or*, Vol. 49, No. 1 (1980), pp. 140 – 194.

"Königslisten und Chroniken, Akkadisch", in E. Ebeling *et al.*, eds., RlA VI, (1980 – 1983), pp. 86 – 135.

"Rivalry and Rulership at Assur: the Puzur-Sin Inscription", *Annual Review*, Vol. 3 (1985), pp. 9 – 14.

"Assyrian Civilization, CAH III/2, 1991, pp. 194 – 228.

"Assyria: Tiglathpileser III to Sargon II", CAH III/ 2, 1991, pp. 71 – 102.

"The Struggle for Power in Assyria: Challenge to Absolute Monarchy in the Ninth and Eighth Centuries B. C.", in K. Watanabe, ed., *Priests and Officials in the Ancient Near East*, Heidelberg: Universitätsverlag C. Winter, 1999, pp. 253 – 270.

Greenwood, K. R., Then Assur Will Hear His Prayers: A Study of Middle Assyrian Royal Theology, PhD Dissertation of Hebrew Union College, 2008.

Hafford, W. B., Merchants in the Late Bronze Age Eastern Mediterranean: Tools, Texts and Trade, PhD Dissertation of University of Pennsylvenia, 2001.

Hallo, W. W., "A Sumerian Amphictyony", *JCS*, Vol. 14, No. 3 (1960), pp. 88 – 114.

Hannoon, Na'il, Studies in the Historical Geography of Northern Iraq during the Middle and Neo-Assyrian Periods, PhD Dissertation of University of Toronto, 1986.

Harris, R., *Ancient Sippar: A Demographic Study of an Old-Babylonian City (1894 – 1595 B. C.)*, Leiden: Nederlands Historisch-Archaeologish Instituut te Istanbul, 1975.

Hawkins, J. D., "Royal Statements of Ideal Prices: Assyria, Babylonian and Hittite", J. V. Canby *et al.*, eds., *Ancient Anatolia: Aspects of Change and Cultural Development: Essays in Honor of Machteld J. Mellink*, Madison: The University of Wisconsin Press, 1986, pp. 93 – 101.

Healy, Mark and McBride, Angus, *The Ancient Assyrians*, Oxford: Osprey Publishing, 1991.

Heidorn, L. A., "The Horses of Kush", *JNES*, Vol. 56, No. 2 (1997), pp. 105 – 114.

Henshaw, R. A., "The Office of *šaknu* in Neo-Assyrian Times I", *JAOS*, Vol. 87, No. 4 (1967), pp. 517 – 525.

"The Office of *šaknu* in Neo-Assyrian Times II", *JAOS*, Vol. 88, No. 3 (1968), pp. 461 – 483.

"The Assyrian Army and Its Soldiers 9th – 7th B. C.", *Palaeologia*, Vol. 16 (1969), pp. 1 – 24.

"Late Neo-Assyrian Officialdom", *JAOS*, Vol. 100, No. 3 (1980), pp. 283 – 305.

Hole, F., *Studies in the Archaeological History of the Deh Luran Plain: The Excavation of Chagha Sefid*, Ann Arbor: University of Michigan, 1977.

Holloway, S., *Aššur is King! Aššur is King! Religion in the Exercise of Power in the Neo-Assyrian Empire*, London, Boston and Köln: Brill, 2002.

Huehnergard, J., *A Grammar of Akkadian*, Indiana: Winona Lake, 2000.

Ishikida, M. Y., "The *Ilkum* Institution in the Provincial Administration of Larsa during the Reign of Hammurapi (1792 – 1750 BC)", *Orient*, Vol. 34 (1999), pp. 61 – 87.

Issar A. S. and Zohar, M., *Climate Change: Environment and History of the Near East*, Berlin and Heidelberg: Springer, 2007.

Jakob, S., *Mittelassyrischeverwaltung und Sozialstruktur: Untersuchungen*, Leiden: Brill, 2003.

Jakobson, v. A., "The Social Structure of the Neo-Assyrian Empire", in I. M. Diakonoff, ed., *Ancient Mesopotamia: Socio-Economic History: A Collection of Studies by Soviet Scholars*, Moscow: "Nauka" Publishing House, 1969, pp. 277 – 295.

Jankowaska, N. B., "Some Problems of the Economy of the Assyrian Empire", in I. M. Diakonoff, ed., *Ancient Mesopotamia: Socio-Economic History: A Collection of Studies by Soviet Scholars*, Moscow: "Nauka" Publishing House, 1969, pp. 253 – 276.

Jas, R. M., *Neo-Assyrian Judicial Procedures*, Helsinki: The Neo-Assyrian Text Corpus Project, 1996, SAAS V.

"Land Tenure in Northern Mesopotamia: Old Sources and the Modern Enviroment", in R. M. Jas, ed. , *Rainfall and Agriculture in Northern Mesopotamia*, Leiden: Nederlands Historisch-Archaeologish Instituut te lstanbul, 2000, pp. 247 – 264.

Jawad, A. J. , The Advent of the Era of Township in Northern Mesopotamia, PhD Dissertation of the University of Chicago, 1962.

Johns, C. H. W. , *An Assyrian Doomsday Book*, Leipzig: Hinrichs Buchhandlung, 1901.

Babylonian and Assyrian Laws, Contracts and Letters, Cambridge and London: Charles Scribner's Sons, 1904.

Jursa, M. , *Aspects of the Economic History of Babylonia in the First Millennium BC: Economic Geography, Economic Mentalities, Agriculture and the Use of Money and the Problem of Economic Growth*, Münster: Ugarit Verlag, 2010.

Kessler, K. , " 'Royal Road' and other Questions of the Neo-Assyrian Communication System", in S. Parpola and R. M. Whiting, eds. , *Assyria 1995: Proceedings of the 10th Anniversary Symposium of the Neo-Assyrian Text Corpus Project, Helsinki, September 7 – 11, 1995*, Helsinki: The Neo-Assyrian Text Corpus Project, 1997, pp. 129 – 136.

Kienast, B. , "*ilku*", in D. O. Edzard, hrsg. , *RlA* V, Berlin and New York: Walter de Gruyter, 1976 – 1980, pp. 52 – 59.

Kim, Tae-Hun, Assyrian Royal Inscriptions and Political and Economic Relations among Assyria, the Syro-Palestinian States and Egypt in the Eighth and Seventh Centuries B. C. E. , PhD Dissertation of the University of California, Berkeley, 2002.

Kozuh, M. G. , The Sacrificial Economy: On the Management of Sacrificial Sheep and Goats at the Neo-Babylonian/Achaemenid Eanna Temple of Uruk (c. 625 – 520 BC), PhD Dissertation of the University of Chicago, 2006.

Küne, Hartmut, "The Rural Hinterland of Dur-Katlimmu", in Hartmut Kühne, ed. , *Dur-Katlimmu 2008 and Beyond*, Wiesbaden: Harrassowitz, 2010, pp. 115 – 127.

Kuhrt, A. , "The Old Assyrian Merchants", H. Parkins and C. Smith, eds. ,

Trade, Traders and the Ancient City, London and New York: Routledge, 1998, pp. 15 – 30.

Lambert, W. G., "The Reign of Nebuchadnezzar I: A Turning Point in the History of Ancient Mesopotamian Religion", W. S. McCullough, ed., *The Seed of Wisdom:Essays in Honor of T. J. Meek*, Toronto: Toronto University Press, 1964, pp. 6 – 9.

"The God Aššur", *Iraq*, Vol. 45, No. 1 (1983), pp. 82 – 86.

"Donations of Food and Drinks to the Gods in Ancient Mesoptamia", in J. Quaegebeur, ed., *Ritual and Sacrifice in the Ancient Near East*, Leuven: Uitgeverij Peeters en Departement Orientalistiek, 1993, pp. 191 – 201.

"The Assyrian Recension of Enuma Eliš", in Hartmu Waetzoldt und Harald Hauptman, hrsg., *Assyrien im Wandel der Zeiten*, Heidelberg: Heidelberger Orientverlag, 1997, pp. 77 – 81.

Laplaca, P. J. and Powell, M. A., "The Agriculture Cycle and the Calendar at Pre-Sargonic Girsu", in J. N. Postgate and M. A. Powell, eds., *Irrigation and Cultivation in Mesopotamia Part* II, Cambridge: Sumerian Agriculture Group, 1990, pp. 65 – 104.

Larsen, M. T., *Old Assyrian Caravan Procedures*, Istanbul: Nederlands Historisch-Archaeologish Instituut te Istanbul, 1967.

"The City and Its King: On the Old Assyrian Notion of Kingship", in Paul Garelli, ed., *Le Palais et la Royauté: Archéologie et Civilisation*, Paris: Librairie Orientaliste Paul Geuthner, 1974, pp. 23 – 37.

The Old Assyrian City-State and Its Colonies, Copenhagen: Akademisk Forlag, 1976.

"Partership in the Old Assyrian Trade", *Iraq*, Vol. 39, No. 2 (1977), pp. 119 – 145.

The Aššur-nādā Archives, Leiden: Nederlands Instituut voor in het Nabije Oosten, 2002.

Læssøe, J., "IM 62100: A Letter from Tell Shemshara", in H. G. Güterbock and Th. Jacobsen, eds., *Studies in Honor of Benno Landsberger on His 75th Birthday*, Chicago: The University of Chicago Press, 1965, pp. 189 – 196.

Leick, G., *A Dictionary of Ancient Near Eastern Mythology*, London and New York: Routledge, 1991.

Historical Dictionary of Mesopotamia, Lanham and Oxford: The Scarecrow Press, 2003.

Levine, L. D., *Two Neo-Assyrian Stelae from Iran*, Toronto: Royal Ontario Museum, 1972.

"Preliminary Remarks on the Historical Inscriptions of Sennacherib", in H. Tadmor and M. Weinfeld, eds., *History and Historiography and Interpretation: Studies in Biblical and Cuneiform Literatures*, Jerusalem: The Magnes Press, 1983, pp. 58 – 75.

Lewy, L., "On some Institutions of the Old Assyrian Empire", *HUCA*, Vol. 27 (1956), pp. 1 – 80.

"Neša", *JCS*, Vol. 17, No. 4 (1963), pp. 103 – 104.

Linssen, M. J. H., *The Cults of Uruk and Babylon: The Temple Ritual Texts as Evidence for Hellenistic Practices*, Leiden and Boston: Brill and Styx, 2004.

Liverani, M., "The Ideology of the Assyrian Empire", in M. T. Larsen, ed., *Power and Propaganda: A Symposium on Ancient Empires*, Copenhagen: Akademisk Forlag, 1979, pp. 297 – 319.

"The Growth of the Assyrian Empire in the Habur/Middle Euphrates Area: A Paradigm", *SAAB*, Vol. 2, No. 2 (1988), pp. 81 – 98.

Antico Oriente: Storia società, economia, Rome & Bari: Laterza, 1988.

Studies on the Annals of Ashurnasirpal II, Part II: *Topographical Analysis*, Rome: Università di Roma "La Sapienza", 1992.

"Reconstructing the Rural Landscape of the Ancient Near East", *JESHO*, Vol. 39, No. 1 (1996), pp. 1 – 41.

Llop, Jaume, "The Creation of the Middle Assyrian Provinces", *JAOS*, Vol. 131, No. 4 (2011), pp. 591 – 603.

MacGinnis, John, "The Royal Establishment at Sppar in the 6th Century BC", *ZA*, Vol. 84, No. 2 (1994), pp. 198 – 219.

Letter Orders from Sippar and the Administration of Ebabbar in the Late-Babylonian Period, Poznań: "Bonami" Wydawwictwo, 1995.

Machinist, P. B., "Provincial Governance in Middle Assyria and Some New Texts from Yale", *Assur*, Vol. 3, No. 2 (1982), pp. 1 – 39.

"Assyrians on Assyria in the First Millennium B. C.", in K. Raaflaub unter Mitarbeit von E. Müller-Luckner, hrsg., *Anfänge politischen Denkens in der Antike: Die nahöstlischen Kulturen und die Griechen*, München: R. Oldenbourg, 1993, pp. 77 – 104.

"The Fall of Assyria in Comparative Ancient Perspective", in S. Parpola and R. M. Whiting, eds., *Assyria 1995: Proceedings of the 10th Anniversary Symposium of the Neo-Assyrian Text Corpus Project*, Helsinki, September 7 – 11, 1995, Helsinki: The Neo-Assyrian Text Corpus Project, Helsinki: The Neo-Assyrian text Corpus Project, 1997, pp. 179 – 196.

Mack, R. R., Neo-Assyrian Prophecy and the Hebrew Bible: A Comparative Analysis, PhD Dissertation of Hebrew Union of College, 2010.

Maher, Edward F., Food for the Gods: The Identification of Philistine Rites of Animal Sacrifice, PhD Dissertation of University of Illinois, 2004.

Maidman, M. P., *Nuzi Texts and Their Uses as Historical Evidence*, Atlanta: Society of Biblical Literature, 2010.

van Manitus, W., "Das Stehende Heer der Assyrerkönige under seine Organisation", *ZA*, Vol. 24, No. 1 (1910), pp. 95 – 154, 185 – 224.

Martin, W. J., *Tribut und tributleistungen bei den Assyrern*, Helsinki: Societas Orientalis Fennica, 1936.

Masetti-Rouault, Maria Grazia, "Rural Economy and Steppe Management in an Assyrian Colony in the West", in Hartmut Kühne, ed., *Dur-Katlimmu 2008 and Beyond*, Wiesbaden: Harrassowitz, 2010, pp. 129 – 149.

Mattila, Raija, "Balancing the Accounts of the Royal New Year Receptions", *SAAB*, Vol. 4, No. 1 (1990), pp. 1 – 22.

The King's Magnates: A Study of the Highest Officials of the Neo-Assyrian Empire, Helsinki: The Neo-Assyrian Text Corpus Project, 2000, SAAS XI.

Maxwell-Hyslop, K. R., "Assyrian Sources of Iron: A Preliminary Survey of the Historical and Geographical Evidence", *Iraq*, Vol. 36, No. 1/2 (1974), pp. 139 – 154.

Menzel, Brigitte, *Assyrische Tempel*, Rome: Biblical Institute Press, 1981.

Michel, C., *Old Assyrian Bibiiography: Of Cuneiform Texts, Bullae, Seals and the Results of the Excavations at Aššur, Kültepe/Kaniš, Acemhöyük, Ali ṣar and Bogazköy*, Leiden: Nederlands Instituut voor het Nabije Oosten, 2003.

Van de Mieroop, M. , *Cuneiform Texts and the Writing of History*, London and New York: Routledge, 1999.

A History of the Ancient Near East ca. 3000 – 323 B. C. , Malden: Blackwell Publishing, 2007.

Milliard, A. R. , "Assyria and Arameans", *Iraq*, Vol. 45, No. 1 (1983), pp. 101 – 108.

The Eponyms of the Assyrian Empire, 910 – 612 B. C. , Helsinki: The Neo-Assyrian Text Corpus Project, 1994, SAAS Ⅱ.

Monroe, C. F. , *Scales of Fate: Trade, Tradition, and Transformation in the Eastern Mediterranean ca. 1350 – 1175 BCE*, PhD Dissertation of University of Michigan, 2000.

Moore, Karl and Lewis, David, "The First Multinationals: Assyria circa 2000 BC", *Management International Review*, Vol. 38, No. 2 (1998), pp. 95 – 107.

Na'amann, N. , "Chronology and History in the late Assyrian Empire (631 – 619 B. C)", *ZA*, Vol. 81, No. 2 (1991), pp. 243 – 267.

Nadali, Davide, "The Representation of Foreign Soldiers and Their Employment in the Assyrian Army", in W. H. van Soldt, R. Kalvelagen and D. Katz, eds. , *Ethnicity in Ancient Mesopotamia*, Leiden: Nederlands Instituut voor het Nabije Oosten, 2005, pp. 222 – 232.

Nel, P. J. ,"Social Justice as Religious Responsibility in Near Eastern Religions: Historic Ideal and Ideological Illusion", *JNSL*, Vol. 26, No. 2 (2000), pp. 143 – 153.

Nemet-Nejat, K. R. , *Daily Life in Ancient Mesopotamia*, Peabody of Massachusetts: Hendrickson Publishers, 2002.

Neuman, J. and Parpola, S. , "Climatic Change and the Eleventh-Tenth Century Eclipse of Assyria and Babylonia", *JNES*, Vol. 46, No. 3 (1987), pp. 161 – 182.

Nissen, H. , *The Early History of the Ancient Near East 9000 – 2000 B. C.* , Chicago and London: The University of Chicago Press, 1990.

Nissinen, M. , *References to Prophecy in Neo-Assyrian Sources*, Helsinki: The Neo-Assyrian Text Corpus Project, 1998, SAAS Ⅶ.

Noble, D., "Assyrian Chariotry and Cavalry", *SAAB*, Vol. 4, No. 1 (1990), pp. 61 – 68.

Oates, D., *Studies in the Ancient History of Northern Iraq*, London: The Oxford University Press, 1968.

Oates, J., "Assyrian Chronology 631 – 612 B. C.", *Iraq*, Vol. 27, No. 2 (1965), pp. 135 – 159.

Oden, Robert A. Jr., "Taxation in Biblical Israel", *The Journal of Religious Ethnics*, Vol. 12, No. 2 (1984), pp. 162 – 181.

Oded, B., *Mass Deportation and Deportees in the Neo-Assyrian Empire*, Wiesbaden: Dr. Ludwig Reichertverlag, 1979.

"The Command of God as a Reason for Going to War in the Assyrian Royal Inscriptions", in M. Cogan and I. Epha'l, eds., *Ah, Assyria...Studies in Assyrian History and Ancient Near Eastern Historiography Presented to Hayim Tadmor*, Jerusalem: The Magnes Press, 1991, pp. 223 – 230.

Odorio, Marco de, *The Use of Numbers and Quantifications in the Assyrian Royal Inscriptions*, Helsinki: The Neo-Assyrian Text Corpus Project, 1995, SAAS Ⅲ.

Oguchi, H., "Trade Routes in the Old Assyrian Period", *Al-Rāfidān*, Vol. 20 (1999), pp. 85 – 106.

Ökse, A. Tuba, "Ancient Mountain Routes Connecting Central Anatolia to the Upper Euphrates Region", *AnSt*, Vol. 57 (2007), pp. 35 – 45.

Olesner, Joachim, Well, Bruce and Wunsch, C., "Neo-Babylonian Period", in R. Westbrook, ed., *A History of Ancient Near Eastern Law*, Vol. Ⅱ, London and Boston: Brill, 2003, pp. 911 – 974.

Olivier, J. P. J., "Restitution as Economic Redress: The Fine Print of the Old Babylonian *mēšarum*-edict of Ammiṣaduqa", *ZAR*, Vol. 3 (1997), pp. 12 – 25.

Olmstead, A. T. E., "Shalmaneser Ⅲ and the Establishment of the Assyrian Empire", *JAOS*, Vol. 41 (1921), pp. 345 – 382.

History of Assyria, Chicago and London., 1923.

Oppenheim, A. L., "A Fiscal Practice of the Ancient Near East", *JNES*, Vol. 6, No. 2 (1947), pp. 116 – 120.

"A Bird's Eye View of Mesopotamian Economic History", in K. Polanyi,

C. M. Arensberg and H. W. Pearson, eds., *Trade and Market in the Early Empires*, Chicago: Free Press Henry Rengery Company, 1957, pp. 27 – 37.

"A New Look at the Social Structure of Mesopotamia", *JESHO*, Vol. 10, No. 1 (1967), pp. 1 – 16.

"Essay on Overland Trade in the First Millennium B. C.", *JCS*, Vol. 21 (1967), pp. 236 – 254.

"Review of Taxation and Conscription in the Assyrian Empire by J. N. Postgate", *ZA*, Vol. 65, No. 2 (1975), pp. 293 – 296.

Orlin, L. L., *Assyrian Colonies in Cappadocia*, Paris: Mouton & Co. N. V, 1970.

Pack, M. D., *The Administrative Structure of the Palace at Mari* (ca. 1800 – 1750 B. C.), PhD Dissertation of University of Pennsylvania, 1981.

Parker, B., "The Nimrud Tablets, 1952 – Business Documents", *Iraq*, Vol. 16, No. 1 (1954), pp. 29 – 58.

"The Assyrian Civil Service", *Sumer*, Vol. 16 (1961), pp. 32 – 38.

"Garrisoning the Empire: Aspects of the Construction and Maintenance of Forts on the Assyrian Frontier", *Iraq*, Vol. 59 (1997), pp. 77 – 87.

"The Construction and Performance of Kingship in the Neo-Assyrian Empire", *JAR*, Vol. 67, No. 3 (2011), pp. 357 – 386.

Parker, B. J., *The Mechanics of Empire: The Northern Frontier of Assyria as a Case Study in Imperial Dynamics*, PhD Dissertation of the University of University of California Los Angeles, 1998.

Parpola, S., *Neo-Assyrian Toponyms*, Neukirchen-Vluyn: Verlag Butzon & Bercker Kevelaer, 1970.

"A Note on the Neo-Assyrian Census List", *ZA*, Vol. 64, No. 1 (1974), pp. 96 – 115.

"Assyrian Royal Inscriptions and Neo-Assyrian Letters", in F. M. Fales, ed., *Assyrian Royal Inscriptions: New Horizons in Literary, Ideological, and Historical Analysis*, Roma: Istituto per l'Oriente Centro per le Antichit la Storia Dell'arte delvicino Oriente, 1981, pp. 117 – 134.

The Construction of Dur-Šarrukin in the Assyrian Royal Correspondence, in

A. Caubet, ed., *Khorsabad, le palais de Sargon* II, *roi d'Assyrie*, Paris: Louvre conférences et colloques, 1995.

"The Assyrian Cabinet", in M. Dietrich and O. Loretz, hrsg., *Vom alten Orient zum alten Testament: Festschrift für Wolfram Freiherrnvon Soden zum 85 Geburtstag am 19 Juni 1993*, Kevelaer: Butzon und Bercker Verlag, Neukirchen-Vluyn: Neukirchener Verlag, 1995, pp. 379 – 401.

"National and Ethnic Identity in the Neo-Assyrian Empire and Assyrian Identity in Post-Empire Times", *JAAS*, Vol. 18, No. 2 (2004), pp. 5 – 22.

"The Neo-Assyrian Ruling Class", in Thomas Kämmerer, hrsg., *Studeien zur Ritual und Sozialgeschichtim alten Orient*, Berlin: Walter de Gruyter, 2007, pp. 257 – 274.

Assyrian-English-Assyrian Dictionary, Helsinki: The Neo-Assyrian Text Corpus Project, 2007.

Parpola, S. and Porter, M., *The Helsinki Atlas of the Near East in the Neo-Assyrian Period*, Helsinki: The Neo-Assyrian Text Corpus Project, 2001.

Pečirková, J., "Divination and Politics in the Late Assyrian Empire", *ArOr*, Vol. 53, No. 2 (1985), pp. 155 – 168.

"The Administrative Methods of Assyrian Imperialism", *ArOr*, Vol. 55, No. 2 (1987), pp. 162 – 175.

"Assyria under Sennacherib", *ArOr*, Vol. 61, No. 1 (1993), pp. 1 – 10.

"Property of Assyria Officials", *ArOr*, Vol. 63, No. 1 (1995), pp. 1 – 13.

"Assurbanipal and the Downfall of the Empire", *ArOr*, Vol. 64, No. 2 (1996), pp. 157 – 162.

Pedersén, O., *Archives and Libraries in the City of Assur: A Survey of the Material from the German Excavations*, Part I, Uppsala: Acta Universitatis Upsaliensis, 1985.

Pfeifer, R. H., "On Babylonian-Assyrian Feudalism (*ilku*)", *AJSLL*, Vol. 39, No. 1 (1922), pp. 66 – 68.

Pomponio, Francesco, *Nabû. Il culto e la figura di un dio del Pantheon babilonese ed assiro*, Roma: Istituto di studi del vicino Oriente, 1978.

Pongratz-leisten, B., "The Interplay of Military Strategy and Cultic Practice in Assyrian Politics", in S. Parpola and R. M. Whiting, eds., *Assyria* 1995:

Proceedings of the 10th Anniversary Symposium of the Neo-Assyrian Text Corpus Project, Helsinki, September 7 – 11, 1995, Helsinki: The Neo-Assyrian Text Corpus Project, 1997, pp. 245 – 252.

Porter, N. B., "Feeding Dinner to a Bed: Reflections on the Nature of Gods in Ancient Mesopotamia", *SAAB*, Vol. 15 (2006), pp. 307 – 331.

Postgate, J. N., *Neo-Assyrian Royal Grants and Decrees*, Rome: Pontifical Biblical Institute, 1969.

"Land Tenure in the Middle Assyrian Period: A Reconstruction", *BSOAS*, Vol. 34, No. 3 (1971), pp. 496 – 520.

"Harrān", *RlA*, Vol. IV (1972 – 1975), pp. 122 – 125.

"Some Remarks on Conditions in the Assyrian Countryside", *JESHO*, Vol. 17, No. 3 (1974), pp. 225 – 243.

Taxation and Conscription in the Assyrian Empire, Rome: Biblical Institute Press, 1974.

Fifty Neo-Assyrian Legal Documents, Warminster: Aris & Philips, 1976.

"The Economic Structure of the Assyrian Empire", in M. T. Larsen, ed., *Power and Propaganda: A Symposium on Ancient Empires*, Copenhagen: Akademisk Forlag, 1979, pp. 193 – 221.

"Itu'(Utu', Itu' aju)", *RlA*, Vol. VI (1976 – 1980), pp. 221 – 222.

"The Place of *šaknu* in Assyrian Government", *AnSt*, Vol. 30 (1980), pp. 67 – 76.

"*Ilku* and Land Tenure in the Middle Assyrian Kingdom: A Second Attempt", in M. A. Dandamaev et al., eds., *Societies and Languages of the Ancient Near East: Studies in Honour of I. M. Diakonoff*, Warminster: Aris and Philips, 1982, pp. 304 – 313.

"Review of *Assyrishe Tempel*", *JSS*, Vol. 28 (1983), pp. 155 – 159.

"The Middle Assyrian Provinces: Review of *Die Orts-und-Gewassernamen der mittelbabylonischen und mittelassyrischen Zeit*", *AfO*, Vol. 32 (1985), pp. 95 – 101.

"Administrative Archives from Assur in the Middle Assyrian Period", in K. R. Veenhof, ed., *Cuneiform Archives and Libraries: Papers Read at the 30^e Rencontre Assyriologique Internationale Leiden*, 4 – 8 *July* 1983, Istanbul: Nederlands Historisch-Archaeologisch Instituut te Istanbul, 1986, pp. 168 – 183.

"Employer, Employee and Employment in the Neo-Assyrian Empire", in M. A. Powell, ed., *Labour in the Ancient Near Eas*, New Haven: American Oriental Society, 1987, pp. 257 – 270.

"Middle Assyrian Tablets: The Instruments of Bureaucracy", *AoF*, Vol. 13, No. 1 (1986), pp. 10 – 39.

"The Ownership and Exploitation of Land in Assyria in the First Millennium B. C. ", in M. Lebeau et P. Talon, eds., *Reflets des deux fleuves: Volume de mélanges offerts à André Finet*, Leuven: Peeters, 1989, pp. 141 – 152.

"Ancient Assyria: A Multi-Racial State", *Aram*, Vol. 1 (1989), pp. 1 – 10.

"The Land of Assur and the Yoke of Assur", *WA*, Vol. 23, No. 3 (1992), pp. 243 – 263.

Early Mesopotamia: Society and Economy at the Dawn of History, London and New York: Routledge, 1992.

"Assyria: The Home Provinces", in M. Liverani, ed., *Neo-Assyrian Geography*, Roma: Università di Roma "La Sapienza", 1995, pp. 1 – 17.

"Some Latter-Days Merchant Aššur", M. Dietrich and O. Loretz, hrsg., *Vom alten Orient zum alten Testament: Festschrift für Wolfram Freiherrnvon Soden zum 85 Geburtstag am 19 Juni 1993*, Kevelaer: Butzon und Bercker Verlag, Neukirchen-Vluyn: Neukirchener Verlag, 1995, pp. 403 – 406.

"Middle Assyria to Neo-Assyria: The Nature of Shift", in H. Waetzoldt und H. Hauptmann, hrsg., *Assyrien im Wandel der Zeiten*, Heidelberg: Heidelberger Orientverlag, 1997, pp. 159 – 168.

"Assyrian Army in Zamua", *Iraq*, Vol. 62 (2000), pp. 89 – 108.

"System and Style in three Near Eastern Bureaucracies", in S. Voutsaki and J. T. Killen, eds., *Economy and Politics in the Mycenaean Palace States*, Cambridge: Cambridge Philological Society, 2001, pp. 181 – 194.

"Business and Government at Middle Assyrian Rimah", L. Al-Gailani Werr et al., eds., *Of Pots and Plan. Papers on the Archaeology and History of Mesopotamia and Syria Presented to David Oates in Honor of His 75th Birthday*, London: NABU Publications, 2002, pp. 297 – 308.

"Documents in Government under the Middle Assyrian Kingdom", M. Brosius, ed. , Ancient Archives and Archival Traditions: Concepts of Record-Keeping in the Ancient World, Oxford: Oxford University Press, 2003, pp. 124 – 138.

Potts, D. T. , Mesopotamian Civilization: The Material Foundations, London: The Athlone Press, 1997.

Powell, M. A. , "On the Absolute Value of Assyrian qa and emār", Iraq, Vol. 46, No. 1 (1984), pp. 57 – 61.

"Money in Mesopotamia", JESHO, Vol. 39, No. 3 (1996), pp. 224 – 242.

Purves, Pierre M. , "Commentary on Nuzi Real Property in the Light of Recent Studies", JNES, Vol. 4, No. 2 (1945), pp. 68 – 86.

Radner, Karen, Die neuassyrischen Privatrechtsurkunden als Quelle für Mensch und Umwelt, Helsinki: The Neo-Assyrian Text Corpus Project, 1997, SAAS VI.

"Traders in the Neo-Assyrian Period", in J. G. Dercksen, ed. , Trade and Finance in Ancient Mesopotamia, Leiden: Nederlands Historisch-Archaeologisch Instituut te Istanbul, 1999, pp. 101 – 126.

"Money in Neo-Assyrian Empire", in J. G. Dercksen, ed. , Trade and Finance in Ancient Mesopotamia, Istanbul: Nederlands Historisch-archeologisch Instituut te Istanbul, 1999, pp. 127 – 158.

"How Did the Neo-Assyrian King Perceive his Land and its Resources?" in R. M. Jas, ed. , Rainfall and Agriculture in Northern Mesopotamia, Istanbul: Nederlands Historisch-Archaeologish Instituut te Istanbul, 2000, pp. 233 – 246.

Die neuassyrischen Texte aus Tall Šēh Hamad, Berlin: Dietrich Reimerverlag, 2002.

"Neo-Assyrian Period", in R. Westbrook, ed. , A History of Ancient Near Eastern Law, Vol. II, Leiden and Boston: Brill, 2003, pp. 883 – 910.

"The Assur-Nineveh-Arbela Triangle: Central Assyria in the Neo-Assyrian Period", in P. A. Miglus and Simone Mühl, eds. , Between the Cultures: The Central Tigris Region from the 3rd to the 1st Millennium BC, Heidelberg: Heidelberger Orientverlag, 2011, pp. 321 – 329.

Ragen, A. , The Neo-Babylonian Širku: A Social History, PhD Dissertation of Harvard University, 2007.

Ragon, Z. A. , *Assyria: From the Rise of the Empire to the Fall of Nineveh*, New York: G. P. Putnam's Sons, 1905.

Rainville, L. , The Organization of Domestic Activities in Upper Mesopotamian Households and Neighborhoods during the Early Bronze Age: A Micro-Archaeological and Architectural Approach, PhD Dissertation of University of Michigan, 2001.

Reade, J. E. , "The Neo-Assyrian Court and Army: Evidence from the Sculptures", *Iraq*, Vol. 34, No. 2 (1972), pp. 87 – 112.

"Studies in Assyrian Geography: Sennacherib and the Waters of Nienveh", *RA*, Vol. 72, No. 1 (1978), pp. 47 – 72, 157 – 180.

"Assyrian Eponyms, Kings and Pretenders, 648 – 650 B. C. ", *Or*, Vol. 67, No. 1 (1998), pp. 255 – 265.

Renger, J. , "On Economic Structures in Ancient Mesopotamia", *Or*, Vol. 63, No. 1 (1995), pp. 157 – 208.

Reviv, Hanoch, "*Kidinnu* Observations on Privileges of Mesopotamian Cities", *JESHO*, Vol. 31, No. 3 (1988), pp. 286 – 298.

Richardson, S. F. C. , The Collapse of a Complex State: A Reappraisal of the End of the First Dynasty of Babylon 1683 – 1595 B. C. , PhD Dissertation of the University of Columbia, 2002.

Da Riva, Rocío, *Der Ebabbar Tempel von Sippar in frühneubabylonischer Zeit* (650 – 648), Münster: Ugarit Verlag, 2002.

Roaf, M. , *Cultural Atlas of Mesopotamia and the Ancient Near East*, New York: Facts on File, 1990.

Rollinger, Robert, "The Ancient Greeks and the Impact of the Ancient Near East: Textual Evidence and Historical Perspective (ca. 750 – 650 BC)", in R. M. Whiting, ed. , *Mythology and Mythologies: Methodological Approaches to Intercultural Influences. Proceedings of Second Annual Symposium of the Assyrian and Babylonian Intellectual Heritage Project Held in Paris, October 4 – 7 1999*, Helsinki: The Neo-Assyrian Text Corpus Project, 2001, pp. 233 – 264.

Rosen, B. L. , Studies in Old Assyrian Contracts, PhD Dissertation of Brandeis University, 1977.

Roth, M. T., *Law Collections from Mesopotamia and Asia Minor*, Atlanta: Scholar Press, 1997.

Roux, Geoges, *Ancient Iraq*, London: Penguin Group, 1992.

Rowton, M. B., "The Woodlands of Ancient Western Asia", *JNES*, Vol. 26, No. 4 (1967), pp. 261 –277.

Russel, J. M., "The Historical Geography of the Euphrates and Habur according to the Middle- and Neo-Assyrian Sources", *Iraq*, Vol. 47 (1985), pp. 57 –74.

Sennacherib's Palace without Rival at Nineveh, Chicago: The University of Chicago Press, 1991.

Saggs, H. W. F., "Assyrian Warfare in the Sargonid Period", *Iraq*, Vol. 25, No. 2 (1963), pp. 145 – 154.

The Might That Was Assyria, London: Sidgwick and Jackson, 1984.

Sallaberger, W. and Westenholz, A., *Mesopotamien: Akkade-Zeit und Ur III-Zeit*, Freiburg: Universität Verlag, 1999.

Saporetti, C., "La Figura del tamkāru nell'Assiria del XIII secolo", *SMEA*, Vol. 18 (1977), pp. 93 – 101.

Sarzyńska, K., "Offerings for the Goddess Inanna in Archaic Uruk", *RA*, Vol. 87, No. 1 (1993), pp. 7 – 28.

Sharlach, T. M., *Provincial Taxation and the Ur III State*, Leiden and Boston: Brill and Styx, 2004.

Sidall, Robert Luis, *The Reign of Adad-nīrārī III: An Historical and Ideological Analysis of an Assyrian King and His Times*, Leiden and Boston: Brill, 2013.

Silver, Morris, *Economic Structures of Antiquity*, Westport: Greenwood Press, 1995.

Singer, Itamar, "The Battle of Nihriya and the End of the Hittite Empire", *ZA*, Vol. 75, No. 1 (1985), pp. 100 – 123.

Slanski, Kathryn E., *The Babylonian Entitlement Narûs (Kudurrus): A Study in Their Form and Function*, Boston: American Schools of Oriental Research, 2003.

Sollberger, E., "The Cruciform Monument", *JEOL*, Vol. 20 – 23 (1967 – 1974), pp. 50 – 70.

Sommerfeld, W., "The Kassites of Ancient Mesopotamia: Origins, Politics and

Culture", in J. M. Sasson, ed. , *Civilizations of the Ancient Near East*, Vol. II, New York: Scribner's, 1995, pp. 917 – 930.

Spalinger, A. , "Assurbanipal and Egypt: A Source Study", *JAOS*, Vol. 94, No. 3 (1974), pp. 316 – 328.

Speiser, E. A. , "Hurrians and Subarians", *JAOS*, Vol. 68, No. 1 (1948), pp. 1 – 13.

Stevens, M. E. , Tithes and Taxes: The Economic Role of the Jerusalem Temple in its Ancient Near Eastern Context, PhD Dissertation of University of Virginia, 2002.

Stephens, F. J. , *Old Assyrian Letters and Business Documents*, New Haven: University of Yale Press, 1944.

Stillman, N. and Tallis, *Armies of Ancient Near East 3000 B. C. to 539 B. C.* , Worthing: Wargames Research Group, 1984.

Stolper, M. W. , *Entrepreneurs and Empire: The Murašû Archive, the Murašû Firm and Persian Rule in Babylonia*, Leiden: Nederlands Historisch-Archaeologish Instituut te Istanbul, 1985.

"Registration and Taxation of Slave Sales in Achaemenid Babylonia", *ZA*, Vol. 79, No. 1 (1989), pp. 80 – 101.

Stratford, E. P. , Agents, Archives and Risk: A Micronarrative Account of Old Assyrian Trade through Šalim-Ahum's Activities in 1890 B. C. , PhD Dissertation of the University of Chicago, 2010.

Szuchman, J. J. , *Prelude to Empire: Middle Assyrian Hanigalbat and the Rise of the Aramaeans*, PhD Dissertation of University of California Los Angeles, 2007.

Tadmor, H. , "The Aramaization of Assyria: Aspects of Western Impact", in Hans-Jörg Nissen und Johannes Renger, Hrsg. , *Mesoptamien und seine nachbarn: Politische und kulturelle Wechselbeziehungen im altenvorderasien*, Berlin: Dietrich Reimerverlag, 1982, pp. 449 – 471.

"Autobiography Apology in the Royal Assyrian Literature", in H. Tadmor and M. Weinfeld, ed. , *History and Historiography and Interpretation: Studies in Biblical and Cuneiform Literatures*, Jerusalem: The Magnes Press, 1983, pp. 36 – 57.

"On the Role of Aramaic in the Assyrian Empire", in M. Mori, ed. , *Near Eastern Studies Dedicated to H. I. H. Prince Takahito Mikasa on the Occasion of His Seventy-fifth Birthday*, Wiesbaden: Harrossowitz, 1991, pp. 419 –426.

"The Role of the Chief Eunuch and the Place of Eunuchs in the Assyrian Empire", in Simo Parpola and Robert M. Whiting, eds. , *Sex and Gender in the Ancient Near East: Proceedings of the 47th Recontre Assyrioloque Internationale*, Helsinki: The Neo-Assyrian Text Corpus Project, 2002, pp. 603 –611.

Tadmor, H. Landsberger, Benno and Parpola, Simo, "The Sin of Sargon and Sennacherib's Last Will", *SAAB*, Vol. 3, No. 1 (1989), pp. 1 –51.

Thomason, A. K. , *Luxury and Legitimation: Royal Collecting in Ancient Mesopotamia*, Burlington: Ashgate Publishing Company, 2005.

Ur, Jason, "Sennacherib's Northern Assyrian Canals: New Lights from Satellite Imaginary Aerial Photography", *Iraq*, Vol. 67, No. 1 (2005), pp. 317 –345.

Veenhof, K. R. , *Aspects of Old Assyrian Trade and Its Terminology*, Leiden: E. J. Brill, 1972.

"The Old Assyrian Merchants and Their Relations with the Native Population of Anatolia", in Hans-Jörg Nissen und Johannes Renger, hrsg. , *Mesopotamien und Nachbarn: Politische und Kulturelle Wechselbeziehungen im alten Vorderasien*, Berlin: Dietrig Reimer Verlag, 1982, pp. 147 –159.

"Price and Trade: The Old Assyrian Evidence", *AoF*, Vol. 15, No. 2 (1988), pp. 243 –264.

"In Accordance with the Words of the Stele: Evidence for Old Assyrian Legislation", *CKLR*, Vol. 70 (1995), pp. 1717 –1744.

"Mesopotamia: Old Assyrian Period", in R. Westbrook, ed. , *A History of Ancient Near Eastern Law*, Vol. I, London and Boston: Brill, 2003, pp. 431 –484.

"Archives of Old Assyrian Traders", in Maria Brosius, ed. , *Ancient Archives and Archival Traditions: Concepts of Reocord-Keeping in the Ancient World*, Oxford: Oxford University Press, 2003, pp. 78 –123.

The Old Assyrian List of Year Eponyms from Karum Kanish and its Chronological Implications, Ankara: Turk Historical Society, 2003.

"Across the Euphrates", in J. G. Dercksen, ed. , *Anatolia and the Jazira during* the *Old Assyrian Period*, Leiden: Nederlands Instituut voor het Nabije Oosten, 2008, pp. 3 – 29.

Veenhof, K. R. and Eidem, J., *Mesopotamia: The Old Assyrian Period*, Göttingen: Vandenhoeck und Ruprecht, 2008.

Vincente, C. A., The 1987 Tell Lailan Tablets Dated by the Limmu of Habilkinu, PhD Dissertation of Yale University, 1991.

Visicato, G., "A Temple Institution in the Barley Records from Sargonic Ešnunna", *ASJ*, Vol. 19 (1997), pp. 235 – 259.

Waerzegges, C., "The Babylonian Revolts against Xerxes and the "End of Archives"", *AfO*, Vol. 50 (2003 – 2004), pp. 150 – 173.

Walker, C., "Some Assyrians at Sippar in the Old Babylonian Period", *AnSt*, Vol. 30 (1980), pp. 15 – 22.

Weinfeld, Moshe, *Social Justice in Ancient Israel and in the Ancient Near East*, Jerusalem: The Magnes Press, 1995.

Wiesehöfer, Josef, "The Achaemenid Empire", in Ian Morris and Walter Scheidel, eds., *The Dynamics of Ancient Empires: State Power from Assyria to Byzantium*, Oxford: Oxford University Press, 2009, pp. 66 – 97.

Wilkinson, T. J., "Water and Human Settlement in the Balikh Valley, Syria: Investigation from 1992 – 1995", *JFA*, Vol. 25 (1998), pp. 63 – 87.

Wilkinson, T. J., Ur, Jason et al., "Landscape and Settlements in the Neo-Assyrian Empire", *BASOR*, Vol. 340 (2005), pp. 23 – 56.

Wilhelm, Gernot, *The Hurrians*, Warminster: Aris and Phillips Ltd., 1989.

Willson, K., *The Nimrud Wine Lists: A Study of Men and Administration at the Assyrian Capital in the Eighth Century B. C.*, London: British School of Archaeology in Iraq, 1972, CTN I.

Wunsch, C., "Neubabylonische Geschäftsleute und ihre Beziehungen zu Palast- und Tempel verwaltungen: Das Beispiel der Familie Egibi", in A. C. V. M. Bongenaar, ed., *Interdependency of Institutions and Private Entrepreneurs: Proceedings of the 2nd MOS Symposium.* Leiden: Nederlands Historisch-Archaeologisch Instituut te Istanbul, 2000, pp. 95 – 118.

Yamada, Shigeo, *The Construction of the Assyrian Empire: A Historical Study of the Inscriptions of Shalmaneser III (859 – 824 BC) Relating to His Cam-*

paigns to the West, Leiden and Boston: Brill, 2000.

"Kārus on the Frontiers of the Neo-Assyrian Empire", *Orient*, Vol. 40 (2005), pp. 56 – 90.

Yoffee, N., "The Decline and Rise of Mesopotamian Civilization: An Ethnoarchaeological Perspective on the Evolution of Society Complexity", *American Antiquity*, Vol. 44, No. 1 (1973), pp. 5 – 35.

"Aspects of Mesopotamian Land Sales", *American Anthropologist*, Vol. 90, No. 1 (1988), pp. 119 – 130.

Zaccagnini, C., "Prehistory of the Achaemenid Tributary System", in P. Briantet et C. Herrenschmidt, eds., *Le Tribut dans l'empire Perse*, Paris: Peeters, 1989, pp. 193 – 215.

Zadok, Ran, "The Ethno-Linguistic Composition of Assyrian Proper in the 9th – 7th Centuries BC", in Hartmu Waetzoldt und Harald Hauptman, hrsg., *Assyrien im Wandel der Zeiten*, Heidelberg: Heidelberger Orientverlag, 1997, pp. 209 – 216.

"The Ethno-linguistic Character of Northwest Iran and Kurdistan in the Neo-Assyrian Period", *Iran*, Vol. 40 (2002), pp. 89 – 151.

Zawadzki, S., "The Economic Crisis in Uruk during the Last Years of Assyrian Rule in the Light of the So-called Nabû-ušallim Archives", *Folia Orientalia*, Vol. 20 (1976), pp. 175 – 184.

"Neo-Assyrian Temple Sacrifice", *Rocznik Orientalstyczny*, Vol. 41 (1980), pp. 151 – 155.

The Fall of Assyria and Median-Babylonian Relations in Light of the Nabopolassar Chronicle, Poznan: Adam Mickiewicz University Press, 1988.

Zsolnay, I., The Function of Ištar in the Assyrian Royal Inscriptions: A Contextual Analysis of the Actions of Attributed to Ištar in the Inscriptions of Ititi through Šalmaneser III, PhD Dissertation of the University of Brandeis, 2009.

中文参考书目

《马克思恩格斯文集》第十一卷，人民出版社1995年版。
《马克思恩格斯全集》第四卷，人民出版社1958年版。

阿甫基耶夫：《古代东方史》，王以铸译，三联书店1956年版。
陈恩林：《先秦军事制度研究》，吉林文史出版社1991年版。
戴可来、楚汉：《亚述帝国》，商务印书馆1987年版。
国洪更：《亚述的拉科苏士兵》，《世界历史》2012年第1期。
国洪更：《亚述帝国的非亚述士兵》，《北大史学》第15卷，2010年。
国洪更：《中国亚述学研究述略》，《世界历史》2005年第5期。
何盛明主编：《财经大辞典》下卷，中国财政经济出版社1990年版。
河北师范大学地理系编：《西亚地理》，商务印书馆1975年版。
黄水华：《中国古代兵制》，商务印书馆1998年版。
黄天华：《秦代赋税结构及其沿革》，《广东社会科学》2000年第6期。
黄天华：《中国税收制度史》，华东师范大学出版社2007年版。
贾希姆·穆罕默德·海拉夫等：《伊拉克地理》，兰亭、华英、忠杰等译，北京出版社1982年版。
李永采：《乌鲁卡基那改革述论》，《扬州师范学院学报》（社会科学版）1985年第1期。
刘家和、廖学盛主编：《世界古代文明史研究导论》，北京师范大学出版集团2010年版。
刘文鹏主编：《古代西亚北非文明》，中国社会科学出版社2009年版。
钱剑夫：《秦汉赋役制度考略》，湖北人民出版社1984年版。
塞顿·劳埃德：《美索不达米亚考古》，杨建华译，文物出版社1990年版。
色诺芬：《长征记》，崔金戎译，商务印书馆1985年版。
孙文学主编：《中国财政思想史》，上海交通大学出版社2008年版。
孙翊刚主编：《中国赋税史》，中国税务出版社2003年版。
吴宇虹：《古代两河流域文明史年代学研究的历史与现状》，《历史研究》2002年第5期。
希罗多德：《历史》，王以铸译，商务印书馆1959年版。
新华通讯社译名室编：《世界人名翻译大辞典》，中国对外翻译出版公司1993年版。
杨建华：《两河流域史前时代》，吉林大学出版社1993年版。
于殿利：《巴比伦与亚述文明》，北京师范大学出版社2013年版。
张守军：《中国古代的赋税与劳役》，商务印书馆1998年版。

赵德馨主编：《中国经济史辞典》，湖北辞书出版社1990年版。
郑学檬主编：《中国赋役制度史》，厦门大学出版社1994年版。
中国军事史编写组：《中国历代军事制度》，解放军出版社2006年版。
周定国主编：《世界地名翻译大辞典》，中国对外翻译出版公司2007年版。

网络资源

加利福尼亚大学洛杉矶分校的"楔形文字数字图书馆计划"（Cuneiform Digital Library Initiative），http://cdli.ucla.edu/。

牛津大学的"苏美尔文学电子文献大全"（The Electronic Text Corpus of Sumerian Literature），http://etcsl.orinst.ox.ac.uk/。

哥本哈根大学的"古亚述文献项目"（The Old Assyrian Text Project），http://oatp.ku.dk/。

赫尔辛基大学的"新亚述文献大全项目"（The Neo-Assyrian Text Corpus Project），http://www.helsinki.fi/science/saa/。

芝加哥大学的"东方研究所出版物"（Publications of the Oriental Institute, University of Chicago），http://oi.uchicago.edu/research/pubs/。

欧美学术界的"分享研究"网（Share Research），http://www.academia.edu/。

人名对照表

人名		时代/国王	身份
阿比-埃舒赫	Abi-ešuh	古巴比伦	官员
阿比-哈里	Abi-hari	新亚述	官员
阿比-莱什尔	Abi-lešir	萨尔贡二世	西部行省总督
阿比-提什帕克	Abí-Tišpak	阿卡德王国	纳税人
阿比-雅卡	Abi-yaqa	萨尔贡二世	舒布利亚使节
阿波迪-米尔库提	Abdi-Milkūti	新亚述	西顿国王
阿伯尼	Abnî	新亚述	税官
阿布-沙里姆	Abu-šalim	古亚述	运货人
阿布-塔伯	Abu-tāb	中亚述	购买马匹的人
阿达德-阿哈-伊狄纳	Adad-aha-iddina	新亚述	阿淑尔总督、名年官
阿达德-比迪	Adad-bi'di	新亚述	哈兰地区的牧人
阿达德-哈梯	Adad-hati	新亚述	曼苏阿特行省总督
阿达德-伊克比	Adad-iqbi	新亚述	农夫
阿达德-舒穆-乌栗尔	Adad-šumu-uṣur	新亚述	驱魔师主管
阿达德-泽尔-伊科沙	Adad-zer-ikša	巴比伦第四王朝	被豁免赋役的军官
阿玛特-宁伽尔	Amat-Ningal	古巴比伦	向宁伽尔女神奉献供品的人
阿尔贝拉玉	Arbailayu	萨尔贡二世	1. 战车上的"第三人" 2. 东部行省充当国王信使的人员
阿尔吉斯提二世	Argisti II	萨尔贡二世	乌拉尔图国王
阿尔祖	Alzu	新亚述	附属国国王
阿赫-达姆库	Ahhē-Damqu	新亚述	奉献纳布神奴隶和土地的纳布-萨基普之父

续表

人名		时代/国王	身份
阿胡-塔伯	Ahu-ṭab	沙尔马纳沙尔一世	巴布-阿哈-伊狄纳雇用的商人
阿胡-拉穆尔	Ahu-lamur	阿达德-尼拉里三世	阿淑尔和巴布神供品的供应者
阿胡努	Ahunu	新亚述	比特-阿狄尼国王
埃赫纳吞	Akhenaton	埃及新王国	法老
阿库拉努	Akullanu	新亚述	阿淑尔神庙的占卜师
阿拉德舒	Aradšu	中巴比伦	巴比伦国王马尔都克-纳蒂尼-阿赫赐地受益人
阿里耶	Arije	新亚述	库麦国王
阿玛尔-辛	Amar-Sîn	乌尔第三王朝	国王（约公元前2047—前2039年在位）
阿梅尔-马尔都克	Amēl-Marduk	加喜特王朝	辛-阿沙莱杜行省的土地所有者
阿米萨杜卡	Ammīṣaduqa	古巴比伦	国王（约公元前1646—前1626年在位）
阿穆茹-纳西尔	Amurru-naṣir	中亚述	奴隶主
阿努姆-舒马-埃莱什	Anum-šūma-ēreš	中亚述	官员
阿普拉亚	Aplaya	新亚述	1. 库尔比尔的祭司 2. 阿尔贝拉城伊什塔尔神庙的管家
阿尔贝拉玉	Arbailāyu	新亚述	供应卢丁-伊拉城宴会用羊的牧人
阿淑尔-阿哈-伊狄纳	Aššur-aha-iddina	阿达德-尼拉里一世	北方行省总督/纳胡尔总督
埃萨尔哈东	Esarhaddon	新亚述	国王（公元前680—前669年在位）
阿淑尔-阿普鲁-里什尔	Aššur-aplu-līšir	提格拉特皮拉沙尔一世	税官总管
阿淑尔-埃特尔-伊拉尼	Aššūr-etel-ilāni	新亚述	国王（约公元前631—前627年在位?）
阿淑尔-巴尼	Aššūr-bāni	新亚述	卡尔胡总督、公元前713年名年官

续表

人名		时代/国王	身份
阿淑尔巴尼拔	Ashūrbanipal	新亚述	国王（约公元前668—前631年在位？）
阿淑尔-贝尔-塔钦	Aššur-bēl-taqqin	新亚述	行省总督？
阿淑尔-贝鲁-乌粟尔	Aššur-bēlu-uṣur	萨尔贡二世	东部行省总督
阿淑尔-达米齐	Aššūr-Dammiq	阿淑尔城邦	名年官
阿淑尔-丹	Aššūr-dān	阿淑尔城邦	运货人
阿淑尔-杜尔-帕尼亚	Aššur-dūr-pānīya	新亚述	沙比莱舒总督
阿淑尔-胡布尔	Aššur-Hubur	古亚述	名年官
阿淑尔-卡什德	Aššur-kāšid	阿淑尔城邦	商人
阿淑尔-莱什-伊什	Aššur-rēši-išši	新亚述	阿淑尔神的日常祭品的掌管者
阿淑尔-莱苏瓦	Aššur-reṣuwa	新亚述	1. 驻库麦的"国王的代表" 2. 奉献纳布的供品的人
伊什塔尔-皮拉赫	Aššur-pilah	阿淑尔城邦	商人
阿淑尔-曼尼	Aššūr-Remanni	新亚述	阿米蒂行省土地所有者
阿淑尔-纳达	Aššūr-nādā	阿淑尔城邦	驻卡涅什的商人
阿淑尔-伊狄	Aššūr-idī	阿淑尔城邦	驻卡涅什的阿淑尔商人阿淑尔-纳达的父亲
阿淑尔-伊狄	Aššūr-idī	阿淑尔城邦	阿淑尔驻卡涅什的商务代表
阿苏阿特-伊底格拉特	Asuat-idiglat	中亚述	女仆
阿塔-伊鲁马	Atta-iluma	加喜特王朝	海国省的土地所有者
阿扎	Aza	萨尔贡二世	曼纳国王
阿扎伽尔	Azagàr	阿卡德王国	纳税人
阿兹-伊鲁	Azi-ilu	中亚述	拉科国王
阿祖祖	Azuzu	阿淑尔城邦	统治者
巴尔	Baal	新亚述	推罗国王
巴布-阿哈-伊狄纳	Babu-aha-iddina	沙尔马纳沙尔一世	亚述高官
巴布-阿普拉-乌粟尔	Babu-apla-uṣur	中亚述	$niqû$ 供品的交纳者
巴尔塔亚	Balṭaya	阿淑尔巴尼拔	草料供应总管
巴拉斯	Balāsî	新亚述	占卜师

续表

人名		时代/国王	身份
巴拉苏	Balāssu	新亚述	1. 巴比伦商人 2. 亚述扶植的巴比伦傀儡纳布-沙里姆之父
巴鲁库	Barruqu	新亚述	伊萨纳行省的纳税人
贝尔-阿普里-伊狄纳	Bēl-apli-iddina	新亚述	1. 行省总督 2. 提格拉特皮拉沙尔三世的侍卫
贝尔-巴努	Bēl-bānu	新亚述	牧人
贝尔-杜里	Bēl-duri	新亚述	大马士革行省总督
贝尔-哈兰-贝尔-乌粟尔	Bēl-Harrān-bēl-uṣur	沙尔马纳沙尔四世、提格拉特皮拉沙尔三世	"纳吉尔—埃卡里"、公元前741年名年官
贝尔-伊狄纳	Bēl-iddina	新亚述	行省总督
贝尔-里科比	Bēl-liqbi	新亚述	苏帕特总督
贝尔-马纳尼	Bēl-manāni	新亚述	交纳 ṣibtu 税者
贝尔-纳伊德	Bēl-na'id	新亚述	尼努尔塔神庙神妓纳拉姆图的哥哥
贝尔-塔尔西-伊鲁马	Bēl-tarṣi-iluma	阿达德-尼拉里三世	卡尔胡总督
贝尔-乌帕克	Bēl-upaq	新亚述	在埃兹达神庙中代替父亲履行 ilku 义务的人
贝尔-乌舍兹伯	Bēl-ušezib	新亚述	尼普尔城的占卜师
贝尔-伊伯尼	Bēl-ibni	新亚述	辛纳赫里布扶植的巴比伦国王
贝尔-伊齐沙	Bēl-iqīša	埃萨尔哈东	甘布鲁部落酋长
比比亚	Bibiya	新亚述	伊图族士兵的指挥官
比尼马-阿胡姆	Binima-Ahum	阿淑尔城邦	商人
比特-马扎	Bīt-Maza	加喜特王朝	辛-阿沙莱杜行省的土地所有者
布尔纳布尼亚什	Burnabunia	加喜特王朝	国王（大约公元前15世纪末或公元前14世纪初在位）
布南努	Bunnannū	埃萨尔哈东	甘布鲁部落酋长、贝尔-伊齐沙之父

续表

人名		时代/国王	身份
布祖祖	Buzuzu	古亚述	名年官
达狄	Dadî	新亚述	阿淑尔神庙比特-基德穆里的祭司
达迪鲁	Dadīlu	提格拉特皮拉沙尔三世	卡斯卡国王
戴伊安-阿淑尔	Daiiān-Aššur	沙尔马纳沙尔三世	"图尔塔努"
达尔塔	Dalta	提格拉特皮拉沙尔三世	埃里皮国王
丹纳亚	Dannaya	新亚述	哈兰地区的牧人
达塔	Data	沙尔马纳沙尔三世	胡布什齐亚国王
达亚	Daya	阿淑尔城邦	运送财物的人员伊库皮亚之父
狄里尔-伊萨尔	Dilil-Issar	阿淑尔巴尼拔	魁省税吏
杜都	Dudu	阿卡德王国	纳贡人
杜古尔-潘-伊里	Dugul-pān-ili	萨尔贡二世	牧人的管理者
埃阿-纳布-舒	Ea-Nabû-šū	加喜特王朝	埃巴巴尔神庙的颂诗领班之父
埃赫里-特舒伯	Ehli-Tešub	中亚述	阿尔祖国王
恩利莱沙	Enlilaiša	乌尔第三王朝	官员
埃里巴姆	Eribam	古巴比伦王国	土地耕种者
埃-萨伽	E-saga	阿卡德王国	尼努尔塔神庙仓库的看门人
埃特尔-皮-沙马什	Etel-pi-Šamaš	古巴比伦王国	土地耕种者之父
伽布-阿纳-阿淑尔	Gabbu-ana-Aššur	萨尔贡二世	"纳吉尔—埃卡里"
吉里图	Girītu	新亚述	供应卢丁-伊拉城宴会用羊的牧人
哈尔迪-乌粟尔	Haldi-uṣur	新亚述	"拉科苏"士兵
哈纳克纳克	Hanaknak	阿淑尔城邦	阿淑尔派往卡涅什的信使
哈图胡	Hattuhu	提格拉特皮拉沙尔一世	乌拉提纳什国王
汉穆拉比	Hammurabi	古巴比伦王国	国王（公元前1792—前1750年在位）

续表

人名		时代/国王	身份
黑兹尔	Hazael	埃萨尔哈东	阿拉伯国王
胡姆巴莱什	Humbareš	埃萨尔哈东	纳赫什马尔提国王
胡-特舒伯	Hu-Tešub	萨尔贡二世	舒布利亚国王
珲奴巴特-娜娜娅	Hunnubat-Nanayya	加喜特王朝	国王麦里-什帕克之女
雅伊鲁/亚伊鲁	Ia'iru	萨尔贡二世	苏帕特副总督
伊亚塔	Iata'	埃萨尔哈东	亚述扶植的阿拉伯国王
伊比-辛	Ibbi-Sîn	乌尔第三王朝	国王（约公元前2029—前2006年在位）
伊比-沙马什	Ibbi-Šamaš	阿淑尔城邦	商人
伊达达	Idada	阿卡德王国	纳税人
伊丁-阿布姆	Iddin-abum	阿淑尔城邦	运货人
伊丁-伊什塔尔	Iddin-Ištar	阿淑尔城邦	运货人
伊赫里什-埃拉	Ihriš-Erra	阿淑尔城邦	商人
伊基鲁	Ikkilû	新亚述	阿尔瓦德国王
伊尔-亚达	Il-iada	新亚述	亚述行省总督
伊利尔-巴尼	Illil-bani	新亚述	尼普尔总督
伊尔-纳塔尼	Il-natani	新亚述	哈兰地区牧人
伊库皮亚	Ikuppia	阿淑尔城邦	运送财物的人员
伊里-伊伯尼	Ilī-ibni	新亚述	苏胡总督
伊鲁-皮亚-乌粟尔	Ilu-pija-uṣur	萨尔贡二世	管理牧人团体的头目
伊姆古尔-辛	Imgur-Sîn	古巴比伦王国	官员
伊纳-沙尔-贝尔-阿拉克	Ina-šar-bēl-allak	新亚述	杜尔-沙鲁金的司库
伊尼-特舒伯	Ini-Tešub	提格拉特皮拉沙尔一世	哈梯国王
伊帕尔什杜	Ipparšidu	萨尔贡二世	向阿淑尔神奉献供品的人
伊齐什亚	Iqišia	中亚述	官员
伊兰祖	Iranzu	提格拉特皮拉沙尔三世	曼纳国王
伊萨尔-杜里	Issār-dūrī	新亚述	阿拉泊哈总督
伊萨尔-纳狄	Issar-na'di	新亚述	阿淑尔市市长

续表

人名		时代/国王	身份
伊什美-达甘	Išme-Dagan	1. 古亚述 2. 古巴比伦前期	1. "上美索不达米亚王国"国王、沙马什-阿达德一世之子 2. 伊辛国王
伊什美-伊鲁	Išme-ilu	新亚述	马扎穆阿行省队官
伊什塔尔-纳伊德	Ištar-na'id	新亚述	租借伊什塔尔供品的人
伊塔马拉	It'amra	萨尔贡二世	附属国国王
伊提-沙马什-巴拉图	Itti-šamaš-balaṭu	新亚述	1. 驻阿尔瓦德的"港口监督" 2. 祭司?
卡达什曼-恩利尔一世/二世	Kadašman-Enlil I/II	加喜特王朝	国王（约公元前1370?—前1360年/公元前1263—前1255年在位）
卡鲁穆	Kalumu	萨尔贡二世/辛纳赫里布	亚述军官
卡卡达努	Kaqqadanu	新亚述	乌拉尔图的"图尔塔努"
卡什提里亚舒三世	Kaštiliašu III	加喜特王朝	巴比伦国王（在位时间不详）
基基	Kikki	沙尔马纳沙尔三世	塔巴尔国王
基纳	Kina	新亚述	军官
基西尔-阿淑尔	Kiṣir-Aššūr	新亚述	1. 杜尔-沙鲁金总督 2. 石灰岩的供应者
库布图姆	Kubbutum	古巴比伦王朝	土地所有者
库布尔纳特	Kuburnat	阿淑尔城邦	卡涅什的信使
库杜尔-恩利尔	Kudur-Enlil	加喜特王朝	国王（约公元前1254—前1246年在位）
库杜尔-马布克	Kudur-Mabuk	古巴比伦时期	阿摩利人的祖先
库里亚	Kulia	阿淑尔城邦	阿淑尔的信使
库鲁马亚	Kulumaja	阿淑尔城邦	商人
库纳	Kuna	新亚述	在埃兹达神庙中代替父亲履行 ilku 义务的人之父
库拉	Kura	阿淑尔城邦	阿淑尔城的书吏

续表

人名		时代/国王	身份
库里伽尔祖一世	Kurigalzu I	加喜特王朝	国王（约公元前1377年前后在位）
库什塔什皮	Kuštašpi	新亚述	昆穆赫国王
库扎鲁姆	Kuzallum	阿淑尔城邦	商人
库祖姆	Kuzum	阿淑尔城邦	运货人
拉巴西	Labasi	新亚述	"港口监督"、名年官
拉–科普	La-qēpu	新亚述	队官塔伯–沙尔–帕帕希之父
拉玛斯	Lamassī	阿淑尔城邦	阿淑尔城妇女
莱阿勒	Laialê	新亚述	犹大国王
里普胡尔–贝尔	Liphur-Bēl	萨尔贡二世	阿米蒂总督
卢萨–阿纳–努尔–辛	Lûṣa-ana-nūr-Sîn	加喜特王朝	海国省的牧人
鲁巴尔纳	Lubarna	新亚述	帕提努国王
卢图	Lutû	新亚述	与牲畜税有关的人
马赫德	Mahdê	新亚述	尼尼微总督
马尼什图舒	Maništušu	阿卡德王国	国王（约公元前2305—前2292年在位）
曼努–启–阿比	Mannu-ki-abi	1. 阿达德–尼拉里三世 2. 萨尔贡二世	1. 供应阿淑尔和巴布神供品人 2. "拉科苏"士兵
曼努–启–阿赫	Mannu-ki-ahhē	萨尔贡二世	国王的侍卫
曼努–启–阿拉雅	Mannu-ki-allaya	新亚述	国王的士兵
曼努–启–萨贝	Mannu-ki-ṣabe	新亚述	国王的士兵
马尔都克–阿普拉–伊狄纳	Marduk-apla-iddina	新亚述	比特–雅金统治者
马尔都克–阿普拉–伊狄纳一世	Marduk-apla-iddina I	加喜特王朝	国王（约1170—前1157年在位）
马尔都克–穆达米科	Marduk-mudammiq	新亚述	纳姆里国王
马尔都克–纳蒂尼–阿赫	Marduk-nādin-āhhe	巴比伦第四王朝	国王（约公元前1099—前1082年在位）
马里	Mari	新亚述	大马士革国王

续表

人名		时代/国王	身份
马尔-伊萨尔	Mar-Issar	新亚述	驻巴比伦尼亚的代表
马尔-沙里-伊拉阿	Mar-šarri-ila'a	新亚述	牧人
马提-伊鲁	Mati'-ilu	新亚述	阿尔帕德国王
麦里萨赫	Melisah	中亚述	阿淑尔-哈-伊狄纳之子、纳胡尔行省总督
麦里-什帕克	Meli-šipak	加喜特王朝	国王（约公元前1186—前1172年在位）
米尔库-达努姆	Milku-dannum	古巴比伦王朝	商人
米克提-阿杜尔	Miqti-adur	阿淑尔纳色尔帕二世	名年官
米塔提	Mitatti	萨尔贡二世	兹基尔图国王
穆库鲁	Muquru	新亚述	特曼努国王
穆塔基尔-阿淑尔	Mutakkil-Aššūr	新亚述	阿淑尔城的副祭司
穆塔鲁姆	Mutallum	萨尔贡二世	弑父篡位的昆穆赫国王
穆塔里斯-阿淑尔	Mutarriṣ-Aššūr	沙马什-阿达德五世	宦官总管
纳波尼都	Nabonidus（Nabû-na'-id）	新巴比伦	国王（公元前556—前539年在位）
纳波泊拉沙尔	Nabopolassar（Nabû-apla-uṣur）	新巴比伦	国王（公元前626年—公元前605年在位）
纳布阿	Nabûa	新亚述	国王的侍卫
纳布-巴里坦尼	Nabû-balliṭanni	新亚述	拉希鲁行省官员
纳布-贝尔-舒马特	Nabû-bēl-šumāte	辛纳赫里布	哈拉提总督
纳布-贝鲁-卡因	Nabu-belu-ka'iin	萨尔贡二世	卡尔-沙鲁金总督
纳布-杜尔-贝利亚	Nabû-dûr-bēliya	阿达德-尼拉里三世	宦官
纳布-哈马图阿	Nabû-hamatua	新亚述	马扎穆阿副总督
纳布-纳伊德	Nabû-na'id	新亚述	尼努尔塔神庙神妓纳拉姆图的哥哥
纳布-莱曼尼	Nabû-remanni	新亚述	帕尔苏阿总督
纳布-萨基普	Nabû-Sakip	新亚述	奉献纳布的奴隶和土地的人
纳布-沙里姆	Nabû-šallim	埃萨尔哈东	亚述扶植的巴比伦傀儡国王
纳布-沙鲁-乌粟尔	Nabû-šarru-uṣur	新亚述	管理农夫的官员
纳布-萨拉	Nabû-uṣalla	萨尔贡二世	苏帕特郡守

续表

人名		时代/国王	身份
纳布-舒穆-伊蒂纳	Nabû-šumu-iddina	新亚述	拉希鲁行省要塞指挥官
纳布-泽尔-里什尔	Nabû-zēr-līšir	埃萨尔哈东	海国的总督马尔都克-阿普拉-伊狄纳之子
纳赫姆	Nahem	提格拉特皮拉沙尔三世	撒玛利亚国王
纳尼	Nanī	新亚述	卡尔胡行省官员
纳努尼	Nanuni	新亚述	掌管伊什塔尔供品的官员
纳拉姆-辛	Naram-Sîn	阿卡德王国	国王（约公元前2291—前2255年在位）
纳拉姆图	Naramtu	新亚述	尼努尔塔神庙的神妓
纳兹-马鲁塔什	Nazi-Maruttaš	加喜特王朝	国王（约公元前1307—前1282年在位）
尼布加尼撒一世	Nebuchadnezzar (Nabû-kudduṙî-usur) I	巴比伦第四王朝	国王（约公元前1125—前1104年在位）
尼布加尼撒二世	Nebuchadnezzar (Nabû-kudduṙî-usur) II	新巴比伦王国	国王（公元前605—前562年）
涅尔伽尔-阿沙莱	Nergal-ašarēd	提格拉特皮拉沙尔三世	纳税人
涅尔伽尔-埃里什	Nergal-ēriš	阿达德-尼拉里三世	拉萨帕省总督
宁伽尔-伊丁	Ningal-iddin	埃萨尔哈东	乌尔总督
尼奴阿雅	Ninuāiia	提格拉特皮拉沙尔一世	名年官
尼努尔塔-穆金-尼什	Ninurta-mukīn-niši	新亚述	哈伯鲁里总督、公元前765年名年官
努尔-阿达德	Nūr-Adad	古巴比伦	拉尔萨国王
努尔-里什尔	Nūr-lišir	巴比伦第四王朝	埃兰丁-沙里城的里亚神的祭司
努斯库-伊伯尼	Nusku-ibni	尼布加尼撒一世	埃兰太阳神的祭司
帕利尔-埃莱什	Palil-ereš	阿达德-尼拉里三世	拉萨帕总督
帕纳穆	Panammû	提格拉特皮拉沙尔三世	萨马尔国王

续表

人名		时代/国王	身份
帕卡哈	Paqaha	萨尔贡二世	修建杜尔-沙鲁金的建筑师头目
帕拉伽什图	Paragašitu	加喜特王朝	国王纳兹-马鲁塔什的女儿
帕尔帕拉佑	Parparāiu	中亚述	服 *ilku* 役者
皮克-伊什塔尔	Piq-Ištar	古巴比伦	向宁伽尔女神奉献供品的阿玛特-宁伽尔之父
皮鲁	Pir'û	萨尔贡二世	赠送萨尔贡二世礼物的埃及法老
皮西里斯	Pisīris	提格拉特皮拉沙尔三世	卡尔赫米什国王
普-伊利	Pù-ili	阿卡德王国	纳税人
普舒金	Pušukēn	阿淑尔城邦	驻卡涅什商人
普兹鲁	Puzru	加喜特王朝	埃巴巴尔神庙的颂诗领班
卡努尼	Qanuni	阿达德-尼拉里三世	供应阿淑尔和阿布神供品者
卡亚	Qaya	新亚述	租借伊什塔尔供品的人
库尔狄-阿淑尔-拉穆尔	Qurdi-Aššur-lamur	提格拉特皮拉沙尔三世	1. 驻推罗的"国王的代表" 2. 西米拉总督
拉恰努	Raqiānu	提格拉特皮拉沙尔三世	大马士革国王
莱曼尼-阿达德	Remanni-Adad	阿淑尔巴尼拔	国王的车夫
里木-辛	Rīm-Sīn	古巴比伦王朝	拉尔萨国王（约公元前1822—前1763年在位）
里木什	Rīmši	阿卡德王国	国王（约公元前2315—前2307年在位）
里西苏	Riṣiṣu	萨尔贡二世	指定向阿淑尔神奉献供品者
里提-马尔都克	Ritti-Marduk	巴比伦第四王朝	比特-卡尔兹亚伯库部族首领
鲁萨二世	Rusa Ⅱ	萨尔贡二世	乌拉尔图国王
萨布	Sabean	萨尔贡二世	附属国国王
萨迪鲁	Sādiru	新亚述	征收 *iškāru* 的商人
赛里	Saili	新亚述	征收 *iškāru* 的商人

续表

人名		时代/国王	身份
萨里姆图	Salimtu	中亚述	苏图部落购买驴的妇女
萨姆西	Samsi	提格拉特皮拉沙尔三世	阿拉伯女王
萨姆努哈-贝鲁-乌粟尔	Samnu-bēlu-uṣur	新亚述	沙狄坎努总督
萨姆纳-阿普鲁-伊狄纳	Samuna-aplu-iddina	新亚述	哈兰地区牧人
萨尼耶	Saniye	新亚述	阿伊拉城统治者
萨尔贡	Sargon	阿卡德王国	国王（约公元前2371—前2316年在位）
西比提-贝尔	Sibitti-ba'il	提格拉特皮拉沙尔三世	毕布勒斯国王
西姆提-什尔哈科	Simti-šilhak	古巴比伦前期	库杜尔-马布克之父
西奇-伊拉尼	Siqi-ilani	沙尔马纳沙尔一世	巴布-阿哈-伊狄纳雇用的商人
辛-伊狄纳	Sîn-iddina	新亚述	哈马行省总管
辛-伊狄纳姆	Sîn-iddinam	阿淑尔城邦	商人
辛-伊什麦安尼	Sîn-išmeanni	古巴比伦	官员或土地所有者？
辛-纳丁-阿普里	Sîn-nadin-apli	埃萨尔哈东	埃萨尔哈东之子
辛-沙鲁-伊伯尼	Sin-šarru-ibni	新亚述	管理尼尼微城众神供品的官员
辛-舒穆-来舍尔/辛-舒穆-莱什尔	Sin-šumu-lēšer	1. 中亚述 2. 阿淑尔-埃特尔-伊拉尼	1. 马匹交易的见证人 2. 阿淑尔-埃特尔-伊拉尼的宦官总管
苏鲁马尔	Sulumal	提格拉特皮拉沙尔三世	梅利德国王
苏里	Surri	沙尔马纳沙尔三世	帕提努的篡位国王
沙狄-特舒伯	Šadi-Tešub	提格拉特皮拉沙尔一世	乌拉提纳什国王哈图胡之子
沙马阿	Šamaa	尼布加尼撒一世	埃兰太阳神祭司沙穆阿之子

续表

人名		时代/国王	身份
沙-马古努	Ša-ma'gunu	萨尔贡二世或辛纳赫里布	亚述官员
沙马什-阿胡-伊丁纳	Šamaš-ahu-iddina	新亚述	军官
沙马什-贝鲁-乌粟尔	Šamaš-bēlu-uṣur	新亚述	阿尔祖希纳总督
沙马什-伊拉伊	Šamaš-ila'i	萨尔贡二世	国王的侍卫
沙马什-梅图-乌巴利特	Šamaš-metu-uballiṣ	埃萨尔哈东	埃萨尔哈东之子
沙马什-纳西尔	Šamaš-naṣir	阿达德-尼拉里三世	宦官
沙马什-舒穆-乌金	Šamaš-šumu-ukīn	阿淑尔巴尼拔	巴比伦国王、阿淑尔巴尼拔之弟
沙马亚	Šamāya	阿淑尔城邦	商人
沙穆阿	Šamûa	尼布加尼撒一世	埃兰太阳神祭司
沙尔-阿达德	Šar-Adad	古亚述	商人？
沙鲁-阿穆兰尼	Šarru-amuranni	萨尔贡二世/辛纳赫里布	亚述军官
沙鲁-埃穆拉尼	Šarru-emurrāni	提格拉特皮拉沙尔三世	伊萨纳副总督
沙鲁-哈图-伊佩尔	Šarru-hattu-ipēl	沙尔马纳沙尔三世	公元前831年名年官
沙图阿拉	Šatuara	阿达德-尼拉里一世	哈尼伽尔巴特国王
沙乌姆纳马尔	Šaumnamar	沙马什-阿达德一世	地区长官
沙乌什伽-穆瓦	Šaušga-muwa	加喜特王朝	阿穆如国王
舍佩-阿淑尔	Šepē-Aššur	新亚述	伊萨纳行省纳税人
舒安纳	Šuanna	?	巴比伦傀儡国王贝尔-伊伯尼的祖先
舒达亚	Šudaja	阿淑尔城邦	名年官
舒尔吉	Šulgi	乌尔第三王朝	国王（约公元前2095—前2048年在位）
舒尔吉-阿穆	Šulgi-amu	乌尔第三王朝	官员
舒尔穆-贝里-拉什美	Šulmu-beli-lašme	萨尔贡二世	官员
舒马-乌粟尔	Šuma-uṣur	尼布加尼撒二世	供应供品的牧人或牧人主管

续表

人名		时代/国王	身份
舒尔穆-沙里	Šulmu-šarri	萨尔贡二世	宦官、国王指定向阿淑尔神奉献供品者
舒穆里比什	Šumu-libiši	古巴比伦王朝	商人
苏纳什舒拉	Šunaššura	赫梯国王图特哈里二世	基苏瓦特纳国王
舒-辛	Šu-Sîn	乌尔第三王朝	国王（约公元前2038—前2030年在位）
塔伯尼	Tabnî	新亚述	ṣibtu 税税吏
塔伯-沙尔-帕帕希	Tab-šar-papahi	阿淑尔-埃特尔-伊拉尼	宦官总管辛-舒穆-莱什尔的队官
塔伯-西尔-埃沙拉	Ṭab-ṣill-Ešarra	萨尔贡二世	阿淑尔总督
塔布阿	Tabūa	埃萨尔哈东	亚述扶植的阿拉伯女王
塔克拉卡纳-贝尔	Taklakana-Bēl	萨尔贡二世	纳西比纳行省总督
塔库什什	Takušiš	加喜特王朝	辛-阿沙莱杜行省的土地所有者
塔尔胡拉拉	Tarhulara	萨尔贡二世	被其子弑杀的古尔古姆国王
塔里莎	Tarĭša	阿淑尔城邦	女仆
塔塔亚	Tataya	新亚述	哈兰地区农夫
塔图尔-马图姆	Tatur-mātum	阿淑尔城邦	女孩塔里莎的姐姐
提什穆尔纳	Tišmurna	阿淑尔城邦	派往卡涅什的信使
图阿提	Tuatti	沙尔马纳沙尔三世	塔巴尔地区附属国国王
图贝尔	Tuba'il	提格拉特皮拉沙尔三世	推罗国王
图巴鲁	Tu-balu	辛纳赫里布	亚述扶植的西顿国王
图特哈里二世	Tudhaliya	中亚述	赫梯国王（约公元前1400—前1390年在位）
图图伯-马吉尔	Tutub-magir	古巴比伦王朝	官员
乌阿萨沙塔	Uasašatta	中亚述	哈尼伽尔巴特国王
乌阿苏尔麦	Uassurme	提格拉特皮拉沙尔三世	塔巴尔国王

续表

人名		时代/国王	身份
乌巴里苏-马尔都克	Uballisu-Marduk	沙尔马纳沙尔一世	巴布－阿哈－伊狄纳雇用的商人
乌巴尔-沙马什	Ubar-Šamaš	古巴比伦	被雇佣者
乌伯鲁	Ubru	中亚述	商人
乌伯鲁-哈兰	Ubru-Harran	萨尔贡二世	国王的侍卫
乌布尔-伊萨尔	Ubur-Issar	萨尔贡二世	向阿淑尔神奉献供品者
乌兰伽	Ulanga	加喜特王朝	拉尔萨神庙的祭司
乌鲁拉玉	Ululayu	新亚述	新宫的葡萄酒师傅的副手
乌鲁苏努	Ullusunu	萨尔贡二世	亚述扶植的曼纳国王
乌尔巴拉	Urballa	提格拉特皮拉沙尔三世	图哈纳国王
乌尔-古拉	Ur-Gula	阿卡德王国	纳贡人杜都之父
乌尔纳姆	Ur-Nammu	乌尔第三王朝	国王（约公元前2113—前2096年在位）
乌尔尼努尔塔	Ur-Nīnurta	古巴比伦	伊辛国王
乌尔-宁吉尔苏	Ur-Ningirsu	阿卡德王国	纳贡人
乌拉德-纳娜亚	Urad-Nanâ	新亚述	国王的医生总管
乌拉德-舍鲁阿	Urad-Šerūa	中亚述	高官阿淑尔－阿哈－伊狄纳的孙子、行省总督
乌里科	Urik	提格拉特皮拉沙尔三世	附属国魁国王
乌里米	Urimmi	提格拉特皮拉沙尔三世	胡比什纳国王
乌鲁卡基纳	Urukagina	苏美尔城邦	拉格什国王（约公元前2378年在位）
乌什希提	Ušhitti	提格拉特皮拉沙尔三世	阿图纳国王
乌图赫伽尔	Utuhegal	苏美尔城邦	乌鲁克国王（约公元前2120年在位）
瓦拉德-古拉	Warad-Gula	新亚述	祭司

续表

人名		时代/国王	身份
瓦拉德-辛	Warad-Sîn	1. 阿淑尔城邦 2. 古巴比伦王朝	1. 商人 2. 拉尔萨国王
亚哈鲁	Yahalu	沙尔马纳沙尔三世	"马森努"、名年官
雅塔	Yata	萨尔贡二世	舒布利亚边境地区官员
扎比贝	Zabibe	提格拉特皮拉沙尔三世	阿拉伯女王
扎库图	Zakûtu	新亚述	辛纳赫里布之皇后、埃萨尔哈东的母亲
扎里库姆	Zarriqum	乌尔第三王朝	阿淑尔城的统治者
扎图姆里	Zatumri	沙马什-阿达德一世	纳税人
泽如-伊伯尼	Zeru-ibni	新亚述	拉萨帕行省总督
泽鲁提	Zerutî	新亚述	新宫的葡萄酒师傅
兹库尔-伊里	Zikur-ilī	阿淑尔城邦	商人

古今地名对照表

古代名称		现代名称		类别	方位
阿贝什鲁	Abešlu			被征服地区	安纳托利亚
阿伯山	Abšan			城市	扎格罗斯山区？
阿狄亚/安	Adia/n	埃斯基-卡拉克	Eski Kalak	城市	亚述中部
阿杜穆图	Adumutu	焦夫	al-Jawf	要塞	沙特阿拉伯内夫得沙漠
阿赫萨那	Ahsana			城市	亚述东部边境
阿伊拉	Aira			城市	亚述北部山区
阿卡德	Akkad	穆罕默德？	Muhammad？	城市	巴比伦尼亚北部
阿库	Akkû	阿尔-富哈尔	al-Fuhhār	港口	巴勒斯坦地区
阿克沙克	Akšak			城市	扎格罗斯山区？
阿尔祖/恩兹	Alzu/Enzi	安齐特内	Anzitēnē	附属国	幼发拉底河源头
阿马达努	Amadāni	马登 达格拉里	Maden Daglari	山脉	亚述西北部
埃尔-阿玛尔纳	El'Amarna	萨扎布	Sazabu	城市	埃及中部
阿马萨库	Amasakku			行省	
阿麦卡	Ameka			附属国	扎格罗斯山
阿米蒂	Amidi	迪亚巴克尔	Diyarbakir	行省	底格里斯河上游
阿纳-阿淑尔-乌特拉斯巴特	Ana-Aššur-utēraṣbat	奥舍里亚	Ausheriya	要塞	幼发拉底河畔
阿纳特/阿纳图	Anat/natu	阿纳赫	Anah	城市	幼发拉底河畔
阿普库	Apku	阿布·马利亚	Abū Mārīyā	城市	亚述西部

续表

古代名称		现代名称		类别	方位
阿兰图	Arantu	奥龙特斯河	Orontes	河流	地中海沿岸
阿尔贝拉	Arbēla	埃尔比勒	Erbīl	行省/城市	亚述东部
阿尔吉特	Argite			城镇	苏帕特行省
		泰尔·阿尔帕契亚	Tell Arpachiyah	考古遗址	伊拉克北部
阿尔帕德	Arpadda	里法特	Rifa'at	行省	叙利亚北部
阿尔图鲁	Artulu	开赛利	Kayseri	城市	安纳托利亚
阿拉克狄	Arrakdi			城镇	马扎穆阿行省
阿拉姆	Aram			阿拉米国家	大马士革附近
阿拉泊哈	Arrapha	基尔库克	Kerkūk	行省	迪亚拉河流域
阿尔萨尼亚	Arṣania	穆拉特河	Murat	河流	土耳其境内
阿拉什图阿	Araštua			附属国	
阿尔瓦德	Arwad	塔尔图斯	Tartus	港口	叙利亚沿海
阿尔祖	Arza	杰马	Jāmā	城镇	巴勒斯坦
阿尔祖希纳	Arzūhina	格克山	Gök Tepe	城市/行省	下扎布河以南、阿尔贝拉与阿拉泊哈行省之间
阿苏杜杜	Asdūdu	埃斯杜德	Esdud	城市/行省	巴勒斯坦地区
阿淑尔	Aššur	卡拉特·舍尔加特	Qal'at Šarqāṭ	都城、宗教中心	底格里斯河与下扎布河汇合处
阿淑尔-伊齐沙	Aššūr-iqīša	宰胡	Zāhū	行省	伊拉克北部
阿图纳	Atuna	波尔苏克	Porsuk	附属国	两河流域西部
阿瓦尔	Awal			城市	巴比伦尼亚北部
阿扎拉	Azalla			地区	巴里赫河与哈布尔河之间
阿扎里	Azari	苏莱曼尼亚	Sulaimānīya	城市	马扎穆阿行省
安山	Anzan/Anšan	泰利马雷延	Talli-I Malyān	城市	扎格罗斯山南端
巴比伦城	Bābil	希拉	Hilla	城市	巴比伦尼亚中心
巴达努	Badanu			部落	两河流域西部
巴尔哈尔兹	Barhalzi			行省	辛贾尔山以东、底格里斯河以西
	Balīhu	巴里赫	Balih	河流	幼发拉底河支流

续表

古代名称		现代名称		类别	方位
巴里胡	Balīhu	泰尔·萨比阿伯亚德	Tell Sabi Abyad	城镇	巴里赫河流域
班-阿曼	Ban-Amman			地区或国家	约旦东部地区？
巴尔扎尼什塔	Barzaništa			城镇	迪亚巴克尔
贝特-沙什里	Bēt-šašširi			城镇	
比拉提	Birāti	比尔松	Birthōn	要塞	底格里斯河上游河畔
比尔图	Birtu		Dohuk	城市/行省	伊拉克北部
比特-阿狄尼	Bīt-Adini	比托登	byt'dn	阿拉米王国/行省	巴里赫河与幼发拉底河之间
比特-巴希阿尼	Bīt-Bahiāni			部落/国家	迪巴尔山以北哈布尔河上游地区
比特-胡散尼	Bīt-Hussann			城镇	库塔与基什之间
比特-雅金	Bīt-Iakin	泰尔·阿尔-拉赫姆	Tell al-Lahm	迦勒底部落	乌尔以北
比特-卡尔兹亚伯库	Bīt-Karziabku			部落	巴比伦尼亚
比特-卡里	Bīt-Kāri	哈马丹地区	Hamadān	部落	扎格罗斯山区
比特-基德穆里	Bīt-kidmuri			城市	巴比伦尼亚
比特-普鲁塔什	Bīt-Purutaš			国家	安纳托利亚中部
比特-散吉布图	Bīt-Sangibutu			城市	托罗斯山？
比特-沙阿里	Bīt-Ša'alli			部落	巴比伦尼亚中部
比特-塔普提	Bīt-Taputi			城镇	巴比伦尼亚？
比特-扎马尼	Bīt-zamani	迪亚巴克尔	Diyarbakir	城市	土耳其东南部
波尔西帕	Borsippa	比尔斯·尼姆鲁德	Birs Nimrud	城市	巴比伦西南
布齐	Buqi			城镇	巴比伦尼亚？
布苏苏	Bususu			城镇	库麦附近
布鲁什哈杜姆	Burušhaddum			商业据点	安纳托利亚
达伽拉	Dagara			附属国	叙利亚
达里亚	Daria			国家	
达纳布	Danabu			城市	地中海沿岸

续表

古代名称		现代名称		类别	方位
达特比尔	Datēbir			城市	
达延-阿达德	Daiān-Adad			城镇	叙利亚北部
德尔	Dēr	泰尔·阿卡尔	Tell Aqar	城镇	巴比伦尼亚东北部
	Dimašqa	大马士革	Damascus	城市	叙利亚
戴埃努	Daiēnu			城镇	纳伊利地区
狄尔蒙	Dilmun/Tilmun	巴林	Bahrain	国家	波斯湾
狄库齐纳	Diquqina			城市	巴比伦尼亚？
迪巴尔	Dibar	阿卜德阿尔阿齐兹	Ġabal ʻAbd al-ʻAzīz	山脉	贾兹拉高原中部
	Idigna/diglat	底格里斯河	Tigris	河流	伊拉克
	Tāmtu elītu rabītu	地中海	Mediterranean Sea	海洋	
丁-沙里	Dîn-šarri			城市	巴比伦尼亚
杜尔-阿达德-尼拉里	Dūr-Adad-nārārī			城市	幼发拉底河中游
杜尔-阿淑尔	Dūr-Aššur	巴克尔阿瓦	Bakrwā	城市/行省	拉萨帕行省城市
杜尔-贝里拉亚	Dūr-Belilaya			城镇	巴比伦尼亚南部
杜尔-达努姆	Dūr-dānum			城市	扎格罗斯山？
杜尔-杜卡	Dūr-dukka			城市	扎格罗斯山北端
杜尔-雅金	Dūr-Iakīn	安佩	Ampē	城市	两河流域下游
杜尔-伊什塔尔	Dūr-Ištar			城市	拉萨帕行省城市
杜尔-卡特里穆	Dūr-katlimmu	泰尔·舍赫-哈马德	Tell Šēh Hamad	城市/行省	哈布尔河流域下游
杜尔-杜克里穆	Dūr-duklimmu			城市	幼发拉底河中游
杜尔-库里伽尔祖	Dūr-Kurigalzu	阿盖尔古夫	ʻAqarqūf	城市	巴格达东北部郊区
杜尔-马尔杜克	Dūr-Marduk			城市	幼发拉底河中游

续表

古代名称		现代名称		类别	方位
杜尔-涅尔伽尔-埃里什	Dūr-Nergal-ēriš			城市	幼发拉底河中游
杜尔-帕普苏卡尔	Dūr-Papsukkal	曼代利	Mandalī	城市	伊拉克中东部
杜尔-沙鲁金	Dūr-Šarrukīn	豪尔萨巴德	Horsābād	都城	伊拉克北部
杜尔-沙鲁库	Dūr-Šarruku	穆贾里亚特	Mujailiat	行省	巴比伦尼亚东北部
杜尔-塔利提	Dūr-talitti			城镇	巴比特峡谷附近
杜鲁	Dūru	阿纳兹	Anaz	城镇	巴里赫流域
	Eber nāri	叙利亚西部	Western Syria	地区	叙利亚西部
埃卡拉图	Ekallatu	图卢尔 海卡尔	Tulūl Haikal	城市	阿淑尔北面
埃兰	Elamtu			国家	伊朗西南部
埃里皮	Ellipi			国家	伊朗西部、扎格罗斯山中
埃马尔城	Emar	迈斯凯奈	Masknanh	城市	叙利亚幼发拉底河畔
埃什嫩纳	Ešnunna	阿斯玛尔	Asmar	国家	迪亚拉河流域
伽苏尔/努兹	Gasur/Nuzi	约格汉	Yorghan	城市	迪亚拉河流域
甘布鲁	Gambūlu			阿拉米部落	巴比伦尼亚南部尼普尔以东
	Gargamīs	卡尔赫米什	Carchemish	城市/行省	幼发拉底河上游
吉尔扎努	Gilzānu		Gelišin	国家	乌尔米亚湖南岸
古尔古姆	Gurgum			国家	托罗斯山南部、叙利亚以北
古提	Guti			部落/国家	扎格罗斯山
古扎纳	Gūzāna	哈拉夫	Halaf	行省	哈布尔河三角洲
哈伯胡	Habhu			地区	扎格罗斯山北部
哈伯鲁里	Habruri			城市	埃尔比勒东北
	Habūru	哈布尔河	Hābūr	河流	亚述西部
		哈卡里	Hakari	城市	土耳其边境
哈拉胡	Halahhu			行省	伊拉克北部

续表

古代名称		现代名称		类别	方位
	Halman	阿勒颇	Aleppo	城市	叙利亚
哈尔马努	Halmān/Armān	霍尔瓦/胡尔万	Holwa/Hulwān	城市	东部边境
哈勒资亚特巴尔	Halziatbār			行省	哈布尔河三角洲
	Hamānu	阿马努斯山	Amanus	山脉	叙利亚北部
哈马拉努	Hamarānu			阿拉米部落	
	Hamāt	哈马	Hamā	城市	叙利亚
		哈姆林山	Jebel Hamrin	山脉	伊拉克中部
哈纳	Hanaean			塞姆族部落	
哈尼伽尔巴特	Hanigalbat			地区	哈布尔河流域
哈尔哈尔	Harahar/Kār-Šarru-kīn	马拉耶尔	Malayer	行省	扎格罗斯山区
哈拉拉提	Hararti	哈迪塔	Hadīta	城市	哈布尔河流域
哈里苏	Harişu	哈里萨	Harişşa	城市	地中海沿岸
	Harrānia	拉尼耶	Rāniya	地区	亚述东北部
	Harrānu	哈兰	Harrān	城市	幼发拉底河上游
哈特	Hatte			部落	幼发拉底河流域
哈图沙	Hatuša	勃尕卡尔村	Bogazkale	城市	安纳托利亚中部
豪里纳	Haurina			城市	叙利亚北部
哈亚帕	Hayappa			部落	两河流域西部
	Hazzat	加沙	Gaza	城市	埃及—巴勒斯坦交界处
赫萨	Hesa			城镇	叙利亚
欣达努	Hindānu	阿布·凯马勒	Abū Kamāl	行省	幼发拉底河中游
希拉库	Hilakku	奇里乞亚	Cilicia	地区	托罗斯山以南沿海地区
希里穆	Hirimmu			城市	巴比伦尼亚
欣迪鲁	Hindiru			国家	两河流域下游
胡比什纳	Hubišna	埃雷里	Eregli	附属国	安纳托利亚南部
胡布什齐亚	Hubuškia	哈讷	Hāne	附属国	扎格罗斯山北部
胡扎扎	Huzāza	胡宰兹	Huzaiz	城镇	叙利亚
胡兹里纳	Huzīrīna	苏丹·泰培	Sultan tepe	城市/行省	巴里赫河上游
伊阿巴鲁	Iaballu			城市	巴比伦尼亚
	Ia'ūdu	犹大	Judah	附属国	巴勒斯坦

续表

古代名称		现代名称		类别	方位
伊狄巴伊鲁	Idiba'ilu			阿拉伯部落	两河流域西部
伊杜	īdu	希提	Hīt	城市	底格里斯河中游
伊萨纳	Isāna	伊散	Isan	城市	叙利亚北部？
伊什吞狄	Ištunda/Istuanda	维什塔万达	Wištawanda	附属国	安纳托利亚
伊苏阿	Isua			国家	
伊兹杜伊亚	Izduia			城市	巴比伦尼亚
伊兹尔图	Izirtu			都城	凡湖东南
		杰格杰盖河	Agh jaghah	河流	
		贾兹拉	al-Jazirah	地区	伊拉克北部和叙利亚东北部
卡哈特	Kahat	巴里	Barrī	城镇	哈布尔河流域
卡尔胡	Kalhu	尼姆鲁德	Nimrud	亚述都城	底格里斯河中游
卡涅什	Kaneš/Neša	屈尔泰培	Kültepe	城市	安纳托利亚
卡尔-阿达德-尼拉里	Kār-Adad-nārārī			城市	拉科地区
卡拉拉	Karalla	唐-伊瓦尔	Tang-I Var	附属国	亚述东北部
卡尔-阿淑尔纳色尔帕	Kār-Ashurnasirpal		Tell Masaikh	城市	幼发拉底河中游
卡尔杜尼亚什	Karduniaš/māt Akkadî	加喜特人对"巴比伦尼亚地区"的称呼	Babylonia	地区	两河流域南部
		卡里姆·沙希尔	Karim Shahir	考古遗址	伊拉克北部
卡尔-辛	Kār-Sīn			城镇	幼发拉底河中游
卡尔-图库尔提-尼努尔塔	Kār-Tukultī-Ninūrata	图卢尔阿加尔	Tulūl 'Aqar	都城	底格里斯河中游东岸
卡什伊亚里	Kāšijēri	图尔·阿卜丁	Ṭūr 'Abdīn	附属国	幼发拉底河上游
卡斯卡	Kaska			附属国	两河流域西部
卡特穆胡	Katmuhu			行省	哈希尔河上游

续表

古代名称		现代名称		类别	方位
基里兹	Kilizi/Kalzi	盖斯尔沙马穆克	Qaṣr Šamāmūk	城市/行省	卡尔胡与阿尔贝拉之间
基普舒尼	Kipšūna	格夫舍	Gefše	城市	伊拉克北部、扎格罗斯山南麓
基什	Kīš	阿尔-乌海米尔	al-Uhamir	城市	两河流域中南部
基舍西姆	Kišēsim	纳加法巴德	Nagafābād	附属国/行省	伊朗西部
基斯马尔	Kismar			城市	两河流域南部
基苏瓦特纳	Kizzuwatna			附属国	安纳托利亚
库拉拉尼亚	Kulalanīa	塔伊纳特	Ta'yīnāt	行省	奥龙特斯河与地中海之间
库里什纳什	Kulišinaš	阿穆达/舍尔莫拉	Amuda/Shermola	行省	哈布尔河流域
库穆/库麦	Kummu/Kumme	科马讷	Komane	附属国	扎格罗斯山东部
昆穆赫/昆穆胡	Kunmuh/Kummuhu	萨姆萨特	Samsat	国家/行省	托罗斯山南部
库尔比尔	Kurbail	阿格拉加拉希亚	'Aqra Garāhīya	行省	上扎布河流域北部
库尔达	Kurdā			行省	哈布尔河流域东部
库什	Kūšu			国家	苏丹
库塔	Kutê	易卜拉欣	Ibrāhīm	城市	伊拉克南部
拉巴乌	Labā'u	拉伯瓦	Labwa	城镇	叙利亚奥龙特斯河畔
拉库/拉科	Laqê/Laqû			行省	幼发拉底河与哈布尔河汇合处的对岸地区
拉鲁巴	Laruba			城市	底格里斯河上游
拉希鲁	Lahīru	埃斯基 基夫里	Eski Kifri	行省	下扎布河与迪亚拉河之间
	Labnāna	黎巴嫩山	Lebānôn	山脉	黎巴嫩
里塔乌	Li'ta'u			部落	两河流域下游
卢丁-伊拉	Luddin-ila			城市	伊拉克南部?
卢古努	Lugunu			城市	伊拉克南部?
鲁伯达	Lubda	陶克	Tawūq	城市	迪亚拉河流域

续表

古代名称		现代名称		类别	方位
鲁胡阿图	Luhu'atu			部落	两河流域南部
鲁鲁麦	Lullume	拉瓦散提亚	Lawasantia	行省	扎格罗斯山区
摩押	Mā'ab/Môā	闵尼	Minni	国家	约旦与死海地区
米底	Mādāia		Mēdia	国家/民族	伊朗西部、扎格罗斯山区
曼纳	Manna			国家	乌尔米亚湖南岸
马里	Mari	泰尔·哈里里	Tall HarTrT	城市	幼发拉底河中游
		马库尔	Mākhūl	山脉	伊拉克中东部
马尔卡西	Marqāsa	马拉什	Mar'āš	行省	托罗斯山南部
	Marrat/Tāmtu ša Kaldi	波斯湾	Persia Gulf	海湾	西亚
马鲁苏	Marusu			阿拉米部落	两河流域下游
马萨	Masa			阿拉米部落	幼发拉底河中游?
马萨卡	Masāka	穆罕默德	Muhammud	城镇	哈布尔河流域
马提阿图	Matiātu	米迪亚特	Midyāt	城镇	亚述北部山区
	māt tāmti	海国	Sealand		两河入海地区
马扎穆阿	Māzamua/Zamua	苏莱曼尼亚	Sulaimaniya	行省	扎格罗斯山西北部
麦赫拉尼	Mehrani			地区/城市?	
梅利德	Melid	马拉蒂亚	Malatya	城市	土耳其东南部
麦鲁哈	Meluhha			国家	埃及?
麦-图尔兰	Mê-turran	哈达德	Haddād	城市	迪亚拉河流域
米尔乞亚	Milqia			城镇	埃尔比勒附近
穆萨西尔	Muṣāṣir	穆贾西尔	Mudjesir	城市	扎格罗斯山北部
穆斯里	Muṣri	穆克卢博	ṣabal Maqlṣb	山脉	伊拉克北部
穆什库	Mušku/Musku	弗里吉亚	Phrygia	国家	安纳托利亚
穆苏尔	Muṣur	埃及	Egypt	国家	非洲东北部
穆特基努城	Mutkīnu	阿比尔	'Abīr	城市	幼发拉底河上游
纳巴图	Nabātu			部落	底格里斯河下游
纳赫什马尔提	Nahšimarti			附属国	扎格罗斯山区
纳姆里	Namri			国家	扎格罗斯山南段

续表

古代名称		现代名称		类别	方位
纳西比纳	Naṣībina	努塞宾	Nuṣaybin	行省	哈布尔河流域
纳伊利	Na'iri			地区	底格里斯河上游
奈巴尔提-阿淑尔	Nēbarti-Aššur			要塞	幼发拉底河中游河畔
奈美特-伊什塔尔	Nēmed-Ištar	阿法尔	Afar	城市	伊拉克北部
	Ni'	底比斯	Thebes	城市	埃及中部
尼赫里亚	Nihria			商业据点/军事要塞	叙利亚北部
尼里伯什	Nilibši	泰尔·布拉克	Tell Brak	城市	哈布尔流域
尼尔布	Nirbu			城市	底格里斯河上游地区
尼库尔	Nikkur			城市	扎格罗斯山中部
尼尼微	Nīnua	库云基克	Kuyungik	都城	底格里斯河中游河畔
尼普尔	Nippur	努法尔	Nuffar	城市	伊拉克南部
尼什-伽提-拉比提	Niš-gati-rabîti			水渠	伊拉克南部
		帕勒伽拉	Palegawra	考古遗址	亚述地区
帕纳鲁	Panaru			要塞	
帕尔苏阿	Parsua			行省	扎格罗斯山区
帕提-赫伽里	Patti-heigalli			水渠	上扎布河
帕提努	Patinu			国家	阿马努斯山南叙利亚北部地区
帕提-图赫蒂	Patti-ṭuhdi			水渠	伊拉克北部
帕提-伊利尔	Patti-Illil			水渠	连接底格里斯河与幼发拉底河
帕图-麦沙里	Pattu-mēšari			水渠	伊拉克北部
	Pilistu	非力士	Philistia	地区	巴勒斯坦地区
皮图	Pitu			水渠	基什与库塔之间
普库杜	Puqūdu			地区	伊拉克南部
	Purāttu	幼发拉底河	Euphrates	河流	西亚

续表

古代名称	现代名称			类别	方位
普鲁鲁姆祖	Purulumzu			附属国	托罗斯山?
普兹里什-达甘	Puzriš-Dagan	德莱赫姆	Drehem	祭品中心	伊拉克南部
		盖拉羌克山	Jebel Qara Chauq	山脉	伊拉克东北部
卡塔拉	Qaṭara			城市	两河流域北部
卡特纳	Qatna	费德加米	Fadghāmī	城镇	哈布尔河下游
科莱伯提-阿拉尼	Qerebti-ālāni			城市	
齐巴努	Qibānu			城市	叙利亚东北部 巴里赫流域
库达	Qudaean			国家	扎格罗斯山区
魁	Que	阿达纳	Adana	行省	土耳其东南部沿海地区
库马努	Qumānu	锡洛皮	Silopi	附属国	扎格罗斯山北部
库拉尼	Qurani			村庄	伊拉克北部
库图	Qutu			附属国	伊拉克南部
拉达努河	Radanu	奈尔·阿尔-乌宰姆	Nahr al-Uzaim	河流	底格里斯河支流
拉萨帕	Raṣappa	里萨法	Riṣāfa	行省	幼发拉底河与巴里赫河汇合处
里穆舒	Rimušu			行省	两河流域北部?
		柔万杜兹	Rowanduz	城市	上扎布河中上游
鲁布乌	Rubu'u			阿拉米部落	巴比伦尼亚
鲁卡哈	Ruqaha			阿拉米部落	下扎布河与底格里斯河汇合处
鲁乌阿	Ru'u'a			阿拉米部落	尼普尔以北地区
萨巴	Saba			阿拉伯部落	叙利亚沙漠边缘
	Saluara	卡拉苏河	Karasu	底格里斯河支流	伊拉克-伊朗南部
萨古拉河	Sagura/šagūr			河流	叙利亚幼发拉底河支流
萨马尔	Sam'alla	曾希尔里	Zencirli	行省	土耳其
	Sāmerīna	撒玛利亚	Samaria	行省	地中海沿岸南部

续表

古代名称		现代名称		类别	方位
萨帕尔达	Saprda			城市	扎格罗斯山区
萨拉库	Saraku			城市	哈布尔河流域
萨拉巴努	Sarrabānu			城市	伊拉克南部
萨扎纳	Sazana			城镇	叙利亚北部
西顿	Ṣīdūnu	赛达	Saida	港口	腓尼基
西卡努	Sikānu	法哈利亚	Fahārīya	城镇	哈布尔河流域西部
西伊梅	Si'immê	吉拉贾	Gilāga	行省	哈布尔河流域东部
西马什基	Simaški			城市	扎格罗斯山？
辛-阿沙莱杜	Sîn-aššrēdu			行省	伊拉克南部
西纳布	Sinābu	阿克泰培	Aktepe	行省	伊拉克北部山区
辛贾拉	Singara	辛贾尔	Sinjār	山脉	伊拉克中部
辛吉布提	Singibūti			国家	扎格罗斯山中
锡努	Sinnu			城市	底格里斯河与下扎布河汇合处
西帕尔	Sippar	阿卜·哈巴	Abū Habba	城市	伊拉克南部
苏巴尔图	Subartu	苏美尔/阿卡德语对北方的称呼		地区	伊拉克北部
苏胡	Sūhu			地区	幼发拉底河中游地区
苏姆布	Sumbu			城市	苏莱曼尼亚
苏尔-马拉特	Sur-marrāt	萨迈拉	Sāmarrā	城市	底格里斯河中游
苏鲁	Sūru	苏阿尔	Suar	城市	幼发拉底河中游
苏帕特	Sūpat	霍姆斯	Homs	城市/行省	叙利亚
苏尔鲁	Surru	推罗	Tyre	港口	腓尼基
沙比莱舒	Šabirešu	巴索林	Basorin	行省	伊拉克北部
沙狄坎努	Šadikannni	阿贾贾	Ajajah	行省	哈布尔河流域
		沙赫尔祖尔	Shahrizur	平原	扎格罗斯山区北部
沙胡帕	Šahuppa			行省	
沙拉图瓦尔	Šalatuwar			商业据点	安纳托利亚
		沙尼达	Šanidar	考古遗址	亚述地区
沙拉乌什	Šarauš			城市	

续表

古代名称		现代名称		类别	方位
沙帕扎	Šapazza			城市	巴比伦尼亚
沙-伊鲁-努里	Ša-ilu-nūri			水渠	辛-阿沙莱杜行省
		谢赫易卜拉欣山	Jebel Sheikh Ibrahim	山脉	伊拉克西部
什巴尼巴	Šibanība	泰尔·比拉	Tell Billa	行省	
什里胡姆	Širihum			城市或国家	
什-塔伯尼	Ši-tabn			城镇	卡尔胡附近
舒安达胡尔	Šuandahul			城市	扎格罗斯山区
舒巴特-恩利尔	Šubat-Enlil	泰尔·莱兰	Tell Laylān	"上美索不达米亚王国"都城	哈布尔河源头
舒布利亚	Šubria			国家	土耳其东南部底格里斯河源头
舒尔达	Šurda			国家	扎格罗斯山
塔巴尔	Tabāl	卡帕多西亚	Cappodocia	附属国/行省	安纳托利亚中部
塔比图	Tabite/Tabetu	阿卜·阿尔扎拉	Abū Arzalla	行省	哈布尔河流域
塔伽拉吉	Tagalagi			城镇	扎格罗斯山
塔尔巴苏	Tarbaşu/Tarbişu	沙里夫汗	Šarīf Hān	城市	伊拉克北部
		托罗斯山	Taurus	山脉	土耳其与叙利亚、伊拉克交界地带
特马	Tema			阿拉伯部落	亚述西部
特曼努/塔姆努纳	Temannu/Tamnūna	吉坎	Gikān	行省	伊拉克北部
		塞尔萨尔河	wadi Tharthār	河流	伊拉克中西部
提杜	Tīdu			城市	土耳其东南部底格里斯河上游河畔
提尔-巴尔西普	Til-Barsip	泰尔·阿赫马尔	Tell Ahmar	行省	幼发拉底河中游河畔
提尔-卡尔麦	Til-garimmp	居林	Gürün	国家	底格里斯河上游
提勒	Tillê	鲁迈兰	Rumailān	行省	哈布尔河中游东岸

续表

古代名称		现代名称		类别	方位
图布里亚什	Tubuliaš	奈赫尔埃特-提伯	Nahr eṭ-Tib	河流	两河流域南部沼泽地带
图哈纳	Tuhana	凯梅希萨尔	Kemerhisar	国家	安纳托利亚
图穆	Tū'immu	塔乌姆	Ta'um	城市	叙利亚北部
图克里什	Tukriš			国家/城市	两河流域北部偏东
图尔纳	Turna	迪亚拉河	Diayāla	河流	底格里斯河中部支流
图鲁什帕	Turušpa			乌拉尔图都城	凡湖地区
图什哈/图什罕	Tušha/Tušhan	济亚雷特	Ziyāret Tepe	城市/行省	土耳其底格里斯河上游
吐吐尔	Tutul	泰尔·比阿	Tell Biá	城市	哈布尔河流域
乌伽里特	Ugarit	拉斯沙姆拉	Ras Shamra	城市	地中海东岸
乌库	Ukku	锡尔纳克	Sirnak	附属国	土耳其托罗斯山南麓
		乌姆·达巴吉亚	Umm Dabghiyah	考古遗址	亚述地区
温齐	Unqi	阿尔-阿姆克	al-Amq	城市	黎巴嫩山南部
乌帕	Upâ	伊波拉克	Kūh-i-Hiplak	山峰	扎格罗斯山区
乌匹	Upî	奥匹斯	Ôpis	城市	伊拉克中部
乌齐	Uqi			城市	幼发拉底河上游
乌格努	Uqnû	卡伦河	Kārūn	河流	底格里斯河下游支流
乌尔	Ūr	阿尔·穆盖亚尔	al-Muqayyar	城市	伊拉克南部
乌拉卡	Urakka	穆赞	Mūzān	城市	哈布尔河三角洲
乌拉尔图	Uraṛtu			国家	亚美尼亚南部、土耳其东部
乌拉提纳什	Urraṭinaš			城市/国家	
	Ursalimmu	耶路撒冷	Jerusalem	城市	巴勒斯坦
乌鲁克	Uruk	瓦尔卡	Warka	城市	伊拉克南部
乌鲁穆	Urumu			国家	叙利亚西部
乌萨拉	Usala	苏瓦尔	Ṣuwwar	城镇	哈布尔河下游
乌舒	Ušu	萨赫	Ṣah	城市	尼普尔山脚下
上扎布河	Zāba elû			河流	底格里斯河上游支流

续表

古代名称		现代名称		类别	方位
下扎布河	Zāba šaplû			河流	底格里斯河上游支流
扎鲁	Zallu			城市	叙利亚东北部
扎马哈	Zamaha	泰尔·阿尔-里马赫	Tell al-Rimāh	城镇	伊拉克北部
扎拉努	Zarānu			城市	哈布尔河上游
扎里帕	Zalipa			地区	伊朗西部
扎鲁图	Zarutu			国家	伊朗西部
兹基尔图	Zikirtu			国家	乌尔米亚湖东岸

神名与神庙名对照表

神名		地区/国家	职能
阿巴	Aba	阿卡德王国	国王马尼什图舒崇拜的神灵
阿比里鲁	Abirillu	阿拉伯人	
安/阿努	An/Anu	两河流域	天神、众神之父
阿努纳基	Anunaki	两河流域	多位大神的集体名称
安塔苏尔	Antasur	拉格什	
阿淑尔	Aššūr	亚述	亚述国家保护神、众神之父、众神之王
阿淑里图姆	Aššuritum	阿淑尔城邦	阿淑尔神配偶？
阿塔尔-库鲁马	Atar-qurumā	阿拉伯人	
阿塔尔-萨马银	Atar-Samayin	阿拉伯人	
阿雅	Aya	阿卡德	太阳神沙马什配偶
巴巴	Baba	拉格什	保护神宁吉尔苏的配偶
巴布	Bābu	基什	保护神扎巴巴的配偶
贝尔	Bēl	两河流域	恩利尔、马尔都克和阿淑尔等众神之王均可以称为贝尔
贝尔-拉比拉	Bēl-labira	亚述	
贝拉特-埃卡里姆	Bēlat-ekallim		伊什塔尔的化身之一 阿穆鲁配偶
贝乐特-巴比伦	Bēlet-Babylon	巴比伦	
比特-沙胡鲁	Bīt-šahūru	亚述	保护神阿淑尔神的神庙
达甘	Dagan/Dagon	叙利亚地区、马里	马里保护神
达姆基娜	Damkina	巴比伦尼亚	智慧之神埃阿配偶
达雅	Dāya	阿拉伯人	

续表

神名		地区/国家	职能
迪尔巴尔	Dibar	亚述	
杜穆兹/塔穆兹	Dumuzi/Tammuzi	苏美尔/巴比伦尼亚/亚述	牧人之神
埃巴巴尔	E-babbar	西帕尔	太阳神沙马什的神庙
埃胡尔萨格库尔库拉	Ehursagkurkurra	亚述	阿淑尔神的神庙
恩基/埃阿	Enki/Ea	苏美尔/亚述/巴比伦尼亚	淡水神、智慧神
恩利尔/埃利尔	Enlil/Ellil	苏美尔/巴比伦尼亚/亚述	空气之神、众神之王
埃拉	Erra	亚述/巴比伦尼亚	灾难之神、涅尔伽尔化身之一
埃萨吉尔	Esagil	巴比伦尼亚	马尔都克的神庙
埃兹达	Ezida	波尔西帕	纳布的神庙
古拉	Gula	巴比伦尼亚	医疗女神
伊拉伯拉特	Ilabrat	古亚述	女神
伊南娜/伊什塔尔	Inanna/Ištar	苏美尔/巴比伦尼亚/亚述	性爱、战争女神
伊什库/阿达德	Iškur/Adad	苏美尔/巴比伦尼亚/亚述	风雨神
伊图尔-麦尔	Itūr-Mēr	马里	庇护神
基德穆鲁	Kidmuru	巴比伦尼亚	伊什塔尔神庙
库布	Kubu	亚述	
拉斯	Las	亚述	
马尔都克	Marduk	巴比伦	巴比伦保护神、巴比伦尼亚众神之王
马尔图/阿穆鲁	Martu/Amurru	叙利亚	
穆里苏	Mulissu	亚述	阿淑尔的配偶
纳布	Nabû	巴比伦尼亚/亚述	书吏保护神
纳娜	Nanâ	巴比伦尼亚/亚述	性爱女神之一
南纳/辛	Nanna/Sîn	苏美尔/巴比伦尼亚/亚述	月神
宁伽尔	Ningal	苏美尔	乌尔第三王朝时期月神南纳的配偶
尼努尔塔	Ninurta	苏美尔/巴比伦尼亚/亚述	丰收之神、战神
涅尔伽尔	Nergal/Nerigal	巴比伦尼亚	地府女王埃莱什基伽尔的丈夫
宁吉尔苏	Ningirsu	拉格什城邦	拉格什保护神
宁利尔	Ninlil	苏美尔	众神之王恩利尔的配偶

续表

神名		地区/国家	职能
宁马赫	Ninmah	苏美尔	造人女神
努哈雅	Nuhāya	阿拉伯人	
努斯库	Nusku	苏美尔/巴比伦尼亚/亚述	光与火神
里亚	Ria	埃兰	太阳神
鲁尔达乌	Ruldāwu	阿拉伯人	
沙拉	Šara	苏美尔	战神
沙拉特-尼普哈	Šarrat-nipha	亚述	伊什塔尔的化身之一
舍鲁阿	Šeru'a	亚述	女神
提拉什	Tiraš	拉格什	
乌图/沙马什	Utu/Šamaš	苏美尔/巴比伦尼亚/亚述	太阳神
乌图鲁	Utulu	库塔	保护神
扎尔帕尼图	Zarpanitu	巴比伦尼亚	神王马尔都克的配偶